ESCRITOS SOBRE EDUCAÇÃO SUPERIOR NO BRASIL
TRANSFORMAÇÕES NAS TRÊS ÚLTIMAS DÉCADAS

Editora Appris Ltda.
1.ª Edição - Copyright© 2024 da autora
Direitos de Edição Reservados à Editora Appris Ltda.

Nenhuma parte desta obra poderá ser utilizada indevidamente, sem estar de acordo com a Lei nº 9.610/98. Se incorreções forem encontradas, serão de exclusiva responsabilidade de seus organizadores. Foi realizado o Depósito Legal na Fundação Biblioteca Nacional, de acordo com as Leis nos 10.994, de 14/12/2004, e 12.192, de 14/01/2010.

Catalogação na Fonte
Elaborado por: Dayanne Leal Souza
Bibliotecária CRB 9/2162

S192e 2024	Sampaio, Helena 　　Escritos sobre educação superior no Brasil: transformações nas três últimas décadas / Helena Sampaio. – 1. ed. – Curitiba: Appris, 2024. 　　375 p. : il. ; 23 cm. – (Coleção Educação, Tecnologias e Transdisciplinaridades). 　　Inclui referências. 　　ISBN 978-65-250-6754-4 　　1. Educação superior. 2. Setor privado. 3. Brasil. I. Sampaio, Helena. II. Título. III. Série. 　　　　　　　　　　　　　　　　　　　　　　　　　　CDD – 378.81

Livro de acordo com a normalização técnica da ABNT

Appris editora

Editora e Livraria Appris Ltda.
Av. Manoel Ribas, 2265 – Mercês
Curitiba/PR – CEP: 80810-002
Tel. (41) 3156 - 4731
www.editoraappris.com.br

Printed in Brazil
Impresso no Brasil

Helena Sampaio

ESCRITOS SOBRE EDUCAÇÃO SUPERIOR NO BRASIL
TRANSFORMAÇÕES NAS TRÊS ÚLTIMAS DÉCADAS

Appris editora

Curitiba, PR
2024

FICHA TÉCNICA

EDITORIAL	Augusto Coelho
	Sara C. de Andrade Coelho

COMITÊ EDITORIAL	Ana El Achkar (Universo/RJ)	Lucas Mesquita (UNILA)
	Andréa Barbosa Gouveia (UFPR)	Márcia Gonçalves (Unitau)
	Antonio Evangelista de Souza Netto (PUC-SP)	Maria Aparecida Barbosa (USP)
	Belinda Cunha (UFPB)	Maria Margarida de Andrade (Umack)
	Délton Winter de Carvalho (FMP)	Marilda A. Behrens (PUCPR)
	Edson da Silva (UFVJM)	Marília Andrade Torales Campos (UFPR)
	Eliete Correia dos Santos (UEPB)	Marli Caetano
	Erineu Foerste (Ufes)	Patrícia L. Torres (PUCPR)
	Fabiano Santos (UERJ-IESP)	Paula Costa Mosca Macedo (UNIFESP)
	Francinete Fernandes de Sousa (UEPB)	Ramon Blanco (UNILA)
	Francisco Carlos Duarte (PUCPR)	Roberta Ecleide Kelly (NEPE)
	Francisco de Assis (Fiam-Faam-SP-Brasil)	Roque Ismael da Costa Güllich (UFFS)
	Gláucia Figueiredo (UNIPAMPA/ UDELAR)	Sergio Gomes (UFRJ)
	Jacques de Lima Ferreira (UNOESC)	Tiago Gagliano Pinto Alberto (PUCPR)
	Jean Carlos Gonçalves (UFPR)	Toni Reis (UP)
	José Wálter Nunes (UnB)	Valdomiro de Oliveira (UFPR)
	Junia de Vilhena (PUC-RIO)	

SUPERVISORA EDITORIAL	Renata C. Lopes
PRODUÇÃO EDITORIAL	Sabrina Costa
REVISÃO	Cristiana Leal
DIAGRAMAÇÃO	Jhonny Alves dos Reis
CAPA	Mateus Porfírio
REVISÃO DE PROVA	Sabrina Costa

COMITÊ CIENTÍFICO DA COLEÇÃO EDUCAÇÃO, TECNOLOGIAS E TRANSDISCIPLINARIDADE

DIREÇÃO CIENTÍFICA	Dr.ª Marilda A. Behrens (PUCPR)	Dr.ª Patrícia L. Torres (PUCPR)
CONSULTORES	Dr.ª Ademilde Silveira Sartori (Udesc)	Dr.ª Iara Cordeiro de Melo Franco (PUC Minas)
	Dr. Ángel H. Facundo (Univ. Externado de Colômbia)	Dr. João Augusto Mattar Neto (PUC-SP)
	Dr.ª Ariana Maria de Almeida Matos Cosme (Universidade do Porto/Portugal)	Dr. José Manuel Moran Costas (Universidade Anhembi Morumbi)
	Dr. Artieres Estevão Romeiro (Universidade Técnica Particular de Loja-Equador)	Dr.ª Lúcia Amante (Univ. Aberta-Portugal)
	Dr. Bento Duarte da Silva (Universidade do Minho/Portugal)	Dr.ª Lucia Maria Martins Giraffa (PUCRS)
	Dr. Claudio Rama (Univ. de la Empresa-Uruguai)	Dr. Marco Antonio da Silva (Uerj)
	Dr.ª Cristiane de Oliveira Busato Smith (Arizona State University /EUA)	Dr.ª Maria Altina da Silva Ramos (Universidade do Minho-Portugal)
	Dr.ª Dulce Márcia Cruz (Ufsc)	Dr.ª Maria Joana Mader Joaquim (HC-UFPR)
	Dr.ª Edméa Santos (Uerj)	Dr. Reginaldo Rodrigues da Costa (PUCPR)
	Dr.ª Eliane Schlemmer (Unisinos)	Dr. Ricardo Antunes de Sá (UFPR)
	Dr.ª Ercilia Maria Angeli Teixeira de Paula (UEM)	Dr.ª Romilda Teodora Ens (PUCPR)
	Dr.ª Evelise Maria Labatut Portilho (PUCPR)	Dr. Rui Trindade (Univ. do Porto-Portugal)
	Dr.ª Evelyn de Almeida Orlando (PUCPR)	Dr.ª Sonia Ana Charchut Leszczynski (UTFPR)
	Dr. Francisco Antonio Pereira Fialho (Ufsc)	Dr.ª Vani Moreira Kenski (USP)
	Dr.ª Fabiane Oliveira (PUCPR)	

AGRADECIMENTOS

Ao Conselho Nacional de Desenvolvimento Científico e Tecnológico (CNPq), pela Bolsa Produtividade.

Aos professores Haroldo Torres e Fernando Limongi e à pesquisadora Cibele Andrade, por atenderem prontamente minha solicitação de autorização para republicar em livro nossos artigos; ao professor Alan Durham, por autorizar republicar o texto escrito com sua mãe; ao doutorando Luis Felipe Ferrari, pela preparação do conjunto dos textos que compõem o livro; e à professora Clarissa Tagliari Santos, pela leitura dos manuscritos.

À minha querida colega professora Maria Ligia Barbosa, pela indicação de meu nome para participar da coleção de livros sobre educação superior da editora Appris e pelo constante diálogo nesse campo de pesquisas ao longo de tantos anos.

E um grande obrigado ao sempre mestre Simon Schwartzman, por tudo que aprendo com ele e pelo gentil prefácio.

PREFÁCIO

Um dos paradoxos do ensino superior brasileiro é que ele é quase sempre visto e pensado do ponto de vista das universidades públicas, mas a maioria dos estudantes — cerca de 78% — está em instituições privadas. É das universidades públicas que vêm a maioria das pessoas que ocupam posições de liderança nas agências governamentais e associações profissionais universitárias, que estudam, escrevem e legislam sobre os temas da educação superior. O resultado é que o setor privado acaba sendo visto como uma anomalia incômoda que não se enquadra nas expectativas do que "deveria" ser, por isso não é entendido pelo que é e pela importância que tem, ao lado, claro, dos problemas que também traz.

Helena Sampaio teve o mérito de procurar corrigir essa situação ao orientar sua pesquisa para o ensino superior privado, em uma série de trabalhos, reunidos neste livro, que teve início em sua participação, ainda como estudante, na década de 1990, no Núcleo de Pesquisa sobre Educação Superior da Universidade de São Paulo, fundado por Eunice Durham. Um dos resultados de sua pesquisa é o livro *Ensino Superior no Brasil: o setor privado*, publicado em 2000. Helena fez sua pós-graduação na Universidade de São Paulo, orientada pela antropóloga Ruth Cardoso, com quem colaborou no programa Comunidade Solidária. Na primeira parte deste livro, ela apresenta um quadro da evolução da educação superior brasileira, com o devido destaque para o setor privado; na segunda, se aprofunda no entendimento do setor privado enquanto tal, com suas características institucionais próprias; e, na terceira parte, como antropóloga que é, trata características próprias dos estudantes deste setor.

Helena é professora da Faculdade de Educação da Universidade Estadual de Campinas (Unicamp) e, ao longo de 2023, atuou como Secretária de Regulação e Supervisão do Ensino Superior do Ministério da Educação (SERES), que é, justamente, a agência responsável pela regulação do ensino superior privado no Brasil. A experiência, combinada com as pesquisas e reflexões desenvolvidas nestes textos, garante que sua contribuição para o entendimento e propostas para a melhoria da educação superior brasileira serão cada vez maiores e mais frutíferas daqui por diante.

Simon Schwartzman

SUMÁRIO

INTRODUÇÃO 11

PARTE 1
SISTEMA DE ENSINO SUPERIOR NO BRASIL – FORMAÇÃO E DINÂMICA PÚBLICO E PRIVADO

EVOLUÇÃO DO ENSINO SUPERIOR BRASILEIRO: 1808-1990 19

AS NOÇÕES DE DIVERSIDADE E DE DIFERENCIAÇÃO NO ENSINO SUPERIOR BRASILEIRO 53

PRIVATIZAÇÃO, MERCANTILIZAÇÃO E FINANCIAMENTO PÚBLICO DOS ESTUDANTES: NOTAS SOBRE O CASO BRASILEIRO 75

PARTE 2
O SETOR PRIVADO

O SETOR PRIVADO DE ENSINO SUPERIOR NA AMÉRICA LATINA 101

ENSINO SUPERIOR PRIVADO: REPRODUÇÃO E INOVAÇÃO NO PADRÃO DE CRESCIMENTO 139

TRAJETÓRIA E TENDÊNCIAS RECENTES DO SETOR PRIVADO DE ENSINO SUPERIOR NO BRASIL 155

O SETOR PRIVADO DE ENSINO SUPERIOR NO BRASIL – CONTINUIDADES E TRANSFORMAÇÕES 169

PARTE 3
OS ESTUDANTES

EQUIDADE E HETEROGENEIDADE NO ENSINO SUPERIOR BRASILEIRO 193

OS ESTUDANTES DO SETOR PRIVADO 283

POLÍTICAS PARA A AMPLIAÇÃO DO ACESSO AO ENSINO SUPERIOR NO BRASIL: AVANÇOS, LIMITES E DESAFIOS 355

INTRODUÇÃO

Ao selecionar os textos que compõem este livro, dois sentimentos aparentemente contraditórios me acometeram. O primeiro foi o entusiasmo diante das mudanças que efetivamente vêm ocorrendo na educação superior do país desde meados dos anos 1990, período em que escrevi alguns dos textos. O segundo foi o sentimento de perplexidade, uma espécie de *déjà vu,* como se estivéssemos aprisionados no "Dia da Marmota", que inspira o clássico filme *Feitiço do Tempo* (Harold Ramis, EUA, 1993). Explico: boa parte dos desafios que se colocavam para a educação superior há pelo menos 30 anos permanecem, em grande medida, os mesmos, e alguns deles se agravam desde então.

Uma das dimensões das mudanças ocorridas — e comemorada — no sistema brasileiro de educação superior, nas últimas décadas, é a sua expansão. De 1.759.703 estudantes matriculados, em 1995, passamos para 9.444.116 estudantes em 2022; no mesmo período, o número de cursos superiores aumentou de 6.252 para 44.951, e o de instituições cresceu de 894 para 2.595.

Nesse cenário de crescimento quantitativo, ocorreram outras mudanças importantes, que, em suas múltiplas dimensões, são analisadas em um número cada vez maior de estudos no pujante campo de pesquisas sobre educação superior no país. Não é meu intuito abordá-las aqui; destaco apenas dois pontos que considero cruciais para que elas ocorressem.

O primeiro diz respeito ao alargamento, nos últimos anos, da ideia de acesso ao ensino superior; a essa ideia associaram-se noções, como as de diversidade, de equidade, de permanência e de bem-estar dos estudantes na educação superior. Esse novo entendimento se engendrou no bojo de vários processos simultâneos, dentre os quais chamo atenção para a ampliação contínua da cobertura da educação básica no país desde o final do século passado e, notadamente, em períodos mais recentes, a ação de entidades de representação de instituições públicas e privadas e de movimentos sociais e identitários junto às instâncias nacionais e estaduais de formulação de políticas para a área.

O Programa Universidade para Todos – Prouni (2005) e o Fundo de Financiamento Estudantil – Fies (reformulado em 2011), para estudantes matriculados em instituições privadas, a Lei das Cotas (2012) e o Plano

Nacional de Assistência Estudantil – Pnaes (2010), para alunos de instituições federais, e os mais diversos programas em instituições estaduais e municipais traduzem esse processo de transformação da ideia de acesso à educação superior. São iniciativas que se inscrevem na transformação de um sistema de ensino superior antes ocupado quase exclusivamente por estudantes provenientes de grupos sociais privilegiados para um sistema que recebe um contingente cada vez maior de jovens oriundos de diferentes estratos da sociedade. Se, em países mais desenvolvidos, a passagem de sistemas de elite para sistemas de massa, como a literatura (Trow, 2008) os conceitua[1], deu-se no pós-Guerra, no Brasil, ela se inicia mais tardiamente, cerca de meio século depois.

A premissa de todas essas políticas de ampliação do acesso ao ensino superior, algumas mais, outras menos, estruturadas e institucionalizadas, é que não basta aumentar o número de vagas e/ou de instituições, públicas ou privadas, se isso não contemplar ações afirmativas. Refiro-me à criação de mecanismos variados de ingresso e apoio à permanência estudantil — que, diga-se de passagem, não devem se restringir a recursos financeiros — para que os estudantes sejam assistidos e se mantenham motivados até a conclusão do curso.

O segundo ponto a se ressaltar diz respeito à plasticidade do nosso sistema de educação superior, ou seja, à sua enorme capacidade adaptativa. Ajustando-se, de um lado, a um conjunto avolumado de normas que se sucedem, as quais ora revogam ora ratificam diretrizes mais gerais e, de outro, atendendo a demandas aspiracionais crescentes e diversas por formação superior, o sistema brasileiro molda-se, nos últimos 30 anos, em uma configuração *sui generis*, comparativamente a outros sistemas nacionais de ensino superior de que temos conhecimento.

O sistema brasileiro é formado hoje por cerca de 2.500 instituições, das quais a grande maioria é privada (elas equivalem a 88% do total), e boa parte tem fins lucrativos (63% dentre as instituições privadas) e pertence a grandes grupos educacionais. Alguns desses grupos chegam a responder isoladamente por proporções consideráveis de matrículas, e oito dos maiores grupos concentram 58% do total nesse nível de ensino.

---

[1] Refiro-me à formulação de Martin Trow. TROW, M. *Reflexions on the Transition from Elite to Mass to Universal Access*: Forms and Phases of Higher Education in Modern Societis since WWII. International Handbook of Higher Education, 2008. p. 243-280. Disponível em: https://doi.org/10.1007/978-1-4020-4012-2_13. Acesso em: 09 jul. 2024.

É nesse cenário de grande desproporção entre a oferta de ensino superior por instituições públicas e privadas, a qual se acirra desde os anos 1990, que a oferta de cursos de graduação na modalidade EaD cresceu desenfreadamente nos últimos cinco anos. No setor privado com fins lucrativos, a EaD tornou-se uma de suas marcas distintivas. Ainda que, em âmbito mundial, a pandemia da Covid-19 tenha contribuído para acelerar o crescimento dessa modalidade de ensino, uma vez que as aulas presenciais foram suspensas naquele período, o avanço da EaD no Brasil contou com outros fatores que antecedem a emergência sanitária global. Desde 2017, já se desenhava no país um cenário favorável a essa expansão, em razão da confluência, orquestrada ou não, de dois fatores: a diminuição do financiamento público para estudantes matriculados em instituições privadas, por meio de programas como o Prouni e o Fies, e a edição de novas normativas, por meio de decretos e portarias do Ministério da Educação, que, ao caracterizar essa modalidade educacional flexibilizando a sua regulação, funcionou como uma espécie de mecanismo compensatório frente ao contingenciamento do financiamento público. Com efeito, se, há poucos anos a EaD era uma modalidade quase experimental no ensino superior, hoje ela predomina entre os ingressantes nesse nível de ensino, atingindo 65% do total. Em áreas como formação de professores, os estudantes nessa modalidade já equivalem a 93,7% do total de ingressantes em instituições privadas.

Os aspectos que mencionei são os mais visíveis das muitas mudanças que vêm ocorrendo nas últimas décadas na educação superior do país. É preciso dizer que os textos reunidos neste livro não focalizam as transformações mais recentes, especialmente as trazidas pela presença do EaD. Porém, ao proporem interpretações para cenários que as antecederam, creio que possam contribuir para uma compreensão mais abrangente das dinâmicas que marcam a trajetória do sistema de educação superior do país.

*

Organizei os dez textos que integram este livro em três partes de acordo com os temas que mobilizam.

A primeira parte — Sistema de ensino superior no Brasil – formação e dinâmica público e privado — traz três textos escritos em diferentes períodos. Ainda que a ordem cronológica não tenha sido um critério considerado na organização do livro, o primeiro texto é, de fato, o mais antigo. Remonta ao início dos anos 1990 e inaugura meu ingresso no campo de pesquisas sobre educação superior no então Núcleo de Pesquisas sobre Educação Superior (Nupes), da Universidade de São Paulo (USP), criado e liderado pelos professores Eunice Durham e Simon Schwartzman. Intitulado "Evolução do ensino superior brasileiro: 1808-1990", o texto pode ser considerado uma prova de admissão aplicada pelo professor Schwartzman para ser admitida como pesquisadora junior no Núcleo. Em tom escolar, evidencia esforço de principiante diante de um campo de pesquisas para mim desconhecido, mas que já me soava muito desafiador. O segundo e terceiro textos, respectivamente "As noções de diversidade e de diferenciação no ensino superior brasileiro" e "Privatização, mercantilização e o financiamento público dos estudantes: notas sobre o caso brasileiro", resultam de diversas pesquisas realizadas em meados da década de 2010, sendo, portanto, mais recentes. Com o objetivo de entender as mudanças em curso no sistema brasileiro e suas especificidades, esses textos buscam lançar luz sobre o caráter global de expansão dos sistemas de educação superior, sobre a composição heterogênea de suas instituições e as dinâmicas complexas que caracterizam os processos de diversificação e diferenciação institucional.

A segunda parte do livro — O setor privado — traz quatro textos sobre o tema. O primeiro, mais antigo, "O setor privado de ensino superior na América Latina", escrevi em coautoria com a professora Eunice Durham no contexto de uma extensa pesquisa que realizávamos no Nupes/USP sobre políticas para a educação superior na América Latina. Eram os anos 1990, e muitas propostas de políticas estavam em curso na América Latina. O texto busca identificar o que há de comum e de diferente entre as configurações de alguns sistemas de educação superior de países latino-americanos no que tange à presença e trajetória de desenvolvimento da oferta privada. Os demais textos da seção, "Ensino superior privado: reprodução e inovação no padrão de crescimento", "Trajetória e tendências recentes do setor privado de ensino superior no Brasil" e "O setor privado de ensino superior no Brasil: continuidades e transformações", congregam dados de diferentes naturezas — extraídos de estatísticas descritivas, de pesquisas documentais e de entrevistas — e oferecem análises das diferentes dimensões do desenvolvimento do setor privado de educação superior no país na primeira década dos anos 2000, enfatizando sua relação com o mercado e o Estado.

Por fim, a terceira parte do livro — Os estudantes —, como o próprio título diz, trata dos que são, sem dúvida, a principal razão da educação superior em qualquer tempo e lugar. A seção conta com três textos escritos em momentos diferentes. O primeiro, "Equidade e heterogeneidade no ensino superior brasileiro", em coautoria com os professores Haroldo Torres e Fernando Limongi, é pioneiro no tratamento do tema da equidade, ou na falta dela, nas instituições de educação superior públicas e privadas brasileiras. O segundo, "Os estudantes do setor privado", é um capítulo da minha tese de doutorado quando ainda pouco se falava de instituições privadas e menos ainda de seus estudantes. Os dados da pesquisa captam um período anterior às grandes mudanças ocorridas no setor privado. As instituições, em sua grande maioria, eram de pequeno e médio portes, sendo as mantenedoras ordens religiosas ou seus próprios fundadores privados, em geral professores. A heterogeneidade socioeconômica dos estudantes era maior entre os cursos do que entre as instituições (isso valia também para as instituições públicas), e não havia diversidade étnico-racial, uma vez que os raros estudantes pretos e pardos se concentravam em um ou dois cursos, e os indígenas eram uma grande ausência. O terceiro e último texto, "Políticas para a ampliação do acesso ao ensino superior no Brasil: avanços, limites e desafios", escrito em coautoria com Cibele Andrade, traz dados que sugerem a existência de uma correlação entre financiamento público de estudantes em instituições privadas e a formação dos grandes grupos que atuam hoje na educação superior, processo que a linguagem nativa do mercado educacional denomina consolidação, o que certamente traz grandes impasses para as políticas voltadas para a ampliação do acesso à educação superior.

Simon Schwartzman costuma dizer que no Brasil as questões relativas ao ensino superior são vistas localmente, impedindo-nos de perceber que fazemos parte de uma realidade maior que precisamos conhecer melhor para aprender com as experiências de outras partes. Arrisco a afirmar que tendemos também a ver as questões referentes ao ensino superior como criações nacionais de uma última leva de normativas editadas pelo governo mais recente tão curtos têm sido os recortes temporais de nossas análises. Espero que este livro ofereça um olhar mais afastado temporalmente para a reflexão dos temas que hoje nos ocupam.

Parte 1

SISTEMA DE ENSINO SUPERIOR NO BRASIL – FORMAÇÃO E DINÂMICA PÚBLICO E PRIVADO

EVOLUÇÃO DO ENSINO SUPERIOR BRASILEIRO: 1808-1990[2]

O ensino superior no Brasil só adquiriu cunho universitário em 1930, em contraste com alguns países da América espanhola, que tiveram suas primeiras universidades ainda no período colonial, como o México e Peru[3], ou no pós-independência, como o Chile. Por mais de um século, de 1808 — quando foram criadas as primeiras escolas superiores — até 1934, o modelo de ensino superior foi o da formação para profissões liberais tradicionais, como direito e medicina, ou para as engenharias.

Se, por um lado, esse modelo se manteve quase inalterado — somente no final do século XIX foram introduzidas algumas modificações no sentido de dar uma ênfase maior à formação tecnológica —, por outro, o sistema de ensino superior brasileiro revelou, desde cedo, marcas de descontinuidades no que diz respeito, sobretudo, aos aspectos que envolvem sua relação com o Estado. Nessa perspectiva, é possível identificar em sua história cinco datas-chave: 1808, 1898, 1930, 1968 e 1985. Esses anos, referidos ao próprio processo de transformação política-institucional do país[4], definem, em linhas gerais, os períodos de mudanças de formato do sistema de ensino superior ao longo de seus quase 200 anos de existência.

---

[2] Este texto foi originalmente publicado como um Documento de Trabalho do Núcleo de Pesquisas sobre Ensino Superior da USP em 1991. O trabalho foi realizado no âmbito de um projeto de estudos comparativos sobre políticas de educação superior na América Latina, com apoio da Fundação Ford.

[3] Em 1553, o México já contava com sua primeira universidade. Uma das hipóteses apontadas para explicar a opção espanhola por criar universidades em suas colônias, o que não se verifica na colonização portuguesa, seria a de que ela expressava uma ideia de universidade associada à concepção de um Império (aí incluídas várias partes da Europa) bastante particular, que, em certo sentido, se contrapõe ao pragmatismo da Coroa portuguesa. As universidades coloniais espanholas constituíam-se, assim, um elemento importante para a configuração e identidade desse Império. Dela saíram os quadros da administração civil e eclesiástica.

[4] Em 1808, com a transmigração da corte portuguesa, o Brasil se eleva à condição de Reino; em 1898, tem-se a Proclamação da República e nova Carta Constitucional; 1930 marca o fim da República Velha com o regime revolucionário de Getúlio Vargas, que dura até 1945; em 1968, sob o regime militar iniciado em 1964, o Ato Institucional n.º 5 retira da sociedade sua possibilidade de representação democrática e, finalmente, em 1985, elege-se, indiretamente, depois de 24 anos de presidentes-generais, um presidente civil. Nesse mesmo ano, tem início os trabalhos da Assembleia Nacional Constituinte.

PERÍODO INICIAL – 1808/1898

A vinda da corte portuguesa, em 1808, marca o início da constituição do núcleo de ensino superior no Brasil[5], cujo padrão de desenvolvimento teve, como características principais, sua orientação para formação profissional e o controle do Estado sobre o sistema.

O MODELO DE FORMAÇÃO PROFISSIONAL

O modelo de formação profissional combinou, em sua origem, duas influências: o pragmatismo, que havia orientado o projeto de modernização em Portugal, no final do século XVIII — cuja expressão mais significativa no campo educacional foi a reforma da Universidade de Coimbra[6] —, e o modelo napoleônico do divórcio entre ensino e a pesquisa científica. No Brasil, a criação de instituições de ensino superior, seguindo esse modelo, buscava formar quadros profissionais para a administração dos negócios do Estado e para a descoberta de novas riquezas, e implicava rejeitar qualquer papel educacional da Igreja Católica que fosse além do ensino das primeiras letras. Ainda que reforma de Coimbra tendesse a favorecer a formação especializada[7], o que acabou prevalecendo no Brasil, como na França e em tantas outras partes, foi a formação para as profissões liberais, nas quais

---

[5] Nesse ano são criadas as escolas de Cirurgia e Anatomia, em Salvador (hoje Faculdade de Medicina da Universidade Federal da Bahia) e de Anatomia e Cirurgia no Rio de Janeiro (hoje Faculdade de Medicina da Universidade Federal do Rio de Janeiro) e a Academia de Guarda Marinha, também no Rio. Dois anos mais tarde, em 1810, é fundada a Academia Real Militar, que se transformaria em Escola Central, depois em Escola Politécnica, hoje Escola Nacional de Engenharia da UFRJ. Em 1814, é criado o curso de Agricultura e, em 1816, a Real Academia de Pintura e Escultura.

[6] A reforma da Universidade de Coimbra, promovida pelo Marques de Pombal, ministro do Rei Dom João entre 1750 e 1777, tinha por objetivo libertar o ensino dos entraves do conservadorismo e da restauração católica, tidos como responsáveis pelo atraso de Portugal em relação ao desenvolvimento científico e industrial dos demais países europeus. O ensino em Coimbra, depois da reforma, passou a ser subdividido da seguinte forma: ciências teológicas (Faculdade de Leis) e ciências naturais e filosóficas (Faculdade de Medicina, de Matemática e de Filosofia). A filosofia recebeu nova conceituação; ao instituto que levava seu nome, cabia formar agrônomos, botânicos, naturalistas, mineralistas e metalurgistas. As ciências naturais, assim identificadas, deveriam ser o cerne da universidade, onde o ensino, por sua vez, deveria se voltar para suas aplicações. Sobre as reformas pombalinas em Portugal ver Serrão, 1968; Carvalho, 1978; Falcon, 1982.

[7] A criação do curso de Agricultura, em 1816, por exemplo, parece transpor para a situação brasileira as recomendações de José Bonifácio de Andrada e Silva, na época doutor em Coimbra. Em sua última memória, de 1815, José Bonifácio, preocupado com o rumo do desenvolvimento de Portugal, escreveu: "Para aumentar esse capítulo, cumpre-me pedir aos lavradores ativos, patriotas e justamente estudiosos que se empenham seriamente em combinar, para o bem de nossa lavoura, as regras e preceitos que nos deixaram um Collumella e um Plínio com os da nova cultura inglesa, aperfeiçoada grandemente pelas ciências naturais e por longa experiências. Só assim chegaremos a ter um corpo de verdadeira doutrina agronômica, com que se prospere e se aumente a nossa atrasada agricultura" (*apud* Schwartzman, 1982).

o cunho propriamente técnico e especializado, presente em áreas como a engenharia e a medicina, não chegou a predominar[8]. As escolas de Medicina, Engenharia e, mais tarde, de Direito, se constituíram a espinha dorsal do sistema e, ainda hoje, estão entre as profissões de maior prestígio e demanda.

Durante esse primeiro período, de 1808 a 1889, o sistema de ensino superior se desenvolveu lentamente, em compasso com as rasas transformações sociais e econômicas da sociedade brasileira. Tratava-se de um sistema voltado para o ensino, que assegurava um diploma profissional[9], o qual dava direito a ocupar posições privilegiadas no restrito mercado de trabalho existente e a assegurar prestígio social.

A independência política, em 1822, não implicou mudança de formato do ensino superior nem uma ampliação ou diversificação do sistema. Os novos dirigentes não vislumbraram qualquer vantagem na criação de universidades[10], prevalecendo o modelo de formação para profissões, em faculdades isoladas. Na verdade, o processo de emancipação não foi além de uma transferência formal de poder. A sociedade pós-colonial permaneceu escravocrata até o final do século XIX, atrelada a uma economia baseada largamente na exportação de produtos, com uma vida urbana restrita a poucos núcleos de assentamento — tradicionais e/ou decadentes — e a alguns centros administrativos e exportadores. Nesse contexto tiveram origem os dois cursos de Direito (São Paulo e Olinda, 1827) que, conforme observa Adorno,

---

[8] As chamadas "profissões liberais", na forma que assumiram a partir do século XIX, sempre foram uma combinação de formação técnica e algumas características típicas daquelas atividades caracterizadas pela formação difusa, ininteligível para o leigo, e de grande prestígio social. Como observa Joseph Ben-David, "the assumption that advanced education needed to be specialized, and that specialized study was necessary for a professional career, was the basis of the transformation of higher education in the nineteenth century. [...] However, the relationship between study and career remained much more complicated than had been envisioned by some of the early advocates of educational reform". O termo "profissão", que no Brasil é frequentemente entendido como ligado a um conhecimento especializado, é utilizado por Ben-David como significando "all occupations into which entry is generally limited to those possessing diplomas from institutions of higher education", sejam elas de formação especializada e técnica ou não (Ben-David, 1977, p. 29-30). O que ocorreu no Brasil não difere do que ocorreu em outras partes.

[9] O caráter não universitário do ensino, é importante lembrar, não lhe tirava o mérito de formação superior. Os cursos da Academia Real Militar (Carta de Lei de 4 de dezembro de 1810), por exemplo, tinham duração de oito anos, exigindo-se que o corpo docente fosse integrado por 11 professores e cinco substitutos, equiparados aos docentes da Universidade de Coimbra, em Portugal (Mattos, 1985).

[10] Isso ocorreu apesar das frequentes manifestações contrárias. Dezenas de projetos apresentados nessa época apontavam para as vantagens da criação de uma universidade no Brasil. Anísio Teixeira (1969) conta, para o período de 1808 a 1882, 24 projetos. Souza Campos (1940) enumera "trinta tentativas", incluindo-se a dos jesuítas (1592) e a dos inconfidentes (1789), antes de D. João VI, e seis ainda depois do Império. Desses, dois se sobressaem: na ocasião da Constituinte de 1823 e às vésperas da Proclamação da República (1888/1889). Ambos foram aprovados pela Assembleia, porém inutilmente; no primeiro caso, D. Pedro I dissolveu a constituinte, no segundo, D. Pedro II caiu com o Império antes de homologar a decisão parlamentar (Teixeira, 1969).

> [...] nasceram ditados muito mais pela preocupação de se constituir uma elite coesa, disciplinada, devota às razões do Estado, que se pusesse à frente dos negócios e pudesse, pouco a pouco, substituir a tradicional burocracia herdada da administração Joanina, do que pela preocupação em formar juristas que reproduzissem a ideologia-política do Estado Nacional emergente. (1988, p. 236)

Depois de 1850, sob o governo de Dom Pedro II, período de estabilidade política e de crescimento econômico, presenciou-se uma expansão gradual das instituições educacionais e a consolidação de alguns centros científicos, como o Observatório Nacional, o Museu Nacional e a Comissão Imperial Geológica. Essa expansão, porém, foi relativa. O ensino superior propriamente dito manteve-se exclusivamente limitado às profissões liberais em meia dúzia de instituições isoladas de tempo parcial. Quanto à atividade científica, até o início da República, ela pode ser caracterizada por sua extrema precariedade, oscilando entre a instabilidade das iniciativas realizadas pelo favor imperial e as limitações das escolas profissionais, burocráticas, sem autonomia e totalmente utilitaristas em seus objetivos (Schwartzman, 1979).

CONTROLE DO ESTADO E O PROJETO DE UNIVERSIDADE

O ensino superior no Brasil até 1878 (Reforma Leôncio de Carvalho) se manteve exclusivamente público e privativo do poder central, o que dava ao sistema uma certa imobilidade. Sua eventual possibilidade de ampliação e diversificação estava, de antemão, contida na capacidade de investimentos no setor e sujeita à vontade política do governo central.

Além de determinar quais instituições seriam criadas e com que objetivos, regulamentando minuciosamente o curriculum e os programas[11], o controle do Estado se manifestava pela proximidade que o poder central queria manter dos que o dirigiam ou ministravam[12].

---

[11] A carta de Lei de 1810 (4 de abril), por exemplo, especificava os livros e tratados nos quais os docentes deveriam se basear para a redação obrigatória de seus compêndios. Embora a vigilância não fosse absoluta nem permanente, conforme mostra Adorno (1988, p. 120) a respeito da Academia de Direito de São Paulo, onde "o Estado patrimonial brasileiro muito pouco se preocupou com o conteúdo doutrinário transmitido em sala de aula e também exerceu pertinaz controle sobre a produção e utilização de compêndios nas diversas cadeiras e disciplinas, não obstante as tentativas e os ensaios efetuados nos primórdios dos cursos jurídicos", a mera existência desse documento já ilustra a intenção vigilante do governo imperial.

[12] De Pombal a Dom João VI, os professores deveriam ser credenciados pela Real Mesa Censória de Lisboa, e a diretoria dos cursos era exercida pelos próprios governadores de província. Após a Independência, a escolha

A distribuição das cátedras, em geral, atendia a critérios mais políticos do que acadêmicos, destacando-se a nomeação regional na indicação dos primeiros docentes. A propósito da Academia de Direito de São Paulo, Adorno observa que, embora as regras que norteassem a escolha do quadro docente fossem orientadas formalmente por critérios intelectuais, "efetivamente, virtudes oratórias, prodigiosas, capacidade de memorização, qualidades carismáticas, presença na vida pública, atitudes morais prevaleciam sobre a capacidade intelectual do candidato ou sobre a sua habilidade como docente" (1988, p. 120)[13].

Nesse contexto de centralismo político do regime imperial, o debate sobre a criação de uma universidade no Brasil passava, inevitavelmente, pela discussão sobre o grau de controle do Estado na educação. Para muitos, uma universidade seria exatamente uma forma de atender aos objetivos centralizadores do governo. Assim, tanto para os defensores desse tipo de organização do ensino superior como para os positivistas, seus principais opositores, a ideia de universidade aparecia associada, com raras exceções[14], à de ingerência oficial no ensino.

No decorrer do século XIX, nem só os positivistas eram contrários à criação de universidades. Os argumentos eram vários e se dividiam em dois blocos: no primeiro, sustentava-se que os cursos especializados, como a engenharia, minas e agronomia, por terem caráter mais pragmático, seriam mais apropriados à ex-colônia, onde, segundo esse tipo de argumento, faltavam as bases para os cursos mais amplos e desinteressados, conforme convém a uma universidade. No segundo bloco, encontravam-se aqueles que tomavam os cursos de caráter mais humanístico como fúteis e ultrapassados, uma vez que apareciam associados ao modelo escolástico da decadente universidade de Coimbra antes de sua reforma.

---

do diretor coube aos próprios professores que apresentavam uma lista tríplice a ser submetida ao governador de província, processo que vigora até hoje, com algumas variações, para a eleição de reitores universitários (Mattos, 1985, p. 14-28).

[13] Também Almeida Júnior (1956), comentando o relatório de Clóvis Beviláqua, de 1837, sobre a situação do ensino profissional no Brasil, observa que o autor apontava a "má escolha de alguns lentes nomeados por escandaloso patronato. Em vez de se procurarem notabilidade com poucas e honrosas exceções, só se cuidou de arranjar afilhados". Deve ser notado, contudo, que o fato de os interesses do poder central estarem representados nessa escolha não é um desvio do caso brasileiro, mas uma alternativa que vigorava em outros sistemas de ensino superior, como, por exemplo, o sistema alemão.

[14] É o caso do projeto de Paulino de Souza que, quando ministro do Império em 1870, advogou a criação de uma universidade na capital do Império composta de quatro faculdades (Direito, Medicina, Ciências Naturais e Matemática e Teologia). Tratava-se, todavia, da simples agregação de faculdades, sem atribuir à instituição qualquer nova função.

Limpo de Abreu, ministro do Império em 1837, escreveu em seu relatório:

> A conveniência de se fundar estabelecimentos de ensino de que tenho tratado e de formar, com outros já existentes, uma só corporação científica com o título de universidade foi nos largamente demonstrado em um dos anteriores relatórios de repartição interinamente a meu cargo [...] É, porém, o meu dever o lembrar-vos a absoluta precisão de criar-se uma autoridade individual ou coletiva a quem não só se incumba a tarefa de vigiar sobre as doutrinas ensinadas à mocidade, mas também se dê mais influência e respeito aos lentes e certa jurisdição correcional para compelir o aluno ao cumprimento de suas obrigações escolásticas e manter a necessária decência, respeito e subordinação. (*apud* Paim, 1982, p. 21)

Compartilha a mesma opinião Bernardo Pereira de Vasconcelos, ministro do Império em 1839. Segundo ele, todos reconheciam na criação de universidades pelo menos uma vantagem: a de colocar docentes e alunos "debaixo das vistas imediatas do governo geral" (*apud* Paim, 1982, p. 23).

Outro projeto de universidade de cunho centralizador foi apresentado por Homem de Mello em 1881. Apreciando-o, Maciel de Barros afirma que

> [...] o ministro faz da universidade da corte o centro de todo o ensino do país, mas, por outro lado, subordinando-a totalmente a um conselho superior de instrução pública que, por sua vez, fica completamente subordinado ao ministro [...] Enfim, desde as questões mais genéricas às mais particularizadas, é o conselho, isto é, o ministro do Império que opina e decide. O que escapa à alçada desse órgão cai sob a jurisdição do conselho universitário, onde não é menor a força do ministro. (1986, p. 343)

Contrários à ingerência oficial na educação — pelo menos enquanto não se instaurasse o estado positivo[15] —, os positivistas formavam uma forte corrente de oposição aos projetos de implantação de uma universidade no Brasil. Seus argumentos combinavam os de Comte com uma avaliação própria da realidade brasileira. Raymundo Teixeira Mendes (1855-1927), um dos expoentes do positivismo no Brasil, embora favorável

---

[15] Segundo Augusto Comte, "o positivismo está longe de negar que o ensino deva ser regulado, embora estabeleça que esta organização não é ainda possível enquanto durar o interregno espiritual e que quando ela se tornar realizável, segundo o livre ascendente de uma doutrina universal, pertencerá exclusivamente ao novo poder intelectual e moral. Até lá, o Estado deve renunciar a todo sistema completo de educação geral" (1912, tomo 1, p. 22).

a uma reforma do ensino, não achava que a universidade fosse a solução adequada para promovê-la. Para ele, o governo brasileiro deveria renunciar ao estabelecimento de um sistema de educação nacional, limitar-se a assegurar a educação básica, sem qualquer compromisso *com* as "filosofias" existentes e a desenvolver o ensino especial (profissional) sem conceder privilégios aos que o cursarem[16].

Miguel Lemos, chefe da igreja positiva no Brasil, em artigo na *Revue Occidentale,* publicada em Paris em março de 1881, escreveu:

> [...] O Brasil possui número mais do que suficiente de escolas superiores para satisfazer às necessidades profissionais e a fundação de uma universidade só teria como resultado estender e dar maior intensidade às deploráveis pretensões pedantocráticas de nossa burguesia.[17]

Em um certo sentido, os positivistas conseguiram que suas posições prevalecessem ao longo de todo o século XIX e até as primeiras três décadas do século XX. O ensino superior não se organizou sob a forma universitária, e seu formato continuou sendo o dos cursos voltados para a formação de profissões tradicionais. Porém, a vitória dos positivistas era parcial. O que buscavam, na realidade, era evitar que as carreiras de nível superior assumissem as características das profissões liberais e, nesse sentido, fracassaram na França como no Brasil. Além disso, governos sempre mantiveram com o ensino superior uma política de "rédeas curtas", o que frustrava o apelo dos positivistas pelo "ensino livre".

VIRADA DO SÉCULO: AMPLIAÇÃO E DIVERSIFICAÇÃO DO SISTEMA

Com a abolição da escravidão (1888), a queda do Império e a Proclamação da República (1889), o Brasil entrou em um período de grandes mudanças sociais, que a educação acabou por acompanhar. A Constituição da República descentralizou o ensino superior, que era privativo do poder central, aos governos estaduais, e permitiu a criação de instituições privadas, o que teve como efeito imediato a ampliação e a diversificação do sistema. Entre 1889 e 1918, 56 novas escolas de ensino superior, na sua maioria privadas, foram criadas no país.

---

[16] Para uma análise mais detalhada das ideias de Teixeira Mendes, ver: Barros, 1986, p. 328-329.
[17] Trecho reproduzido por Chacon, e citado por Mattos, 1985, p. 16, 6.

A criação do sistema educacional paulista, por volta de 1880/1900, é parte central desde processo. Esse sistema, cujo desenvolvimento está associado à modernização do Estado de São Paulo[18], representa a primeira grande ruptura com o modelo de escolas profissionais centralizadas e sujeitas a um forte controle burocrático do governo nacional. O sistema paulista surge em resposta aos novos arranjos econômicos e sociais, os quais, por sua vez, deram a base para a sua ampliação e diversificação.

Tabela 1 – Expansão do sistema de ensino superior

Período	No de escolas de Ensino Superior criadas no período
Até 1900	24
1900-1910	13
1910-1920	34
1920-1930	86
1930-1945	95
1945-1960	223
1960-1968	375

Fonte: elaborada a partir de dados fornecidos por Teixeira (1989)

De acordo com a Tabela 1, nas primeiras três décadas deste século, o número de estabelecimentos de ensino superior passou 24 para 133, dos quais 86 foram criados ao longo da década de 1920. As mudanças que ocorreram não foram somente de ordem quantitativa. O ensino superior passou a dar mais ênfase à formação tecnológica que, por sua vez, exigia uma base científica melhor. Exemplos disso são a criação das escolas politécnicas, da escola de minas, das escolas superior de agricultura e de farmácia, que se multiplicaram nesse período. Escolas desse tipo, mesmo que sejam para utilizar uma tecnologia importada, precisam se apoiar em uma formação científica mais desenvolvida, e despertam o interesse pela pesquisa. Assim, em muitas delas, a pesquisa começou a se desenvolver nos interstícios da formação profissional[19].

---

[18] Com a expansão cafeeira, o polo da economia brasileira se transferiu para o estado de São Paulo, onde teve início um processo de crescimento urbano e atividade industrial. A chegada de imigrantes europeus e japoneses consolidou uma classe média urbana ligada à prestação de serviços. a pequenas indústrias, à profissionalização e naturalmente à educação.

[19] É preciso notar, todavia, que, até a década de 1930, não foi o ensino superior que abrigou a pesquisa, mas uma série de outras instituições — os museus, os observatórios, os institutos de pesquisa —, todas extremamente

Universidade: um projeto que volta à cena

A questão da pesquisa é um dos temas que fizeram renascer a questão da Universidade, nas primeiras décadas do século XX. Havia que abrigar a pesquisa de modo estável e promover a formação do pesquisador, presa, até então, às escolas profissionais inadequadas para esse fim. A pesquisa precisava de um espaço mais distanciado de resultados práticos e com mais liberdade de experimentação e pensamento. O debate sobre a criação de uma universidade no Brasil ressurgiu em uma nova perspectiva. Ele rompia com a argumentação quase estritamente política que havia vigorado ao longo de todo o século XIX e atribuía à instituição universitária uma nova função: abrigar a ciência, os cientistas e as humanidades em geral, além de promover a pesquisa. Para esse novo entendimento, duas associações — a Associação Brasileira de Educação (ABE)[20] e a Academia Brasileira de Ciência (ABC)[21] — desempenharam um papel extremamente importante. Elas colocaram em pauta um projeto de reformulação completa do sistema educacional brasileiro, desde o nível primário — o projeto da Escola Nova — até o superior, com o projeto da Universidade brasileira, que seria seu coroamento.

O debate foi amplo e envolveu diversos setores da área da educação em uma dimensão nacional. Ele incluiu cursos de extensão, pesquisas, elaboração de projetos de lei e deu-se, sobretudo, mediante duas atividades promovidas pela ABE: os chamados "inquéritos"[22] entre os líderes educacionais e as Confe-

---

frágeis, dependendo das vicissitudes do apoio do Estado. Floresceram, realmente, aquelas que se legitimaram em termos de uma utilidade prática imediata, como os dedicados ao combate das epidemias humanas e ao desenvolvimento da produção agrícola. Exemplos dessa tendência são o Instituto Agronômico de Campinas (1842), o Instituto Vacino gênico de São Paulo (1892), mais tarde transformado no Instituto Butantan. O mais famoso e bem-sucedido foi o Instituto Soroterápico de Manguinhos, depois Instituto Oswaldo Cruz, fundado em 1900. Para uma análise desse processo, ver Schwartzman, 1979.

[20] A intensa atividade da ABE, ao longo da década de 1920, foi interrompida com a Revolução de 1930. O novo governo, em seu início de 1931, parecia se apropriar das bandeiras que haviam mobilizado a entidade, estabelecendo a primeira legislação brasileira que previa a criação de universidades, mas rompendo, ao mesmo tempo, com uma tradição profundamente arraigada na tradição republicana brasileira ao permitir o ensino religioso nas escolas públicas. O futuro da ABE foi determinado, em parte, por essa circunstância, que refletia o renascimento do catolicismo militante no Brasil na década de 1920 e que acabou levando à sua cisão da associação no IV Congresso de Educação realizado em 1934. A partir daí, a entidade continua a patrocinar iniciativas isoladas. Durante o Estado Novo, a ABE praticamente suspendeu suas atividades para, em 1945, renascer com um caráter eminentemente político, muito distanciado de seu programa original. Para uma história da entidade (Paim, 1982).

[21] A Academia Brasileira de Ciência é a transformação que teve, em 1922, a antiga Sociedade Brasileira de Ciências, criada em 1916 e vinculada ao Instituto Franco-Brasileiro de Alta Cultura, entidade criada pelo governo francês, a exemplo que já havia sido feito em Buenos Aires e outras capitais (Paim, 1982).

[22] O objetivo dos inquéritos patrocinados pela ABE era "provocar o pronunciamento de grande número de pessoas previamente escolhidas", conforme o discurso de Levi Carneiro, ao assumir a presidência do órgão em

rências Nacionais de Educação[23]. Esse movimento possibilitou que se formasse e se difundisse entre os educadores brasileiros uma certa ideia de universidade que, de um modo ou de outro, acabaria se vingando na década seguinte.

Em 1920, já havia sido criada a Universidade do Brasil, e iniciativa anterior ocorrera no Paraná[24]. Porém, em ambos os casos, se tratava de reunir formalmente as escolas tradicionais já existentes. A nova proposta era diferente. Buscava-se criar um centro de elaboração, ensino e difusão da ciência. A universidade moderna deveria ser organizada:

> a) de maneira que se integrem num sistema único, mas sob direção autônoma, as faculdades profissionais (medicina, engenharia, direito), institutos técnicos especializados (farmácia, odontologia), e instituições de altos estudos (faculdades de filosofia e letras, de ciências matemáticas, físicas naturais, de ciências econômicas e sociais, de educação etc.),
>
> b) e de maneira que, sem perder o seu caráter de universalidade, se possa desenvolver, como uma instituição orgânica e viva, posta pelo seu espírito científico, pelo nível dos estudos, pela natureza e eficácia de sua ação, a serviço da formação e desenvolvimento da cultura nacional. (Nagle, 1974)

No curso dos debates, a autonomia da universidade era defendida como condição *sine qua non* para o êxito das reformas. Considerava-se que a ingerência do governo nos assuntos da universidade poderia atravancar o desenvolvimento da pesquisa científica.

Para Azevedo Sodré, um dos formuladores do projeto, a universidade brasileira deveria ser semioficial, dispor de autonomia didática e disciplinar tão completa quanto possível e de uma relativa autonomia administrativa. Ele entendia que

---

1925. Ao todo, foram realizados três. O inquérito de 1927 sobre a questão universitária brasileira foi dirigido por uma comissão integrada por professores e contou com o apoio de *O Jornal* e do *Jornal do Comércio*, do Rio de Janeiro, e de *O Estado de São Paulo*. As respostas, juntamente com as teses da comissão organizadora foram publicadas sob o título *O Problema Universitário Brasileiro*, RJ., A Encadernadora, 1929, 538 páginas. Os outros dois inquéritos, de 1926 e de 1927, tratavam, respectivamente, da instrução pública e do ensino secundário. Para uma análise mais detalhada, ver: Paim (1982).

[23] A primeira Conferência foi realizada, em 1927, em Curitiba. Belo Horizonte sediou a segunda Conferência, em 1928, e São Paulo, a terceira, em 1929. O tema "universidade" esteve presente em todos esses encontros e na ocasião do Congresso Nacional de Educação realizado em 1927, no Rio de Janeiro. Nesses encontros, o debate sobre a universidade girava em torno de três temas: a função da universidade (modalidade de ensino e tipo de formação), a autonomia da instituição e como essa deveria se estruturar internamente.

[24] A universidade do Paraná foi a primeira formalmente constituída no Brasil, em 1912, por um governo estadual. Ver: Cartaxo, 1946-47.

> [...] autonomia universitária absoluta em relação aos poderes públicos é uma aspiração incompatível com o conceito de Estado. A universidade brasileira deve viver de subvenções concedidas pelos poderes públicos, da renda de patrimônios que se for constituindo e de uma contribuição moderada e diferencial fornecida pelos alunos. (Sodré, p. 74 e 93 *apud* Nagle, 1974)

A questão da autonomia da universidade em relação ao Estado deveria ser tratada em diferentes níveis. Para o caso de escolha do reitor, a ideia era de que a entidade fosse consultada antes de uma nomeação pura e simples[25]. Não se tratava de excluir o Estado, mas de propor mecanismos que limitassem seu poder.

A UNIVERSIDADE DOS ANOS 1930: INOVAÇÃO E LIMITES

No Brasil, curiosamente, as ideias gestadas no período de liberdade política e efervescência social tendem a ser implementadas por regimes autoritários e centralizadores que lhes seguem. Antes mesmo de ser criada qualquer universidade desse novo estilo, o governo provisório de Getúlio Vargas, tendo fundado em 1930 o Ministério de Educação e Saúde, publicou uma lei que definia como a universidade deveria ser, a qual ficou conhecida com o nome do primeiro-ministro da Educação do país, como a "Reforma Francisco Campos".

Essa reforma estabelecia que o ensino superior deveria ser ministrado na universidade, a partir da criação de uma faculdade de Educação, Ciências e Letras. No que diz respeito à organização do sistema, a reforma previa duas modalidades de ensino superior: o sistema universitário (oficial, mantido pelo governo federal ou estadual, ou livre, mantido por particulares) e o instituto isolado. A administração central da universidade caberia ao conselho universitário e ao reitor, que passava a ser escolhido a partir de uma lista tríplice, medida que vigora até hoje. A reforma estabelecia também como deveria ser composto o corpo

---

[25] Azevedo Sodré resume, nos seguintes termos o entendimento alcançado sobre o assunto: "Sua direção deve caber ao reitor, assistido por um conselho universitário. O reitor será eleito por este conselho, com um mandato de três anos, podendo ser renovado. O conselho será constituído pelos diretores de faculdades e escolas filiadas à universidade, por um delegado do governo federal e outro do prefeito municipal para a Universidade do Rio de Janeiro, ou do governo estadual para as que se fundarem nos Estados. Farão parte deste conselho mais seis membros, estranhos ao magistério, com um mandato de [...] três anos, renovado pelo terço todos os anos, eleitos pelos antigos alunos diplomados que comparecerem às festas de encerramento dos cursos da universidade" (Sodré, p. 94, *apud* Nagle, 1974).

docente (catedráticos e auxiliares de ensino, submetidos a concursos, títulos e provas) e dispunha sobre questões como ensino pago, diretório de estudantes etc.

Apesar de todas essas disposições, a Reforma Francisco Campos fez pouco para colocar em prática o ideal de universidade que havia mobilizado intelectuais e educadores dos anos 1920, ainda que não tivesse se limitado a conservar o ensino superior nos moldes tradicionais. O cerne da reforma, a nova Faculdade de Ciências, tinha como principal objetivo a formação de professores para o ensino secundário e, apesar de essa missão não ser incompatível com a produção do conhecimento e a prática da pesquisa, acabou tendo maior prioridade[26].

Com isso, a universidade idealizada nos anos 1920, além de não ter encontrado sua expressão legítima na Reforma Francisco Campos, refletiu-se na política do governo Vargas ao longo de toda a década de 1930. Esse período assistiria à criação de dois projetos universitários que teriam continuidade, o da Universidade de São Paulo e o da Universidade do Brasil, e o projeto frustrado da Universidade do Distrito Federal, no Rio de Janeiro[27].

A história da Universidade do Distrito Federal dramatiza o conflito que houve nos anos 1930 entre os grupos laicos e politicamente liberais, à esquerda do espectro político, e o conservadorismo católico de direita. Francisco Campos, que, em 1937, redigiria a Constituição autoritária do Estado Novo brasileiro, foi o artífice da aproximação política entre Getúlio Vargas e a Igreja Católica, por meio de um pacto que daria à Igreja o controle do sistema educacional e ao Estado o apoio da Igreja. A universidade a ser estabelecida pelo governo central no Rio de Janeiro, a Universidade do Brasil, deveria ser uma instituição sob controle supervisão estrita da Igreja, enquanto a Universidade do Distrito Federal, sob a proteção do governo local, pretendia ser um centro de pensamento libertário e leigo. A ambiguidade que, porventura, existisse no governo Vargas entre suas

---

[26] O ministro Francisco Campos dizia temer a possibilidade de que as faculdades de ciências se "tornassem adorno ou decoração pretenciosa em casa pobre". Para ele, a universidade deveria ter uma função de caráter pragmático e de ação imediata. "Ao lado de órgão de alta cultura e ciência pura desinteressada, ele deverá ser, antes de tudo e eminentemente um instituto de educação, em cujas divisões encontrem todos os elementos próprios e indispensáveis a formar nosso corpo de professores, particularmente, os do ensino normal e secundário, porque deles, de modo próximo e imediato, depende a possibilidade de se desenvolver, em extensão e profundidade, o organismo ainda rudimentar de nossa cultura" (*apud* Azevedo, 1963, p. 395).
[27] Para a história dos projetos universitários da década de 1930, ver Schwartzman, Bomeny e Costa (1984); para a Universidade do Distrito Federal, ver Paim (1982).

facções à esquerda e à direita desapareceu em 1935, na repressão a uma insurreição comunista em alguns quartéis; pouco depois a Universidade do Distrito Federal foi fechada.

A Universidade de São Paulo tem uma história diferente e faz parte da resistência da elite paulista ao governo central no Rio de Janeiro, que teve seu ponto culminante com a Revolução Constitucionalista de 1932[28]. Em 1934, houve uma reconciliação entre as elites paulistas e o governo federal; nesse ano a Universidade de São Paulo foi criada, dentro das normas gerais da legislação de Francisco Campos, com uma Faculdade de Filosofia, Ciências e Letras, mas com uma orientação própria e grande autonomia. A Universidade do Brasil terminou por não cumprir o destino de Universidade Clerical ao qual estava destinada, mas sua Faculdade de Filosofia jamais chegou a desenvolver o ambiente de efervescência intelectual e de pesquisa científica que foram a marca da Faculdade paulista.

As novas universidades, desse modo, não se constituíram a partir de demandas de amplos setores da sociedade nem de reivindicações do pessoal das instituições de ensino superior existentes. Foi antes uma iniciativa de grupos de políticos, intelectuais e educadores nem sempre ligados ao ensino superior. A universidade se implantou por meio de confrontos, negociações e compromissos, que envolviam intelectuais e setores dentro da própria burocracia estatal. Esse processo foi extremamente complexo, pois se deu em um momento de mudança de regime político de modo que os proponentes da reforma se encontravam ora integrados nos grupos dominantes, ora em oposição a ele.

O compromisso, por meio do qual as universidades são criadas, consiste em um modelo institucional que preserva boa parte da autonomia das antigas escolas, mas acrescenta uma unidade que traz uma formação nova: as faculdades de filosofia, ciências e letras. Nesse sistema, a universidade se apresenta como uma aglutinação de escolas isoladas, em que uma das quais se constitui como uma mini universidade[29]. Ao incorporar

---

[28] Para uma análise do papel singular de São Paulo na sociedade e no sistema político brasileiro, cf. Schwartzman (1982b).

[29] A formação de uma faculdade filosofia não é por si suficiente para a institucionalização da pesquisa. Na Universidade de São Paulo, a existência de um projeto político por parte das elites dirigentes foi o que estimulou o desenvolvimento da pesquisa e o fez por meio de dois mecanismos: a maciça importação de professores estrangeiros e a adoção do sistema de tempo integral, que, inicialmente implementado na faculdade de medicina acabou se estendendo gradualmente ao conjunto da universidade. A exigência de titulação acadêmica, com a institucionalização do doutoramento, a manutenção de critérios severos e exigências de tese para a livre docência e para o concurso de cátedra exerceram uma pressão constante no sentido de promover a produção científica.

os interesses dos integrantes do sistema anterior, as universidades não tiveram que se confrontar com interesses estabelecidos e continuaram a atender a uma sociedade que continuou prestigiando o antigo modelo de faculdades orientadas para a formação de profissionais liberais[30]. A esse pecado original é atribuída grande parte das dificuldades de implantação da pesquisa nas universidades recém-criadas, embora fosse esse um dos objetivos centrais do novo sistema[31].

Em síntese, a criação da universidade no Brasil foi um processo de sobreposição de modelos do que de substituição. O antigo modelo de formação para profissões foi preservado. O modelo de universidade de pesquisa acabou sendo institucionalizado de modo muito parcial e apenas em algumas regiões do país, sobretudo naquelas mais desenvolvidas. A fundação da USP é um exemplo. Ela encontrou sólido apoio nos setores produtivos do Estado de São Paulo, preocupados com a formação de novas elites — os quadros para a transformação da economia e da burocracia estatal e da política que estava em curso, e dentro dos quais o estado pretendia desempenhar um papel central. Contudo, mesmo nas regiões em que a universidade não conseguiu institucionalizar a pesquisa, as faculdades tiveram um papel importante, contribuindo para alargar o horizonte intelectual da formação universitária e ampliar o acesso ao ensino superior. Além disso, por meio de seu aproveitamento para a formação de professores dos ginásios e escolas normais, estabeleceram um vínculo entre os diferentes níveis do ensino público, num quadro de transformação de todo o sistema educacional. Essas novas oportunidades de acesso ao ensino superior e de carreira no magistério ajudaram a criar uma demanda que foi amplamente explorada pelas novas classes médias urbanas em formação. Por isso, e apesar de tudo, a universidade da década de 1930 representa uma democratização, ainda que relativa, do ensino superior brasileiro.

---

[30] A ideia de que a Faculdade de Filosofia aglutinaria, de alguma forma, as escolas profissionais, seria completamente frustrada, já que as antigas faculdades retiveram sua autonomia e rejeitaram, sistematicamente, a presença dos "filósofos". Outra das dificuldades iniciais da nova faculdade de filosofia foi exatamente atrair alunos que justificassem a manutenção dos cursos. Por isso, essa faculdade, concebida inicialmente como um centro de altos estudos, acabou por incorporar uma função profissionalizante — a formação de professores para o ensino médio.

[31] Entrevista com Eunice Ribeiro Durham. Segundo Durham, por não fazer parte das demandas imediatas articuladas pelos segmentos da sociedade, a pesquisa só se institucionalizou e sobreviveu em lugares onde foi possível uma aliança entre grupos intelectuais emergentes, abertos à influência da comunidade científica internacional, e setores da classe dirigente e do Estado, sensíveis à influência desses grupos. Em resumo, a pesquisa, sendo uma necessidade difusa da sociedade, dependia fortemente de um apoio governamental, único lugar onde essa demanda poderia se cristalizar.

DOS ANOS 1940 AOS 1960: A CRISTALIZAÇÃO DO MODELO UNIVERSITÁRIO

Nos cerca de 20 anos que se seguiram à implantação das primeiras universidades, o ensino superior não experimentou nenhum crescimento mais significativo, sobretudo se compararmos o período seguinte. Também não ocorreram reformas de grande magnitude em seu formato, se pensarmos na instituição da organização universitária da década de 1930, mas foi justamente nesse período que o sistema ganha corpo, com o desenvolvimento da rede de universidades federais, o estabelecimento da Pontifícia Universidade Católica do Rio de Janeiro, a primeira de uma série de universidades católicas e particulares que viria se implantar, com um amplo sistema estadual em São Paulo e a criação de outras instituições menores, estaduais e locais, em outras regiões.

O desenvolvimento do sistema federal, a partir de 1945, se deveu, em grande medida, à federalização de algumas universidades estaduais criadas nas décadas de 1930 e início dos anos 1940, concomitantemente à difusão da ideia de que cada Estado da federação tinha o direito pelo menos a uma universidade federal. A criação da primeira universidade católica assinalou a falência do pacto entre Estado e Igreja, estabelecido a partir de 1931 e levou a Igreja a buscar seus próprios caminhos.

Tabela 2 – Evolução das Matrículas em Estabelecimentos Públicos e Privados – Brasil, 1940- 1960

Ano	Total de Matrículas	% de Crescimento	Matrículas em Instituições Privadas	% das matrículas Privadas sobre Total
1940	27.671	--	--	--
1950	48.999	--	--	--
1954	64.645	--	26.905	41,6
1955	72.652	12	30.755	42,3
1956	78.659	8	38.362	48,8
1957	79.505	1	38.051	47,9
1958	84.481	6	37.570	44,5
1959	87.603	4	38.562	44,0
1960	93.202	7	41.287	44,3

Fonte: Levy (1986)

De acordo com a Tabela 2, o número de matrículas, entre 1940-1960, passou de 27.671 para 93.202, ou seja, aumentou em mais de três vezes. A população do país, nesse mesmo período, cresceu de 41.2 para 70.1 milhões, ou 70%. Em um intervalo de seis anos, entre 1954 e 1960, o número de matrículas em instituições privadas passou de 26.905 para 41.287, representando cerca de 44.3% sobre o total.

Esse aumento de matrículas não significa que houve uma expansão intencional do sistema; o que estava ocorrendo nesse período era um ajustamento entre a demanda crescente dos setores médios, produto do processo de desenvolvimento urbano-industrial, e um modelo de ensino superior que, longe de ser único, estava processando sua própria diversidade. Nessa lógica, é menos importante o quanto cresceu, mas o modo como se dava esse crescimento, mediante a sobreposição de modelos — o da formação para profissões tradicionais e o de pesquisa dos anos 1930 — e da diferenciação institucional, sobretudo se considerarmos o tipo de dependência administrativa dos estabelecimentos (públicos, estaduais e federais e privados, laicos e religiosos) que estavam sendo criados.

O MOVIMENTO PELA REFORMA UNIVERSITÁRIA NA DÉCADA DE 1960

No final da década de 1950, esse modelo híbrido, resultado de um compromisso entre concepções antagônicas de ensino superior, já dava sinais de tensão. Nos 30 anos que se seguiram à criação das primeiras universidades, a sociedade mudou rapidamente, e se ampliaram extraordinariamente os setores médios próprios de uma formação social industrial e urbana. As demandas dessas camadas em ascensão foram, inicialmente, pela ampliação do ensino público de grau médio. A satisfação dessa necessidade, ainda que limitada a setores relativamente restritos da sociedade, criou uma nova clientela para o ensino superior. O desenvolvimento das burocracias estatais e das empresas de grande porte abriu um novo mercado de trabalho, disputado pelas classes médias. O diploma de ensino superior constituía uma garantia de acesso a esse mercado. Era a demanda por ensino, e até mesmo pelo diploma, que impulsionava as demandas por transformações da década de 1960.

Em certo sentido, repetia-se, nos anos 1950, o movimento da década de 1920, colocando a questão da reformulação de todo o sistema educacional. No bojo desse movimento, colocava-se a questão da reforma da universidade. Os ideais propostos eram, em grande parte, uma retomada das ideias de 1920, modificadas agora pela influência da organização das universidades americanas.

Três críticas fundamentais recaiam sobre a estrutura universitária vigente: a primeira se dirigia à instituição da cátedra; a segunda, ao compromisso efetuado em 1930 com as escolas profissionais, que criara uma universidade compartimentalizada, isolando professores e alunos em cursos especializados em escolas diferentes; e a terceira ao aspecto elitista da universidade, que continuava atendendo a uma parcela mínima da população, sobretudo dos estratos altos e médios urbanos.

O sistema de cátedra — em que cada matéria ou área do conhecimento é de responsabilidade de um professor vitalício, o catedrático, que tem o poder de decisão, escolhe e demite seus auxiliares — era percebido como um obstáculo a quaisquer tentativas de organizar uma carreira universitária. Em sua substituição, propunha-se a organização de departamentos nos moldes da universidade americana e a organização da carreira aberta, determinada pela titulação acadêmica, que abriria espaço para jovens formados no exterior ou nos poucos centros de pesquisa do país. O catedrático passou a simbolizar universidade rígida, antiga, autoritária e atrasada, que atraía a oposição não só dos jovens pesquisadores, mas também do movimento estudantil, que começava a incorporar os ideais da modernização e do desenvolvimento a partir da mobilização das massas, dos intelectuais e dos conhecimentos da ciência e da tecnologia modernos. A nova universidade, pela qual se batiam intelectuais e estudantes nos anos 1950 e 1960, seria popular, deselitizada, organizada por departamentos que decidiriam tudo em conjunto, e livres dos velhos catedráticos e do poder das antigas faculdades.

A REFORMA DE 1968

A reforma promulgada pelo governo federal, em 1968, correspondia a uma versão conservadora do projeto proposto por Darcy Ribeiro para a Universidade de Brasília, que incorporava muitas das novas ideias do movimento docente e estudantil. Foi, por isso mesmo, extensa e profunda. Entre outras medidas, ela:

1. aboliu a cátedra e instituiu os departamentos como unidades mínimas de ensino e pesquisa;

2. implantou o sistema de institutos básicos;
3. estabeleceu a organização do currículo em duas etapas, o básico e o de formação profissionalizante;
4. decretou a flexibilidade curricular com o sistema de crédito e a semestralidade;
5. estabeleceu o duplo sistema de organização: um, vertical, passando por departamentos, unidades e reitoria; outro horizontal, com a criação de colegiados de curso, que deveriam reunir os docentes dos diferentes departamentos e unidades responsáveis por um currículo.

Dentro desse esquema, era possível organizar uma universidade bastante próxima dos ideais dos movimentos estudantis e docentes. Porém, na prática, as coisas funcionaram de modo diverso. O novo modelo foi implantado, a partir de 1969, sob um regime político extremamente autoritário, que mantinha as universidades sob intensa suspeita e vigilância policial. As antigas escolas profissionais resistiram com sucesso à sua dissolução em institutos e departamentos, e havia, no fundo, uma contradição insolúvel entre os ideais de democratização e participação estudantil das universidades e o modelo de universidade de elite que havia sido copiado das "research universities" norte-americanas, e implantado, por um ato legal, para todo o país.

Para a análise dos descaminhos dessa reforma, dois processos — um de caráter endógeno e outro, exógeno — ao sistema de ensino superior, devem ser considerados: o primeiro vincula-se ao momento de repressão política no qual se processou a reforma, que acabou levando a uma deslegitimação do próprio sistema; o segundo se refere à expansão do sistema, ou seja, ao modo pelo qual o governo atendeu à explosiva demanda por ensino superior que havia sustentado o movimento de 1968.

OS ANOS 1960: REPRESSÃO E EXPANSÃO

Para os especialistas em ensino superior, os anos 1960 foram, não só para as universidades do Brasil como também para as da América Latina, anos de repressão e expansão.

A repressão política nas universidades derivou da confrontação estudantil e, eventualmente, docente com os regimes militares que emergiram relativamente na mesma época em alguns países latino-americanos — Argentina, depois de 1966, Brasil, no início de 1964, mas intensificado em 1969, Chile, em 1973, não esquecendo o massacre dos estudantes na Cidade do México em 1968. Para os militares, sobretudo no início, os problemas do ensino superior eram uma questão de polícia e disciplina. Com diferentes ênfases em um e outro país, reitores eleitos foram substituídos por coronéis, professores foram demitidos, estudantes foram presos, as ciências sociais acabaram sendo banidas, e a educação cívica obrigatória foi introduzida. Amplos setores das universidades foram destruídos e desmoralizados, enquanto milhares de estudantes se engajaram na guerrilha urbana (Schwartzman, 1990).

Paradoxalmente, entretanto, a universidade recriada pela reforma de 1968, em um período de acirramento da repressão política-ideológica no país, incluía medidas de efetiva democratização interna e substancial aumento da participação de estudantes e docentes na gestão da instituição. Incluía ainda medidas que promoviam o fortalecimento de valores acadêmicos (a estruturação da carreira e a valorização da pesquisa). Devido à profunda cisão entre as bases desse sistema (alunos e docentes) e o governo militar, a nova estrutura universitária, exatamente na medida de sua vocação democrática e fortalecimento de valores acadêmicos, dificultava o controle ideológico e político por parte do regime autoritário. Em função disso, montaram-se mecanismos paralelos não acadêmicos de controle político-ideológico que se constituíram como elemento corruptor e perturbador de todo o sistema, enfraquecendo os sistemas de mérito, que a estruturação da carreira deveria revigorar, destruindo a autonomia e fortalecendo os sistemas de cooptação e clientelismo. Nesse processo, docentes e estudantes refugiaram-se numa postura de oposição intransigente e, atribuindo "à ditadura" todos os males da universidade, eximiram-se de uma reflexão mais aprofundada sobre os problemas que ela enfrentava[32].

O segundo processo diz respeito ao modo pelo qual o governo atendeu à explosiva demanda por ensino superior. Isso foi feito de duas maneiras: pela ampliação das vagas no ensino público e pelo estímulo à expansão do setor privado.

A expansão de ensino superior que se inicia nos anos 1960 e se intensifica ao longo da década de 1970 é um fenômeno bastante conhecido.

---

[32] Uma das expressões simbólicas dessa resistência ao regime é a defesa, por partes dos docentes, de um igualitarismo radical que contribui, de outro modo, para deslegitimar os valores acadêmicos relacionados ao reconhecimento do mérito e da competência. (Entrevista com Eunice R. Durham.)

Em cerca de 20 anos, o número de matrículas no ensino superior foi de 93.902 (1960) para 1.345.000 (1980), sendo os anos de 1968, 1970 e 1971 os que apresentam as maiores taxas de crescimento (Tabela 3).

Tabela 3 – Evolução das Matrículas em Estabelecimentos Públicos e Privados: Brasil 1960- 19800

Ano	Total de Matrículas	% de Crescimento	Matrículas Instituições Privadas	% das Matrículas privadas sobre o total
1961	98.892	6	43.560	44,0
1962	107.299	9	43.275	40,3
1963	124.214	16	47.428	38,2
1964	142.386	15	54.721	38,4
1965	155.781	9	68.194	43,8
1966	180.109	16	81.667	45,3
1967	212.882	18	91.608	43,0
1968	278.295	31	124.496	44,7
1969	342.886	23	157.826	46,0
1970	425.478	24	214.865	50,5
1971	561.397	32	309.134	55,1
1972	688.382	23	409.971	59,6
1973	772.800	12	472.721	61,2
1974	937.593	21	596.565	63,6
1975	1.072.548	14	662.323	61,8
1976	1.044.472	--	648.862	62,1
1977	1.137.070	9	708.554	62,3
1978	1.267.559	11	779.592	61,5
1979	1.298.331	2	808.253	62,3
1980	1.345.000	4	852.000	63,3

Fonte: Levy (1986)

Essa expansão acelerada teve como resultado o afastamento cada vez maior do modelo único para o qual a legislação de 1968 julgava que o ensino superior deveria convergir. Esse afastamento se deu em diferentes planos, teve um lado perverso e outro nem tanto, se pensarmos que acabou moldando um sistema de ensino superior cujas características são coerentes com o Brasil como um todo, uma sociedade profundamente diferenciada e desigual em termos geográficos, sociais, econômicos e culturais (Schwartzman, 1990).

No setor público, a ampliação do sistema se deu mediante a multiplicação do mesmo elenco restrito de cursos, o que resultou na ampliação dos quadros docentes e das possibilidades de manipulação clientelística dessas oportunidades de emprego. Por outro lado, como essa expansão se deu dentro dos rígidos sistemas de controle burocráticos que impediam a flexibilidade necessária para a reorganização do corpo docente, acabou gerando sistemas paralelos de contratação, produzindo uma enorme heterogeneidade na remuneração do trabalho.

As diferentes faces desse processo contribuíram para desvalorizar ainda mais os critérios acadêmicos: pela absorção de pessoal pouco qualificado; pela manipulação de influências clientelísticas e políticas nas contratações e pela introdução de diferenciais de remuneração e de condições de trabalho que nada tinham a ver com exigências de competência e desempenho. As bases acadêmicas da carreira universitária, instituídas pela reforma, foram solapadas. A regularização dessa situação, em 1980, feita para atender às demandas mais corporativas do corpo docente acabou por destruir, na prática, todo o sistema de mérito fundado na titulação.

Contudo, a expansão do setor público atendeu apenas a uma parte da demanda crescente, a outra foi absorvida pelo setor privado, que experimentou enorme crescimento. Se, em 1960, as matrículas em instituições privadas representavam 44,3% do total de matrículas no ensino superior, em 1980, elas passaram a representar 63/3% (852.000) (Tabela 3), o que corrobora a tese de que o aumento do estudantado de ensino superior se deu acima de tudo pela expansão do setor privado (Tabela 4).

Tabela 4 – Distribuição das matrículas de nível superior, por dependência administrativa e tipo de instituição (universidades e outras) – 1988

Dependência administrativa	Universidades	Total
Federais	96%	317.831
Estaduais	68%	190.736
Municipais	22%	76.784
Particulares	35%	918.209
Total	51%	1.503.560

Fonte: Schwartzman (1990b)

A expansão de estabelecimentos privados e não universitários é governada pelas leis do mercado e está, portanto, condicionada aos elementos mais imediatos da demanda social, que se orienta no sentido da obtenção do diploma. Cria-se, assim, um sistema empresarial de ensino no qual a qualidade da formação oferecida é secundária, e a pesquisa totalmente irrelevante[33].

Essa forma de atendimento da demanda, que afeta tanto o sistema público como o privado, reforça componentes extremamente conservadores na medida em que associa a formação universitária ao acesso a profissões regulamentadas e se apoia na tentativa de preservar ou conseguir posições de privilégio. Reforça também as pressões no sentido da regulamentação das profissões, fortalecendo as tendências cartoriais da burocracia estatal e os componentes hierárquicos da vida social. Como o mercado de trabalho não pode se estruturar dessa maneira, esse tipo de atendimento alimenta uma ilusão e deforma o sistema de formação em nível superior.

Essas considerações evocam o lado perverso do afastamento do modelo único implantado em 1968. Esse processo, entretanto, é mais complexo. O ensino superior brasileiro, que ainda obedece à legislação da Reforma de 1968, é hoje um sistema que, como qualquer outro sistema de ensino de massa, tende inevitavelmente a uma pluralidade de formas e

---

[33] Cerca de 60 mil professores atendem em torno de 850 mil estudantes nas instituições privadas. A maior parte trabalha em tempo parcial, não é adequadamente qualificada e tem que acumular muitas horas/aula em várias instituições para sobreviver.

funções. Essa situação deve ser reconhecida, sobretudo pelos especialistas e legisladores, como expressão de diferenciações reais; caso contrário, as diferenças existentes, resultado do afastamento do modelo único da reforma de 1968, continuarão a ser ignoradas, ou atribuídas a deficiências do subdesenvolvimento, a serem superadas no futuro (Schwartzman, 1990).

BALANÇO DA EDUCAÇÃO BRASILEIRA HOJE E PERSPECTIVAS FUTURAS

As transformações que ocorreram no sistema de ensino superior brasileiro, nos últimos 30 anos, são parte de um processo mais amplo de modernização que atingiu todos os países onde os segmentos médios da sociedade são significativos e seus sistemas educacionais são minimamente estruturados. A busca por universidades por parte de jovens provenientes de famílias sem tradição em instrução de nível superior ou ainda por pessoas mais velhas que buscam ensino superior com o objetivo de se "ilustrar" ou melhorar sua posição no emprego, bem como a ampliação do contingente feminino em cursos antes predominantemente masculinos são fenômenos que ocorreram por toda parte. Os sistemas universitários tornaram-se organizações complexas; ao lado dos cursos tradicionais, destinados antes às elites, surgiram novas modalidades de ensino, com objetivos mais imediatos e com um acentuado caráter ainda experimental, que passaram a incorporar novos contingentes populacionais. Dentro desse quadro de transformações gerais, pelas quais passaram diversos sistemas de ensino superior, inclusive o do Brasil, a evolução da educação superior brasileira apresenta algumas peculiaridades.

A. Diferenças institucionais e organizacionais

A primeira delas, já analisada, diz respeito ao fato de a expansão do ensino superior brasileiro ter se dado primordialmente pela ampliação do setor privado. Esse setor, hoje, responde pela maioria das matrículas existentes nos cursos superiores (Tabela 3). Embora esse aspecto tenha correspondência em outros países[34], no Brasil, sobretudo nos últimos anos, ele revela a incapacidade do sistema público em atender à demanda crescente por educação superior de setores socialmente ascendentes.

---

[34] Enquanto a maioria dos países europeus tem sistemas educacionais quase 100% públicos, os Estados Unidos, o Japão e vários países latino-americanos e asiáticos possuem setores privados bastante amplos.

B. Diferenças regionais

A segunda característica dessa evolução diz respeito às profundas diferenças regionais que o sistema apresenta, ou seja, o contraste entre os estados do sul, mais especificamente o estado de São Paulo, e os demais estados do país. São Paulo é o estado mais industrializado, englobando cerca de um quinto de sua população e um terço das matrículas do sistema nacional de ensino superior. Foi também nessa região que a dupla natureza do ensino superior brasileiro se desenvolveu de forma mais completa. No estado de São Paulo, proporcionalmente, o número de matrículas em universidades públicas é menor do que o de outras regiões, mas suas universidades são, de longe, consideradas as melhores, enquanto seu setor privado é muito mais complexo e diferenciado.

Também quase não há universidades federais em São Paulo, além da pequena Universidade de São Carlos, fortemente voltada para as engenharias, e a Escola Paulista de Medicina, ambas consideradas como de alto nível de qualificação. Essa situação contrasta com a da região mais pobre do país, o Nordeste, onde cerca de 70% dos estudantes estão matriculados em universidades federais, cujos padrões acadêmicos são normalmente inferiores (Paul; Wolynec, 1990) (Tabelas 5 e 6).

Tabela 5 – Diferenças geográficas no ensino superior brasileiro

	% no Estado de São Paulo	% em todos os outros Estados
Matrículas em Programas de Pós-Graduação	43.5	56.5
Instituições com nível de Doutoramento	42.9	57.1
Matrículas em Instituições Privadas	42.5	57.5
Matrículas em Instituições Estaduais	38.2	61.8
Matrículas em áreas biológicas e Tecnológicas	33.2	68.6
% sobre o total de matrículas (1983)	31.4	68.6
Matrículas em universidades	19.9	80.1
Professores c/ tempo integral s/ Pós-graduação	17.5	82.5
Matrículas em Estabelecimento Federais	1.2	98.8

Fonte: Schwartzman (1988); MEC/SEEC (1985)

Tabela 6 – Distribuição geográfica da produção científica no Brasil

	Estado de São Paulo	Outros Estados	Total
Artigos Publicados em periódicos internacionais (1982)	45.5%	54.5%	1,970
Artigos no Current Contents. (1973 – 1978)	59.7%	40.3%	3,296

Fonte: Schwartzman (1988), calculada a partir de dados de Castro (1986)

C. Diversificação das carreiras

A essas diferenças regionais, soma-se outra característica do padrão de desenvolvimento do ensino superior no Brasil, que veio acompanhada de um conjunto de novas carreiras, sobretudo nas áreas sociais e em novas áreas profissionalizantes[35]. Nessas áreas, principalmente, verificou-se a expansão do setor privado. Típicos do início dos anos 1970 são os cursos de Psicologia, Ciências Contábeis, Administração e Ciências Sociais Aplicadas. Essas carreiras absorveram, em 1988, quase 600 mil estudantes em cursos predominantemente noturnos, com uma forte participação feminina e localizados nas regiões Sudeste e Sul (ver Quadro 1 e Tabelas 7, 8 e 9).

Quadro 1 – Principais carreiras do ensino superior brasileiro (com mais de 2 mil matrículas em 1988), pela época de fundação

Carreiras tradicionais (até 1970 exclusive)
Farmácia, medicina, odontologia, música, filosofia, direito, medicina veterinária, biblioteconomia, ciências sociais, engenharia, ciências econômicas, agronomia, serviço social, física, química, geografia, história, química industrial, geologia, letras, matemática, economia doméstica, enfermagem e obstetrícia, comunicação social
Carreiras modernas (entre 1970 e 1975 exclusive)
Arquitetura e urbanismo, pedagogia, ciências biológicas, educação física, ciências contábeis, psicologia, administração, educação artística, estudos sociais, nutrição, magistério de ciências, estatísticas.

---

[35] Tomando hoje os 4.200 cursos existentes no ensino superior, é possível distinguir com que características eles tenderam a ser criados em diferentes momentos no tempo e classificá-los em três setores: o tradicional, o moderno e o recente. Essa análise foi realizada por Schwartzman (1990b), a partir de dados do Serviço de Estatística do MEC para o ano de 1988.

Cursos recentes (1975 e após):
Engenharia florestal, comunicação visual, artes práticas (licenciaturas de 1º grau em artes industriais, educação para o lar, técnicas agrícolas e comerciais), turismo, desenho industrial, zootecnia, formação de professores do currículo especial do 2º grau, terapia ocupacional, construção civil, fisioterapia, fonoaudiologia, secretário executivo, processamento de dados, ciências da computação.

Fonte: a partir de Schwartzman (1990b)

Tabela 7 – Características das carreiras tradicionais, modernas e recentes

	Carreiras tradicionais	Carreiras modernas	Carreiras recentes
Número de matrículas	840.600	594.593	84.099
Ano médio de início de funcionamento	1960	1970,2	1977,8
% média de matrículas noturnas	44%	66%	48%
% média de mulheres ingressantes	47%	58%	50%

Fonte: a partir de Schwartzman (1990b)

Tabela 8 – Carreiras por áreas de conhecimento

Área de conhecimento	Carreiras Tradicionais	Carreiras Modernas	Carreiras Recentes	Total
C. Exatas	36.9%	43.8%	19.3%	605
C. Biológicas	---	100.0%	---	76
Engenharias	75.9%	6.4%	17.6%	187
C. da Saúde	57.1%	26.9%	7.5%	513
Agrárias	55.1%	7.5%	37.4%	147
Soc. Aplicadas	46.6%	43.1%	10.3%	1.170
C. Humanas	40.3%	56.1%	3.6%	1.077
Letras e Artes	79.0%	19.4%	1.5%	520
Ciclo Básico	---	100.0%	---	5
Total	2129	1716	455	4.300

Fonte: a partir de Schwartzman (1990b)

Tabela 9 – Características gerais de 4.300 carreiras de nível superior

Região	Tradicionais	Modernas	Contemporâneas	Total de cursos
Norte	52,2%	33,6%	14,2%	134
Nordeste	54,8%	35,2%	10,1%	714
Sudeste	47,7%	40,9%	11,4%	2.237
Sul	48,0%	42,4%	9,6%	908
Centro-Oeste	53,4%	39,4%	7,2%	307
Total	**49,5%**	**39,9%**	**53,4%**	**4.300**
Dependência Administrativa				
Federal	60,0%	29,2%	10,8%	1.060
Estadual	53,3%	35,8%	48,7%	600
Municipal	46,5%	48,7%	4,8%	273
Privada	43,9%	44,8%	11,3%	2.151
Sem inf.	47,2%	44,0%	8,8%	216
Total	**49,5%**	**39,9%**	**10,6%**	**4.300**
Natureza do estabelecimento				
Universidade	56,6%	32,1%	11,3%	2.097
Não Universidade	42,8%	47,3%	9,9%	2.203
Total	**49,5%**	**39,9%**	**10,6%**	**4.300**

Fonte: a partir de Schwartzman (1990b)

Na segunda metade da década de 1970, surgiu uma nova leva de cursos: carreiras fortemente profissionalizantes, do tipo "vocacional", em áreas como engenharia florestal, comunicação visual, turismo, processamento de dados e ciência da computação. O número de alunos nessas carreiras ainda é pequeno; somente 84 mil em 1988, e, ao contrário das carreiras "modernas", não havia tanta concentração em cursos noturnos e matrículas femininas; eles ocorriam relativamente mais no Norte e Nordeste do que em outras regiões (Quadros 1 e Tabelas 7 a 9).

Essas carreiras mais recentes — criadas no período pós 1970 — apresentam características bastante próprias se compararmos com o setor tradicional do ensino superior, ou seja, aquele setor formado por carreiras cujos cursos foram instituídos antes de 1970. Esse setor, que inclui, por exemplo, cursos de Farmácia, Medicina, Odontologia, Direito, Engenharia, Letras, Geografia e História, tendem a ter um número maior de homens e são preferencialmente diurnos e públicos. É ainda hoje o setor mais procurado do setor universitário, absorvendo cerca de 840 mil matrículas, quase 60% do total do país (Quadros 1 e Tabelas 7 a 9).

D. Sistema universitário e educação secundária

Outra peculiaridade do ensino superior brasileiro é que, apesar de toda sua expansão nos últimos anos, a percentagem hoje de pessoas entre 20 e 24 anos que estudam nas universidades brasileiras é bastante baixa, tanto em relação aos países mais desenvolvidos quanto, inclusive, aos demais países latino-americanos. Enquanto o número de universitários tem se mantido estável nos últimos dez anos, em torno de 1,5 milhões de alunos, para esse mesmo período, o número de jovens entre 20 e 24 anos aumentou cerca de 20% (de 11 para 13 milhões)[36]. Dados do Banco Mundial indicam que no Brasil apenas 11% da população nessa faixa etária ingressam no ensino superior, ao passo que países como Chile, Argentina, Coreia e EUA apresentam índices mais altos da ordem de 18%, 39%, 36% e 60% respectivamente (Tabela 10).

A principal razão dessa situação são as dimensões reduzidas do sistema brasileiro de educação secundária, que deixa de fora a maioria da população em idade escolar. Dos que chegam a se formar, uma taxa relativamente alta (28%) ingressa na universidade, uma cifra não muito distante dos que apresentam a Espanha e a França, onde esse percentual se situa em torno de 33%.

---

[36] Dados do Instituto Brasileiro de Geografia e Estatística.

Tabela 10 – Percentagem de estudantes na faixa etária matriculados na educação secundária e superior, diversos países, 1987

País	A: educação média	B: educação superior	B/A
Brasil	39%	11%	28%
Chile	70%	18%	25%
México	53%	16%	30%
Polônia	80%	18%	22%
Argentina	74%	39%	52%
Coréia	88%	36%	41%
Espanha	102%	30%	30%
França	92%	31%	33%
USA	98%	60%	61%

Fonte: extraída de Banco Mundial, *Relatório Sobre o Desenvolvimento Mundial 1990*, Tabela 29

CONCLUSÕES

Este estudo procurou apresentar um quadro das transformações do ensino superior, desde sua constituição até os últimos anos. Esse quadro pode ter seus resultados avaliados em duas perspectivas: a da implementação das políticas e a da evolução do sistema com ênfase em suas características atuais.

Da perspectiva da implementação das políticas, o quadro histórico do ensino superior brasileiro revelou alguns traços bastante peculiares.

Em comparação com muitos outros países latino-americanos, o Brasil nunca presenciou os conflitos intensos entre Igreja e Estado na constituição de seu ensino superior, talvez pela própria ausência de uma tradição de universidades católicas. O ponto mais alto desse conflito se deu com o fechamento da Universidade do Distrito Federal e a criação da Universidade do Brasil, sob forte influência da Igreja Católica conservadora. No entanto, o controle da Igreja sobre a Universidade do Estado não teria como se materializar em época já tão adentrada do século XX, e, a partir da década de 1940, a Igreja Católica opta pela criação de uma universidade própria, que depois se estende a uma rede de universidades católicas no país. Apesar de suas origens confessionais, no entanto, essas universidades pouco distinguem pelo conteúdo das demais instituições de ensino superior do país, e a questão do conflito Igreja-Estado se transforma, principalmente, na questão dos eventuais subsídios do governo federal ao ensino privado, confessional ou não.

Segundo, existe uma tensão histórica entre o governo central e os estados, que encontra seus extremos no período imperial — quando todas as iniciativas eram do governo central — e o primeiro período republicano, quando todas as iniciativas eram estaduais. Apesar da grande centralização política que ocorre na década de 1930, o governo federal não consegue impor uma política centralizada para todo o ensino superior, graças à resistência de São Paulo e a iniciativas de outros estados, que, de uma forma ou de outra, deram início a seus próprios sistemas universitários. Em 1945, o regime democrático foi restabelecido, mas o peso crescente do governo federal fez com que muitas universidades criadas timidamente pelos estados buscassem, e conseguissem, passar para a jurisdição do governo federal. É assim que o governo central, que na década de 1930 pretendia ter somente uma universidade padrão, a Universidade do Brasil, cujo modelo seria imposto ao resto do país, terminou com uma rede de dezenas de instituições em todo o território nacional, que tem que administrar e financiar. A partir da reforma de 1968, o governo central assumiu novo papel de liderança, pela introdução da reforma, pela repressão dos primeiros anos da década de 1970 e pela criação da rede de programas de pós-graduação e pesquisa nos anos posteriores. Apesar disso tudo, sistemas estaduais continuam a existir, e a marca principal do ensino superior público brasileiro é o contraste entre o sistema federal e o sistema paulista, que concentra os principais programas de pós-graduação e pesquisa, e os cursos profissionais mais prestigiados do país.

A terceira característica é o grande tamanho que assume o ensino privado, que não se confunde, a não ser em pequena parte, com o ensino religioso. As principais características do setor privado são conhecidas. Ele se desenvolve principalmente nas regiões mais desenvolvidas, busca as áreas mais "soft", que requerem menos investimentos em equipamentos e laboratórios, e cresce, em grande parte, como resposta às expectativas otimistas dos anos 1970 e aos privilégios credencialistas conquistados pelas classes médias em ascensão. É nesse setor que existe maior competitividade na educação superior brasileira, mas, ao contrário do que possa ocorrer, por exemplo, nos Estados Unidos, essa competitividade não leva necessariamente à melhoria da qualidade, já que o que se disputa é um alunado de baixo poder aquisitivo e educação prévia de má qualidade. Existe, no entanto, grande diversidade de instituições nesse conjunto — universidades confessionais, comunitárias, técnicas, empresariais — que nunca foram objeto de maior pesquisa e estudo. Apesar da ideia generalizada de que elas não têm qualidade e podem ser até mesmo prejudiciais, o fato é que elas vendem um serviço que é consistentemente procurado e comprado, e isso deve ter algum valor para os compradores[37].

A quarta característica, que se acentua a partir de 1968, é o contraste entre o modelo "francês", de ensino superior organizado por meio de faculdades profissionais, e o modelo "americano", que caracteriza o sistema de pós-graduação estabelecido no período mais recente. Essa contradição explica, em parte, as dificuldades de implementação de alguns dos ingredientes básicos da reforma de 1968, como o ciclo básico e o sistema de crédito, assim como boa parte dos problemas vividos hoje pelos programas de pós-graduação, muitos dos quais não conseguem resolver de forma satisfatória a contradição entre orientações acadêmicas e de especialização profissional.

Esses componentes históricos, da perspectiva de implementação das políticas, têm grande relevância e não podem ser olvidados, sobretudo quando se avalia hoje, buscando perspectivas futuras, a existência de um hiato entre a atividade de formulação de políticas para a área de ensino superior e a capacidade do Ministério da Educação em implementá-las.

Sob esse aspecto, a análise de evolução das características do sistema de ensino superior, no período mais recente, traz ainda outras contribuições.

A legislação da Reforma de 1968, que buscou implantar no Brasil o ideal da universidade da indissolubilidade de pesquisa, do ensino e da extensão, vigora até hoje no ensino superior brasileiro, que, por sua vez, persevera ainda no postulado da igualdade das competências e dos títulos.

Essa moldura formal convive com uma realidade bem distinta: um sistema altamente diversificado, não só geograficamente, como também em termos das instituições que o compõem e do público que atende.

Essas diferenças, em geral, são tomadas como um "desvio" do modelo único, em virtude das próprias deficiências do subdesenvolvimento do país. Uma vez superadas essas deficiências, o sistema tenderia a reencontrar uma homogeneidade e igualdade, supostas em seu aparato legal.

---

[37] Para uma visão do setor, *cf.* Mende (1984).

Sabe-se, todavia, que não se trata de um desvio, mas de um afastamento, cujas causas se encontram nas transformações pelas quais passaram a sociedade brasileira e seu sistema de ensino superior nos últimos 20 anos. A ideia de que os sistemas de ensino superior de massa tendem inevitavelmente à pluralidade de formas e funções, e que isso deveria repercutir de maneira explícita na legislação e nos formatos institucionais de nosso ensino, ainda não penetrou no Brasil de forma suficiente. Tanto os legisladores como o público mais amplo tendem a desconfiar de qualquer forma de reconhecimento explícito dessas diferenciações reais.

Estudos como os que estão sendo desenvolvidos neste projeto, que apontam para os vários aspectos da diferenciação do sistema — que ainda reserva o lugar de honra para as profissões tradicionais, abre espaço para novos públicos e começa timidamente a responder a demandas de curto prazo do mercado de trabalho, e que se diversifica também em uma grande variedade de formatos institucionais e organizacionais — têm grande pertinência no contexto nacional, na medida em que indicam como as atuais características do ensino superior brasileiro são coerentes com o Brasil como um todo, uma sociedade profundamente diferenciada e desigual geográfica, social, econômica e culturalmente.

Nosso esforço hoje, quando se discute a regulação do sistema, é no sentido de mostrar como essa igualdade formal — que persiste na legislação — acaba por encobrir as diferenças reais e, consequentemente, aumentar ainda mais a desigualdade, indicando quais os caminhos possíveis para se reverter ou minorar essa situação.

REFERÊNCIAS

ADORNO, Sérgio. *Os Aprendizes do Poder*. Rio de Janeiro: Ed. Paz e Terra, 1988.

ALMEIDA Jr., Antonio. *Problemas do Ensino Superior*. São Paulo: Companhia Editora Nacional, 1956.

ASSOCIAÇÃO BRASILEIRA DE EDUCAÇÃO. *O Problema Universitário Brasileiro*: inquérito promovido pela Seção de Ensino Técnico e Superior da Associação Brasileira de Educação. Rio de Janeiro: A Encadernadora, 1929.

AZEVEDO, Fernando. *A Cultura Brasileira*. 4. ed. Brasília: Ed. Universidade de Brasília, 1963.

BARROS, Roque S. M. de. *A Ilustração Brasileira e a Idéia de Universidade*. São Paulo: Ed. Convívio: Editora da Universidade de São Paulo, 1986.

BEN-DAVID, Joseph. *Centers of Learning*: Britain, France, Germany. Nova York: McGraw-Hill, 1977.

CARTAXO, Ernani. Histórico da Universidade do Paraná. *In*: ANUÁRIO DA UNIVERSIDADE DO PARANÁ. Curitiba: Imprensa da Universidade do Paraná, 1946-7.

CARVALHO, Laerte R. *As Reformas Pombalinas de Instrução Pública*. São Paulo: Edusp, 1978.

CASTRO, Cláudio M. Há Produção Científica no Brasil. *In*: SCHWARTZMAN, Simon; CASTRO, Claudio de M. *Pesquisa Universitária em Questão*. São Paulo: Unicamp: ICONE: CNPq, 1986.

COMTE, Auguste. *Système de Politique Positive*. Paris: Georges Grès, 1912.

FALCÃO, Edgar C. (ed.). *Obras Científicas, Políticas e Sociais de José Bonifácio de Andrada e Silva*. São Paulo: Empresa Gráfica da Imprensa dos Tribunais, 1965.

FALCON, Francisco. *A Época Pombalina:* Política Econômica e Monarquia Ilustrada. São Paulo: Ed. Ática, 1982.

LEVY, Daniel. *Higher Education and the State in Latin America*. Chicago: University of Chicago Press, 1986.

MATTOS, Pedro L. Quadro Histórico da Política de Supervisão e Controle do Governo sobre as Universidades Federais Autárquicas. *Universidade Brasileira*: Organização e Problemas (suplemento especial de Ciência e Cultura), [s. l.], v. 37, n. 7, p. 14-28, 1985.

MENDES, Cândido. *Qualidade e Expansão do Ensino Superior Privado*. Rio de Janeiro: Educam, 1984.

MINISTÉRIO DA EDUCAÇÃO. *Sinopse Estatística da Educação Superior*. Brasília: Ministério da Educação, Serviço de Estatística da Educação e Cultura, 1994.

NAGLE, Jorge. *Educação e Sociedade na Primeira República*. São Paulo: Editora Pedagógica Universitária: Editora da Universidade de São Paulo, 1974.

PAIM, Antônio. A Universidade do Distrito Federal e a Formação de Universidade do Rio de Janeiro. *In*: SCHWARTZMAN, Simon (ed.). *Universidades e Instituições Científicas no Rio de Janeiro*. Brasília: Conselho Nacional de Desenvolvimento Cientifico e Tecnológico, 1982.

PAUL, Jean-Jacques; WOLYNEC, Elisa. *O Custo do Ensino Superior nas Instituições Federais*. São Paulo: Documentos de Trabalho NUPES, 11/90, 1990.

SCHWARTZMAN, Simon (ed.). *Universidades e Instituições Científicas no Rio de Janeiro*. Brasília: Conselho Nacional de Desenvolvimento Cientifico e Tecnológico, 1982.

SCHWARTZMAN, Simon. *A Space for Science*: The Development of the Scientific Community in Brazil. Philadelphia: Penn State Press, 1991.

SCHWARTZMAN, Simon. *Bases do Autoritarismo Brasileiro*. Rio de Janeiro: Editora Campus, 1982b.

SCHWARTZMAN, Simon. Brazil: Opportunity and Crisis in Higher Education. *Higher Education*, [s. l.], v. 17, n. 1, 1988, p. 99-119.

SCHWARTZMAN, Simon. *Formação da Sociedade Científica no Brasil*. 1. ed. Rio de Janeiro: Finep: Companhia Editora Nacional, 1979.

SCHWARTZMAN, Simon. *Grow, Differentiation and Polices for Higher Education in Latin America*. São Paulo, 1990. Mimeografado.

SCHWARTZMAN, Simon. *Tradição e Modernidade da Universidade Brasileira*. São Paulo, 1990b. Mimeografado.

SCHWARTZMAN, Simon; BOMENY, Helena; COSTA, Vanda. *Tempos de Capanema*. Rio de Janeiro; São Paulo: Paz e Terra: EDUSP, 1984.

SCHWARTZMAN, Simon; CASTRO, Claudio de M. *Pesquisa Universitária em Questão*. São Paulo: Unicamp: ICONE: CNPq, 1986.

SERRÃO, Joel. *Dicionário de História de Portugal*. Lisboa: Iniciativas Editoriais, 1968.

TEIXEIRA, Anísio. *O Ensino Superior no Brasil*: análise e interpretação de sua evolução até 1969. Rio de Janeiro: Fundação Getúlio Vargas, 1969.

AS NOÇÕES DE DIVERSIDADE E DE DIFERENCIAÇÃO NO ENSINO SUPERIOR BRASILEIRO[38]

Os sistemas de ensino superior estão se tornando maiores e mais complexos em toda parte, independentemente de suas origens, trajetórias e configurações. Sua expansão, deflagrada no final do século XX e ainda em curso na maioria dos países[39], é fenômeno de grande magnitude e celeridade: em 20 anos (1975-1995), as matrículas dobraram, de 40 para 80 milhões. Em 2000, já havia 100 milhões de estudantes universitários, que representavam 20% da população mundial em idade de cursar estudos pós-secundários. Deve-se ter em vista que, no início do século XX, não havia no mundo mais que 500 mil estudantes no ensino superior (Clancy *et al.*, 2007).

Nas últimas duas décadas, em especial, o aumento das matrículas de ensino superior foi maior em países de grandes dimensões demográficas onde o acesso a ele estava restrito a parcelas muito pequenas da população. Isso foi possível devido à ampliação gradual do atendimento, desde a segunda metade do século passado, dos níveis educacionais que antecedem o superior, como a quase universalização do fundamental e a ampliação do secundário[40].

O contingente de estudantes no ensino superior hoje, além de maior, é muito mais heterogêneo em termos de idade, sexo, nível socioeconômico, cor, etnia, motivações, expectativas e projetos profissionais. Em muitos países, as mulheres já correspondem à metade ou mais das matrículas. No Brasil, em 2010, representavam 61% do total de matrículas (Inep, 2011). Pessoas mais velhas, pressionadas pelas exigências do mercado de trabalho ou em busca de realização pessoal, retomam os estudos pós-secundários: são trabalhadores-estudantes.

---

[38] Este texto foi publicado originalmente com o título "Diversidade e Diferenciação no ensino superior no Brasil: notas para discussão", na *Revista Brasileira de Ciências Sociais*, v. 29, n. 84, fev. 2014. É um dos produtos de projeto de pesquisa financiado pela Fundação de Amparo à Pesquisa do Estado de São Paulo (Fapesp), modalidade projeto de pesquisa regular, período 2010-2012.

[39] Segundo Altbach (2007), somente nos Estados Unidos, a expansão de massa ocorreu antes, no pós-Guerra.

[40] China e Índia tiveram grande crescimento de matrículas na última década; os dois países têm hoje os maiores contingentes de estudantes no ensino superior do mundo, respectivamente: 17 milhões, ou 20% da população chinesa em idade de cursá-lo; 10 milhões, ou 10% da população indiana na faixa etária propícia (Kishore, 2012; Yazhuo; Fengqiao, 2012).

No Brasil, desde os anos de 1970, quando se deu a primeira expansão do ensino superior, é o setor privado que vem liderando a oferta de vagas, cursos e instituições, bem como de matrículas. Ao longo desses 40 anos, períodos de maior crescimento do número de matrículas alternaram-se com outros de diminuição — e até de estagnação — no seu ritmo de crescimento. Nessas quatro décadas, também ocorreram alterações importantes em seu marco legal, com consequências decisivas para a configuração do setor privado e do próprio sistema de ensino superior (Neves, 2003; Martins, 1988, 2002, 2009; Sampaio, 2000, 2011). Registraram-se ainda, no período, momentos de mais liberalidade e outros de maior controle por meio das medidas de regulação do setor privado.

Os objetivos deste texto são identificar as principais mudanças no setor privado, na primeira década do século XXI, e discutir seu impacto na configuração do sistema de ensino superior brasileiro. Para isso, recorro aos conceitos de diversidade, diversificação, diferenciação, entre outros, presentes na literatura contemporânea — em especial, em Birnbaum (1983) e Huisman (1995, 1998), e retomados por Vught (2009).

DIVERSIDADE, DIFERENCIAÇÃO E DIVERSIFICAÇÃO

As mudanças que ocorrem no setor privado — as quais proponho discutir neste artigo — têm efeitos diretos sobre o sistema de ensino superior do país. A questão é saber se elas conduzem a uma maior diversidade institucional e, em decorrência, a uma diferenciação do sistema ou, de modo contrário, se seus efeitos funcionam apenas como indutores de isomorfismo institucional.

Com o intuito de responder a essas questões, exponho, de forma breve, os usos dos conceitos de diversidade, diferenciação e diversificação presentes nos estudos de Birnbaum (1983), Huisman (1995, 1998) e Vught (2009) sobre sistemas de ensino superior. Em seguida, questiono a pertinência desses conceitos para descrever e compreender as transformações no caso brasileiro contemporâneo[41].

Birnbaum (1983) recorre ao conceito de diversidade para descrever as características das instituições de ensino em relação a vários aspectos: dependência administrativa, organização acadêmica, grade de oferta de

---

[41] Ver Antunes (2014), sobre o empreendedorismo no ensino superior a partir do quadro conceitual desses autores.

programas de formação, áreas de concentração do conhecimento, mecanismos de ingresso, titulação e condições de trabalho do corpo docente etc. Todas essas variáveis, segundo ele, devem ser consideradas no exame da diversidade institucional, e esse procedimento deve ser o ponto de partida para compreender outras dimensões da noção de diversidade. Ao descrever a complexidade do sistema de ensino superior por meio de variáveis institucionais, como as mencionadas, o autor está preocupado com o grau de sua estabilidade — por estabilidade, entende a capacidade de manutenção de um conjunto de respostas às suas diferentes funções.

Huisman (1995), por sua vez, propõe uma distinção entre os conceitos de diversidade, diferenciação e diversificação. Para ele, aplica-se a noção de diversidade para descrever uma determinada característica num dado momento do tempo, revelando, assim, os diferentes sentidos (ou dimensões) da variedade em termos de quantidade, densidade e dispersão do sistema. Tanto em Birnbaum (1983) como em Huisman (1995, 1998), a noção de diversidade teria caráter sistêmico e estático, enquanto a noção de diferenciação evocaria a ideia de processo, sendo, por isso, mais dinâmica. Já o conceito de diversificação, para Huisman (1995), refere-se ao processo mediante o qual a diversidade se expande no interior do sistema. Suas partes, as instituições, na diversificação, ao contrário da diferenciação, não influenciam a configuração do todo.

Conforme Huisman (1995), o conceito de diversificação está relacionado a outro fenômeno: o isomorfismo[42]. Ou seja, a maneira como as instituições reagem ao ambiente as leva a adotar comportamentos semelhantes, pois tendem a repetir iniciativas de sucesso e a desprezar os fracassos. Em consequência, o todo do qual são parte torna-se mais homogêneo. Trata-se, pois, de um paradoxo: o aumento da diversidade institucional no âmbito de um sistema de ensino superior — processo que Huisman denomina "diversificação" — não conduz necessariamente a uma maior diferenciação, em razão da tendência ao isomorfismo institucional.

Vught (2009) discute os conceitos de diferenciação e diversidade com base tanto no conceito de diversidade externa de Birnbaum (1983) como na noção de diferenciação (processual) de Huisman (1995), mas adiciona o ingrediente da novidade (inovação), ou seja, a ideia do surgimento de organizações

---

[42] Tomado emprestado da biologia, o termo isomorfismo define "um processo restritivo que força uma unidade na população a se assemelhar a outras unidades que se defrontam com o mesmo conjunto de condições ambientais" (Dimaggio; Powell, 1991 *apud* Huisman, 1995).

e/ou arranjos completamente novos. Para Vught (2009), diferenciação do sistema associa-se à inovação e ao empreendedorismo, e a diversidade externa seria positiva. Por exemplo, um sistema de ensino superior que combina educação de elite e educação de massa eleva seu grau de eficácia e aumenta o estoque de oportunidades para a ocorrência de inovações. Na defesa que faz da diversidade externa, o autor argumenta que a diversidade atende às necessidades dos alunos, promove a mobilidade social e satisfaz às demandas do mercado de trabalho. Ela possibilitaria, ainda de acordo com o autor, explorar os efeitos do comportamento inovador sem a necessidade (e o custo) de adotar a inovação de forma simultânea em todas as instituições.

Outro conceito importante em Vught (2009) é o de ambiente, que abrange as condições sociais, políticas e econômicas e é a arena onde as organizações de ensino superior operam. De acordo com o autor, as instituições precisam desenvolver estratégias para se relacionar com o ambiente de forma dinâmica, visando manter e/ou aumentar seus recursos, porque o ambiente, além de ser um seletor crítico das instituições, é fonte de novas oportunidades que elas podem explorar.

Essas considerações, ainda que soem abstratas, nos instigam a refletir sobre as transformações que estão ocorrendo no Brasil, em especial, no setor privado. Para prosseguir na discussão, apresento uma breve trajetória do desenvolvimento do setor privado, com destaque para suas transformações mais recentes.

O SETOR PRIVADO E O ENSINO SUPERIOR NO BRASIL

Quando a Constituição da República do Brasil, em 1891, disciplinou a possibilidade de existência do ensino superior privado, inaugurou a organização dual no sistema que temos hoje: de um lado, um setor público e gratuito[43], cujas instituições são mantidas pelos poderes federal, estadual ou municipal; de outro, um setor privado, constituído por estabelecimentos mantidos por entidades de natureza jurídica privada — laicas ou confessionais — subordinados a uma legislação federal, condição que assegura a unidade do sistema nacional[44.] A antiguidade do setor privado

---

[43] A gratuidade do ensino público, embora existisse de fato, não era um princípio legal até ser disciplinada pela Constituição Federal de 1988 (Sampaio, 2000). Também deve se observar que algumas instituições de ensino superior municipais cobram mensalidades parciais de seus alunos.

[44] Remeto aqui ao sentido estrito e convencional de sistema de ensino superior como um conjunto de entidades formais, públicas e privadas, junto ao aparato do Ministério da Educação. Numa acepção mais ampla. Clark (1983, p. 2) designa sistema de ensino superior como "todos aqueles que desenvolvem atividades de ensino

no país e as relações que, há mais de um século, se estabelecem entre o setor e o Estado são aspectos que conferem singularidade ao sistema de ensino superior brasileiro no contexto internacional (Durham; Sampaio, 2000; Neves, 2003).

A presença e o rápido crescimento do setor privado são fenômenos recentes em muitos países; embora a demanda por esse nível de ensino e o mercado tendam a pressionar o estabelecimento de sistemas massivos, nem sempre as instituições privadas, recentemente instaladas, são reconhecidas como parte dos respectivos sistemas. Na África do Sul, por exemplo, não obstante a presença expressiva de instituições privadas, o Estado não as reconhece, não havendo regulamentação para que operem no país e, consequentemente, validação de diplomas expedidos por essas escolas. Nesse país, as instituições privadas, muitas ligadas a grupos internacionais, funcionam de forma marginal ao sistema oficial que se mantém reduzido em termos de número de universidades (Menon, 2012).

No Brasil, em mais de um século da existência do setor privado, o Estado criou diversas regulamentações; de tempos em tempos, novas normas legais substituem as antigas, conferindo, assim, novas configurações ao sistema de ensino superior. Cada mudança no quadro legal, por meio de constituições, leis de diretrizes e bases e regulamentações ordinárias (leis, decretos, portarias etc.), expõe as diferentes formas de coordenação e controle do Estado brasileiro[45], que desempenha, ora um papel mais regulamentador, ora mais modelador (Martins, 2009; Sampaio, 2000). De um modo ou de outro, pressionado por demandas da sociedade em geral, mas especialmente pela demanda de mercado por esse nível de ensino, o Estado brasileiro fornece os parâmetros legais e, ao fazê-lo, direciona a configuração do sistema de ensino superior.

Para além da dualidade setor público/setor privado, o ensino superior no Brasil é muito heterogêneo: região geográfica, orientação religiosa no caso das instituições particulares confessionais, antiguidade das instituições, cursos oferecidos e áreas do conhecimento abrangidas, qualidade do ensino segundo o sistema nacional de avaliação, tamanho dos estabe-

---

pós-secundárias: fiscalizadores, organizadores, trabalhadores ou consumidores. Por exemplo, os comitês de legislação de ensino, os funcionários públicos que cuidam destes assuntos, os membros de um patronato quando atuam como tais, assim como os administradores, professores e estudantes de tempo integral ou parcial". Ver também Sampaio (2000).

[45] Para uma discussão sobre a noção de coordenação estatal, ver Clark (1983); sobre formas de controle do Estado sobre o sistema, ver Martin e Talpaert (1992).

lecimentos, titulação e contrato de trabalho dos docentes, dentre outras. Essas variáveis não só marcam diferenças entre o setor público e o privado como também se reproduzem no interior de cada um deles[46]. Quanto à organização institucional do sistema de ensino superior — ou seja, se as instituições que o compõem são universidades, centros universitários, faculdades isoladas ou institutos tecnológicos —, constata-se sua forte vinculação com as disposições legais expedidas pelo Estado brasileiro ao longo dos anos.

Embora o modelo de universidade sustentado no tripé ensino, pesquisa e extensão mantenha-se como paradigma no ideário do ensino superior no Brasil, um breve balanço das principais regulamentações, nos últimos 50 anos, evidencia oscilação em termos de maior ou menor liberalidade em relação a outras formas de organização institucional. A Reforma Universitária (Lei n.º 5.540) de 1968 elegeu o modelo de universidade (pública) de ensino, pesquisa e extensão para a formação de nível superior[47], reafirmado após o período autoritário pela Constituição de 1988, não obstante esta assegurasse que "o ensino é livre à iniciativa privada"[48]. Antes da Reforma Universitária de 1968, a Lei de Diretrizes e Base (Lei n.º 4.024) de 1961[49] não insistia — como ocorrera na reforma educacional de 1931 — para que o sistema de ensino superior se organizasse *preferencialmente* em instituições universitárias. Também a LDB de 1996, em seu art. 45, trouxe uma alteração fundamental em relação ao estabelecido na Lei n.º 5.540/68. Na redação do novo texto, excluía-se o termo *excepcionalmente* ao referir-se à graduação oferecida em instituições não universitárias, completando que as instituições compreendem "variados graus de abrangência ou especialização" (art. 45). No plano formal, trata-se de reconhecer que as instituições isoladas não são mais um desvio no sistema de ensino superior, até então constituído *preferencialmente* por universidades e apenas *excepcionalmente* por instituições não universitárias (Sampaio, 2000).

---

[46] Para a análise dessas dimensões das diferenças no sistema de ensino superior brasileiro, ver Neves (2003); Martins (2002); Sampaio (2000) e Steiner (2006).

[47] A propósito dos efeitos da Reforma Universitária de 1968, ver Martins (1988) e Durham (1985).

[48] "[...] o ensino é livre à iniciativa privada atendidas as seguintes condições; cumprimento das normas gerais da educação nacional e autorização e avaliação de qualidade pelo poder público" (Constituição da República Federativa do Brasil de 1988, art. 209, incisos I e II).

[49] "[...] o ensino superior será ministrado em estabelecimentos agrupados ou não em universidades, com a cooperação de institutos de pesquisa e centros de treinamento profissional" (Título X, cap. 1, art. 67. *Coletânea de Legislação Básica*. Brasília: Ministério da Educação, s/d).

Tabela 1 – Ensino superior no Brasil, normas legais e modelos de organização institucional

	Modelos de organização institucional	
Normatizações	Faculdades isoladas	Universidades Centros Institutos universitários; tecnológicos universidades especializadas
Reforma Educacional de 1931	Preferencialmente	
LDB de 1961	Exclui "excepcionalmente" do texto legal	
Reforma de 1968	Excepcionalmente Preferencialmente	
Constituição de 1988	Preferencialmente/ disciplina a autonomia para as universidades	
LDB de 1996 n. 2.207/97	Exclui Reconhece + **Decreto** "excepcionalmente" universidades Instituídos – do texto legal especializadas	

Fonte: elaborada pela autora a partir da legislação sobre educação superior

Alterações no marco legal repercutem de forma direta na configuração do sistema de ensino superior[50]. O princípio de autonomia didático-científica, administrativa e de gestão financeira e patrimonial das universidades (art. 207), disciplinado pela Constituição Federal de 1988, foi um dos principais fatores propulsores da transformação de faculdades isoladas privadas em universidades. A ausência de leis que especificassem, quando da promulgação da Carta Magna, o entendimento acerca do conceito de autonomia e o próprio caráter autoaplicativo desse princípio constitucional fizeram com que a mudança da organização institucional dos estabelecimentos aparecesse, para a iniciativa privada, como solução de liberdade combinada à agilidade requerida pelo mercado em questões como abertura e extinção de cursos e ampliação do número de vagas.

De fato, em 15 anos, o número de universidades privadas quase triplicou — de 20, em 1980, para 59, em 1994 —, chegando a representar quase metade do total de universidades no país. Em contrapartida, o número de estabelecimentos isolados no mesmo período diminuiu de 643 para 490 (Sampaio, 2000).

Passados oito anos da Constituição Federal, a LDB de 1996 introduziu as modalidades "centro universitário" e "universidades especializadas"

---

[50] Para a importância da coordenação estatal sobre a configuração dos sistemas de ensino superior, ver Clark (1983).

como forma também de controlar o intenso movimento de criação de universidades. Apesar de não desfrutarem do mesmo status e das prerrogativas das universidades, tanto os centros universitários como as universidades especializadas (essas instituições ou tanto um quanto outros) gozam de autonomia para criar ou extinguir cursos em suas sedes e para remanejar ou aumentar o número vagas nos cursos existentes. Com isso, esperava-se também acomodar as pressões do setor privado (Martins, 2002; Sampaio, 2000).

Embora tenha havido um incremento no número de universidades (públicas e privadas), elas representam hoje menos de 10% do total de instituições de ensino superior no país, enquanto as faculdades isoladas, a maioria privada, correspondem a 85%. No tocante às matrículas, porém, as universidades concentram mais da metade, e as faculdades isoladas, cerca de um terço, conforme as Figuras 1 e 2.

Figura 1 – Instituições de ensino superior por organização acadêmica

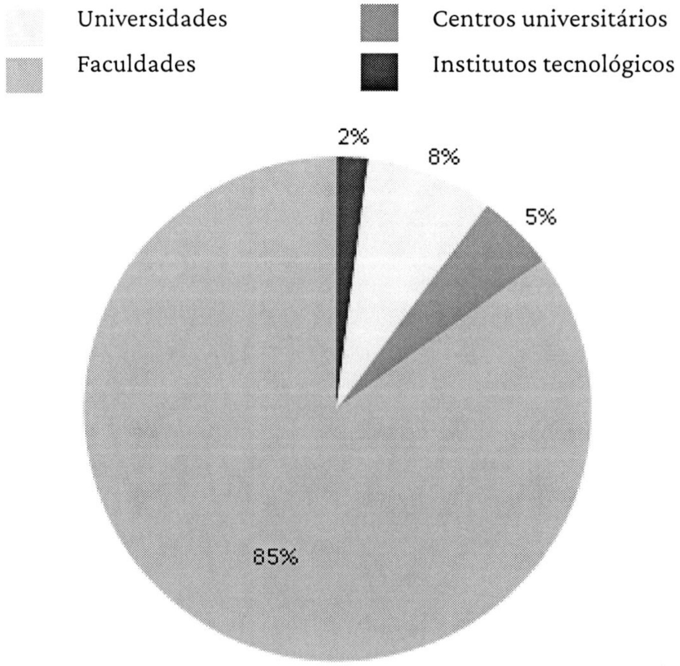

Universidades   Centros universitários
Faculdades   Institutos tecnológicos

2%
8%
5%
85%

Fonte: Inep (2011)

Figura 2 – Matrículas de ensino superior por organização acadêmica

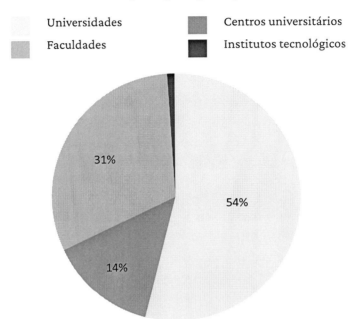

Fonte: Inep (2011)

NO "OLHO DO FURACÃO"[51]

Pergunta-se: as categorias de organização institucional, como "universidade", "centro universitário", "faculdade isolada" e "institutos tecnológicos", conseguem ainda hoje dar conta da complexidade dos novos arranjos organizacionais do sistema de ensino superior no Brasil? Quais variáveis devem ser levadas em conta na análise da organização institucional do caso brasileiro? Que outras modalidades de ensino, agrupamentos e *players* estão surgindo?

Das 2.365 instituições universitárias no país, 2.100 (90%) são privadas, dessas 40% (840) têm finalidade lucrativa. A possibilidade de optar pela forma jurídica *for profit* foi disciplinada pelo Decreto n.º 2.306/97, que "dispõe que as entidades mantenedoras podem assumir qualquer das formas admitidas em direito, de natureza civil e comercial, e quando constituídas

---

[51] O livro *From the eye of the storm: higher education's changing institution*, organizado por Jongbloed et al. (1999), trata justamente das mudanças que ocorrem no ensino superior no âmbito global para atender às novas demandas da sociedade.

como fundações serão regidas pelo Código Civil Brasileiro" (art. 24). Desde então, uma entidade mantenedora passou a ser classificada como entidade mantenedora de instituição sem finalidade lucrativa e entidade mantenedora de instituição particular com finalidade lucrativa. Importante notar que, até a edição desse decreto, não se previa, no Brasil, o serviço educacional com finalidade lucrativa, portanto estendia-se a isenção fiscal a todos os estabelecimentos mantidos por pessoas físicas ou jurídicas de direito privado.

O Brasil é hoje o país com maior número de instituições de ensino superior com fins lucrativos do mundo (Hoper, 2012). Isso significa que essas instituições, como as mercadorias, estão dispostas no mercado para serem negociadas, mediante processos de aquisição e fusão. Só na última década ocorreram mais de 200 operações dessa natureza no país (Hoper, 2012). O fenômeno, sem dúvida, está dando novas feições ao sistema nacional de ensino superior.

Desde o final do século XX, quando um número expressivo de faculdades isoladas e federações de escolas[52], motivadas pelo princípio de autonomia disciplinado pela Constituição Federal de 1988, se transformaram em universidades, as matrículas concentram-se no nesse segmento. Isso ocorre apesar da inferioridade numérica das universidades que, conforme dito anteriormente, não correspondem nem a 10% do total de estabelecimentos de ensino superior no país. Em geral, as universidades estão localizadas nos grandes centros urbanos das regiões Sudeste e Sul do país, onde também se concentram as matrículas.

Nos anos mais recentes, porém, duas tendências se insinuam nas estatísticas do ensino superior: maior dispersão das matrículas em instituições isoladas de pequeno e médio portes — 64% (1.350) dos estabelecimentos privados têm até mil alunos — e uma leve desconcentração regional e interiorização dos estabelecimentos, em que pese o fato de um quarto das instituições privadas se concentrar no Estado de São Paulo (Inep, 2010). A desconcentração regional envolve estabelecimentos menores, uma vez que, das 67 instituições privadas com mais de 10 mil alunos, quase um terço se localiza em São Paulo; o restante se distribui entre Rio de Janeiro, Minas Gerais e Rio Grande do Sul. Os demais estados, em geral, contam com instituições de até 3 mil alunos.

---

[52] Federação de escolas e escolas integradas são uma categoria de organização institucional que vigorou nos anos 1970. Resultam de processos de fusão ou de incorporação de um ou mais estabelecimentos. As federações de escolas, apesar de não terem status de universidade nem desfrutarem da autonomia que a define, tendiam a se rivalizar com as universidades em termos de número de alunos. No período pós-Constituição de 1988, muitas federações tornaram-se universidades (Sampaio, 2000).

Ambas as tendências, longe de expressar uma reação dos pequenos estabelecimentos diante dos grandes ou ainda a pressão de mercados regionais e locais diante da demanda consolidada de regiões centrais, traduzem um mesmo movimento do mercado: por meio de aquisições e fusões, um número significativo de estabelecimentos privados de pequeno e médio portes passou a integrar grandes grupos educacionais que, por meio dessas transações, ganham capilaridade no país. Atualmente, muitas delas, não obstante a classificação "instituição isolada" (faculdade) de organização acadêmica, estão vinculadas a grandes grupos educacionais.

A Tabela 2, reproduzida da empresa de consultoria Hoper (2012), ilustra a concentração da oferta no setor privado sob três aspectos: a relação entre o número de instituições e o de mantenedoras; o controle do mercado (*market share*) e a concentração da participação na receita do setor. A relação entre o número de instituições e o de mantenedoras é da ordem de 1,5 — ou seja, há cerca de 1.400 mantenedoras para 2.100 instituições. Sob os outros dois aspectos da concentração ** controle de mercado e concentração da participação na receita do setor —, 15 grupos educacionais controlam 36% do mercado de ensino superior e detêm 27% da receita; há dez anos, os 20 maiores grupos detinham apenas 14% do mercado (Hoper, 2012).

Tabela 2 – Maiores grupos educacionais privados com fins lucrativos no Brasil (2011)

Ranking	Grupo	Receita líquida (*revenue*) em milhões de R$	Participação na receita do setor	Número de alunos 2011	Participação no mercado (*market share*)
1º	Unip (+ Holding Di Genio)	1.430	4,9%.	260.000	5,5%
2º	Anhanguera	1.213	4,2%	358.000	7,6%
3º	Estácio	1.148	3,9%	240.000	5,1%
4º	Kroton	1.115	3,8%	264.000	5.6%
5º	Laureate	702	2,4%	125.000	2,6%
6º	Uninove	520	1,8%	124.000	2,6%
7º	Unicsul	340	1,2%	53.000	1,1%
8º	Anima Educação	265	0,9%	42.000	0,9%

Ranking	Grupo	Receita líquida (*revenue*) em milhões de R$	Participação na receita do setor	Número de alunos 2011 no mercado	Participação (*market share*)
9º	Whitney	239	0,8%	34.000	0,7%
10º	Universo	217	0,7%	36.000	0,8%
11º	Uniasselvi	198	0,7%	74.000	1,6%
12º	Ser Educacional (Maurício de Nassau)	172	0,6%	40.000	0,8%
13º	Ibmec	163	0,6%	15.000	0,3%
14º	Unit	136	0,5%	33.000	0,7%
15º	Devry	120	0,4%	20.000	0,4%
Subtotal		7.978	27,3%	1.718.000	36,3%
Total do setor privado em 2011		29.200	100%	4.736.000	100%

Fonte: elaborada pela autora a partir de Hoper (2012)

Ao lado das aquisições e fusões, destacam-se ainda outros dois movimentos por parte das entidades mantenedoras de instituição particular com finalidade lucrativa: a abertura de capital na bolsa de valores e o estabelecimento de parcerias com corporações internacionais de educação[53]. Até o momento, 36 grupos educacionais no país já fizeram um IPO *(initial public offering)*, como a Kroton Educacional S.A., a Anhanguera Educacional Participações S.A., a Estácio Participações S.A.; o SEB Sistema Educacional Brasileiro S.A., entre outras. De acordo com uma matéria publicada no caderno Folhainvest da *Folha de S.Paulo* (2012)[54], as ações da Kroton, da Anhanguera e da Estácio dispararam em 2012, ano em que o Ibovespa acumulou ganho de apenas 8%. Os papéis da Kroton tiveram a maior alta, de 90,9%; em seguida, as ações da Estácio, com valorização de 84,7%, e as da Anhanguera, de 62,1%. Ainda que o número de 36 empresas com capital aberto possa parecer pouco significativo no universo de 1.400

---

[53] Todas as instituições de ensino superior que são companhias abertas têm capital internacional e, como qualquer empresa de capital aberto, são obrigadas a disponibilizar nos sites da Comissão de Valores Mobiliários e da Bolsa de Valores de São Paulo uma série de documentos sobre suas operações financeiras.
[54] A partir de dados fornecidos pelas próprias empresas e pela Economatica.

entidades mantenedoras, cada uma controla muitos estabelecimentos que se espalham por todo o território nacional; no conjunto, detêm quase a metade do alunado de ensino superior.

A consolidação de empresas do ensino superior privado no Brasil é um fenômeno sem precedentes. Sua manifestação mais visível, vale reiterar, é a concentração da oferta por poucos grupos. Por trás desse processo de concentração, ocorre outro, menos visível, mas com forte impacto na cultura do ensino superior privado no Brasil: a profissionalização da gestão educacional.

O fenômeno teve origem ainda na década de 1990, quando alguns mantenedores de instituições privadas começaram a contratar profissionais para auxiliá-los na adequação às novas normativas legais. No princípio, as consultorias eram pessoas físicas, depois passaram a ser empresas especializadas; o fato é que as consultorias foram o primeiro passo do setor privado rumo à profissionalização da gestão. Em geral, sem vínculos familiares ou empregatícios com os mantenedores, os consultores representavam o olhar de fora sobre as organizações educacionais, a maioria de origem familiar (Sampaio, 2013).

Existe hoje uma clara percepção por parte de mantenedores e profissionais das empresas de consultoria de que o setor privado de ensino superior "vem se transformando, passando de um negócio extremamente pulverizado em um negócio de grandes *players* e alta concentração" (Hoper, 2012). Grandes *players* envolvem bancos e corporações internacionais ligadas à educação, como Laureate, Kroton, Whitney, Defrey etc. Atualmente, quatro dos cinco maiores grupos educacionais no país, que juntos somam 1 milhão de alunos, são comandados por empresas o setor financeiro (Sampaio, 2011).

Profissionalizar a gestão significa afastar-se de um modelo familiar de administrar a instituição que ainda permanece no setor privado *for profit*. Ou seja, do modo de administrar baseado na experiência do fundador da instituição, cuja origem foi uma escola de ensino médio e que passou, ao longo dos anos, por várias etapas de crescimento e reconhecimento legal até se tornar uma empresa de grande porte e marca conhecida. Os gestores dos grandes grupos hoje jamais foram professores ou fundaram uma escola. São, em sua maioria, profissionais da área administrativa que, em regra, atuavam no mercado financeiro, sem nenhum — ou quase nenhum — ponto de contato com a área da educação[55]. Na percepção

---

[55] A Kroton, até a fusão recente com a Anhanguera Educacional Participações S.A., talvez fosse uma exceção nesse contexto dos grandes conglomerados, uma vez que tem, ou tinha, um mantenedor de uma universidade

dos mantenedores entrevistados neste estudo, a profissionalização da gestão das instituições privadas significa garantir mais agilidade no processo de tomada de decisão e maior capacidade de adaptação a novos ambientes normativos e/ou de mercados. Realocar e/ou despedir pessoal administrativo e docente, fechar cursos deficitários e reunir turmas de alunos originalmente alocadas em sedes e turnos diferentes são tarefas administrativas, cotidianas, que representam receita, lucro líquido e *ebtida*[56] para os grandes grupos educacionais. Nesse mercado, a agilidade e a competência gerencial dos grupos educacionais são decisivas para a sobrevivência e o êxito do negócio (Sampaio, 2011).

Os processos descritos não ocorrem apenas no Brasil. A internacionalização do capital na educação superior é um fenômeno que se intensifica no mundo todo (Sunwoong *et al.*, 2007; Brunner; Uribe, 2007; Altbach, 1999). A questão no Brasil não é somente de ordem quantitativa. Embora o setor privado apresente características que o distinguem do "antigo" setor privado, que há até bem pouco tempo predominava no país, sua singularidade em relação a seus pares em outros sistemas nacionais de ensino superior deve-se, paradoxalmente, à própria antiguidade da oferta privada, à sua historicamente consolidada e majoritária participação no sistema brasileiro.

Dentre as características que os novos e grandes grupos educacionais privados — alguns, companhias abertas — compartilham, destaco três: crescem muito e rapidamente; defendem a padronização pedagógica e de conteúdos nos cursos que oferecem para públicos distintos em diferentes regiões do país; avaliam que os resultados positivos que estão obtendo no mercado de ensino superior resultam da adoção de um modelo de governança que combina uma gestão estratégica centralizada — desvinculada do corpo acadêmico — e gerências táticas descentralizadas, exercidas pela figura do "coordenador de curso" (Sampaio, 2011).

Para se ter uma ideia do rápido crescimento, a Anhanguera Educacional Participações S.A., em 2006, contabilizava 24 mil alunos; em 2010, já havia atingido 300 mil. Considerando um período mais recente, entre os segundos trimestres de 2011 e 2012, Kroton, Anhanguera e Estácio passaram de 91,5 mil, 308,1 mil e 238,7 mil alunos para, respectivamente,

---

privada absorvida pelo grupo internacional na direção da empresa no Brasil.

[56] Sigla de *earnings before interest, taxes, depreciation and amortization*, isto é, lucro antes de juros, impostos, depreciação e amortização.

412,8 mil, 419,2 mil e 260,8 mil alunos (*Folha de S.Paulo*, 2012).[57] Em abril de 2013, foi anunciada a fusão da Kroton com a Anhanguera Educacional Participações S.A., dando origem ao maior grupo de ensino do mundo. A operação — que ainda aguarda aprovação de agência reguladora no país — envolveu R$ 5 bilhões e prevê 1 milhão de alunos matriculados. Mais de 70% da receita proverá de cursos de ensino superior presencial (Aragão, 2013).

Outra característica comum dos grandes grupos no país é a redução dos custos e, em consequência, a diminuição do valor médio das mensalidades. Isso tem sido possível porque é uma operação que se realiza em grande escala e de forma padronizada, permitindo aos grandes grupos diminuir custos e cobrar menos dos alunos. O resultado é a redução, pela concorrência, do valor médio das mensalidades. Dados da Hoper (2012) para todo o Brasil mostram que o tíquete médio delas depois de ter caído para R$ 482,00 — o menor valor da década — em 2010, atingiu R$ 538,00 em 2012. Há, certamente, grande variação regional nesses valores, e isso se deve tanto à oferta como à demanda de ensino superior nos diferentes estados. Nos mercados consolidados, como São Paulo[58], Paraná e Rio Grande do Sul (e com exceção do Rio de Janeiro), constatou-se que o aumento nos preços das mensalidades ficou próximo à média nacional, de 7,5% (Hoper, 2012).

Todas as mudanças que estão ocorrendo na oferta do ensino superior certamente têm sua contrapartida na demanda por esse nível de ensino no país. Na primeira década deste século, o setor privado, especialmente os grandes grupos internacionais, beneficia-se de três mecanismos do governo federal voltados para a ampliação do acesso no país: os programas de Educação a Distância (EaD); as bolsas estudantis, em especial o Prouni, e o financiamento estudantil, com destaque para o Fies. Esses programas juntos captaram mais de 2 milhões de alunos para o setor privado, o que corresponde a um terço do total das matrículas.

Desde a introdução da graduação a distância[59], em 2000, o setor privado lidera sua oferta, e as matrículas nessa modalidade de ensino cresceram de forma acelerada, ainda que sobre uma base pequena, até

---

[57] A partir de dados fornecidos pelas próprias empresas e pela Economatica.
[58] De acordo com o Sindicato das Entidades Mantenedoras de Estabelecimentos do Ensino Superior no Estado de São Paulo (Semesp), o valor médio das mensalidades caiu de R$ 869,00 para R$ 467,00 entre 1996 e 2009.
[59] O primeiro curso de EaD surgiu no ano de 1994, mas a modalidade só foi difundida nos anos 2000. Em 2007, já havia 609 cursos de graduação a distância no país (Sanchez, 2008).

2006. Em 2010, embora o número de estudantes na EaD já fosse 1 milhão, seu ritmo de crescimento vem caindo (Inep, 2010). Essa queda pode ser atribuída, entre outros fatores: às facilidades recentes da graduação presencial, com o surgimento das chamadas "universidades de conveniência"[60] localizadas nos grandes centros urbanos; à capilaridade geográfica que os cursos de graduação vêm atingindo mediante processos de desconcentração e de interiorização das instituições, e à redução do valor das mensalidades dos cursos presenciais, muitas vezes equiparado aos valores cobrados nos cursos de EaD.

CONSIDERAÇÕES FINAIS

A antiguidade do setor privado e sua participação majoritária no sistema nacional de ensino superior — quase 75% das matrículas e mais de 80% dos estabelecimentos — tornam o Brasil um caso singular no mundo, não obstante os processos globais de mercantilização, em especial, de privatização do ensino, ocorrerem em toda parte. Essa especificidade do caso brasileiro decorre de um conjunto de fatores que envolve, de um lado, a relação com o Estado e com a demanda de mercado e, de outro, a própria relação entre os setores público e privado. Desde os anos 1970, estabeleceu-se entre eles (o público, em geral mais seletivo e de melhor qualidade) uma relação de complementaridade, na qual coube às instituições privadas responder à demanda crescente a que as universidades públicas não conseguiam e/ou não queriam absorver (Geiger, 1986; Sampaio, 2000). Essa espécie de divisão de tarefas ou papéis complementares que os setores tacitamente acabaram assumindo, ainda nos anos 1970 e 1980, antecede não só as transformações em curso no ensino superior privado, como também as políticas voltadas para a ampliação e a democratização do acesso ao ensino superior nos últimos anos.

Ao longo do artigo, procurei mostrar que as mudanças que ocorrem no setor privado hoje são simultaneamente efeitos e condições de diferentes fatores que interagem no caso brasileiro — coordenação estatal, dinâmicas de mercado, culturas empresariais etc. — que, nesse sentido, espelham e induzem transformações na configuração do ensino superior. Retomando as noções de diversificação, diferenciação e isomorfismo educacional desenvolvidas por Huisman (1995), Birnbaum (1983) e redis-

---

[60] No setor privado, chamam-se "universidades de conveniência" as instituições universitárias cuja maior atratividade, da perspectiva do alunado, é se situarem próximas do local de moradia e/ou trabalho do estudante.

cutidas por Vugth (2009), a questão é saber se as mudanças que estão ocorrendo na estrutura de oferta de ensino superior no país atualmente levam a uma maior diversidade institucional e, por conseguinte, a uma maior diferenciação do sistema nacional. Ou, contrariamente, se seus efeitos são apenas indutores de isomorfismo institucional.

No setor privado, cabem perguntas ainda mais específicas. Suas iniciativas, desde o final da década de 1980, no contexto do novo marco legal do ensino superior e da estagnação da demanda de mercado (ambiente), propiciaram maior diversidade externa no sistema, no sentido atribuído por Birnbaum (1983)? Mais recentemente, o que dizer do processo de consolidação no setor privado para a promoção de uma maior diversificação institucional do sistema. O isomorfismo que se verifica nas instituições privadas — e públicas — em relação às respostas dadas ao ambiente (demandas de mercado e marco legal do ensino superior) pode ser superado, permitindo, assim, um grau maior de diferenciação (e estabilidade) institucional, conforme Birbaum (1983) e Huisman (1998)?

Não obstante a possibilidade do uso do conceito de diversidade institucional para descrever, sob muitos aspectos, as diferenças que existem entre as instituições (Birnbaum, 1983), o sistema de ensino superior brasileiro apresenta uma baixa diferenciação de acordo com as contribuições dos autores aqui discutidos.

De uma parte, o fato decorre do isomorfismo apontado por Huisman (1995) que se instala no mercado de ensino superior, tornando as iniciativas de sucesso — em relação tanto ao mercado como ao controle do Estado — alvos de imitação por parte de organizações de diferentes tipos. Entre as ações empreendedoras de sucesso no âmbito privado, copiadas e reproduzidas por suas instituições, destacam-se a transformação das instituições isoladas em universidades, a "fragmentação das carreiras", o modelo de "universidades de conveniência", a gestão profissional, a adoção da figura do coordenador de curso como gerente pedagógico e o ensino apostilado (Sampaio, 2011). Com a intensificação das operações de aquisição e de fusão de instituições e sua consequente concentração nas mãos de poucos grupos educacionais, a homogeneização da oferta certamente tenderá a se acirrar. De outra parte, a baixa diferenciação do sistema de ensino superior deve-se também aos efeitos do ordenamento legal no país, que impõe às instituições respostas iguais em detrimento das diferenças institucionais e das clientelas que as caracterizam. Se o sistema brasileiro opera com uma baixa diferenciação institucional, será possível responder com inovação (Vught, 2009) e estabilidade (Birnbaum, 1983) às demandas do mercado e de uma sociedade tão heterogênea como a brasileira?

No Brasil, as respostas das instituições às pressões do mercado e/ou aos constrangimentos legais, dado o fenômeno do isomorfismo, nem sempre conseguem ser efetivamente inovadoras e/ou capazes de promover uma maior diferenciação no sistema de ensino superior.

Essa dificuldade ganha ainda o reforço da crença, bastante enraizada, especialmente no setor público, na viabilidade de um modelo único de universidade no Brasil. Diante desse modelo, apesar de já bastante desgastado por sucessivas normatizações legais e pelo teste da realidade, quaisquer novas alternativas de organização da oferta de ensino superior tendem a soar como desvios indesejados do sistema nacional de ensino superior.

REFERÊNCIAS

ALTBACH, Philip G. Introduction: the underlying realities of higher education in the 21ist Century. *In*: ALTBACH, Philip G.; PETERSON, Patti M. (ed.). *Higher education in the new century*: global challenges and innovative ideas. Rotterdam: Sense Publishers, 2007.

ALTBACH, Philip G. Private higher education: themes and variations in comparative perspective. *In*: ALTBACH, Philip G. *Private Prometheus:* private higher education and development in the 21st century. Chestnut Hill: Massachusetts Center for International Higher Education School of Education: Boston College, 1999.

ANTUNES, Roberta S. *Entrepreneurialism in higher education*: experiences of Brazilian private sector. 2014. Tese (Doutorado em Higher Education) – Universidade de Tampere, Tampere, 2014.

ARAGÃO, Marianna. "Fusão brasileira de R$ 5 bi cria gigante global de ensino". *Folha de S.Paulo*, 23 abr. 2013, Caderno Mercado.

BIRNBAUM, Robert. *Maintaining Diversity in Higher Education*. San Francisco; Washington; London: Jossey-Bass Publishers, 1983.

BRASIL. *Decreto n.º 2.306, de 19 agosto de 1997*. Regulamenta, para o Sistema Federal de Ensino, as disposições contidas no art. 10 da Medida Provisória nº 1.477-39, de 8 de agosto de 1997, e nos arts. 16, 19, 20, 45, 46 e § 1º, 52, parágrafo único, 54 e 88 da Lei nº 9.394, de 20 de dezembro de 1996, e dá outras providências. Brasília, DF: Presidência da República, 1997. Disponível em: https://www.planalto.gov.br/ccivil_03/decreto/d2306.htm. Acesso em: 09 jul. 2024.

BRASIL. [Constituição (1988)]. *Constituição da República Federativa do Brasil de 1988.* Brasília, DF: Presidência da República, [2023].

BRASIL. *Decreto n.º 7.824. de 11 de outubro de 2012.* Regulamenta a Lei nº 12.711, de 29 de agosto de 2012, que dispõe sobre o ingresso nas universidades federais e nas instituições federais de ensino técnico de nível médio. Brasília, DF: Presidência da República, 2012. Disponível em: https://www.planalto.gov.br/ccivil_03/_ato2011-2014/2012/decreto/d7824.htm. Acesso em: 13 set. 2024.

BRASIL. *Lei n.º 11.096, de 13 de janeiro de 2005.* Institui o Programa Universidade para Todos – PROUNI e dá outras providências. Brasília, DF: Presidência da República, 2005. Disponível em: https://www.planalto.gov.br/ccivil_03/_ato2004-2006/2005/lei/l11096.htm. Acesso em: 13 set. 2024.

BRASIL. *Lei n. 12.711, de 29 agosto de 2012.* Dispõe sobre o ingresso nas universidades federais e nas instituições federais de ensino técnico de nível médio e dá outras providências. Brasília, DF: Presidência da República, 2012. Disponível em: https://www.planalto.gov.br/ccivil_03/_ato2011-2014/2012/lei/l12711.htm. Acesso em: 13 set. 2024.

BRASIL. *Lei n.º 9.394 (Lei de Diretrizes e Bases da Educação Nacional), de 20 de dezembro de 1996.* Estabelece as diretrizes e bases da educação nacional. Brasília, DF: Presidência da República, 1996. Disponível em: http://www.planalto.gov.br/ccivil_03/leis/l9394.htm. Acesso em: 13 set. 2024.

BRUNNER, José J.; URIBE, D. *Mercados universitarios*: el nuevo escenario de la educación superior. Santiago: Ediciones Universidad Diego Portales, 2007.

CLANCY, Patrick *et al.* Comparative perspectives on access and equity. *In*: ALTBACH, Philip G.; PETERSON, Patti M. (ed.). *Higher education in the new century*: global challenges and innovative ideas. Rotterdam: Sense Publishers, 2007.

CLARK, Burton. *Higher Education System*: Academic Organization in Cross Perspective. Berkeley: University of California Press, 1983.

DURHAM, Eunice R.; SAMPAIO, Helena. O setor privado de ensino superior na América Latina. *Cadernos de Pesquisa*, São Paulo, n. 110, p. 7-38, 2000.

DURHAM, Eunice. *O movimento pela reforma universitária na década de 60*. São Paulo: Nupes-USP, 1985. Mimeografado.

FOLHA DE S.PAULO, 2012, 24 set. Folhainvest, B3.

GEIGER, Roger. *Private Sectors in higher education*: structure, function and change in eight countries. Ann Arbor: University of Michigan Press, 1986.

HOPER ESTUDOS DE MERCADO. *Análise setorial do ensino superior privado*. Foz do Iguaçu: Hoper Estudos de Mercado, 2012.

HUISMAN, Jeroen. Differentiation and diversity in higher education systems. *In*: SMART, John C. (ed.). *Higher education in handbook of theory and research*. New York: Agathon Press, 1998. v. 13.

HUISMAN, Jeroen. *Differentiation, diversity and dependency in higher education*: a theoretical and empirical analysis. Utrecht: Management and Policy in Higher Education, 1995.

INSTITUTO NACIONAL DE ESTUDOS E PESQUISAS EDUCACIONAIS ANÍSIO TEIXEIRA. *Ensino superior*: coletânea de legislação básica. Brasília: MEC/Inep, 1969.

INSTITUTO NACIONAL DE ESTUDOS E PESQUISAS EDUCACIONAIS ANÍSIO TEIXEIRA. *Censo da educação superior*: resumo técnico. Brasília: Inep, 2011.

JONGBLOED, Ben *et al.* (org.). *From the eye of the storm*: higher education's changing institution. Dordrech; Boston; London: Kluwer Academy Publishers, 1999.

KISHORE, Joshi. The social demand for higher education, and the public and private response to it (India). *In*: SEMINÁRIO INTERNACIONAL TENDÊNCIAS RECENTES DO ENSINO SUPERIOR NOS BRICS: ANÁLISES EM TORNO DO PACTO ENTRE ENSINO SUPERIOR E SOCIEDADE. Campinas, 2012. Mimeografado.

MARTIN, Michaela; TALPAERT, Roger Coordination: continental Europe. *In*: CLARK, Burton; NEAVE, Guy. *The Encyclopedia of Higher Education*. New York: Pergamon Press, 1992. v. 2, p. 1.347-1.352.

MARTINS, Carlos B. A formação de um sistema de ensino superior de massa. *Revista Brasileira de Ciências Sociais*, São Paulo, v. 17, n. 48, p. 197-203, 2002.

MARTINS, Carlos B. A Reforma Universitária de 1968 e a abertura para o ensino superior privado no Brasil. *Educação e Sociedade*, Campinas, v. 30, n. 106, p. 15-35, 2009.

MARTINS, Carlos B. O ensino superior privado no Brasil (1964-1980). *In*: MARTINS, Carlos B. *Ensino superior brasileiro*: transformação e perspectivas. São Paulo: Brasiliense, 1988.

MENON, Kirti. The social demand for higher education and the public and private responses to it. *In*: SEMINÁRIO INTERNACIONAL TENDÊNCIAS RECENTES DO ENSINO SUPERIOR NOS BRICS: ANÁLISES EM TORNO DO PACTO ENTRE ENSINO SUPERIOR E SOCIEDADE. Campinas, 2012. Mimeografado.

NEVES, Clarissa. Diversificação do sistema de educação terciária: um desafio para o Brasil. *Tempo Social*, São Paulo, v. 15, n. 1, p. 21-44, 2003.

ORGANISATION FOR ECONOMIC CO-OPERATION AND DEVELOPMENT. Disponível em: http://www.oecd.org/statistics/. Acesso em: 09 jul. 2024.

SAMPAIO, Helena. *Ensino superior no Brasil*: o setor privado. São Paulo: Hucitec: Fapesp, 2000.

SAMPAIO, Helena. O setor privado de ensino superior no Brasil: continuidades e transformações. *Ensino Superior Unicamp*, Campinas, ano 2, n. 4, p. 28-43, 2011.

SAMPAIO, Helena. Setor privado de ensino superior no Brasil: crescimento, mercado e Estado entre dois séculos. *In*: BARBOSA, Maria Ligia de Oliveira (org.). *Ensino superior*: expansão, diversificação, democratização. Rio de Janeiro: 7 Letras, 2013.

SANCHEZ, Fábio (org.). *Anuário estatístico de educação aberta e a distância*. São Paulo: Abed; Instituto Monitor, 2008.

STEINER, João E. Diferenciação e classificação das instituições de ensino superior no Brasil. *In*: STEINER, João E.; MALNIC, Gerhard (org.). *Ensino superior*: conceito e dinâmica. São Paulo: Edusp, 2006.

SUNWOONG, Kin *et al*. Rethinking the public-private mix in higher education: global trends and national policy challenges. *In*: ALTBACH, Philip G.; PETERSON, Patti M. (ed.). *Higher education in the new century*: global challenges and innovative ideas. Rotterdam: Sense Publishers, 2007.

VUGHT, Frans van. Diversity and differentiation in higher education. *In*: VUGHT, Frans van. *Mapping the higher education landscape*: towards an European classification of higher education. Dordrecht: Springer, 2009.

YUZHUO, Cai; FENGQIAO, Yan. The social demand for higher education, and the public and private response to it (China). *In*: SEMINÁRIO INTERNACIONAL TENDÊNCIAS RECENTES DO ENSINO SUPERIOR NOS BRICS: ANÁLISES EM TORNO DO PACTO ENTRE ENSINO SUPERIOR E SOCIEDADE. Campinas, 2012.

PRIVATIZAÇÃO, MERCANTILIZAÇÃO E FINANCIAMENTO PÚBLICO DOS ESTUDANTES: NOTAS SOBRE O CASO BRASILEIRO[61]

As mudanças em curso no ensino superior, em âmbito global, tendem a ser qualificadas, pela literatura, pelos termos mercantilização e privatização e, na maior parte das vezes, por ambos de modo intercambiável. Uma instituição de ensino superior que se define juridicamente como privada e cobra taxas de matrículas e/ou mensalidades de seus estudantes não significa que tenha fins lucrativos. Harvard, Stanford e Yale, importantes universidades estadunidenses, e as universidades confessionais brasileiras são exemplos dessa situação. Recorrendo a alguns autores, trarei, à guisa de introdução, breves notas a respeito a fim de evitar que processos diferentes continuem sendo tratados como se fossem equivalentes.

Schwartzman (2014) sustenta que a explicação da privatização das matrículas nos sistemas nacionais de ensino superior deve ser buscada em fatores internos ao desenvolvimento de cada um deles, mesmo que esses fatores sejam comuns a vários países. Para o autor, a existência de um mercado de ensino superior associa-se a três fatores. O primeiro é o crescimento contínuo da demanda de ensino superior que ultrapassa a capacidade de financiamento público; o segundo é a dificuldade que as instituições públicas têm em atender, com a agilidade necessária, às demandas do mercado, o que abre espaço para que ele próprio se organize para supri-las, formando pessoas com os perfis profissionais supostamente requeridos em áreas específicas, como administração, paramédicas, comunicação, entre outras. O terceiro fator está associado ao surgimento do que o autor identifica como "indústria do conhecimento", no sentido da venda da educação como um serviço altamente rentável. Em suma, para Schwartzman (2014), os fatores explicativos da privatização do ensino superior devem ser buscados na relação oferta/demanda, ou seja, no contexto de mercado.

---

[61] Este texto compõe-se de partes do texto "Novas dinâmicas do ensino superior no Brasil: o público e o privado", publicado originalmente pelo Grupo Estratégico de Análise da Educação Superior no Brasil (GEA) e pela Faculdade Latino-Americana de Ciências Sociais (FLACSO), em novembro de 2015, e como capítulo, "Privatização do ensino superior no Brasil: velhas e novas questões", publicado no livro organizado por Simon Schwartzman, *A educação superior na América Latina e os desafios do século XXI*. Campinas: Editora da Unicamp, 2014.

Embora a razão oferta/demanda seja uma constante, desde os primórdios das universidades ocidentais, ela tornou-se cada vez mais complexa no mundo contemporâneo. Com efeito, o aumento da demanda de massa por ensino superior resulta da ampliação gradativa, há pelo menos 50 anos, do atendimento dos níveis básicos de educação, com a universalização, ou quase, do ensino fundamental e consequente aumento do atendimento do ensino secundário (Altbach, 2007). Para atender a essa ampliação contínua da demanda, alguns sistemas nacionais de ensino superior promoveram profundas mudanças em sua estrutura de oferta enquanto outros apenas incrementaram o número de vagas, cursos e/ou instituições[62]. Os períodos e os padrões de expansão dos sistemas de ensino superior estão muitas vezes imbricados. Nos Estados Unidos, por exemplo, a expansão de seu sistema teve início em meados do século XX; enquanto, na maior parte dos países, a ampliação do acesso ao ensino superior só ganhou força no final desse século. Para se ter uma ideia, no início do século XX, os estudantes universitários no mundo não passavam de 500 mil; em 2000, já eram 100 milhões, o que correspondia a 20% da coorte mundial de jovens entre 18 e 24 anos (Clancy *et al.*, 2007).

Os sistemas de ensino superior que ampliaram o atendimento da demanda somente nas últimas décadas — entre o final do século XX e começo do século XXI — o fizeram, em geral, por meio do aumento da participação da oferta privada. Isso aconteceu tanto em sistemas nos quais as matrículas mantiveram-se a até pouco tempo predominantemente públicas como naqueles em que o setor privado sempre foi mais robusto. Na América Latina, por exemplo, enquanto no México e na Argentina o ensino superior manteve-se por muito tempo predominantemente público; no Chile, na Colômbia e no Brasil, a presença do ensino superior privado, especialmente do segmento confessional, sempre foi significativa. Nos últimos dez anos, entretanto, constata-se, inclusive nos sistemas majoritariamente públicos, um forte avanço da participação das matrículas privadas no sistema de ensino superior[63], processo que Schwartzman associa ao esgotamento da capacidade de financiamento do Estado na região.

---

[62] Teichler (1988), em sua análise comparativa acerca das políticas e das mudanças na estrutura de ensino superior em alguns países ocidentais industrializados a partir dos anos de 1950, busca sistematizar os principais modelos e padrões estruturais encontrados nos diferentes sistemas desde então. Para o sistema de ensino superior estadunidense, ver Geiger (1985).

[63] Sobre o desenvolvimento do setor privado de ensino superior na América Latina, ver Altbach (1999, 2006), Kent e Ramirez (1999) e Levy (1986a e 1999).

Na mesma chave explicativa de Schwartzman (2014), Brunner e Uribe (2007) entendem o crescimento de atividades mercantis no ensino superior como respostas estimuladas pela demanda crescente de educação superior no mundo. Para esses autores, processos de privatização e mercantilização do ensino superior remetem ao deslocamento que este faz em direção ao mercado. Há, segundo os autores, dois indicadores para aferir o grau de privatização de um sistema de ensino superior: o primeiro é a proporção de estudantes matriculados em instituições privadas; o segundo é a participação dos recursos públicos e dos privados no total de financiamento do ensino superior. Privatização, nesse entendimento, não necessariamente implica mercantilização que, segundo Brunner e Uribe (2007), remete exclusivamente à emergência de instituições privadas com fins lucrativos que operam em mercados locais e internacionais e às suas transações mercantis. Essas instituições — que os autores chamam de "novos provedores" — se desenvolvem fora da tradição e da ideologia do serviço público e atendem a propósitos estritamente comerciais.

Ainda de acordo com Brunner e Uribe (2007), cada sistema de ensino superior faz seu próprio percurso em direção ao mercado, o que nos impede de falar de mercantilização no singular; para os autores, trata-se de processos de naturezas diversas e com efeitos distintos. O deslocamento do ensino superior em direção ao mercado resultaria, assim, de uma combinação de condições geradas nos contextos nacionais, como o desenvolvimento dos sistemas de ensino superior, as políticas para a área e as estratégias das instituições diante das forças de mercado ou de mecanismos de quase mercado, por exemplo, na disputa pela alocação dos recursos ou ainda na avaliação de sua efetividade (Brunner; Uribe, 2007).

Ainda segundo esses autores, os fenômenos de privatização — também tratados no plural — envolvem desde a criação de mercados para a educação superior até a transformação do equilíbrio da razão público/privado no que tange a questões específicas, como a cobrança de mensalidades dos estudantes, o financiamento e a gestão das universidades, o surgimento de instituições privadas com fins lucrativos, entre outros. A privatização do ensino superior manifesta-se em dois níveis: no das matrículas, ou seja, em relação ao percentual de estudantes no setor público e no setor privado, e no dos recursos utilizados para financiar as instituições, isto é, referente ao gasto total do país correspondente a fontes privadas.

Partindo desse quadro conceitual que propõe explicar os processos recentes de privatização e mercantilização do ensino superior no contexto das possíveis respostas dos diferentes sistemas nacionais diante da demanda crescente por esse nível de ensino, este texto focaliza a singularidade desses processos no Brasil.

É fato bastante conhecido o extraordinário crescimento, na última década, do número de matrículas de ensino superior no país, hoje em mais de 7 milhões. Nessa ampliação do atendimento, o setor privado, que desde a década de 1970 já era majoritário no sistema de ensino superior[64], aumentou ainda mais sua participação, respondendo atualmente por 85% das 2.100 instituições — das quais 40% têm fins lucrativos — e por 74% do total e matrículas (Inep, 2014). Esses números evidenciam o alto grau de privatização das matrículas de ensino superior no Brasil. Todavia, ao lado desse fenômeno, ocorre outro, que é a alocação de recursos públicos para financiar parte significativa dos estudantes matriculados em instituições privadas. Ambos, conforme veremos, estão imbricados.

Em concordância com os autores já citados, entendemos que os processos de privatização e mercantilização remetem especificamente ao avanço da participação do setor privado no sistema de ensino superior, cujas evidências encontram-se nos dados de matrículas e de instituições[8] e, especialmente, nas transações mercantis que as envolvem. Neste texto proponho analisar uma manifestação da privatização: o *financiamento público* da demanda de ensino superior. De acordo com Brunner e Uribe (2007), é um mecanismo mediante o qual o Estado, em contextos de mercantilização do ensino superior, desloca o peso do financiamento das instituições — públicas e semipúblicas e, em geral, não gratuitas em alguns países — para o financiamento dos estudantes. Para os autores, a adoção desse mecanismo pelo Estado teria por objetivo propiciar a ampliação do atendimento da clientela de ensino superior e, ao fazê-lo, instaurar uma competição entre diferentes tipos de instituições. É o caso do Chile depois da reforma dos anos de 1990, mas não é o do Brasil, onde as universidades públicas são (quase) integralmente financiadas pelo

---

[64] Em 1975, as matrículas em instituições privadas correspondiam a 62% do total de matrículas de ensino superior; por sua vez, as instituições privadas equivaliam a 75% do total de estabelecimentos de ensino superior do país. Apesar de algumas oscilações ocorridas nas décadas seguintes, a menor taxa de participação das matrículas privadas no total de matrículas foi de 58% no ano de 1994 (Sampaio, 2000).

Estado e gratuitas para os estudantes, dessa forma não participam da competição por recursos públicos.

No Brasil, o financiamento público destina-se a estudantes matriculados em cursos de instituições privadas, com ou sem fins lucrativos, mecanismo que também se observa nos Estados Unidos[65]. No Brasil, o financiamento público se dá por meio de dois programas federais: o Prouni, que concede isenção de impostos às instituições privadas com finalidade lucrativa em troca de bolsas; e o Fies, programa de crédito educativo garantido pelo governo. Desde a implementação desses programas, na segunda metade dos anos 2000, o setor privado passou a ser fortemente financiado pelo Estado[66]. Embora ambos os programas financiem estudantes, e não instituições, é certo o impacto deles na manutenção das taxas de crescimento de matrículas nas instituições privadas, logo na sustentabilidade da expansão do setor privado no qual um terço dos estudantes é hoje beneficiário do Prouni ou do Fies.

Duas hipóteses orientam este estudo. A primeira é que fatores de cunho normativo, político-ideológico e de melhoria do acesso à educação e do fluxo educacional confluem, há pelo menos meio século, para o deslocamento do ensino superior na direção do mercado, o que fez do sistema brasileiro um anfitrião receptivo das entidades privadas com fins lucrativos que nele atuam. A segunda hipótese é que as políticas de ampliação do acesso e permanência estudantil, nas primeiras décadas do século XXI, e a intensificação da privatização das matrículas e mercantilização desse nível de ensino são processos mutuamente implicados e dependentes.

O estudo se apoia em pesquisas bibliográfica e documental, reunindo dados de diferentes naturezas e de fontes diversas: séries estatísticas do ensino superior no Brasil, dados quantitativos específicos ao setor privado, documentos oficiais relativos a leis e decretos que disciplinam o ensino

---

[65] O financiamento público para estudantes matriculados em instituições privadas é um mecanismo antigo nos Estados Unidos, onde à estrutura complexa de seu sistema de ensino superior, diversificado e com níveis de permeabilidade variados, correspondem mecanismos não menos complexos de financiamento público e privado para esses setores. Segundo Daniel Levy: "Nos Estados Unidos, as escolas privadas são mais dependentes do financiamento privado do que a educação superior privada enquanto as escolas públicas dependem muito mais exclusivamente do financiamento público que a educação superior" (Levy, 1986b, p. 195, tradução livre).

[66] Até a implementação do Prouni e do Fies, apenas as instituições privadas sem fins lucrativos (comunitárias, beneficentes e confessionais) tinham acesso a recursos públicos regulares por meio de isenção fiscal (Decreto n.º 2.306/1997). Embora já existisse um programa de crédito educativo, sua operação era muito restrita, com peso insignificante no sistema nacional (Sampaio, 2000).

superior no país. Organizei o texto em duas partes, além desta introdução e das considerações finais. Na primeira, apresento as circunstâncias prévias dos processos de privatização e mercantilização do ensino superior no Brasil. Na segunda, procuro mostrar como as políticas de ampliação do acesso e permanência no ensino superior e os processos de privatização e de mercantilização desse nível de ensino são fenômenos mutuamente implicados. Nas considerações finais, faço uma síntese dos principais fatores que confluem para o avanço dos processos de privatização e mercantilização do ensino superior no Brasil.

OS SETORES PÚBLICO E PRIVADO NO BRASIL: CIRCUNSTÂNCIAS PRÉVIAS

A compreensão dos processos recentes de privatização de mercantilização do ensino superior no Brasil requer um recuo no tempo para mostrar: (i) como fatores internos do desenvolvimento do sistema tornaram-no um anfitrião receptivo das novas entidades educacionais com fins lucrativos (os "novos provedores", na denominação de Brunner e Uribe, 2007); e (ii) como a dinâmica da relação público/privado confere um caráter singular aos processos de mercantilização do ensino superior no país hoje.

Um dos efeitos da primeira expansão do ensino superior no Brasil, iniciada no final dos anos 1960 e contínua até 1980, foi instaurar uma relação de complementaridade entre o setor público e o privado, rompendo, assim, o relativo paralelismo até então vigente entre eles. Refiro-me aqui ao conceito de *parallel sector* desenvolvido por Geiger (1986) para os sistemas de ensino superior nos quais os setores público e privado pouco se distinguem em termos de proporção de matrículas e de instituições, prestígio acadêmico e fontes de financiamento. Nesses sistemas, as instituições públicas e privadas tendem a desempenhar funções similares e dependem de recursos públicos constantes para se manterem. Chile e Bélgica são exemplos de sistemas paralelos. Em comum eles têm uma forte participação de universidades confessionais católicas, mas diferem quanto aos mecanismos de financiamento público vigentes em cada país e, notadamente, em relação à gratuidade, ou não, das instituições para os estudantes. No caso brasileiro, até a expansão dos anos de 1970, o setor público e o privado equivaliam-se em termos de tamanho e prestígio; além disso, as instituições privadas, todas até então sem fins lucrativos, recebiam financiamento público por meio de isenção de impostos e algumas universidades católicas, como a do Rio de Janeiro, tinham acesso a recursos públicos para atividades de pesquisa e pós-graduação (Schwartzman, 2014; Sampaio, 2000, 2014a).

Naqueles anos, na esteira da industrialização e urbanização do país, a demanda de ensino superior cresceu e se diversificou[67]. Um contingente maior de jovens de ambos os sexos e de pessoas mais velhas, pressionadas pelas exigências do mercado de trabalho ou em busca de realização pessoal, passou a demandar ensino superior. Porém, a oferta desse nível de ensino era limitada e insuficiente para atender ao aumento da demanda[68].

Foi no quadro legal da LDB de 1961 e da Reforma Universitária de 1968 que o sistema de ensino superior no Brasil cresceu e se modernizou. A LDB de 1961 reconhecia a presença de instituições que não se organizavam como universidades, o que favoreceu a expansão de escolas isoladas. Ainda que a Lei tivesse procurado instituir alguns mecanismos de controle do setor privado, eles eram por demais flexíveis para fazer frente à pressão do mercado de ensino superior que demandava mais vagas no sistema (Martins, 2009; Sampaio, 2000). Já a Reforma de 1968, ao erigir um modelo único de ensino superior, constituído preferencialmente por universidades concebidas no princípio da indissociabilidade do ensino, pesquisa e extensão[69], modelo que se consolidou e vigora até hoje como um ideal de ensino superior para o país[70], pouco fez para ampliar o acesso a suas instituições. Nesse cenário, enquanto o setor privado se expandia, por meio da criação de instituições isoladas e do aumento do número de vagas, cursos/carreiras, o setor público, formado quase exclusivamente por universidades, investia em estruturas de pesquisa e de regulação e

---

[67] Ver: Schwartzman (1993), sobre o crescimento e a diversificação da demanda de ensino superior que, associadas aos processos de urbanização e industrialização do país, pressionou, nos anos 1970, a primeira expansão do sistema de ensino superior.

[68] A demanda de ensino superior pode ser demográfica, reprimida, ou ainda uma combinação de ambas. A demanda demográfica, proveniente da coorte de 18 a 24 anos e considerada adequada para cursar o ensino superior, expressa-se na taxa líquida de matrícula. A demanda reprimida provém de pessoas com mais de 24 anos, e seu crescimento explica, por exemplo, o aumento da taxa de matrículas mesmo em países — como o Brasil — onde as distorções no fluxo educacional e o afunilamento do ensino médio costumam frear a elevação da taxa líquida de ingresso no ensino superior (Andrade, 2012; Guimarães de Castro, 2013; Corbucci, 2014). A demanda total, por sua vez, formada tanto pela coorte de 18 a 24 anos quanto por pessoas acima dessa idade, expressa-se na taxa bruta de matrícula.

[69] Ver: Martins (2009); Sampaio (2000) e Schwartzman (2014), quanto aos efeitos contraditórios da Reforma de 1968 na configuração do sistema de ensino superior no país.

[70] Sobre essa discussão, ver: Barbosa (2014).

apoio à pós-graduação (Sampaio; Klein, 1994). Em pouco tempo, o setor privado[71], mobilizando recursos próprios e indiferente ao princípio da indissociabilidade do ensino, pesquisa e extensão, atendeu de forma mais ágil à demanda de ensino superior e o superou em número de estudantes, de instituições e de cursos[72].

A análise de dados de matrículas e instituições de ensino superior, nos últimos 40 anos,[73] nos permite identificar as seguintes dinâmicas de relação entre o setor público e o setor privado de ensino superior no Brasil:

i. na década de 1970, setor público e setor privado apresentam comportamentos simetricamente opostos, com o primeiro estagnado e o segundo em franco crescimento. As linhas de evolução das matrículas públicas e privadas, paralelas até os anos 1970, ganham distância nas décadas seguintes. Em 1980, o setor privado torna-se majoritário, respondendo por mais de 60% das matrículas;

ii. nos anos de 1980, o sistema de ensino superior, público e privado, interrompe o crescimento de matrículas e instituições; a expansão que fora contínua por dez anos, alimentada, sobretudo, pela demanda reprimida de ensino superior, mostrou sinais de esgotamento. Ainda que a estagnação do crescimento das matrículas atingisse todo o sistema, seu impacto foi maior no setor privado, cuja participação relativa na taxa total de matrículas diminuiu sensivelmente nos anos 1980 — entre 1980 e 1985, a taxa de crescimento das matrículas privadas foi inferior a 1% (Sampaio, 2000);

iii. na década de 1990 e na primeira metade dos anos 2000, notam-se períodos de recuperação do crescimento do setor privado; na segunda metade dos anos 2000, é o setor público que cresce.

As trajetórias de desenvolvimento do setor público e do privado, nos anos 1970 e 1980, que muito devem ao quadro legal do período, lograram a estabelecer papéis distintos e complementares para cada um deles. A dualidade público e privado se manifestou, nos anos seguintes, em diferentes aspectos: origem do financiamento, custo para o estudante, organização

---

[71] Todas as instituições privadas nessa época eram consideradas sem fins lucrativos, beneficiando-se, assim, da isenção fiscal prevista na legislação vigente para o desenvolvimento de atividades educacionais.

[72] Entre 1960 e 1980, o número de matrículas de ensino superior no Brasil passou de 200 mil para 1,4 milhão, em um crescimento de quase 500%; no setor privado, o crescimento foi de mais de 800% (Sampaio, 2000).

[73] *Sinopse Estatística para o Ensino Superior* – 1975. Brasília: MEC, 1977. *Evolução das Estatísticas do Ensino Superior no Brasil – 1980-1984*. Brasília: MEC, 1996; Inep, 2011.

acadêmica, distribuição geográfica das instituições, mecanismos de acesso, reconhecimento acadêmico, áreas de concentração dos cursos, perfil dos estudantes, titulação e regime de trabalho dos docentes, entre outros.

Dois instrumentos legais tiveram grande impacto no setor privado e, de modo amplo, na configuração do sistema nacional de ensino superior: a Constituição de 1988 e o Decreto n.º 2.306/1997. Foi nesse quadro normativo que os processos de privatização e mercantilização do ensino superior no país ganharam impulso nos últimos anos.

A CONSTITUIÇÃO FEDERAL DE 1988

O princípio da autonomia da universidade, disciplinado pela Constituição de 1988, teve grande impacto no setor privado. Para as instituições privadas, alcançar a autonomia conferida às universidades representou a possibilidade de se liberarem do controle burocrático (leia-se prévia autorização) do então Conselho Federal de Educação (CFE) em questões, tais como criar e extinguir cursos na sede e remanejar vagas. Nos anos 1990, muitas instituições privadas isoladas se transformaram em universidades motivadas por essa possibilidade.

Usufruindo da autonomia, essas instituições puderam responder mais rapidamente às oscilações da demanda de mercado por ensino superior. Em um período de dez anos, o número de universidades privadas triplicou — passou de 20 para 64 entre 1985 e 1996 (Sampaio, 2000). Muitas vezes, a transformação de uma instituição isolada em universidade envolvia processos de fusão e/ou incorporação de outras instituições privadas, antecipando as transações que, quase 20 anos depois, se intensificariam no setor privado, conforme veremos. Desfrutando da autonomia, as universidades privadas adotaram, nos anos 1990, estratégias para promover a desconcentração regional[74] e a ampliação e diversificação da oferta de cursos/carreiras de nível superior. Essa estratégia consistia em transformar uma habilitação e/ou disciplina em vários cursos independentes, cada um uma certificação autônoma. Ela foi bastante utilizada nas áreas de Humanidades e Artes, Saúde e Bem-estar Social, Ciências Sociais, Negócios e Direito.

---

[74] Na primeira metade dos anos 1990, as matrículas privadas cresceram muito nas regiões Norte e Centro-Oeste que no Sudeste e Sul; nessas regiões, o setor privado cresceu mais no interior do que nas capitais dos estados, e isso ocorreu por meio da criação de instituições e de novos cursos (Sampaio, 2000).

Todas essas estratégias adotadas pelas instituições privadas, especialmente pelo segmento das universidades que gozam de autonomia, para enfrentar o período de estagnação da demanda, tiveram efeitos na configuração do sistema nacional: diminuição do grau de concentração geográfica da oferta em termos de regiões e capitais dos estados; elevação do número de matrículas em regiões do país historicamente menos contempladas pela iniciativa privada e no interior dos estados mais ricos[75],[26] aumento da participação de universidades no sistema e a de estudantes matriculados em instituições com esse tipo de organização acadêmica; aumento, com diversificação, do número de cursos e carreiras; ampliação da oferta de ensino tecnológico de curta duração. O deslocamento do ensino superior em direção ao mercado tem início com essas transformações, que vão contribuindo para a formação dos fatores internos propulsores dos processos de privatização e de mercantilização do ensino superior em curso no país.

O DECRETO N.º 2.306/1997

O artigo 1º do Decreto n.º 2.306/1997 "dispõe que as entidades mantenedoras poderão assumir qualquer das formas admitidas em direito, de natureza civil e comercial, e quando constituídas como fundações serão regidas pelo Código Civil Brasileiro" (Art. 24º)". Traduzindo: permite às entidades mantenedoras das instituições de ensino superior alterar seu estatuto, escolhendo assumir natureza civil ou comercial. Com base nesse instrumento, as entidades mantenedoras puderam optar em ser entidade mantenedora de instituição sem fins lucrativos ou com fins lucrativos. Esse dispositivo legal é um divisor de águas no setor privado, e no sistema de ensino superior brasileiro como um todo, e suscita até hoje muitas controvérsias[76].

Até a edição desse instrumento legal, não se previa no Brasil o serviço educacional com fins de lucro e, portanto, estendia-se, como já dito, a isenção de impostos a todas as instituições mantidas por pessoas físicas ou jurídicas de direito, mesmo que tivessem na prática objetivos de lucro, aferidos por subterfúgios como o aluguel de imóveis e equipamentos e

---

[75] Sobre o processo de interiorização das matrículas no Estado de São Paulo dando origem ao desenho de "malhas universitárias", ver Sampaio (2000).
[76] Sobre as interpretações dos diferentes atores do sistema nacional de ensino superior sobre o referido decreto, ver Sampaio (2014a).

venda de serviços por parte das mantenedoras, altas remunerações para os dirigentes, dentre outros expedientes. Vigorava, assim, uma espécie de financiamento público para instituições privadas de ensino superior, uma vez que se concedia imunidade fiscal a todas elas. Com o Decreto n.º 2.306/1997, o Estado, supostamente, passaria a exercer um controle maior sobre as instituições privadas sem finalidade lucrativa — confessionais, comunitárias e filantrópicas[77]. Em contrapartida ao controle estatal, essas instituições obteriam isenção de tributos e, em casos especificados, poderiam pleitear acesso a recursos públicos regulares. Por outro lado, as mantenedoras de instituições privadas que optassem pela finalidade lucrativa ficariam submetidas ao regime da legislação mercantil quanto aos encargos fiscais, parafiscais e trabalhistas (Sampaio, 2000).

O Decreto n.º 2.306/1997 teve ainda outro impacto no sistema nacional de ensino superior: ao reconhecer o lucro no serviço educacional, acabou[30] promovendo o aumento, de forma exponencial, das transações mercantis[78]. Isso aconteceu porque as instituições privadas com finalidade lucrativa tornaram-se, devido ao decreto, elas próprias mercadorias, passíveis de serem vendidas/compradas.

Em 2014, das cerca de 2.100 instituições privadas de ensino superior, 40% declaravam-se com fins lucrativos (Inep, 2014). Apesar do elevado número dessas instituições, quase mil, a participação percentual delas no sistema nacional tem-se mantido estável desde o Decreto n.º 2.306/1997.

---

[77] De acordo com a nomenclatura oficial, comunitárias são instituídas por grupos de pessoas físicas ou por uma ou mais pessoas jurídicas, inclusive cooperativas educacionais, sem fins lucrativos, que incluem na sua entidade mantenedora representantes da comunidade. Confessionais são instituídas por grupos de pessoas físicas ou por uma ou mais pessoas jurídicas que atendem a orientação confessional e ideologia específicas, sem fins lucrativos, que incluam na sua entidade mantenedora representantes da comunidade (redação dada pela Lei n.º 12.020/2009). Filantrópicas são instituições que prestam serviço à população em caráter complementar às atividades do Estado (Artigo 20º da LDB). Disponível em: http://www.dce.mre.gov.br/nomenclatura_cursos.html.

[78] Os empresários do setor privado, considerando o benefício da isenção fiscal, jamais discutiriam abertamente o caráter *for profit* de suas atividades. Levy chama a atenção para essa situação no Brasil, comparando com a Turquia onde "[...] *private sector captures only a minority of total enrollments, it does accommodate excess demand and therefore can operate on a for-profit basis. Turkish for-profits began in the early 1960´s and did so well economically that many others quickly emerged*". "*The best advice one could offer an investor interested in high profits over short-term periods would be to go into the colleges business*". "*Similar dynamics have in practice operated in Brazil, even though all its private institutions are legally nonprofits*" (Levy, 1986b, 1999) Tradução livre: onde "[...] o setor privado recebe apenas uma minoria do total de matrículas, acomoda a demanda excedente e, portanto, pode operar com fins lucrativos. As instituições turcas com fins lucrativos tiveram início no início da década de 1960 e tiveram um desempenho econômico tão bom que muitas outras surgiram rapidamente. O melhor conselho que alguém poderia dar a um investidor interessado em altos lucros no curto prazo seria para investir no ensino superior. Dinâmicas semelhantes operaram na prática no Brasil, embora todas as instituições privadas fossem legalmente sem fins lucrativos" (Sampaio, 2000).

A emergência dos "novos provedores" do ensino superior, para usar o termo cunhado por Brunner e Uribe (2007) para as entidades educacionais mercantis, desencadeou outros processos. Destaco a maior capilaridade da oferta de ensino superior no território nacional, intensificação das fusões e das aquisições de instituições, a concentração das matrículas em grandes grupos empresariais, a entrada deles em bolsas de valores e o realinhamento dos grupos de representação de interesses do setor privado.

Feita essa breve digressão, retomo alguns números do sistema de ensino superior que podem nos dizer mais sobre as trajetórias do setor público e do privado, agora já separado entre os segmentos sem e com fins lucrativos.

O FINANCIAMENTO PÚBLICO DA DEMANDA E A SUSTENTABILIDADE DOS PROCESSOS DE PRIVATIZAÇÃO E MERCANTILIZAÇÃO DO ENSINO SUPERIOR NO BRASIL

Em processos de privatização e mercantilização do ensino superior, como visto, o financiamento público da clientela é um mecanismo que o Estado utiliza para deslocar o peso do financiamento das instituições públicas e semipúblicas, em geral, não gratuitas, para o financiamento dos estudantes. Por meio desse mecanismo, o Estado busca instaurar a competição entre diferentes tipos de instituições e ampliar o atendimento da clientela de ensino superior (Brunner; Uribe, 2007).

No Brasil, a adoção do financiamento público dos estudantes matriculados em instituições privadas parece ter outras motivações e consequências. Não se trata de estabelecer um ambiente de competição de mercado entre as instituições, uma vez que as universidades públicas são integralmente financiadas pelo Estado e gratuitas para os estudantes, por isso imunes à competição. O financiamento público da clientela no sistema de ensino superior brasileiro faz parte de um conjunto mais amplo de medidas governamentais com o objetivo de ampliar o acesso e a equidade a esse nível de ensino. No setor público, esse esforço para ampliação do acesso se traduziu no Programa de Apoio a Planos de Reestruturação e Expansão das Universidades Federais (Reuni) e na política de cotas que faculta acesso diferenciado a estudantes oriundos de escolas públicas e que se auto identificam com grupos afrodescendentes ou indígenas. No setor privado, nos programas Fies e Prouni.

Com efeito, o Plano Nacional da Educação (Lei n.º 10.172 para o decênio 2001-2010), sancionado pelo então Presidente Fernando Henrique Cardoso e que vigorou durante os dois mandatos do Presidente Luis Inácio Lula da Silva, já traduzia a preocupação governamental e de diferentes setores da sociedade brasileira em relação à necessidade de ampliar o acesso ao ensino superior no país. Elaborado em um período de declínio das matrículas de ensino superior, especialmente da graduação presencial[79], o Plano Nacional de Educação (PNE) prognosticava que 30% dos jovens brasileiros entre 18 e 24 anos deveriam, no ano de 2010, estar cursando o ensino superior.

O Prouni, instituído em 2005[80], e o Fies, ampliado e reformulado em 2008, são frutos de um contexto de estagnação das matrículas e de um prognóstico estabelecido inicialmente pelo PNE de 2001 de ampliar o contingente de jovens no ensino superior. Ambos se voltam para estudantes de baixa renda (em consonância com as políticas de ampliação do acesso e equidade no ensino superior) e se valem da extensa rede de instituições privadas sem e com finalidade lucrativa instalada no país. De acordo com Carvalho (2013), do total de bolsistas do Prouni no primeiro trimestre de 2013, 56% estudavam em instituições privadas com fins lucrativos e 44%, em instituições privadas sem fins lucrativos (confessionais, comunitárias ou filantrópicas).

O Prouni opera mediante a concessão de bolsas para estudantes que frequentam cursos presenciais de graduação e sequenciais de formação específica nas instituições privadas sem e com fins lucrativos. Os beneficiários da bolsa não podem ter diploma de ensino superior, e a renda familiar mensal *per capita* devia ser de até um salário-mínimo e meio (para obter bolsa integral) e de até três salários-mínimos (para pleitear bolsa parcial de 25% ou 50%). Atendendo a esses dois critérios, a bolsa será destinada a pessoas que tenham estudado no ensino médio em escolas públicas ou em escolas privadas na condição de bolsista; a pessoas com

---

[79] As taxas de crescimento das matrículas de ensino superior caem no período entre 2002 a 2009. De 12,5%, em 2002, cai para 7%, em 2005, ano de criação do Prouni; em 2006, cai para 5%; em 2007, para 4,4%; em 2008, para 4,1%; e, em 2009, chega a 0,7%. A partir de 2009, elas voltam a crescer. Cf.: *Sinopses Estatísticas da Educação Superior (1996 a 2010)*. Brasília: Inep, 2011; Corbucci (2014).

[80] BRASIL. *Lei nº 11.096, de 13 de janeiro de 2005*. Institui o Programa Universidade para Todos (Prouni). Brasília: Presidência da República, 2005. Disponível em: http://www2.camara.gov.br/.

deficiência física e a professores da rede pública de ensino para os cursos de licenciatura, normalmente superior e pedagogia. (Art.2º da Lei n.º 11.096/2005). No Artigo 3º da lei, encontramos uma menção ao Exame Nacional do Ensino Médio (Enem): o estudante beneficiado pelo Prouni "será pré-selecionado pelos resultados e pelo perfil socioeconômico do Enem ou outros critérios a serem definidos pelo Ministério da Educação"; na etapa final da seleção, a instituição de ensino superior utilizará os próprios critérios, encarregando-se também de verificar a autenticidade das informações prestadas pelos alunos. O desempenho do candidato à bolsa no Enem é também um critério de seleção, embora a lei ainda seja bastante vaga nesse aspecto.

As instituições de ensino superior privadas sem fins lucrativos (e não filantrópicas) e com fins lucrativos que aderem ao Prouni devem oferecer uma bolsa integral para cada 10,7 estudantes regularmente pagantes e devidamente matriculados ao final do ano correspondente do período letivo anterior (Artigo 5º). Isso significa cerca de dez bolsas integrais para cada 107 alunos pagantes[81]. Aqui chegamos a um aspecto fundamental do Prouni: as instituições devem conceder bolsas na proporção necessária até que a soma dos benefícios atinja o equivalente a 8,5% da receita anual dos períodos letivos que já têm bolsistas do Prouni, receita efetivamente recebida[82].

Destaco aqui quatro pontos importantes da lei que o instituiu: o primeiro refere-se ao prazo de dez anos de adesão das instituições privadas ao programa, prazo que pode se renovar por igual período; o segundo diz respeito à ampliação do número de vagas em instituições que não gozam de autonomia; nesse caso, a lei autoriza antecipadamente essas instituições a ampliarem o número de vagas "no limite da proporção de bolsas integrais oferecidas por curso e turno" (Artigo 7º); o terceiro refere-se à possibilidade de uma instituição ser desvinculada do Prouni: ter uma avaliação insuficiente duas vezes seguidas no Sistema Nacional de Avaliação da Educação Superior (Sinaes) (§ 4º do Artigo 7º); por fim, o

---

[81] As instituições privadas devem manter sempre a proporção entre bolsas e alunos matriculados pagantes; quando houver discrepância entre a evasão de alunos bolsistas e evasão dos estudantes matriculados, a instituição, a cada processo seletivo, deverá oferecer bolsas para restabelecer a proporção (Artigo 6º da Lei n.º 11.096/2005).

[82] O Artigo 5º conta com vários parágrafos que detalham as diversas possibilidades e limitações da ocorrência de permuta de tipo de bolsas entre cursos e turnos, as proporções em que podem ser oferecidas bolsas parciais (de 25% e de 50%) e integrais etc. (Lei n.º 11.096/2005).

quarto ponto diz respeito à prioridade que as instituições que aderem ao Prouni têm na distribuição dos recursos disponíveis no Fies (Artigo 14).

Como se vê, a lei do Prouni é muito atraente para as instituições de ensino superior privadas e mais ainda para as que têm fins lucrativos. Cumprido o estabelecido na lei, a instituição privada de ensino superior fica isenta dos seguintes impostos e contribuições: Imposto de Renda de Pessoa Jurídica (IRPJ), Contribuição Social sobre o Lucro Líquido (CSLL), Contribuição Social para Financiamento da Seguridade Social (Cofins) e Contribuição para o Programa de Integração Social (PIS) (Artigo 8º). Nos casos do IRPJ e do CSLL, a isenção recai sobre os lucros das instituições com fins lucrativos; e no caso do PIS e do Cofins, sobre a receita decorrente das atividades de ensino superior nos cursos de graduação ou sequenciais de formação específica (§ 1º do Artigo 8º) [83].

Os dados oficiais do Portal Único de Acesso ao Ensino Superior[84] do Ministério da Educação sobre o número de bolsas concedidas pelo Prouni desde que este foi criado são pouco claros quanto ao montante acumulado. O que se pode depreender deles é crescimento entre 2006 e 2009, quando o número de bolsas anualmente concedidas passa a oscilar em torno de 250 mil, evidenciando estagnação da taxa de crescimento. Entre 2012 e 2013, constata-se diminuição de 11% no número de bolsas concedidas. Considerando-se o número total de matrículas em 2013 nas instituições privadas, a cobertura do Prouni não chega a 6%.[41] Esse baixo índice talvez explique os frequentes ajustes feitos no programa desde a sua criação[85]

---

[83] As instituições privadas sem fins lucrativos, uma vez que já não pagam IRPJ nem CSLL, só ficam isentas do PIS e do COFINS.

[84] Disponível em: http://prouniportal.mec.gov.br/. Acesso em: 09 jul. 2024.

[85] Um balanço de janeiro de 2014 mostrava que, das 191,6 mil bolsas disponíveis, 29,5%, ou seja, 56,5 mil, não haviam sido preenchidas. A proporção de vagas ociosas do Prouni variava em cada estado da Federação. Nos estados de Santa Catarina, São Paulo, Paraná e Distrito Federal, os percentuais de vagas remanescentes eram respectivamente de 49,6%, 36,1%, 34,9% e 30,7%. Segundo um executivo da Associação Brasileira das Mantenedoras de Ensino Superior (ABMES), o não preenchimento das bolsas do Prouni devia-se ao não cumprimento de critérios, tais como: histórico escolar do estudante (ter frequentado alguma vez uma escola privada no ensino médio), renda familiar acima do estipulado para poder ser beneficiário do programa, entre outros. Ainda que essa questão deva ser melhor investigada, há uma coincidência entre os estados mais ricos do país, com uma maior presença do ensino superior privado, e uma maior proporção de vagas do Prouni não preenchidas. *Cf.* matéria de Flávia Foreque: "Quatro em cada dez bolsas Prouni 'encalham' na capital paulista". *Folha de S.Paulo*, 24 maio 2014.

Figura 1 – Evolução do Número de Bolsas Prouni Concedidas por Ano: Brasil, 2005-2013

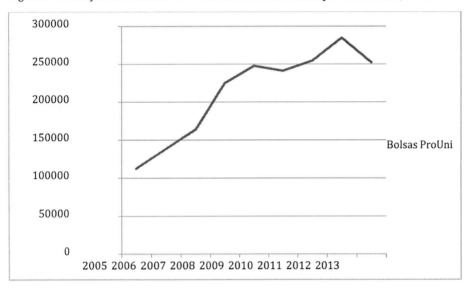

Fonte: Portal Único de Acesso ao Ensino Superior[86]

O Fies é outro mecanismo de financiamento público da clientela de ensino superior. Como o Prouni, destina-se a estudantes de baixa renda que estejam regularmente matriculados em cursos de graduação presenciais em instituições privadas com uma avaliação positiva no sistema de avaliação do Ministério da Educação (Sinaes)[87]. Desde 2010, o Fies tem como agente operador o Fundo Nacional de Desenvolvimento (FNDE) e já passou por muitas alterações visando, segundo os agentes do governo, facilitar o acesso dos estudantes aos recursos. Entre as alterações realizadas no período analisado, destacam-se: redução da taxa de juros de financiamento de 9% para 3,4%; ampliação dos prazos de carência[88]; possibilidade de o estudante pedir o financiamento

---

[86] Disponível em: http://Prouniportal.mec.gov.br/.
[87] O Sinaes, criado em 2004, realiza as avaliações das instituições, dos cursos e do desempenho dos estudantes. No caso das instituições, avalia as seguintes dimensões: ensino, pesquisa, extensão, responsabilidade social, desempenho dos alunos, gestão da instituição, corpo docente, instalações etc. Conta ainda com uma série de instrumentos complementares: autoavaliação, avaliação externa, Enade, avaliação dos cursos de graduação e instrumentos de informação (censo e cadastro). Os processos avaliativos são coordenados e supervisionados pela Comissão Nacional de Avaliação da Educação Superior (Conaes), e a operacionalização é do Inep, órgãos ligados ao MEC. Disponível em: http://portal.inep.gov.br/superior-sinaes.
[88] A carência corresponde a três vezes o período financiado acrescido de um ano. Assim, um curso de quatro anos de duração terá uma carência de treze anos (3 x 4 + 1). Disponível em: http://www.fnde.gov.b/.

a qualquer momento sem precisar se submeter a processos seletivos e a possibilidade de estudantes optarem pelo Fundo de Garantia de Operações de Crédito, dispensando-os do fiador. Segundo operadores e analistas do Fies, essas alterações contribuíram para o crescimento do número de contratos[89].

Os contratos Fies distribuíam-se no país proporcionalmente ao montante de matrículas nos estados. Em 2013, o estado de São Paulo liderou, com 155 mil contratos; seguiram Minas Gerais, com 61 mil; Bahia, com 40 mil; e Rio de Janeiro, com 36 mil (Bicalho; Barbosa, 2014).

Figura 2 – Evolução do Número de Contratos Fies Firmados por ano: Brasil, 2010-2013

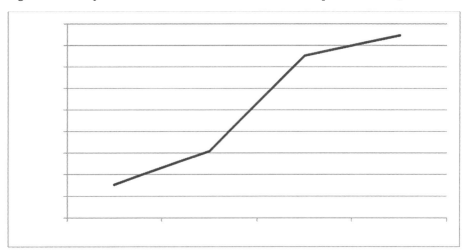

Fonte: PNDE, 2014[90]

Embora o Prouni e o Fies ofereçam diferentes benefícios — bolsas e crédito estudantil respectivamente —, eles têm desenhos parecidos em termos da população-alvo e por beneficiarem instituições privadas sem e com fins lucrativos, exigindo delas apenas que não tenham avaliação insatisfatória duas vezes seguidas no Sinaes. Ao aderir ao Prouni, a instituição privada tem prioridade na distribuição dos recursos públicos do Fies, o que amplia a obtenção de recursos públicos, seja mediante a isenção fiscal concedida pelo primeiro, seja mediante o crédito educativo do segundo.

---

[89] De acordo com Bicalho e Barbosa (2014), entre 1999 e 2009, a média de contratos fies era de 50 mil por ano.
[90] Disponível em: http://www.fnde.gov.br/.

Conforme se constatou nas Figuras 1 e 2, o Prouni e o Fies apresentam evoluções diferentes: enquanto o primeiro mantém uma regularidade no número de bolsas anualmente concedidas (em torno de 250 mil), com uma ligeira queda em 2013; o segundo teve um crescimento contínuo no número de contratos no período analisado. De 2012 a 2013, a taxa de crescimento dos contratos firmados pelo Fies foi de 47%. Considerando que cada contrato corresponde a um estudante diferente (e não a bolsas renovadas como ocorre no Prouni), o total já ultrapassou 1 milhão[91].

O impacto do financiamento público dos estudantes, por meio do Fies e do Prouni, na expansão das matrículas de ensino superior no Brasil é bastante significativo. Em contextos de estagnação do número de concluintes do ensino médio — o que leva à estabilização da demanda demográfica de ensino superior (Andrade, 2012; Corbucci, 2014) — e de acentuada concorrência entre as instituições, os mantenedores de instituições privadas são quase unânimes ao creditar ao Prouni e ao Fies, especialmente este, a sustentação do crescimento de suas taxas de matrículas. Com efeito, a taxa de crescimento das matrículas totais de ensino superior, em 2012, foi de 4,4% em relação a 2011. No setor público foi de 7% e, no setor privado, de 3,5% (Sampaio, 2014).

Em 2014, dos cerca de 7 milhões de estudantes no ensino superior no Brasil, 75% estavam no setor privado. A distribuição deles entre instituições privadas sem e com fins lucrativos mantém-se equilibrada, cada segmento com, aproximadamente, 36% das matrículas, com pequena vantagem do segmento sem finalidade lucrativa, conforme o Censo da Educação Superior de 2012.

Do pouco mais de 5 milhões de estudantes no setor privado, em torno de 1,3 milhão recebia, no período analisado, algum tipo de financiamento público: bolsas integrais ou parciais do Prouni ou ainda crédito estudantil do Fies. Isso significa que o número é bem maior que o de estudantes matriculados nas universidades federais (1.085.203) e mais que o dobro do número de alunos que frequentam as universidades estaduais (625.194), mesmo depois da implementação de diversos programas de ampliação do acesso e de ação afirmativa nas universidades públicas.

---

[91] Segundo dados do FNDE, o curso de Direito é o mais procurado, com mais de 156,5 mil contratos formalizados desde 2010. Em seguida, destacam-se Administração (88,7 mil contratos), Enfermagem (76,4 mil) e Engenharia Civil (67,5 mil). Somando todas as especialidades na área de Engenharia, perfazem 179,7 mil os financiamentos concedidos desde 2010. Disponível em: http://www.fnde.gov.br/.

No processo de mercantilização do ensino superior no Brasil, a privatização das matrículas não corresponde a igual proporção da privatização de recursos. Ao financiamento público das universidades oficiais, mantidas quase exclusivamente com recursos públicos, soma-se agora o financiamento público dos estudantes, por meio do Prouni e do Fies, matriculados no setor privado. Trata-se de uma situação preocupante tendo em vista o grau crescente de dependência que o setor privado sem e com fins lucrativos passa a ter em relação aos recursos públicos.

CONSIDERAÇÕES FINAIS

Apesar de os processos de privatização e mercantilização constituírem uma tendência mundial, no Brasil foram fatores internos que os promoveram, conferindo-lhes singularidade no contexto geral. Os processos de privatização e mercantilização do ensino superior no país estavam em curso mesmo antes do Decreto n.º 2.306/1997 legalizar a existência de estabelecimentos de ensino superior com fins de lucro.

A mercantilização recente do sistema brasileiro é tributária, de um lado, de um extenso e enraizado setor privado no país, com grupos de representação de interesse exercendo forte pressão sobre o aparato estatal e, de outro, de uma demanda ampliada de ensino superior que nunca chegou a ser atendida pelo setor público. Alternativas para a ampliação do ensino superior público, por meio do aumento do número de vagas, da oferta de cursos noturnos, da introdução de novas modalidades de ensino, como a EaD, cursos sequenciais, entre outras, embora tenham sido adotadas mais recentemente, enfrentam historicamente a resistência de boa parte da comunidade acadêmica das universidades públicas. O argumento para se opor a mudanças é que podem ameaçar a qualidade das universidades públicas salvaguardadas pela indissociabilidade do ensino, pesquisa e extensão. Certamente essa posição contribuiu para delegar ao setor privado, em diferentes períodos, o protagonismo na ampliação do acesso quando pressionado pelo crescimento da demanda por ensino superior.

O Decreto n.º 2.306/1997 trouxe para mais perto do Estado as entidades privadas sem fins lucrativos, mantendo a imunidade fiscal de que já gozavam e exercendo sobre elas maior controle; ao mesmo tempo, empurrou para o mercado as entidades privadas com fins lucrativos, legalizando o lucro e lhes cobrando tributos. Em suma, o instrumento legal explicita essa separação e pareceu, à época, corresponder à segmentação de interesses já consolidada no setor privado.

A adoção de programas de ampliação do acesso e permanência no ensino superior, mediante o financiamento público de estudantes do setor privado, como o Prouni e o Fies, contribuiu para embaralhar a distinção entre instituições de ensino superior sem e com fins lucrativos instaurada em 1997. Todas passaram a ser beneficiárias do financiamento público. Não é uma coincidência que a adoção desses programas tenha ocorrido no mesmo momento em que o setor privado passava a se organizar em uma única frente: o Fórum das Entidades Representativas do Ensino Superior Particular. Criado em 2009, esse fórum reúne diversas entidades que representam os mais diversos, e na maioria das vezes inconciliáveis, interesses do setor privado, como a ABMES, Anup, Abrafi, Anaceu, Semesp e Fenep[92]. Entre os "desafios para a definição de uma política educacional" destacados pelo fórum, constam a ampliação da oferta de educação superior, o aumento do volume de recursos públicos, a diversificação das fontes de financiamento e a contribuição do setor privado para o cumprimento das Metas do Plano Nacional de Educação[93].

Políticas de ampliação do acesso e permanência no ensino superior, mediante o financiamento público da clientela, e os processos de privatização e mercantilização desse nível de ensino estão mutuamente imbricadas no Brasil. Para atingir as metas dos últimos PNEs (2001 a 2010 e de 2011 a 2020) de incluir no ensino superior 30%, 33% dos jovens brasileiros entre 18 e 24 anos em cursos de nível superior, o governo federal estabeleceu uma forte parceria com o setor privado, concedendo a todas as instituições privadas os mesmos benefícios e meios de acesso aos recursos públicos por meio de crédito estudantil, isenção de impostos e remissão de dívidas públicas. Os recursos públicos injetados nessas instituições, especialmente por meio do Fies, são o grande fiador dos "novos provedores" do ensino superior que atuam no Brasil.

Nos dias atuais, a crise econômica que atinge o país e, com ela, a urgência do enxugamento dos gastos públicos ameaçam, evidentemente,

---

[92] Trata-se de associações sem fins lucrativos e filantrópicas de assistência social, fundações, entidades comunitárias, entidades confessionais, sociedades empresariais (sociedades anônimas e sociedades limitadas) e sociedades simples.
[93] Fórum das Entidades Representativas do Ensino Superior Particular. Audiência Pública. Comissão de Educação. Brasília: Câmara de Deputados, 2013.

a sustentabilidade da política de ampliação de acesso e permanência dos estudantes no ensino superior. Sem o respaldo dos mecanismos de financiamento público da clientela do setor privado, como o Fies e o Prouni, os processos de privatização e mercantilização do ensino superior no Brasil talvez ganhem outras características e desdobramentos.

REFERÊNCIAS

ALTBACH, Philip (ed.). *Private Prometheus*: Private Higher Education and Development in the 21st Century. Chestnut Hill: Center for International Higher Education Lynch School of Education: Boston College, 1999b.

ALTBACH, Philip. *International Higher Education*: Reflections on Policy and Practice. Chestnut Hill: Center for International Higher Education Lynch School of Education: Boston College, 2006.

ALTBACH, Philip. Private Higher Education: Themes and Variations in Comparative Perspective. *Prospects*, [s. l.], v. 3, n. 29, 1999a, p. 310-23.

ALTBACH, Philip. The Underlying Realities of Higher Education in the 21st Century. *In*: ALTBACH, Philip; PETERSON, Patty Mggill (ed.). *Higher Education in The New Century*: global challenges and innovative ideas. Rotterdam: Sense Publishers, 2007. p. xvii-xxiv.

ANDRADE, Cibele Yahn de. Acesso ao ensino superior no Brasil: equidade e desigualdade social. *Revista do Ensino Superior*, Campinas, p. 18-27, 2012.

BARBOSA, Maria Ligia Barbosa de Oliveira. *O ensino superior no Brasil*: credencial, méritos e coronéis. Rio de Janeiro: 7 Letras, 2014.

BICALHO, Aurélio; BARBOSA, Luca. Desemprego, queda da taxa de participação e o Fies". *Macro Visão*, Itaú/BBA, 5 mar. 2014.

BRUNNER, José J.; URIBE, Daniel. *Mercados universitarios*: el nuevo escenario de la educación superior. Santiago: Ediciones Universidad Diego Portales, 2007.

CARVALHO, Cleide. Bolsa Família sustenta um em cada três assentados. *O Globo*, Rio de Janeiro, 2 mar. 2013.

CLANCY, Patrick; EGGINS, Heather; GOASTELLEC, Gaële; GURI-ROSEMBLIT, Sarah, NGUYEN, Phuong Nga; ALEMNEH, Teshome Y. Comparative Perspectives on Access and Equity. *In*: ALTBACH, Philip; PETERSON, Patty Mggill (ed.).

Higher Education in The New Century: global challenges and innovative ideas. Rotterdam: Sense Publishers, 2007. p. 35-54.

CORBUCCI, Paulo R. *Evolução do acesso de jovens à educação superior no Brasil*. Texto para Discussão. Brasília: Instituto de Pesquisa Econômica Aplicada, 2014.

GUIMARÃES DE CASTRO, Maria Helena. *Education in Brazil*: New Challenges. Leadinf Educational Change. New York: Helen Janc Malone, 2013. v. 1, p. 114-117.

Instituo Nacional de Estudos e Pesquisa. *Evolução do Ensino Superior 1980-1996*. Brasília: Inep, 1998.

Instituo Nacional de Estudos e Pesquisa. *Sinopses Estatísticas da Educação Superior (1996 a 2010)*. Brasília: Inep, 2011.

KENT, Rollin S.; RAMIREZ, Rosalba. Private Higher Education in Mexico in the 1990s: Growth and Differentiation. *In*: ALTBACH, Philip G.; WESTPORT, Conn (ed.). *Private Prometheus*: Private Higher Education and Development in the 21st Century. Chestnut Hill: Center for International Higher Education Lynch School of Education: Boston College, 1999. p. 95-11.

LEVY, Daniel C. *Higher Education and the State in Latin America*: Private Challenges to Public Dominance. Chicago: University of Chicago Press, 1986a.

LEVY, Daniel C. *Private Education Studies in Choice and Public Policy*. New York: Oxford University Press, 1986b.

LEVY, Daniel C. When Private Higher Education Does Not Bring Organizational Diversity: Argentina, Chile and Hungary. *In*: ALTBACH, Philip G.; WESTPORT, Conn (ed.). *Private Prometheus*: Private Higher Education and Development in the 21st Century. Chestnut Hill: Center for International Higher Education Lynch School of Education: Boston College, 1999. p. 17-50.

MARTINS, Carlos Benedito. A reforma universitária de 1968 e a abertura para o ensino superior privado no Brasil. *Educação, Sociedade*, Campinas, v. 30, n. 106, 2009. p. 15-35.

SAMPAIO, Helena. O setor privado de ensino superior no Brasil: continuidades e transformações. *Revista Ensino Superior, Campinas*, n. 2, v. 4, p. 28-43, 2011.

SAMPAIO, Helena. *Ensino superior no Brasil – O setor privado*. São Paulo: Fapesp: Hucitec, 2000.

SAMPAIO, Helena. Privatização do ensino superior no Brasil: velhas e novas questões. *In*: SCHWARTZMAN, Simon (org.). *A educação superior na América Latina e os desafios do século XXI*. Campinas: Editora da Unicamp, 2014b. p. 139-192.

SAMPAIO, Helena. Setor privado de ensino superior no Brasil: crescimento, mercado e Estado entre dois séculos. *In*: BARBOSA, Maria Ligia Barbosa de Oliveira (org.). *O ensino superior no Brasil:* credencial, méritos e coronéis. Rio de Janeiro: 7 Letras, 2014a. p. 103-126.

SAMPAIO, Helena; KLEIN, Lúcia. Políticas de ensino superior na América Latina: uma análise comparada. *Revista Brasileira de Ciências Sociais*, São Paulo, v. 9, n. 24, p. 85-109, 1994.

SCHWARTZMAN, Simon. Masificación, equidad y calidad. Los retos de la educación superior en Brasil – Análisis del período 2009-2013. *In*: BRUNNER, José J.; VILLALOBOS, Cristóbal (ed.). *Políticas de Educación Superior en Iberoamérica, 2009-2013*. Santiago: Ediciones Universidad Diego Portales, 2014. p. 199-243.

SCHWARTZMAN, Simon. Polices for Higher Education in Latin America: the Context. *Higher Education*, [s. l.], v. 25, n. 1, p. 9-20, 1993.

TEICHLER, Ulrich. *Changing Patterns of the Higher Education System the Experience of Three Decades*. London: Kingsley, 1988.

Parte 2

O SETOR PRIVADO

O SETOR PRIVADO DE ENSINO SUPERIOR NA AMÉRICA LATINA[94]

Eunice Ribeiro Durham
Helena Sampaio

INTRODUÇÃO

O ensino superior e, em especial, a universidade, tem sido tema de intenso debate na América Latina. Isso se deve, provavelmente, ao fato de as universidades terem sempre tido forte presença na vida nacional e sido consideradas o centro, por excelência, de formação das elites políticas progressistas em diferentes países. Mais que isso, no passado, elas se tornaram, muitas vezes, pela ação do movimento estudantil, vanguarda de reformas políticas, sociais e culturais, consideradas necessárias para o desenvolvimento nacional, e guardiãs da democracia.

Por isso, o debate, até hoje, se trava em um campo eminentemente politizado. Embora o tema da universidade, sua autonomia, seu papel e sua função, mobilize, de forma permanente, a academia, só nos últimos anos tem dado origem a pesquisas acadêmicas. Esse crescente interesse pelo ensino superior como área de investigação já produziu uma literatura razoavelmente vasta e um debate frequente entre pesquisadores de diferentes países.

Um elemento central das análises recentes é o fenômeno da privatização, que está igualmente presente no debate ideológico. Nesse debate, o termo privatização tem sido usado para designar experiências muito distintas. Visto frequentemente como resultado de uma conspiração neoliberal capitaneada pelo Banco Mundial, o termo privatização reúne, como aspectos de uma mesma realidade, ações e problemas muito diversos. No Brasil, por privatização entende-se tanto a cobrança de taxas e anuidades nas instituições públicas como a expansão das matrículas no setor privado (independentemente de um crescimento paralelo do setor público), todas as formas de análise e de propostas de controle de custos,

---

[94] Trabalho apresentado na reunião do Grupo Latino-Americano de Estudos Comparados sobre Políticas do Ensino Superior na América Latina em Cuernavaca, México, em 1997. Uma versão do texto foi publicada na revista *Cadernos de Pesquisa*, Fundação Carlos Chagas, n. 110, jul. 2000.

assim como diferentes iniciativas de avaliação institucional. Todos esses aspectos são considerados, indistintamente, demonstração do interesse governamental em reduzir seu investimento na educação, em geral, e na superior, em especial, e da adoção de uma lógica de mercado deletéria aos interesses mais elevados do ensino e da sua subordinação às exigências do capitalismo e da globalização do mercado.

Como mostram as pesquisas mais recentes, esses diferentes aspectos não estão necessariamente associados e se apresentam em diferentes versões conforme o país considerado. De fato, verifica-se um crescimento contínuo do setor privado no conjunto da América Latina. Contribuindo, em 1955, com apenas 14% do total de matrículas no ensino superior, atingiu, em 1988, perto de 38% (Balán, 1993a)[95]. Embora o setor público seja ainda dominante no conjunto da América Latina, o setor privado tem crescido de forma impressionante neste último meio século (Levy, 1986). Não há dúvida de que, em diversos países, o setor privado já responde pela maioria das matrículas de ensino superior e apresenta um dinamismo que parece ameaçar a tradicional hegemonia das instituições estatais. O fenômeno merece análise mais objetiva. Se as informações disponíveis não nos permitem prever uma situação de substituição do ensino superior público pelo privado, os dados apontam para uma alteração nas relações estruturais que sempre existiram entre esses dois setores.

A questão da interdependência entre o ensino superior público e privado é crucial para a compreensão da dinâmica da expansão dos sistemas em seu conjunto; de um lado, diante das reformas estruturais mais amplas que constam das agendas de governo dos países latino-americanos nas últimas décadas; de outro, em relação às políticas públicas referentes ao setor.

Para analisar o fenômeno, dados comparativos são importantes porque permitem identificar tendências estruturais na diversidade das situações conjunturais. Este trabalho trata da relação entre o setor público e o privado em cinco sistemas nacionais de ensino superior: Argentina, Brasil, Chile, Colômbia e México no período entre 1955 e 1995. A escolha desses países não foi aleatória. Deve-se, em primeiro lugar, à existência de séries estatísticas disponíveis. Em segundo lugar, porque nesses países, conforme a análise indica, desenvolveram-se padrões distintos de sistemas

---

[95] Ao apresentar os dados, Balán observa que Levy (1992) considera exageradas as informações para 1988 fornecidas pelo Centro Regional para la Educación Superior en America Latina y el Caribe.

de ensino superior. Em todos eles, entretanto, a expansão do setor privado insere-se no processo mais geral de crescimento das matrículas globais de ensino superior. Esse crescimento ocorre, com exceção da Argentina, no período focalizado neste trabalho. Por outro lado, as diferenças de *timing* na expansão das matrículas públicas e privadas suscitam questões relevantes no tocante à abertura dos sistemas de ensino superior para o mercado e quanto à relação do Estado com os respectivos sistemas nacionais.

Com base na análise do desenvolvimento do setor privado de ensino superior na Argentina, no Brasil, no Chile, na Colômbia e no México, o estudo procura fornecer alguns subsídios para o encaminhamento dessas questões e contribuir, assim, para o debate sobre o fenômeno da privatização do ensino superior na América Latina.

As questões fundamentais referem-se ao *timing* da expansão do ensino superior, em geral, e do privado, em especial; à relação entre a expansão desses dois setores; à heterogeneidade do setor privado; às diferentes orientações imprimidas pelas políticas governamentais no tocante ao crescimento relativo dos dois setores e à natureza das interações que, em cada país, se estabelecem entre o ensino superior público e o privado.

O CONTEXTO HISTÓRICO

A expansão do setor privado que ocorreu nesta segunda metade do século deve ser compreendida no contexto da tradição universitária que foi característica da América Latina no período anterior. Especialmente importante, nessa tradição e na história dos sistemas de ensino superior, é o papel das universidades católicas.

A análise pioneira feita por Levy (1986a) sobre as ondas de expansão do setor privado de ensino superior na América Latina distingue três momentos ou movimentos distintos. O primeiro diz respeito ao surgimento e/ou consolidação das universidades católicas; o segundo, às instituições privadas de elite e o terceiro, às instituições privadas voltadas para a absorção da demanda de ensino superior em grande escala, que começa a se intensificar a partir de meados deste século.

Para se compreender a especificidade dessa última onda de privatização, é preciso distingui-la do surgimento e/ou consolidação das universidades confessionais que se prendem a uma tradição mais antiga, a qual estabeleceu outra forma de relação com o Estado. Na verdade, e durante muito tempo, a Igreja Católica pretendeu deter o monopólio sobre o ensino superior, utilizando recursos públicos destinados a essa finalidade em estreita simbiose com o Estado.

Com efeito, na América Hispânica, a colonização foi acompanhada da criação muito precoce de universidades católicas, sustentadas pelo Estado, no modelo da contrarreforma espanhola. Em quase todos os países, a independência política das colônias foi acompanhada de um movimento de secularização que separou Igreja e Estado, transformando as universidades tradicionais em instituições públicas e seculares e modernizando-as.

Essa tendência não se implantou sem forte oposição da Igreja, e os sistemas criados no século XIX resultaram dessa luta, que teve desencadeamentos diferentes nos diversos países. No Chile, estabeleceu-se um sistema dual, formado de universidades públicas laicas e universidades católicas que recebiam do Estado o mesmo tipo de financiamento. Na Colômbia, a força da Igreja Católica logrou impedir a criação de uma universidade pública laica até meados deste século. No México e na Argentina, o sucesso da secularização foi completo, e as universidades católicas só foram recriadas, respectivamente, nas décadas de 1940 e 1950 do século XX, mas separadas do Estado.

O Brasil seguiu um caminho diferente. A Coroa portuguesa impediu a criação de estabelecimentos de ensino superior de qualquer tipo. As primeiras instituições de ensino superior, criadas no século XIX, na ocasião da vinda da corte (1812), não foram universidades, mas seguiram o modelo napoleônico de faculdades ou escolas superiores autônomas, laicas e estatais (ainda que sob influência católica), voltadas para a formação de profissionais liberais. O confronto entre Estado e Igreja ocorreu muito mais tarde, na década de 1930, no momento da criação das primeiras universidades no país (Schwartzman; Bomeny; Ribeiro, 1984). A corrente secular acabou predominando, e a Igreja criou sua própria rede de universidades católicas, a partir da década de 1940, com o apoio do Estado que financiou parcialmente, por muito tempo, essas instituições paralelas.

Em um sistema com essas características, não existe propriamente uma oposição entre os setores público e privado; instituições católicas e laicas são muito semelhantes em seus objetivos, em sua organização, na qualidade do ensino que ministram e, frequentemente, até na dependência de recursos públicos. Identifica-se, assim, em um sistema com essas características, um certo paralelismo entre instituições laicas estatais e católicas não estatais. Trata-se, portanto, de um setor privado muito especial.

Outro tipo de instituição é formado por aquelas que compõem a segunda onda apontada por Levy (1986a). São universidades ou estabelecimentos equivalentes, laicos, não estatais e de elite. O Instituto Tecnológico de Monterrey, no México, é um bom exemplo desse tipo. Em geral, essas instituições são seletivas e procuram formar pessoal altamente qualificado. Algumas chegam a contar com subsídios estatais, apoio empresarial ou de elites locais. No Brasil, a Escola de Administração de Empresas da Fundação Getúlio Vargas e o Instituto Universitário de Pesquisas do Rio de Janeiro pertencem a esse tipo, assim como no Chile, as três universidades laicas mais antigas, que são financiadas com recursos públicos.

Por fim, existem as instituições privadas criadas para a absorção da demanda de estudantes que não lograram ingressar nas universidades públicas ou nas instituições privadas mais seletivas. Essas instituições, que raramente se constituem como universidades, foram, em geral, criadas depois da década de 1960 e concentram sua oferta de serviços docentes em carreiras de alta demanda e baixo custo de produção. Reconhecidamente funcionam, muitas vezes, como uma verdadeira "fábrica de títulos" (Levy, 1986). Com independência garantida por seu estatuto jurídico, um grupo considerável de instituições desse tipo atua no mercado com fins de lucro.

Com base nessas considerações, haveria que se dedicar maior atenção às instituições do terceiro tipo, porque sua criação altera a relação entre o setor público e o privado de ensino superior. Conforme observado anteriormente, a existência de instituições católicas não estatais representa uma diversificação muito pequena no sistema. As instituições privadas, laicas, de elite constituem uma minoria. O que caracteriza o terceiro tipo, que poderíamos denominar "empresarial", é o fato de estar voltado para o mercado e ser controlado por ele. Isso constitui o elemento novo nos sistemas latino-americanos. Inspirados na trilogia de Clark (1983), pode-se afirmar que, até o desenvolvimento de um mercado educacional, tal como conhecemos hoje, a Igreja, o Estado e a comunidade acadêmica, incluindo nesta o movimento estudantil, funcionavam como os três polos de tensão que regulavam os sistemas. Do grau de tensão entre esses diferentes agentes originaram-se sistemas com configurações tão diferentes na América Latina.

Com o crescimento das instituições de atendimento da demanda de massa, a tensão que se estabelece é entre o mercado e o Estado. Como o setor empresarial não depende de financiamento público, o mercado parece ter tido mais êxito no controle do sistema, em que pese algumas tentativas de controle, em geral frustradas, por parte do Estado.

A predominância do mercado no controle desse novo segmento do setor privado é fundamental para entender a batalha ideológica que se trava, em muitos países, em torno da chamada privatização. É preciso ter em conta que a orientação para o mercado está associada à perda de autonomia (e mesmo de influência) do corpo acadêmico no setor privado empresarial. A resistência a essa orientação é mais comumente encontrada no setor público, cujos atores, não sem razão, consideram esse processo uma ameaça ao próprio *ethos* universitário. Com efeito, a subordinação do pessoal docente pelas mantenedoras (os proprietários das empresas de ensino) tem sido tão grande que, pelo menos no Brasil, conseguiu, até agora, impedir a emergência de uma organização sindical atuante, em contraste com o que se verifica no setor público.

Essas observações chamam atenção para dois aspectos, já indicados por Levy (1986a), muito importantes dos sistemas de ensino superior contemporâneos: a heterogeneidade que caracteriza o setor privado de ensino superior na América Latina e os vários arranjos que esse setor apresenta nos diferentes sistemas. Assim, enquanto em alguns países o setor privado distingue-se pela predominância de universidades confessionais, em outros, verifica-se uma combinação equilibrada entre instituições públicas, confessionais e de atendimento da demanda de massa; ainda em outros, em que o Brasil é um exemplo, constata-se a presença predominante de instituições do terceiro tipo.

Este trabalho constitui uma análise preliminar dessa diversidade e das dinâmicas próprias dos diferentes arranjos institucionais que essa diversidade conforma.

OS DIFERENTES PERÍODOS DA EXPANSÃO DO SETOR PRIVADO

O crescimento do setor privado constitui um fenômeno geral na América, apesar de não ter ocorrido, nos países analisados, nem na mesma época, nem com a mesma intensidade. Foi muito intenso no Brasil e na Colômbia nos anos 1960 e 1970. No Chile, na Argentina e no

México, a expansão é mais recente, sendo característica do final dos anos 1980 e 1990. Essas diferentes ondas de expansão do setor privado são responsáveis pelo seu crescimento contínuo desde os anos 1950 no conjunto da região.

Este trabalho considera o período posterior a 1950, pois foi a partir dessa data que a expansão dos sistemas nacionais de ensino superior começou a apresentar sua complexidade atual. Para apreender essas diferentes dinâmicas de expansão, distinguimos, para fins da análise, três períodos. O período inicial corresponde à década que transcorre entre 1955 e 1965; o segundo período compreende de 1965 até o final da década de 1970 e o terceiro, a década de 1980 e o início dos anos 1990. Em cada um dos períodos, duas variáveis são fundamentais: a expansão das matrículas no conjunto do sistema de ensino superior e a contribuição relativa dos setores público e privado nessa expansão.

O primeiro período: 1955-1965

É no período entre 1955 e 1965 que, em quatro dos cinco países aqui considerados, se inicia a fase de grande expansão das matrículas de ensino superior, a qual se prolonga por toda a década seguinte. Apenas na Argentina, a fase de grande expansão é anterior ao período focalizado neste trabalho. Todavia, qualquer que seja o período, o crescimento das matrículas de ensino superior nos países analisados assinala a passagem de sistemas de elite para sistemas mais abertos, capazes de incorporar maior contingente estudantil. Não é um fenômeno exclusivo da América Latina, mas faz parte, com algum atraso neste continente, de uma tendência mundial dos sistemas de ensino superior no Pós-Guerra (Clark, 1983).

Os dados da Tabela 1 permitem colocar algumas questões relativas à interação entre sistemas nacionais de ensino superior, Estado e mercado, assim como à dinâmica entre setores público e privado em cada um dos países no período entre 1955-1965.

Tabela 1 – Total de matrículas de ensino superior e a participação relativa do setor privado (1955-1975)

País	1955		1965		1975	
	Total	Priv. %	Total	Priv. %	Total	Priv. %
Argentina	151.127	1,0	246.680	8,0	596.736	12,0
Brasil	73.575	45,0	155.781	44,0	1.072.548	65,0
Chile	16.971	36,0	41.801	37,0	147.049	35,0
Colômbia	13.284	38,0	44.403	43,0	192.887	52,0
México	46.605	14,0	133.374	15,0	506.287	15,0
América Latina	403.338	14,0	859.076	20,0	3.396.341	34,0
A. Latina s/ Brasil	329.763	7,0	703.295	15,0	3.233.793	19,0

Fonte: elaborado a partir de dados de Levy (1992)

Conforme se verifica na Tabela 1, a Argentina é um caso especial, pois o período em que se deu o crescimento das matrículas de ensino superior é anterior a 1955. Nesse país, a precocidade da expansão das matrículas em relação aos demais países considerados não implicou a ampliação do sistema em termos de número de instituições de ensino superior. Tal expansão de matrículas coincide com o primeiro período peronista, de 1944 a 1955 e foi resultado, sobretudo, da adoção de uma política de ingresso irrestrito às universidades nacionais, públicas.

O crescimento das matrículas de ensino superior na Argentina se deu, portanto, até 1955, exclusivamente pela ampliação do número de vagas no setor público. Em 1955, a Argentina liderava com mais de um terço do total de matrículas de ensino superior na América Latina, com 150 mil estudantes matriculados. Em termos absolutos, isso significava mais que o dobro do total brasileiro.

O setor privado de ensino superior na Argentina era inexpressivo, absorvendo apenas 1% das matrículas. Nos dez anos seguintes (1955-1965), as matrículas de ensino superior continuaram crescendo, porém num ritmo moderado. O Estado mantinha-se como o principal responsável por essa expansão, todavia o setor privado começava, lentamente, a se desenvolver, mudando de patamar. Em uma década, a participação relativa das matrículas do setor privado passou de 1% para 8% do total de matrículas de ensino superior no país. Ainda que esse aumento não tenha introduzido nenhuma mudança na configuração do sistema argentino, representou um crescimento da ordem de 1.200% das matrículas em instituições particulares. Esse incremento deveu-se, em grande parte, ao processo que resultou na reforma universitária de 1958 e foi consequência dela. A precocidade da reforma universitária na Argentina, comparativamente às reformas que ocorreram no Chile e no Brasil, é outro fator que indica sua liderança nessa época. A reforma atuou, sobretudo, como elemento de modernização do sistema, buscando redefinir o modelo de universidade mediante a introdução da investigação científica e da diversificação da oferta curricular. Foi no ano da reforma que foi fundada a Universidade Católica da Argentina e data dessa época o reconhecimento e a autorização das universidades privadas para emitir títulos profissionais (Balán,1993a). O reconhecimento das instituições privadas inscreveu-se no bojo de um amplo debate nacional polarizado nos termos "educação laica versus educação livre" (Paolera, 1993). A aliança entre a Igreja Católica e os setores liberais no movimento que destituiu Perón foi decisiva para a implantação da alternativa católica ao ensino superior estatal. Assim, o sistema de ensino superior argentino, que até então era quase exclusivamente público e laico, centrado em poucas universidades, com um setor privado periférico (Geiger,1986), dava os primeiros passos em direção à iniciativa não estatal no atendimento à demanda de ensino superior. Esse processo, apesar de pouco expressivo em termos percentuais, traduziu a passagem de um setor privado, que detinha pouco mais de 1.500 alunos, em 1955, para um de cerca de 20 mil alunos, em 1975, contribuindo para a ampliação do número e a diversificação das instituições de ensino superior.

Na história dos demais países, a expansão das matrículas de ensino superior foi posterior à da Argentina. Também, em todos eles, antes do início da expansão, a participação de um setor privado já era bem mais elevada. No Brasil, no Chile e na Colômbia, o setor privado respondia, em 1955, por mais de um terço das matrículas. O México vinha em seguida, numa posição intermediária entre esses países, e a Argentina, com um setor privado responsável por 14% das matrículas (o mesmo percentual da América Latina).

O Brasil, entre todos esses países, sempre se caracterizou pelo peso muito maior do ensino superior privado. Já em 1933, quando se deu início à coleta de informações estatísticas sobre educação no país, portanto muito antes do período que estamos considerando, a participação relativa das matrículas do setor privado no sistema era de 45%. A grande dimensão do setor privado no país ainda pode ser constatada nos dados gerais para a região: em 1955, quando o percentual das matrículas no setor privado era da ordem de 14% para o conjunto dos países do continente, se excetuarmos o Brasil, o percentual cai para 7%.

No Brasil, o crescimento de mais de 100% do total das matrículas de nível superior e a estabilidade da participação percentual das matrículas privadas, entre 1955 e 1965, mostram dois processos concomitantes de crescimento: um do setor público, outro, do privado. O crescimento do setor público se deu, em grande parte, por iniciativa federal. O período compreendido entre o início dos anos 1950 até o início da década de 1960 corresponde ao processo de criação de universidades federais e/ou de federalização de universidades ou instituições isoladas privadas e estaduais (Mattos, 1983; Cunha, 1989). O segundo processo refere-se à manutenção da expansão do setor privado. Para apresentar, em 1965, o mesmo patamar de participação percentual que apresentava em 1955, em um cenário de crescimento geral de matrículas, o setor privado também teve de ampliar muito sua oferta de vagas. O crescimento das matrículas no setor privado, já nesse período, foi acompanhado de um processo incipiente de diferenciação das instituições de ensino superior. Nesse processo, destaca-se a existência, desde os anos 1940, de uma rede de universidades católicas, que recebiam então substanciais recursos do Estado (Clark, 1983; Cunha, 1985). Essas instituições tendem a ser muito semelhantes às universidades públicas, constituindo um setor paralelo (Geiger, 1986) ao ensino superior público. Também nesse período, constata-se o surgimento de instituições confessionais não universitárias e estabelecimentos privados laicos que não são universidades. Esses estabelecimentos atendiam a uma dupla demanda: de um lado, por cursos de formação de profissionais liberais de alto prestígio, como faculdades isoladas de Medicina, Odontologia e Engenharia, mas também por cursos de baixo custo, como Direito; de outro, por cursos menos seletivos e de menor prestígio, como os de formação de professores para o ensino médio, Ciências Contábeis, Pedagogia, entre outros[96].

Havia, contudo, uma demanda represada que pressionava pela ampliação de vagas no ensino superior. Essa foi a bandeira do movimento

---

[96] No Brasil, o fato de a criação tardia de universidades ter-se dado por meio da aglutinação de escolas isoladas, aliado à manutenção de faculdades isoladas voltadas para a formação de profissões liberais, com o mesmo prestígio e tradição das universidades, concorreu para que não se estabelecesse no país um sistema de diferenciação de títulos ou diplomas outorgados por esses dois tipos de estabelecimentos (Durham, 1993).

dos chamados "excedentes", isto é, candidatos aprovados nos exames vestibulares do setor público que não logravam classificação para ocupar as vagas, relativamente escassas, nos cursos oferecidos (Cunha, 1985; Martins, 1989). Essa bandeira foi incorporada pelo movimento estudantil, que pleiteava não só a expansão do número de vagas no setor público, mas também uma ampla reforma no sistema de ensino superior (Durham, 1993). Nesse contexto, o crescimento das matrículas de ensino superior, no Brasil, no período entre 1955 e 1965, embora constante, se deu de forma a preservar o equilíbrio entre o setor público e o privado.

No México, de forma análoga à Argentina, e ao contrário do Brasil, o crescimento do sistema também foi sustentado pelo setor público e vinculou-se, em grande medida, à política de democratização do acesso às universidades públicas. No período de 1955 a 1965, as matrículas de ensino superior cresceram quase 200%, enquanto a participação relativa das matrículas no setor privado subiu de 14% para 15% (Tabela 1). A mesma observação apresentada para o Brasil e para a Argentina cabe ao México. Para manter esse percentual de participação em torno de 15%, em um quadro de crescimento geral de matrículas, o setor privado mexicano também experimentou um significativo crescimento, embora não tenha sido suficiente para alargar sua fatia de participação no total de matrículas de ensino superior no país.

No Chile, as matrículas do setor privado representavam, em 1955, 36% do total das matrículas de ensino superior; dez anos depois, passaram a representar 37%, o que mostra um quadro de estabilidade. Quando teve início a expansão das matrículas de ensino superior no Chile, o setor privado já respondia por mais de um terço delas. O mesmo fenômeno ocorreu no Brasil. Existe, contudo, uma diferença fundamental entre os setores privados no Brasil e no Chile. A marca dessa distinção residia, até 1980, no tipo de interação entre o Estado chileno e o sistema de ensino superior. No Chile, até bem recentemente, a demarcação entre setores público e privado era muito fluida, e havia uma baixa diferenciação de *status* entre as instituições de ambos os setores (Clark, 1983; Levy, 1986a). As duas universidades estatais e as seis privadas tradicionais três católicas e três laicas eram igualmente financiadas com recursos públicos (Cox, 1996). O repasse público consistia no financiamento incremental baseado em um orçamento prévio das alocações e em uma fórmula de distribuição de recursos entre as universidades que variava em razão do montante de suas matrículas (Brunner, 1986).

Os dados da Tabela 1, para o caso chileno, portanto, devem ser lidos com uma certa cautela. A distinção, baseada na origem do financiamento, entre ensino público e ensino privado não se aplica, integralmente, no sistema de ensino superior chileno. Embora, no período entre 1955 e 1965, o setor privado no Chile tivesse mantido uma taxa de participação no total de matrículas de ensino superior em torno de 35%, é preciso notar que essa estabilidade na participação se deveu, em muito, ao financiamento estatal às universidades privadas, e não ao próprio financiamento privado, proveniente de anuidades estudantis, como se verificou nos demais países.

Na Colômbia, como no Brasil e no Chile, as matrículas privadas sempre tiveram um peso considerável. Já em 1955, o setor privado respondia por 38% das matrículas de ensino superior. Com um sistema de dimensão reduzida, com pouco mais de 13 mil alunos, essa taxa de participação do setor privado equivalia a aproximadamente 5 mil alunos que, com grande probabilidade, poderiam estar distribuídos em algumas poucas instituições privadas, boa parte delas, católicas. Nesse país, as universidades católicas, embora não recebessem financiamento estatal integral, como ocorria no Chile, sempre tiveram acesso a significativos recursos públicos, quer mediante o financiamento direto, quer mediante outros mecanismos de repasse, como o crédito educativo (Levy, 1986).

Na realidade, a configuração de um setor privado católico, que funcionou de forma paralela ao setor público até a década de 1970, teve sua origem na alternância entre dois modelos de universidade, a estatal laica e a privada confessional, sustentada, pelo menos parcialmente, pelo Estado. Os dois modelos foram concorrentes e se alternaram, na Colômbia, durante todo o século XIX e parte do século XX (Lucio; Serrano, 1991; Klein; Sampaio, 1996). A alternância correspondia à hegemonia política que, em cada período, consolidou determinada facção ou aliança de facções. Desse modo, quando o Estado estava em mãos anticlericais, as ordens religiosas eram expulsas, e se restabelecia o controle das universidades laicas. Por sua vez, a hegemonia dos grupos conservadores implicava o retorno dos católicos e seu controle sobre o sistema educacional e o enfraquecimento da universidade laica. Essa situação se manteve durante todo o século XIX e adentrou as primeiras décadas deste século, quando se iniciou, em 1930, o processo de modernização e secularização do Estado colombiano. Além de tardia, a secularização do Estado colombiano foi menos radical que em outros países latino-americanos, entre os quais o México é o melhor exemplo (Klein; Sampaio, 1996; Lúcio; Serrano, 1991). Assim, no período entre 1955 e 1965, o que ocorreu na Colômbia foi a manutenção desses dois setores paralelos, constituídos, respectivamente, por instituições públicas e laicas e privadas confessionais ou semiestatais.

No decorrer desse período, com exceção da Argentina e algumas variações conjunturais, o que se observa é uma expansão concomitante dos setores público e privado, com a tendência à manutenção do equilíbrio relativo entre ambos.

O segundo período: 1965-1975

Nos dez anos seguintes, de 1965 a 1975, presenciam-se transformações bem mais profundas nos sistemas de ensino superior dos países considerados. Em primeiro lugar, a expansão do ensino superior se acelerou muito. No conjunto da América Latina, as matrículas de ensino superior passaram de 859 mil, em 1965, para quase 3,4 milhões. Isto é, multiplicou-se por quatro, enquanto na década anterior havia apenas duplicado.

O crescimento maior ocorreu no Brasil (668%), seguido da Colômbia (334%), México (275%), Chile (251%) e Argentina (142%). Uma explicação para esse crescimento menor na Argentina é o fato de esse país ter passado por três décadas de crescimento ininterrupto de matrículas de ensino superior (ver Tabelas 1 e 2). Os demais países parecem atender a uma demanda represada[97] que a Argentina já teria atendido.

Quanto ao crescimento relativo das matrículas do setor privado, o comportamento dos diferentes países é variado. No Chile e no México, onde o crescimento total das matrículas esteve perto de 250%, o setor privado manteve-se estável (no Chile declina um pouco, inclusive). Na Argentina, a participação relativa das matrículas do setor privado foi reduzida, passando de 8% para 12%. No Brasil e na Colômbia, essa participação atingiu, respectivamente, 65% e 52% do total de matrículas de ensino superior.

No caso da Argentina, o constante aumento, ainda que reduzido, da participação relativa das matrículas no setor privado, não deixa de ser significativo e está associado ao cenário político do país. A partir de 1966, a instabilidade institucional e a repressão política contribuíram

---

[97] Para se ter uma ideia desse represamento, em 1955, as matrículas de ensino superior no Brasil representavam metade do total das matrículas de ensino superior na Argentina; 20 anos depois, foi o Brasil que passou a ter o dobro das matrículas de ensino superior da Argentina.

não só para interromper o crescimento e a desconcentração regional do setor público de ensino superior no país, mas também para desorganizar as atividades acadêmicas, especialmente na Universidade de Buenos Aires. Foi no período entre 1976 e 1977, o mais repressivo do regime militar, que as matrículas no setor público de ensino superior efetivamente diminuíram. Nesse quadro, o setor privado, notadamente a Universidade Católica Argentina, constituiu-se em uma alternativa ao ensino superior público, oferecendo maiores possibilidades de formação acadêmica regular. Havendo também o governo militar deixado de investir na pesquisa universitária e na formação do quadro docente, a qualidade do ensino superior público decaiu (Balán, 1993). Acresce-se, ainda, nesse quadro de deterioração do ensino superior público, o êxodo de intelectuais promissores, sem condições políticas e financeiras para desenvolverem suas atividades de pesquisa, bem como o gigantismo das universidades, provocado pelo ingresso irrestrito.

No México, a expansão do ensino superior também esteve associada a uma política de liberalização do ingresso à universidade pública. Ainda que o ingresso não tivesse caráter totalmente irrestrito, como acontecia na Argentina, ele era, no mínimo, pouco seletivo. Os estudantes que frequentavam os cursos pré-universitários oferecidos pelas universidades públicas tinham acesso imediato a essas instituições. Como não havia controle para matricular-se nesses cursos pré-universitários, o ingresso na universidade pública era, praticamente, automático[98]. Nesse contexto, o setor privado manteve-se, praticamente, estável no período 1965-1975 (ver Tabela 1). Deve ser notado, entretanto, que essa estabilidade da participação relativa das matrículas no setor privado exigiu um crescimento substancial em números absolutos. O crescimento das matrículas públicas, nesse país, decorrente da política de liberalização do acesso à universidade pública, provocou, à semelhança do que ocorreu na Argentina, um agigantamento dessas instituições, sendo a Universidade Metropolitana do México o melhor exemplo. Mesmo recebendo fluxos de recursos estáveis do Estado, ao longo de toda a década de 1970, as universidades públicas mexicanas não conseguiram preservar seu padrão de excelência (Klein; Sampaio, 1996). A dimensão que estavam assumindo dificultava a preservação de sua qualidade acadêmica[99].

---

[98] Rollin Kent, comunicação pessoal.
[99] Na Argentina, esse problema foi ainda mais grave devido aos cortes orçamentários para as universidades públicas, realizados durante os governos militares, como forma de puni-las, inclusive.

Nesse contexto, uma parte do setor privado, representado por algumas instituições laicas e outras confessionais, que restringiram o acesso, mediante exames de seleção e cobrança de anuidades dos alunos, consolidou seu prestígio acadêmico e apresentou-se como alternativa valorizada em relação ao ensino superior público. O Instituto Tecnológico de Monterrey é o exemplo clássico dessa alternativa privada de elite ao ensino público de massa. Para Levy (1986a), a criação dessas instituições laicas de elite representa uma segunda fase do processo de privatização do ensino superior na América Latina — embora essa onda seja, muitas vezes, contemporânea ao aparecimento, em outros países, de instituições privadas de atendimento à demanda de massa. Segundo o autor, o movimento de criação dessas instituições privadas expressa o descontentamento de setores das elites com o ensino oferecido pelo setor público e sua resistência ao ensino confessional. Balán (1993) acrescenta ao descontentamento pela qualidade, outro, de natureza política. Para esse autor, a existência de grupos liberais que se opunham ao esquerdismo imperante no ambiente das universidades públicas foi um elemento importante para o desenvolvimento dessa alternativa privada — laica ou confessional — ao ensino público.

No México, ainda, ao lado das instituições laicas de elite e de algumas universidades católicas, foram criados, no auge da expansão do sistema, e à semelhança do que havia ocorrido no Brasil, estabelecimentos particulares não universitários com uma oferta reduzida de cursos, em geral concentrados nas áreas de Humanidades e de Ciências Sociais Aplicadas. O setor privado mexicano, que surgiu nesse período de expansão, apesar de muito heterogêneo, teve um peso pequeno no sistema de ensino superior mexicano, que se manteve então predominantemente público.

Constata-se, assim, tanto no México como na Argentina, que, apesar de conjunturas político institucionais distintas, a absorção da demanda de massa de ensino superior pelo setor público, mediante políticas de ingresso irrestrito, ou quase, inibiu, no período, o desenvolvimento de um *mass private sector*, segundo a terminologia de Geiger (1986), ou de um setor privado de satisfação de demanda, segundo Levy (1986a). Nesses países, a iniciativa privada orientou-se antes para atender à demanda de elites locais descontentes com a deterioração do ensino público (Levy, 1986) e, segundo Balán (1993), com a excessiva politização do ambiente universitário público. Nesses países, a interação entre setor público e privado de ensino superior adquiriu, portanto, novos contornos.

A grande expansão do sistema de ensino superior chileno ocorreu entre 1968 e 1973, anterior à instalação do regime militar autoritário. Essa expansão foi conduzida pelo setor estatal, por meio da criação de novas universidades e da ampliação das já existentes, mediante instalação de sedes regionais. No período 1965-1975, as matrículas totais mais do que triplicaram, passando de cerca de 42 mil estudantes para cerca de 147 mil. O período também foi rico em inovações para o sistema. A Universidade do Chile, por exemplo, atuou como uma ponta de lança no processo de modernização do ensino superior do país. Com base em iniciativas que partiram de sua própria liderança acadêmica e que passaram ao largo da área governamental, ela introduziu mudanças na moldura institucional da pesquisa e criou mecanismos de articulação entre a universidade e a sociedade em geral, e o setor produtivo em particular. Um dos objetivos das mudanças era romper com o modelo tradicional de pesquisa concentrado nas Ciências Naturais e adquirir competência nas novas áreas tecnológicas, nas áreas agrárias e nas Ciências Sociais. A ampliação e a redefinição da estrutura de pesquisa foram viabilizadas por um fluxo constante de recursos externos (Fuenzalida, s. d.; Klein, Sampaio, 1996).

No Chile, como no Brasil, o acesso ao ensino superior público sempre foi mais restrito, dependendo de aprovação em exame específico. Isso sem dúvida foi um fator decisivo para a manutenção, em ambos os países[100], de um setor público de tamanho mais reduzido, comparativamente aos sistemas mexicano e argentino, e que preservou prestígio acadêmico. Além disso, o Estado chileno, comparativamente aos Estados brasileiro e colombiano — que já contavam com setores privados de grande dimensão —, parece ter exercido maior controle sobre o crescimento do sistema e, em especial, sobre a expansão do setor privado.

Na Colômbia, entre 1965 e 1975, as matrículas totais no ensino superior cresceram 334,4%, caracterizando o período de maior expansão do ensino superior no seu conjunto. O setor privado, que respondia por 43%, passou a absorver mais da metade do total de matrículas de ensino superior. Em números absolutos, isso representou mais de 100 mil estudantes matriculados. A absorção desse montante de alunos não poderia ter se dado somente pelo incremento de vagas nas universidades

---

[100] Excetuando a ampliação da rede de universidades federais no Brasil e a criação de sedes regionais das grandes universidades tradicionais no Chile, a opção foi limitar o crescimento do setor público, tanto no que diz respeito à oferta de vagas e à contratação de professores como à criação de novas instituições (Klein; Sampaio, 1996).

tradicionais católicas ou nos institutos laicos de elite. Essa absorção foi feita por um novo setor privado de atendimento à demanda de massa, como havia se dado no Brasil. Nesse país, assim como no México, não houve reforma universitária no período que antecedeu à expansão do sistema de ensino superior. Um dos efeitos da ausência de uma reforma foi o enfraquecimento da universidade pública. De um lado, porque, sendo incapaz de suprir a demanda por formação superior, o setor público abriu para a iniciativa privada espaço para a criação de estabelecimentos menos seletivos, voltados ao atendimento de uma clientela crescente que buscava formação superior. O incremento dessa clientela fazia parte do processo de urbanização relativamente recente do país (Lúcio; Serrano, 1991). De outro lado, o setor público, especialmente o segmento universitário, perdeu prestígio; sem reforma, ressentiu-se, aos olhos das elites locais, de uma lufada modernizante. Nesse cenário, alguns institutos privados laicos mais seletivos começam a ter um peso diferencial no sistema, atraindo jovens das camadas sociais de maior poder aquisitivo.

Na Colômbia, contanto, tal como ocorreu no Brasil, o setor privado foi o carro-chefe da expansão do sistema de ensino superior. Diferentemente do Brasil, o setor público colombiano saiu duplamente perdedor: não só diminuiu sua participação relativa no sistema, como também perdeu prestígio. O setor privado, por sua vez, tendeu a se expandir nas extremidades do sistema: o de maior prestígio e o de menor qualidade.

O Brasil é o país que apresenta, nesse período, o maior crescimento global das matrículas de ensino superior. É também o país onde o setor privado mais cresceu. Até 1968, assistiu-se a intensa resistência política promovida pelo movimento estudantil, com amplo apoio docente, ao regime militar que se instalara em 1964. Nesse cenário conturbado politicamente, ergueu-se novamente a bandeira da reforma universitária e da ampliação do número de vagas no ensino público. O ideal era o estabelecimento de um modelo uniforme, constituído exclusivamente para universidades públicas e gratuitas, que associasse o ensino à pesquisa (Durham, 1993). Em 1968, foi decretada a reforma universitária; também nesse ano foi editado o Ato Institucional n.5, inaugurando a fase mais repressiva do regime militar.

A reforma de 1968 incidiu especialmente sobre as universidades, por isso atingiu, basicamente, o setor público e as poucas universidades privadas confessionais. O setor privado de ensino era formado, em sua maioria, por instituições não universitárias, sendo assim foi muito menos atingido.

A ação da reforma sobre o setor público foi essencialmente qualitativa: além de criar um espaço para a pesquisa dentro da universidade e de estimular a profissionalização dos docentes, por meio da incorporação ao regime de tempo integral, vinculou a ascensão na carreira ao aumento da qualificação e ao treinamento em pesquisa. Criou-se, com isso, uma clientela crescente para os programas de pós-graduação que, nessa época, começavam a se instalar no país e que vieram a ter, na década de 1970, notável expansão. Como consequência, elevou-se substancialmente o custo aluno no setor público. Por isso, as matrículas de graduação no setor público, embora também tivessem crescido, sobretudo mediante a ampliação do número de vagas em universidades federais, não foram suficientes para fazer frente à demanda crescente de formação superior oriunda dos setores médios urbanos que também estavam se ampliando (Durham, 1993; Schwartzman, 1992). De certo modo, a política de ingresso às universidades públicas, continuando a ser seletiva, manteve o setor público com dimensões mais restritas.

Nessas circunstâncias, o setor privado de ensino superior teve possibilidade de atender à demanda reprimida do grande número de candidatos que não conseguia ingressar nas universidades públicas. O setor privado ampliou-se por meio de instituições não universitárias, de pequeno porte, que passaram a oferecer cursos de baixo custo em carreiras como Letras, Ciências Humanas e, principalmente, Ciências Sociais Aplicadas (Direito, Economia, Administração, Contabilidade). A participação relativa dos estabelecimentos privados no sistema sempre foi maior que a participação relativa de suas matrículas, o que evidencia o processo de pulverização da oferta privada de ensino superior. No Brasil, coube ao setor privado atender à massificação do ensino superior desencadeada já no final dos anos 1960, dele se beneficiando. Os benefícios correspondiam a retornos financeiros muito significativos, derivados de uma inserção fácil em um mercado pouco seletivo e altamente lucrativo, em razão da existência da demanda reprimida. Os custos dessa massificação, contudo, recaíram sobre todo o sistema: a proliferação de instituições de baixa qualidade (Martins, 1989). As normas para regulamentar a expansão do ensino superior, nesse período, em que pesem algumas recomendações pontuais do Ministério da Educação visando controlar seu crescimento desordenado, foram meramente burocráticas e ineficazes. Era o mercado, e não o Estado, que passava a moldar o crescimento do setor privado no Brasil. Com efeito, ao longo desses 20 anos, de 1955 a 1975, o setor privado deixou de ser um setor paralelo, com status e funções relativamente similares às do setor público, para se constituir em um *mass private sector* (Geiger, 1986), complementando o setor público mais seletivo e de maior prestígio.

O ESTADO, O SETOR PÚBLICO E O PRIVADO NAS DÉCADAS DE 1980 E 1990

Os anos 1980 inauguram uma nova fase para os sistemas de ensino superior dos países latino-americanos. As razões desse marco podem ser alinhadas em torno de dois eixos: o primeiro refere-se à consolidação da participação ampliada do ensino superior privado. O segundo, à redefinição, nos diferentes países, da relação do Estado com os respectivos sistemas nacionais de ensino superior.

Em que pesem as oscilações entre diferentes fontes estatísticas para o período, é possível notar algumas tendências gerais. A primeira é a queda no ritmo de crescimento das matrículas totais de ensino superior em quase todos os países, com exceção da Argentina. A segunda é o aumento da participação relativa das matrículas do setor privado em quase todos os sistemas nacionais de ensino superior, com exceção do Brasil.

De acordo com a Tabela 3, na Argentina, o crescimento de 95,7%, no período 1982-1991, mostra antes uma recuperação do sistema diante do refluxo verificado no período anterior à década de 1980. O decréscimo das matrículas de ensino superior, que ocorreu entre 1975 e 1982, bem como a recuperação posterior, deve ser interpretado à luz dos acontecimentos políticos do país. Alterações na ordem político-institucional refletiram-se diretamente no financiamento do ensino superior público e são responsáveis, em grande medida, pela oscilação que se verifica nas matrículas. Nos anos de 1976 e 1977, os recursos para as universidades nacionais apresentaram uma taxa de variação anual negativa de 46,9% em relação aos anos anteriores, resultando em uma diminuição acentuada nas matrículas (Balán, 1993a)[101]. Superada essa fase, registrou-se uma recuperação no financiamento público para as universidades nacionais

---

[101] Nesse período, os cortes no financiamento das grandes universidades faziam parte de uma estratégia de redistribuição de recursos baseada em critérios políticos. Assim, enquanto declinavam os recursos para as grandes universidades nacionais, parte substantiva deles foi direcionada a instituições menores e mais complacentes com o regime. Nesse processo de realocação de recursos, em que o volume do financiamento era inversamente proporcional às necessidades reais, o maior beneficiário foi o setor terciário não universitário que se expandiu em um ritmo acelerado nesse período (Klein; Sampaio, 1996). Na Argentina, o setor terciário é formado por instituições isoladas que têm por objetivo formar professores para a educação média (Marquis, 1992).

(públicas). Todavia, os montantes destinados a essas instituições em 1980, ano de maior afluência de recursos para o ensino superior durante todo o regime militar, ainda eram inferiores aos índices alcançados no ano de 1974 (Balán, 1993a). Essa é uma das causas que explicaria a diminuição das matrículas de ensino superior na Argentina a partir da segunda metade da década de 1970 bem como sua recuperação que se inicia nos anos 1980, com o governo Alfonsin.

Tabela 2 – Percentual das matrículas no setor privado sobre o total de matrículas de ensino superior (1980-1994)

País	Ano Matrícula	total	Percentual de matrículas privadas
Argentina	1982	550.556	22,0
	1991	1.077.212	15,0
	1994	1.054.145	20,0
Brasil	1980	1.389.518	63,3
	1990	1.558.468	62,5
	1994	1.661.034	58,4
Chile	1980	118.978	37,0
	1990	249.482	52,0
	1994	327.084	53,6
Colômbia	1981	306.269	59,0
	1989	474.787	57,0
	1994	561.223	64,1
México	1981	785.419	15,0
	1990	1.078.190	17,0
	1994	1.304.147	25,2

Fonte: elaborada a partir de dados de Brunner (1993) e Garcia (1997)

No decorrer da década de 1980, na Argentina, sob governos civis, é possível identificar dois momentos distintos na política de financiamento das universidades nacionais. O primeiro, compreendido entre 1983 e 1988, caracterizou-se por uma expansão do gasto em educação e pelo aumento das matrículas, com o retorno da política de ingresso irrestrito às universidades públicas. O segundo período, de 1988 a 1990, foi marcado por uma redução gradativa, porém constante, dos gastos públicos para o ensino superior, como parte de um conjunto de reformas visando ao ajuste fiscal. Com efeito, entre 1991 e 1994, as matrículas de ensino superior nesse país registraram taxa de crescimento negativo da ordem de 2%, conforme se vê na Tabela 3.

Tabela 3 – Percentual de crescimento do total de matrículas de ensino superior e das matrículas do setor privado (1980-1994)

País	Ano	Crescimento da matrícula total (%)	Crescimento da matrícula privada (%)
Argentina	1982/1991	95,7	33,4
	1991/1994	-2,1	30,5
Brasil	1980/1990	10,8	1,4
	1990/1994	7,9	0,9
Chile	1980/1990	9,7	194,7
	1990/1994	31,1	35,1
Colômbia	1981/1989	-55,0	49,8
	1989/1994	-18,5	32,9
México	1981/1990	-37,3	55,6
	1990/1994	21,0	79,3

Fonte: elaborada a partir de dados de Brunner (1993) e Garcia (1997)

Nesse contexto, chama atenção o comportamento do setor privado de ensino superior na Argentina. Os anos em que o sistema se contraiu, em consequência de cortes orçamentários para as grandes universidades nacionais, correspondem ao período de maior participação relativa das matrículas do setor privado. Em 1982, o setor privado respondeu por 22% das matrículas de ensino superior que, por sua vez, tinham decrescido em relação ao ano de 1975. A recuperação do setor público, entre 1982 e 1991, reflexo do incremento dos gastos para o ensino superior, provocou, por seu turno, diminuição da participação relativa das matrículas do setor privado. Inversamente, em 1994, quando houve taxa negativa de crescimento das matrículas totais, o setor privado aumentou para 20% sua participação relativa no sistema. Embora tenha ocorrido aumento, o setor não conseguiu atingir o índice de 1982, quando o sistema estava, efetivamente, mais comprimido (Tabela 2).

O setor privado na Argentina parece cumprir uma função suplementar ao setor público: aumenta e diminui a participação relativa de suas matrículas no sistema de ensino superior em conformidade com o fluxo de recursos do Estado para as universidades nacionais. Paolera (1993) apresenta uma interpretação diferente. Para o autor, o rápido e recente crescimento da participação relativa das matrículas do setor privado no sistema argentino é uma das consequências da crise econômica pela qual passou o país, entre 1989 e 1990, e corresponderia a uma segunda etapa da privatização do ensino superior nesse país. Segundo Paolera, a crise, resultante de mudanças estruturais visando dinamizar e tornar mais competitiva a economia no país, deflagrou um aumento no preço relativo dos custos de ensino superior privado. O aumento, por sua vez, provocou uma situação de demanda insatisfeita pela qualidade da formação superior oferecida pela iniciativa privada. Entre 1989 e 1992, segundo dados fornecidos por Paolera (1993), a Universidade Católica Argentina aumentou a taxa de matrícula cobrada de seus alunos em cerca de 82% em termos absolutos. Também a Universidade de Belgrano (particular) aumentou em 213% em termos absolutos nesse mesmo período. A alteração no preço relativo do ensino superior, em um contexto de oferta limitada e demanda crescente, seria um dos fatores que levaram, segundo a análise de Paolera, muitas instituições que já tinham vantagens competitivas na área de docência e/ou na de pesquisa em outros níveis educacionais, a se estabelecerem como universidades. Entre os novos estabelecimentos criados recentemente constam a Associação Civil Escocesa San Andrés, com mais de um século de prestígio em ensino de nível fundamental e médio, a qual criou, em 1989, a Universidade de San Andrés. Também a Fundação e o Instituto Torquato Di Tella, pioneiros no desenvolvimento de pesquisas na área de Ciências Sociais, fundam uma universidade com o mesmo nome. Somam, nesse conjunto de universidades privadas recém-criadas, a Universidade Maimonides, a Universidade Austral, a Universidade de Palermo e a Universidade Adventista, entre outras. Entre 1987 e 1995, duplicou o número de universidades privadas no país, passando de 23 para 46 (Fanelli, 1997).

O surgimento dessas novas instituições na Argentina consolidou e diversificou o setor privado de ensino superior. O mercado, até então quase monopolizado pelo Estado, tornou-se dual: de um lado, encontra-se uma oferta de ensino superior gratuito, autônomo e mantido pelo Estado; de outro, um serviço pago, oferecido pela iniciativa privada, extremamente competitivo no recrutamento de alunos e muito heterogêneo no que diz respeito à qualidade do serviço que oferece.

No Brasil, embora não tenha havido um decréscimo das matrículas de ensino superior nesse período, houve, certamente, uma estagnação. A taxa de crescimento diminuiu de forma considerável em relação à década de 1970. Em dez anos (1980-1990), as matrículas totais cresceram apenas 10,8%; entre 1990 e 1994, o crescimento foi de 7,9%.

Diferentemente da Argentina, onde a diminuição do índice de crescimento das matrículas de ensino superior resultou, sobretudo, da redução dos recursos do Estado para as universidades nacionais, no Brasil a desaceleração do crescimento das matrículas de ensino superior faz parte de outra dinâmica.

Em primeiro lugar, no Brasil, não se verificou, no decorrer dos anos 1980, redução substancial do financiamento público para o ensino superior. Em segundo lugar, e essa é uma diferença fundamental entre os dois países a expansão do sistema de ensino superior no Brasil, que ocorrera na década anterior, foi liderada pelo setor privado. Sendo assim, foi a resposta da iniciativa privada à demanda de mercado que orientou o ritmo de crescimento do ensino superior e, em grande parte, foi a poupança privada que financiou a grande expansão do sistema da década de 1970. Em meados da década de 1980, esse mercado já estava plenamente atendido, o que explica o ligeiro declínio da sua participação nas matrículas no período. Nesse quadro, o que chama atenção é o aumento dos gastos com pessoal do setor público, que quase quintuplicaram[102] entre 1974 e 1989. A exceção foi o período de 1980/1984, quando os gastos com pessoal foram reduzidos e, mais recentemente, o período que se iniciou em 1990

---

[102] A propósito, deve ser notado que, mais do que o crescimento do número de instituições federais, do aumento de seu quadro de professores, ou da melhoria de sua titulação, a grande expansão dos gastos com pessoal, a partir de 74, decorreu do impacto da introdução do regime de tempo integral sobre a folha de pagamento das universidades federais. De acordo com Schwartzman (1993), a estratégia das universidades federais foi ampliar ao máximo a proporção de professores de tempo integral já que os custos da implantação do novo regime recaíam sobre o Ministério da Educação, que é quem paga os salários. Esse fato, acrescido da ausência de critérios para a adoção da nova política, explica por que algumas universidades funcionam, atualmente, com quase 100% dos professores em regime de dedicação exclusiva.

e vem se prolongando até o presente, em que as despesas com pessoal têm declinado de forma acentuada (Schwartzman, 1993). Nesse sentido, a despeito da crise financeira enfrentada pelo Estado brasileiro desde 1977, o orçamento das universidades federais escapou, durante boa parte, nos últimos 20 anos, do rigor dos cortes orçamentários executados pelas autoridades da área econômica. Isso se deveu a dois fatores: de um lado, à vinculação constitucional de percentual da receita de impostos para a educação (18% no caso da União e 25% no caso de estados e municípios); de outro, os benefícios concedidos aos funcionários públicos (entre os quais se inclui o pessoal das universidades públicas), como a estabilidade no cargo e a irredutibilidade de vencimentos. Nesse quadro, o orçamento das universidades federais tornou-se inelástico, sem que a manutenção de recursos estivesse associada ao aumento do número das matrículas.

O crescimento tímido das matrículas de ensino superior no Brasil, menos de 8%, que se verificou entre 1990 e 1994, resultou, além dos fatores acima apontados, de um outro muito relevante: o estrangulamento que atingiu nos níveis anteriores de ensino (fundamental e médio). As matrículas no ensino superior deixaram de apresentar o mesmo ritmo de crescimento, verificado nas décadas anteriores, porque havia um represamento nos níveis anteriores ao ensino superior: poucos lograram ingressar e, menos ainda, concluir o ensino de nível médio. Em algumas regiões, notadamente na região Sudeste, havia mais vagas no ensino superior do que egressos do ensino médio. Nesse contexto, constata-se também a redução da participação relativa das matrículas do setor privado (Tabela 2). O crescimento do setor privado, no período anterior, deu-se pela absorção de uma demanda represada constituída — além dos egressos do ensino médio, cuja rede também tinha se ampliado naquele período — por um contingente de pessoas mais velhas, já inseridas no mercado de trabalho, e pelo aumento do contingente feminino a aspirar a uma formação de nível superior (Schwartzman, 1992). Além desse fenômeno da diminuição da demanda, o declínio percentual das matrículas privadas, entre 1990 e 1994, está associado ao aumento das matrículas do segmento público estadual. Em 14 anos — de 1980 a 1994 —, as matrículas nas universidades estaduais, gratuitas, tiveram um crescimento[103] de mais de 130%. Essa taxa foi superior à verificada nas matrículas das universidades privadas, de 86,6%, para esse mesmo período. Com efeito, o crescimento das matrí-

---

[103] As matrículas nas universidades estaduais nesse período passaram de 81.723 para 190.271.

culas no segmento das universidades estaduais contribuiu para manter significativa a participação relativa das matrículas do setor público no sistema de ensino superior.

Também no México, constata-se, desde 1980, uma apreciável diminuição na taxa de crescimento das matrículas no ensino superior comparativamente à década de 1970. Entre 1981 e 1990, a taxa de crescimento foi de 55%, decrescendo para 20% entre 1990 e 1994. Mesmo com essa redução, o país apresentou, de todos os países analisados, a maior taxa de crescimento de matrículas de ensino superior no período.

Deve-se notar que, no México, até o final da década de 1970, quando grande parte dos Estados latino-americanos já enfrentava escassez de recursos, as dotações orçamentárias para universidades públicas tiveram até um reforço. Porém, a partir de 1982, a crise fiscal do Estado, aliada à redução dos preços internacionais do petróleo, levaram a uma diminuição do orçamento das instituições de ensino superior estatais, com um forte impacto sobre o gasto público em ensino superior. Entre 1981 e 1989, os gastos governamentais com o sistema diminuíram em cerca de 25%, passando de 1% do PIB, em 1981, para 0,7%, em 1989 (Kent, 1995).

De forma semelhante ao que vem ocorrendo na Argentina, no México a participação relativa das matrículas privadas vem aumentando desde 1990 (Tabela 2). Esse crescimento contínuo é muito significativo nesse país, onde, durante quase meio século, a participação percentual do setor privado nas matrículas de ensino superior esbarrava no teto de 15% e onde o setor público foi o grande responsável pela expansão do sistema.

A dimensão relativamente reduzida do setor privado no México e na Argentina, no período anterior, vincula-se, certamente, ao fato de que, em ambos os países, desenvolveu-se um *mass public sector* ao invés de um *mass private sector* (Geiger, 1986). O crescimento recente das matrículas privadas parece indicar a exaustão da capacidade dos respectivos Estados de continuar a arcar com os custos da ampliação do setor público de forma a atender à demanda de ensino superior em grande escala.

Com efeito, em apenas três anos, de 1990 a 1993, no México, o número de estabelecimentos isolados particulares de ensino superior passou de 162 para 203. Em 1993, esses estabelecimentos representavam 47,2% do total de instituições de ensino superior no país. Trata-se, em sua maioria, de instituições de pequeno porte, que oferecem cursos nas carreiras de Contabilidade, Administração, Hotelaria e Turismo (Kent, 1995). Também, nesse período, foram criadas mais cinco universidades particulares. Em 1993, essas instituições eram 55, superando, em número, as universidades públicas, que somavam 46. No período entre 1990 e 1993, o crescimento das matrículas nos estabelecimentos particulares isolados foi de 34%, passando de 65.819 para 88.296; no segmento das universidades privadas, o crescimento percentual das matrículas foi de 23%, passando de 121.305 para 148.964 (Kent, 1995). A ampliação recente se dá, portanto, à semelhança do caso da Colômbia, nas duas pontas do sistema: na de alto e na de baixo prestígio.

Apesar desse movimento que se verifica nos últimos anos no México — de ampliação do número de estabelecimentos privados e de suas matrículas e, inversamente, de diminuição das matrículas nas universidades nacionais públicas —, o setor público mexicano ainda respondia, em 1994, por 74,8% das matrículas totais de ensino superior (ver Tabela 2).

Em suma, tanto no México como na Argentina, o aumento da participação relativa das matrículas do setor privado nos respectivos sistemas nacionais de ensino superior só logrou ultrapassar o patamar de 20% quando diminuiu o ritmo da expansão das matrículas totais[104]. A correlação sugere que a possibilidade de expansão do setor privado, nos países em que o setor público se voltou para o atendimento em grande escala, depende mais da incapacidade dos respectivos Estados de manter o ritmo de crescimento do sistema do que, como ocorre atualmente no Brasil, da ampliação da demanda de ensino superior.

Na Colômbia verifica-se também que o ímpeto de crescimento das matrículas de ensino superior não é o mesmo da década de 1970, embora elas continuem crescendo. Entre 1981 e 1989, a taxa de crescimento das matrículas totais foi de 55%; entre 1989 e 1994, de 18,2%. Apesar desse decréscimo, a taxa de crescimento das matrículas de ensino superior mantém-se superior às taxas dos demais países. Entretanto, como ocorre nos outros países latino-americanos considerados, a Colômbia, desde os anos 1980, vem enfrentando dificuldades no financiamento das universidades públicas. Durante longos períodos do ano de 1980, boa parte das universidades estatais esteve fechada por falta de recursos (Lucio; Serrano, 1993). As medidas do governo no sentido de instituir novas polí-

---

[104] Na Argentina, o crescimento de 96,6% nas matrículas totais de ensino superior, entre 1982 e 1991, coincide com o período em que houve incremento dos gastos com ensino superior e com a reintrodução do acesso irrestrito às universidades públicas.

ticas com o objetivo de fortalecer a estrutura financeira das universidades públicas, mediante repasses indiretos, não tiveram resultados efetivos. A introdução da cobrança de mensalidades nas universidades públicas, a despeito de seu custo político, não conseguiu resolver o problema do financiamento dessas instituições. Por sua vez, o setor privado, financiado com recursos privados mediante o pagamento de mensalidade dos alunos, vem ampliando continuamente, em termos absolutos e relativos, suas matrículas. Em 1981, elas representavam 59%; em 1994 atingiram 64,1% do total das matrículas de ensino superior. De todos os países considerados, é a Colômbia que apresenta, atualmente, a maior participação relativa de matrículas privadas no sistema de ensino superior.

Os problemas que atingiram o ensino superior na Colômbia, no início dos anos 1980, além de persistirem, avolumaram-se nesta década. Existe, atualmente, uma forte diferenciação vertical, ou estratificada, no sistema de ensino superior (Lucio; Serrano, 1993), a qual tende a ser legitimada pelo reconhecimento de que algumas universidades tanto públicas como privadas distinguem-se das demais por sua excelência acadêmica.

O sistema de ensino superior no Chile apresenta outras características. Em dez anos (1980 a 1990), a taxa de crescimento de matrícula de ensino superior ficou em 9,7%, a menor taxa verificada, para esse período, de todos os países considerados. Entretanto, entre 1991 e 1994, ela cresceu 31,1%, o que parece indicar o início de uma nova fase de expansão. No que se refere à participação relativa das matrículas privadas, o período entre 1980 e 1994 indica crescimento acelerado.

Durante a vigência do regime militar no Chile, houve declínio constante nos gastos públicos para o ensino superior: em 1979, eles representavam 1,1% do Produto Interno Bruto (PIB); em 1982, imediatamente depois da reforma universitária (1980), situavam-se em 1% do PIB, decrescendo abruptamente para 0,6% do PIB em 1986 (Brunner, 1986). O declínio do financiamento público não significou, contudo, ausência de controle, por parte do Estado, da expansão do setor privado até quase o final do regime militar. A contração dos gastos governamentais para o ensino superior, na realidade, derivou de duas lógicas que prevaleceram em diferentes fases do regime autoritário chileno. Na primeira fase, em que dominou a componente repressiva, a universidade chilena passou por um processo muito parecido com o da universidade pública da Argentina: a redução do financiamento público era uma estratégia que visava à desmobilização política e à penalização do segmento universitário. Na segunda fase, que se iniciou no final dos anos 1970, presenciou-se a formulação de um programa de reforma para o ensino superior. Nesse programa, a redução dos aportes fiscais para as universidades fazia parte de reformas estruturais mais amplas que começavam a ser implementadas no país. A reforma educacional de 1980 inscreveu-se nesse quadro (Klein; Sampaio,1996).

O objetivo da reforma educacional de 1980 no Chile foi, sobretudo, redefinir o papel do Estado em relação aos encargos financeiros referentes ao sistema de ensino superior. Uma das medidas foi a introdução da cobrança de anuidades estudantis nas instituições públicas. Desde a reforma, o governo começou a operar duas linhas de financiamento: aportes fiscais diretos, distribuídos entre as universidades antigas, tanto públicas como privadas, e entre as novas instituições, só públicas, de acordo com percentuais fixos estabelecidos por lei; e aportes fiscais indiretos, outorgados pelo Estado às universidades tradicionais, aos institutos profissionais e às novas universidades privadas que tivessem, entre seus alunos matriculados, estudantes entre os 27.500 mais bem colocados no exame de ingresso (Brunner, 1993). Tal sistema de financiamento ainda está em vigor. De um lado, pelo menos teoricamente, tem contribuído para diversificar as fontes de recursos para o segmento do sistema de ensino superior com aporte fiscal, instaurando mecanismos de financiamento múltiplos. De outro, parece favorecer a expansão de um novo setor privado que, diferentemente das universidades católicas, tradicionais, independe de recursos públicos e atende a candidatos menos qualificados academicamente.

SETOR PRIVADO, MERCADO E ESTADO NA AMÉRICA LATINA

A trajetória do ensino superior privado e de sua interação com o setor público em cinco países da América Latina — Argentina, Brasil, Chile, Colômbia e México — pode ser mais bem delineada com base nos dados apresentados.

A característica mais evidente é o crescimento do setor privado nos cinco países, tornando-se predominante em três: Brasil, Chile e Colômbia. O *timing* da expansão do setor privado em cada país também foi diferente. Mais precoce no Brasil e na Colômbia, intensificou-se no México, Argentina e Chile nas décadas de 1980 e de 1990, período em que se verifica diminuição no ritmo de crescimento das matrículas totais de ensino superior. Nesses três países, a expansão do setor privado parece resultar antes das dificuldades do setor público para manter seu ritmo de absorção da demanda de ensino superior do que de uma explosão extemporânea desta demanda.

A segunda tendência comum aos diferentes sistemas nacionais é a especificidade do segmento privado confessional. Sua emergência e consolidação ocorreram de forma independente, ou apenas parcialmente dependente, dos fatores de mercado, verificando-se tanto antes como durante o período de crescimento das matrículas de ensino superior. O fato de as universidades católicas tenderem a se organizar de forma semelhante às universidades públicas conferiu-lhes uma função paralela nos sistemas de ensino superior nos quais o setor público manteve-se mais restrito, preservando sua qualidade. A diferença entre esses dois segmentos reside mais na oposição laico/confessional do que na oposição setor público/setor privado. Em maior ou menor grau, o segmento confessional recebeu recursos oficiais como se fosse público.

A terceira tendência diz respeito às diferentes formas de interação entre setores público e privado no atendimento à demanda de massa.

A primeira alternativa é representada pela Argentina e pelo México. Nesses dois países, o Estado procurou suprir a demanda de massa adotando políticas de ingresso irrestrito, ou quase, às universidades públicas. Com isso, foi o setor público que cumpriu a função de *mass sector* (Geiger, 1986). A adoção do ingresso irrestrito abriu as portas das universidades públicas, agigantando-as, e prejudicou o desenvolvimento da pesquisa e da qualificação do pessoal docente.

Em contextos em que o setor público assumiu o atendimento da demanda de massa, o setor privado tendeu a estabelecer uma relação complementar com o primeiro. Criaram-se, assim, instituições privadas mais seletivas que, mesmo não se desenvolvendo como grandes centros de pesquisa, procuraram, ao menos, oferecer um ensino de qualidade superior àquele oferecido pelas universidades públicas de massa.

A segunda opção parece ter sido a adotada por Chile e Brasil. Procurou-se preservar, e até aprimorar, a excelência do setor público mediante a implementação de políticas de estímulo às atividades de pesquisa e à qualificação docente. Nessa alternativa, manteve-se o ingresso restrito às universidades públicas. Mesmo ampliando, em alguns períodos, o número de vagas oferecidas, o setor público foi incapaz de absorver a demanda de massa que foi represada, a qual criou condições favoráveis ao desenvolvimento da iniciativa privada.

A inibição, ou mesmo o controle, da expansão do setor privado, simultaneamente à preservação de um ensino público seletivo, tal como ocorreu no Chile, só se verificou em um contexto no qual o Estado pretendeu e foi capaz de manter um controle muito rígido sobre o sistema de ensino em seu conjunto e mostrou-se eficaz no enfrentamento da frustração da demanda reprimida. No Brasil, ao contrário, onde a contenção do sistema de ensino superior não ocorreu, a expansão do setor privado foi explosiva.

Quando a opção foi pela manutenção do caráter seletivo do ensino público, as instituições privadas de elite tenderam a ocupar um nicho pequeno no sistema, salvo quando foram subsidiadas pelo Estado. Nesse contexto, o segmento privado de elite cumpre funções similares às do setor público e complementa o setor privado de massa.

A Colômbia constitui um caso singular. Nesse país, constata-se que a ausência de tomada de decisão sobre a vocação do setor público levou à fragmentação do sistema de ensino superior em instituições públicas e privadas de diferentes padrões. Não se firmou nem um setor público seletivo e de qualidade nem um setor público capaz de absorver a demanda de massa. Instituições de ambos os setores — o público e o privado — cumprem todas essas funções. A crise de financiamento do ensino público colombiano contribui, ademais, para a deterioração da qualidade desse setor (Patrinos, 1990).

Teoricamente, seria possível uma terceira alternativa, contudo ela não se realizou plenamente em nenhum dos países considerados. A opção seria pela diversificação do setor público, preservando algumas universidades de elite, voltadas para a associação entre pesquisa e formação de pessoal qualificado e criando outras, mais flexíveis, mais técnicas, ou mais voltadas para o ensino, que pudessem atender à demanda de massa. Os cerca de 100 institutos tecnológicos públicos, no México, que chegaram a absorver em torno de 200 mil estudantes, perfazendo quase 20% do total de matrículas em nível superior[105] em 1993, constituem tentativas, por parte do setor público, de buscar maior diversificação na oferta de ensino superior.

---

[105] Também no setor público, foram criadas, em 1990, três universidades tecnológicas; juntas absorviam menos de mil alunos (Kent, 1995).

Cabe notar que, no México, dada a reconhecida deterioração de pelo menos parte do setor público e sua dificuldade de incorporar a pesquisa, vêm sendo criadas, mais recentemente e de forma associada às universidades, instituições voltadas à pesquisa. Essas instituições atuam de modo semelhante à pós-graduação.

Embora existam iniciativas isoladas como essas, a tendência geral foi a de uma diversificação muito pequena no atendimento público de ensino superior. O Estado seguiu duas alternativas: a manutenção de instituições seletivas ou a absorção da demanda de massa, enquanto o setor privado se diversificou conforme as aberturas do mercado.

Os problemas que se apresentam para as políticas públicas nos anos 1990 provavelmente só poderão ser resolvidos se forem repensadas as alternativas do ensino superior público e reorganizadas as relações entre setor público e privado no sentido de superarem a oposição entre qualidade e quantidade que hoje são constitutivas da heterogeneidade dos sistemas de ensino superior nos países analisados.

O PÚBLICO E O PRIVADO NO DEBATE CONTEMPORÂNEO

Os anos 1980 constituem também um divisor de águas na interação entre Estado e sistemas de ensino superior. É nesse período que se verificam algumas tendências de transformação dessa relação. O fenômeno não é específico da América Latina, mas ocorrente e contemporâneo em diferentes países e continentes (Levy, 1986; Mahony, 1994; Neave; Van Vught, 1994).

O estabelecimento de um setor confessional, ocorrido anteriormente, havia significado a quebra do monopólio do Estado sobre o sistema de ensino superior. A existência, lado a lado, de setores público/laico e privado/confessional, contudo, não implicou nenhuma alteração na interação Estado e sistema de ensino superior. No limite, a relação que as instituições católicas lograram estabelecer com o Estado foi de dependência financeira, inclusive, como ocorreu em maior grau no Chile, mas também no Brasil e na Colômbia. O mesmo modelo pode ser estendido à interação entre Estado e instituições privadas laicas de elite.

Desde a segunda metade dos anos 1980, dois fenômenos vêm confluindo para alterar as relações tradicionais que os Estados dos países latino-americanos sempre mantiveram com seus respectivos sistemas de ensino superior: de um lado, a crise de financiamento que atinge os Estados desses países, repercutindo no fluxo de recursos destinados ao setor público; de outro, a consolidação de um *mass private sector*.

É nesse contexto que se desenvolve o debate contemporâneo sobre os sistemas de ensino superior na América Latina. No debate, o termo privatização tem sido usado para designar experiências muito distintas: desde o aumento da participação relativa das matrículas privadas, sobretudo nos países com uma larga tradição no atendimento público da demanda de ensino superior (Argentina e México), a introdução da cobrança de taxas de matrículas e de anuidades em universidades públicas (Chile no início dos anos 1980 e mais recentemente na Colômbia), até as propostas de controle de custos no setor público de ensino superior, bem como as diferentes iniciativas de avaliação institucional. A privatização transforma-se, assim, em um esquema explicativo presente tanto em análises acadêmicas que se propõem a traçar a trajetória do ensino superior privado na América Latina, como no debate político que envolve a formulação das políticas para o ensino superior nesses países. O debate, na maior parte das vezes, tende a ser reduzido à polarização mercado versus Estado, em torno da qual se alinham diversos sujeitos que participam do sistema de ensino superior: os principais são os *policy makers*, os experts, os docentes organizados, os estudantes, os proprietários dos estabelecimentos privados, várias associações que reúnem representantes de instituições públicas e privadas.

Em geral, segmentos do ensino superior público, representados por suas entidades e sindicatos, advogam a manutenção do financiamento estatal e, se possível, o incremento de recursos ao ensino superior público. Atribuem, ainda, ao Estado o controle da qualidade e da expansão do setor privado, resistindo veementemente a qualquer possibilidade de políticas de incentivo financeiro às instituições privadas de ensino superior. Por sua vez, segmentos ligados ao setor privado pleiteiam, junto ao Estado e a seus representantes, menor rigidez nas normas que regulamentam a expansão do ensino privado, pois, segundo o entendimento desse grupo, cabe ao mercado, e não ao Estado, o controle desse setor de ensino superior. A exceção se verifica, como pode ser observado no Brasil, no caso da pesquisa. Algumas instituições particulares têm-se organizado e procurado obter, junto aos órgãos de fomento à pesquisa e à pós-graduação, recursos destinados a essa finalidade. De acordo com os representantes da iniciativa privada, os recursos públicos para a pesquisa são fundamentais para a promoção da qualidade do ensino superior particular. Na Colômbia em especial, as posições estão muito polarizadas. Conforme observam Lucio e Serrano (1993), enquanto alguns segmentos do sistema de ensino superior atribuem ao Estado o papel de controlar a qualidade do sistema e desenvolvê-lo, outros advogam a necessidade de maior independência para o sistema de ensino superior em relação ao Estado, com instituições livres para decidirem que modalidades de programas e cursos vão desenvolver, ou seja, um sistema mais plenamente voltado para o mercado[106].

Para se entender o conflito político subjacente, devem-se considerar os instrumentos que, tradicionalmente, estiveram à disposição do Estado para controlar o desenvolvimento dos sistemas de ensino superior. Nos países estudados, foram basicamente dois: o normativo, por meio de legislação, e o financeiro. O primeiro aplica-se a todo o sistema de ensino superior; o segundo, com exceção do Chile, tende a se restringir ao ensino superior público.

No Brasil em especial, a tendência sempre foi o excesso de normas legais, o que muitas vezes mais engessou do que promoveu o desenvolvimento da qualidade do ensino superior. Já o controle da distribuição do montante dos recursos financeiros, que se tem mostrado mais eficaz, não se aplica ao setor privado em seu conjunto.

Nos setores públicos ou nos privados que apresentam dimensões reduzidas e são mais seletivos, a eficácia do controle de qualidade dependeu de fator exógeno à ação governamental: a comunidade acadêmica, ou oligarquia acadêmica, na designação de Clark (1983). É a comunidade acadêmica que tem, tradicionalmente, assegurado os mecanismos internos de promoção da qualidade, os quais completam a ação do Estado e são indispensáveis para o ajuste do sistema em seu conjunto.

Retomando a questão levantada no início deste trabalho, devo reafirmar que, no setor privado de atendimento à demanda de massa, a ação da autoridade acadêmica é praticamente neutralizada. Em seu lugar, surge a figura das mantenedoras as proprietárias dos estabelecimentos privados de ensino superior. A lógica que orienta a oferta de ensino superior nesses estabelecimentos se prende às exigências do mercado. A orientação para o mercado, associada à perda de autonomia (e mesmo de influência) do

---

[106] Essa polarização, de acordo com Lucio e Serrano (1993), inscreve-se em um quadro de ambiguidade entre os princípios gerais da Carta Constitucional de 1991 sobre o papel do Estado na educação em todos os níveis e a política mais recente do governo visando à abertura da economia.

corpo acadêmico no setor privado empresarial, soa como uma ameaça ao próprio *ethos* universitário. No setor privado de atendimento de massa, normalmente a competição entre os estabelecimentos não se estabelece nem para valorizar a preparação e a qualificação do corpo docente nem para promover a qualidade do ensino.

Em suma, o que tem ocorrido, nos diferentes países, é uma impossibilidade de orientar, com os instrumentos de controle à disposição do Estado, a qualidade do ensino oferecido. Essa é uma das principais razões pelas quais, nesses países, os Estados vêm adotando novos instrumentos de controle, não meramente normativos, sobre os respectivos sistemas de ensino superior. Um deles é a avaliação de desempenho das instituições, a qual se tornou foco de intenso debate nos últimos anos. A introdução de mecanismos de avaliação institucional estabelece uma nova forma de controle do Estado sobre o conjunto do sistema alternando as relações tradicionalmente existentes. Em relação ao setor público, a avaliação institucional, além de controlar a qualidade, cumpre a função de orientar a política de financiamento das instituições que compõem o setor, aumentando o controle governamental sobre ele. No tocante ao setor privado de atendimento de massa, a avaliação institucional visa, sobretudo, promover o controle de qualidade, eliminando o excesso de autonomia que caracteriza as instituições desse setor.

A modificação das relações entre poder público e sistema de ensino superior encontra forte oposição, esbarrando em interesses corporativos solidamente entrincheirados nos sistemas nacionais. Contudo, o interesse por parte dos Estados na institucionalização da avaliação constitui resposta necessária às profundas transformações pelas quais passam os sistemas de ensino superior latino-americanos.

REFERÊNCIAS

BALÁN, Jorge. Governance and finance of national universities in Argentina: current proposals for change. *Higher Education*, [s. l.], v. 25, n. 1, p. 45-60, 1993.

BALÁN, Jorge. La Universidad privada en América Latina. *In*: SEMINÁRIO INTERNACIONAL SOBRE EDUCACIÓN SUPERIOR. *Desafios de la educación superior*. La Paz: Unidad de Análisis de Políticas Sociales, 1993a.

BORÓN, Atilio. Economía política de la educación superior: reflexiones sobre la experiencia argentina. *Educación Superior y Sociedad*, Caracas, v. 7, n. 2, p. 23-50, 1996.

BRUNNER, José J. Chile's higher education: between market and state. *Higher Education*, [s. l.], v. 25, n. 1, p. 35-44, 1993.

BRUNNER, José J. *Informe sobre la educación superior en Chile*. Santiago: Flacso, 1986. Mimeografado.

CLARK, Burton. *The Higher Education System*. Los Angeles: University of California Press, 1983.

COX, Cristian. Higher education policies in Chile in the 90's. *Higher Education Policy*, [s. l.], v. 9, n. 1, 1996. p. 29-43.

CUNHA, Luiz A. *A Universidade crítica*. 2. ed. Rio de Janeiro: Francisco Alves, 1989.

CUNHA, Luiz A. Universidade: ensino público ou liberdade de ensino? *Ciência e Cultura*, São Paulo, v. 37, n. 7, 1985. (Suplemento universidade brasileira: organização e problemas).

DURHAM, Eunice R. Uma política para o ensino superior. São Paulo: Documentos de Trabalho NUPES, 2/93, 1993.

FANELLI, Ana M. Las Nuevas universidades del conurbano bonarense: misión demanda externa y construcción de un mercado académico. Buenos Aires: Documento Cedes, 117, Serie Educación Superior, 1997.

FIGUEROA, Carlos P. Challenges of higher education in Mexico during the nineties. *Higher Education Policy*, [s. l.], v. 9, n. 1, p. 45-54, 1996.

FUENZALIDA, Edmundo F. *The Institucionalization of research in Chile's universities*. California: Stanford University, s.d. Mimeografado.

GARCÍA, Carmen G. La Reforma de la educación superior en Venezuela desde una perspectiva comparada. *In*: CATANI, Afrânio (org.). *Congresso Internacional de Políticas de Educação Superior na América Latina no Limiar do Século XXI*. Recife: [s. n.], 1997.

GEIGER, R. *Private sectors in higher education*: structure, function and change in eight countries. Ann Arbor: University of Michigan Press, 1986.

JAMES, Estelle. Private higher education: the Philippines as a prototype. *Higher Education*, [s. l.], v. 21, n. 2, p. 189-206, 1991.

KENT, Rollin. *Tendencias y problemas en la educación superior en México*: los años noventa. México: Departamento de Investigación de Estudios Avanzados del Instituto Politécnico Nacional, 1995. (Documento DIE 41).

KLEIN, Lúcia; SAMPAIO, Helena. Actores, arenas y temas básicos. *In*: KENT, Rollin (org.). *Los temas críticos de la educación superior en America Latina*: estudos comparativos. México: Flacso; Fondo de Cultura Económica, 1996.

LEMAITRE, María J. El Consejo Superior de Educación: una experiencia de regulación de instituciones privadas de Educación Superior. *Informe de la Educación Superior*. Argentina: Colección Foro de la Educación Superior, 1993. p. 177-272.

LEVY, Daniel. Alternative private-public blend in higher education finance: international patterns. *In*: LEVY, Daniel (org.). *Private education studies in choice and public policy*. Oxford: Oxford University Press, 1986. p. 195-213.

LEVY, Daniel. *Higher education and state in Latin America:* private challenges to public dominance. Chicago: University of Chicago Press, 1986a.

LEVY, Daniel. Private institutions of higher education. *In*: CLARK, Burton; NEAVE, Guy (org.). *The Encyclopedia of Higher Education*. New York: Pergamon Press, 1992. v. 2, p. 1183-95.

LUCIO, Ricardo; SERRANO, Mariana. *La Educación superior en Colombia*: desarrollo, tendencias, políticas estatales. Colombia, 1991. Mimeografado.

LUCIO, Ricardo; SERRANO, Mariana. The State and higher education in Colombia. *Higher Education*, [s. l.], v. 25, p. 61-72, 1993.

MAHONY, David. Government and the universities: the "new mutuality" in Australian higher education: a national case study. *Journal of Higher Education*, [s. l.], v. 65, p. 123-46, 1994.

MARQUIS, Carlos. *El Gobierno nacional y las universidades argentinas*. Buenos Aires: [s. n.], 1992. Mimeografado.

MARTINS, Carlos B. De la evaluación a las reformas en el sistema universitario argentino. *Educación Superior y Sociedad*, Caracas, v. 7, n. 2, p. 13-22, 1996.

MARTINS, Carlos B. O Novo ensino superior privado no Brasil 1964-1980. *In*: MARTINS, Carlos B. (org.). *O Ensino superior brasileiro*: transformações e perspectivas. São Paulo: Brasiliense, 1989. p. 11-48.

MATTOS, Pedro L. C. L. *As Universidades e o governo federal*. Recife: Universidade Federal de Pernambuco, 1983.

NEAVE, Guy; VAN VUGHT, Frans (org.). *Prometheus Bound*: The Changing Relationship Between Government and Higher Education. Oxford: Pergamon Press, 1994.

PAOLERA, Gerardo della. El Mercado universitario en la Argentina y la universidad de gestión privada. *In*: SEMINÁRIO INTERNACIONAL SOBRE EDUCACIÓN SUPERIOR. *Desafíos de la Educación Superior*. La Paz: Unidad de Análisis de Políticas Sociales, 1993.

PATRINOS, Harry A. The Privatization of higher education in Colombia: effects on quality and equity. *Higher Education*, [s. l.], v. 20, p. 161-73, 1990.

SCHWARTZMAN, Jacques. Uma folha de pagamento das universidades federais. São Paulo: Documentos de Trabalho NUPES, 2/93, 1993.

SCHWARTZMAN, Simon. Brazil. *In*: CLARK, Burton; NEAVE, Guy (org.). *The Encyclopedia of Higher Education*. Oxford: Pergamon Press, 1992. p. 82-92.

SCHWARTZMAN, Simon; BOMENY, Helena; RIBEIRO, Vanda (org.). *Tempos de Capanema*. São Paulo: Edusp: Paz e Terra, 1984.

ENSINO SUPERIOR PRIVADO: REPRODUÇÃO E INOVAÇÃO NO PADRÃO DE CRESCIMENTO[107]

Entendo o tema do painel "visões da educação brasileira para os próximos 10 anos" como um convite à utopia; não no sentido do irrealizável, do inatingível, mas como possibilidade de pensar diferente, de subverter o que nos é dado como óbvio e imutável.

Para isso, porém, temos que olhar para trás, para nossa história, ou melhor, para o modo pelo qual crescemos, nos posicionamos, adquirimos uma identidade ou identidades e somos vistos e posicionados pelos "outros". Duas questões referentes à trajetória do ensino superior privado no país ajudam-nos a refletir sobre o que queremos para as próximas décadas. São elas:

1. Sob que aspectos o ensino superior privado reproduz ainda hoje as mesmas estratégias de crescimento que marcaram sua grande expansão nos anos 1960 e 1970 e, mais recentemente, nos anos 1990?

2. Sob que aspectos o setor privado vem inovando o ensino superior brasileiro?

Ao respondê-las, podemos avançar para a próxima pergunta: será possível realizar nossos sonhos, desejos e visões para o ensino superior no Brasil nos próximos dez anos nos mantendo nesse ritmo e recorrendo às mesmas estratégias de crescimento e padrão de inovação?

TRAJETÓRIA DO SETOR PRIVADO NO BRASIL

Identifico três grandes períodos na trajetória do ensino superior privado.

O primeiro, de 1891 a 1960, é de consolidação; o segundo, *de 1960 a 1980*, é de *grande expansão; o terceiro, de reação criativa diante da desaceleração do crescimento no final dos anos 1980*.

Desde 1891, com o advento da República, quando o ensino superior deixou de ser exclusivo do Estado, até os anos 1960, o setor privado

---

[107] Publicado na revista *Estudos*, 39, dezembro de 2010, o texto foi elaborado a partir da palestra realizada no III Congresso de Educação Superior, em Costão do Santinho, Florianópolis, de 15 a 17 de abril de 2010.

apresentou um crescimento lento, porém contínuo, permitindo que se consolidasse no sistema de ensino superior.

Até a virada do século XIX, não havia mais do que duas dúzias de escolas superiores no país, e as privadas eram quase todas confessionais. Em 1933, o setor privado já respondia por mais de 60% dos estabelecimentos e por mais de 40% das matrículas de ensino superior. Em 1945, dos 40 mil estudantes de nível superior, metade já estava matriculada em escolas privadas. Nesse período de quase 50 anos de consolidação do setor privado no Brasil, os cursos mais oferecidos eram os voltados para a formação de professores em faculdades de filosofia, ciências e letras e outros poucos para a formação de profissionais liberais, como Direito, Odontologia e Medicina.

A grande expansão do setor privado, como todos sabem, ocorreu entre os anos de 1960 e 1980 e teve como moldura legal a LDB de 1961. De um lado, a LDB reconhecia a organização do sistema em moldes não universitários, o que favoreceu a expansão de escolas superiores isoladas; de outro, a lei instituía mecanismos burocráticos de controle na relação do ensino superior com o mercado que, àquela época, pressionava fortemente por mais vagas no sistema.

Naqueles 20 anos, o número de matrículas de ensino superior passou de 200 mil para 1,4 milhão, um crescimento de quase 500%. No setor privado, o crescimento foi de mais de 800%. Capitaneada por esse setor, a expansão do ensino superior teve como força motriz a pressão de diversos segmentos de uma sociedade em transformação, que se urbanizava e industrializava[108]. Em números cada vez maiores, jovens, mulheres e pessoas mais velhas passavam a buscar formação superior porque já a percebiam como necessária em seus projetos de mobilidade social.

Em 1979, o setor privado, com predomínio de instituições particulares laicas, já respondia por pouco mais de 60% do total de matrículas. O setor público, embora também tivesse crescido no período, não o fez com a mesma intensidade e velocidade. Ao optar pelo modelo de universidade, de ensino e pesquisa, os setores público e privado, de certo modo, passaram a dividir funções no sistema de ensino superior, instaurando, desde então, uma relação de complementaridade entre ambos, o que é característico de um *mass private sector* (Sampaio, 2000; Geiger, 1986).[109]

---

[108] Ver Schwartzman (1993).

[109] No Brasil, essa relação se manifesta sob vários aspectos: natureza institucional dos estabelecimentos, política de acesso, localização geográfica, existência de pesquisa e pós-graduação stricto sensu, áreas de concentração

Minha leitura sobre a expansão do ensino superior no Brasil contrapõe-se, como é possível notar, a uma corrente interpretativa resistente no ideário nacional, a qual percebe a presença e o crescimento do ensino privado como desvios indesejados do nosso sistema educacional, que deveria ser público (leia-se estatal) e gratuito.

Esse entendimento, formulado em geral por pesquisadores e docentes oriundos de universidades públicas nos anos de 1960 e 1970, subestimou a pressão da demanda por ensino superior naqueles anos, atribuindo a expansão do setor privado à política privatista (e conspiratória) dos governos militares para esvaziar as universidades públicas, então foco de contestações ao regime (Martins, 1981; Cunha, 1975). Nas décadas mais recentes, a permanência e o novo boom do setor privado foram atribuídos à política, adjetivada de "neoliberal", dos dois governos Fernando Henrique Cardoso, ditada, no entendimento dos defensores do ensino superior público e gratuito, pelo Banco Mundial (Dourado, 1997; Cunha, 1996). Até hoje persiste, com ênfases variadas em fóruns específicos, a ideia de que o ensino superior privado constitui uma anomalia no sistema de ensino superior brasileiro[110].

O terceiro período da trajetória do ensino superior privado, que denomino "reação criativa", iniciou-se em meados da década de 1980 e foi motivado pela desaceleração do crescimento do setor. Entre 1980 e 1985, a taxa de crescimento das matrículas privadas não chegou a 1%. Se, nas décadas de 1960 e 1970, a iniciativa privada só fez responder à pressão por educação superior, nesse final do século XX, foi preciso reagir, antecipando-se à demanda de mercado, organizar e orientar a oferta. A partir de 1985, alternaram-se períodos de estabilidade e de redução do número de matrículas privadas e de sua participação relativa no sistema de ensino superior.

---

dos cursos, qualificação e regime de trabalho dos docentes etc. Assim, nos anos 1970, enquanto o setor privado se expandia por meio da criação de instituições isoladas e do aumento do número de cursos e vagas oferecidos, o setor público buscava ampliar suas esferas de atuação, investindo na qualidade da pesquisa e da extensão no âmbito de estruturas universitárias. Essa complementaridade entre os setores se sobrepôs à relação de paralelismo que havia caracterizado a relação entre o setor público e o privado quando neste predominavam as instituições confessionais.

[110] O documento recente da Comissão Bicameral para Estudo do Plano Nacional de Educação 2011-2020 (*Indicações para subsidiar a construção do Plano Nacional de Educação 2011-2020, de 4 de agosto de 2009*) traduz essa polarização público X privado, ainda muito viva no campo da educação. Ao avaliar como um retrocesso a posição da Conferência Paris+5, promovida pela Unesco em 2003, que descreve a educação superior como "bem público global e insumo econômico", o documento reafirma o ensino superior "como um bem público social"; portanto, no entendimento dos signatários do estudo, é "incompatível a ideia de que a ES seja regida por instituições atuantes segundo a lógica de mercado".

Essa baixa performance deveu-se à diminuição global da demanda por ensino superior no período, a qual refletia o estrangulamento do número de concluintes do ensino médio. As mudanças que viriam a ocorrer na configuração do setor privado no início dos anos 1990 são, portanto, reações empreendedoras do setor diante do declínio da demanda por ensino superior.

Vejamos as principais:

1. Rápida transformação dos estabelecimentos isolados em universidades. Entre 1985 e 1996, o número de universidades privadas passou de 20 para 64, evidenciando a percepção desse setor de que instituições maiores, com uma oferta mais diversificada de cursos, teriam maiores vantagens competitivas na disputa pela clientela em um mercado estagnado. A corrida pela criação de universidades privadas se inscreveu no quadro de mudanças ocorridas na moldura legal para o ensino superior com a Constituição de 1988. Ao disciplinar o princípio de autonomia para as universidades, a Constituição criou um instrumento que abriu para o setor privado a possibilidade de se liberar do controle burocrático do Conselho Federal da Educação, especialmente no que diz respeito a criação e extinção de cursos na sede e ao remanejamento do número de vagas oferecidas. A prerrogativa de "universidade" permite que seus gestores interajam com a demanda de forma mais ágil. Consistentemente, à medida que o número de universidades particulares crescia, o de estabelecimentos privados diminuía, evidenciando processos de fusão e/ou de incorporação de instituições que ocorriam no setor.

2. A desconcentração regional e a interiorização das matrículas privadas foram outras reações do ensino superior privado. Na primeira metade da década de 1990, as matrículas cresceram muito nas regiões Norte e Centro-Oeste e diminuíram no Sudeste e no Sul. Nessas regiões, o crescimento do setor privado foi maior no interior do que nas capitais. Isso ocorreu tanto por meio da criação de novos estabelecimentos como por meio da abertura de novos cursos/carreiras em instituições já consolidadas[111].

---

[111] No estado de São Paulo, por exemplo, dos 326 cursos criados entre 1985 e 1996, cerca de 60% o foram por escolas localizadas no interior (Sampaio, 2000).

3. O crescimento acelerado do número de cursos e a ampliação do leque das carreiras oferecidas são outras manifestações dessa mesma dinâmica. O movimento, intensificado no final dos anos 1990, deu-se em grande parte por meio do que chamei de "fragmentação de carreiras": processo mediante o qual uma habilitação e/ou disciplina de um curso torna-se uma carreira independente (Sampaio, 2000). A estratégia foi mais recorrente em mercados saturados, como os das regiões Sudeste e Sul, e atingiu, sobretudo, as áreas de ciências sociais aplicadas, comunicação e administração. Na área da saúde, em especial, criaram-se carreiras, muitas delas interdisciplinares, que se propõem como substitutivas de curso mais seletivos, longos e sujeitos ao controle de associações profissionais. A fragmentação das carreiras é um movimento dinâmico, incessante; orientado pelo e para o mercado, com os objetivos de ampliar e diversificar a clientela. A fragmentação pode até responder a demandas do mercado, mas sua maior inovação está em engendrá-las[112].

A dinâmica que o setor privado estabelece com o mercado, organizando a demanda por ensino superior e reagindo a ela, é fundamental para a conformação de um sistema de ensino superior democrático e plural no Brasil. Reconhecer a existência dessa dinâmica deve ser ponto de partida para as políticas e os mecanismos de regulação do ensino superior no país, os quais, desde meados do século XX, oscilam entre as pressões para a ampliação do acesso e as demandas para a valorização e o reconhecimento da qualidade[113].

O SETOR PRIVADO NOS PRIMEIROS ANOS DO SÉCULO XXI

Os números do ensino superior privado, nos primeiros anos deste século, falam muito sobre as tendências e os movimentos do setor.

A primeira é novamente a desaceleração do crescimento das matrículas. Concentrando 75% das matrículas de ensino superior, o setor privado apresentou, neste início de século, taxas decrescentes de crescimento de

---

[112] Deve-se observar que esse tipo de fragmentação das carreiras não decorre do desenvolvimento das disciplinas; ou seja, as carreiras derivadas não são especializações de áreas tradicionais do conhecimento. Trata-se antes de uma decisão de mercado, alheia à institucionalização da pesquisa e aos conflitos normalmente ocorrentes entre membros da comunidade acadêmica vinculados ao desenvolvimento de novos campos do conhecimento, conforme mostra os estudos de Clark, 1983. No caso brasileiro, a fragmentação serve ainda para complementar a universalidade de campo exigida por nossa legislação para as instituições universitárias.
[113] Ver Brunner (1993).

suas matrículas[114]. Essa desaceleração do crescimento reflete uma tendência geral do sistema que registrou, no período 2004-2008, um aumento de apenas 22% em suas matrículas, mas, em contrapartida, um incremento substantivo das vagas ociosas.

Tabela 1 – Crescimento das matrículas de ensino superior por dependência administrativa: 2000-2008

Ano	Público	Privado	Total
2000	780.166	1.807.219	2.594.245
2002	1.051.655	2.428.258	3.479.913
2004	1.178.328	2.985.405	4.163.733
2006	1.209.304	3.467.342	4.676.646
2008	1.273.965	3.806.091	5.080.056

Fonte: MEC – Sinopse estatística do ensino superior (2009)

Em 2008, a relação ingressos-vagas no setor privado foi de 0,5 (no setor público foi de 0,9). Temos hoje mais vagas do que ingressos. Segundo Durham, não são vagas ociosas, mas "ilusórias", pois, de acordo com a autora, elas estão descoladas da demanda efetiva (2009).

Tabela 2 – Relação de vagas, candidatos e ingressos no ensino superior por dependência administrativa: 2008

	Vagas	Candidatos	Ingressos
Total	2.985.137	5.534.689	1.505.819
Público	344.038	2.453.661	307.313
Privado	2.641.099	3.081.028	1.198.506

Fonte: MEC – Sinopse estatística do ensino superior (2009)

Mais uma vez, o sistema de ensino superior brasileiro — e o setor privado como parte integrante — entra em um novo ciclo. O acesso ao ensino superior chegou a um patamar-limite em razão do número de egressos do ensino médio.

---

[114] No período 2000-2004, cresceu 65,2% e no de 2004-2008, cerca de apenas 10%.

Assim, em um movimento inverso no qual o aumento das matrículas e o dos concluintes do ensino médio nos anos 1990 alavancou a retomada de crescimento das matrículas de ensino superior naquela década (Sampaio, 2000), assistimos agora a uma estagnação das taxas de matrícula e de concluintes do ensino médio.

Entende-se melhor esse fenômeno analisando as taxas bruta e líquida de escolaridade no ensino médio. No Estado de São Paulo, por exemplo, em 2002, a escolaridade bruta era praticamente igual ao número de jovens de 15 a 17 anos, o que poderia levar a pensar que já havíamos atingido a universalização do ensino médio. Porém, não era isso que estava ocorrendo. Tratava-se de uma demanda reprimida, de jovens e adultos mais velhos que não haviam concluído o ensino médio na idade apropriada. Atendida essa demanda, a taxa bruta vem caindo significativamente. A taxa líquida é mais consistente, girando em torno de 63%. É esse contingente mais reduzido que baliza o número de candidatos ao ensino superior, o qual parece ter se estabilizado[115].

O corolário desse processo é um sistema de ensino superior maior que a demanda efetiva. Mesmo dobrando sua oferta de cursos e quase triplicado o número de vagas oferecidas nos últimos anos, o ensino superior privado vem crescendo devagar e é nesse cenário que ele volta a reagir.

Em sua dinâmica com o mercado, o setor privado mantém algumas estratégias que adotou por volta da década de 1990 e abandonou outras dessa mesma época. O importante é que ensaia novas iniciativas, mais ousadas, como investir na oferta de novos cursos, níveis e modalidades de ensino.

A estratégia de regionalização e interiorização da oferta permanece. No período 2000-2008, e de forma muito mais significativa entre 2000-2004, as matrículas privadas cresceram mais no Nordeste, no Norte e no Sul do país do que nos mercados mais saturados, como os do Sudeste e do Centro-Oeste[116] (Tabela 3). Cresceram também mais no interior do que nas capitais[117] (Tabela 4).

---

[115] Ver Durham (2009).

[116] Entre 2000-2004, as matrículas no setor privado mais do que dobraram na região Norte, quadruplicaram no Nordeste e cresceram quase 80% no Centro-Oeste. De 2004 a 2008, apesar da desaceleração do crescimento das matrículas de ensino superior, o setor privado obteve nas regiões Norte e Nordeste taxas de crescimento muito superiores às verificadas nas regiões Sudeste e Sul do país.

[117] No período 2000-2004, as matrículas privadas ainda registraram um crescimento de 65,5% no interior.

Tabela 3 – Evolução do número de matrículas privadas por região geográfica: 2000–2008

Ano	Norte	Nordeste	Sudeste	Sul	Centro-Oeste	Brasil
2000	43.646	78.533	1.093348	99.145	147.605	1.807.219
2004	116.762	334.524	1.691.276	265.306	265.306	2.985.405
2008	186.671	529154	2.117.657	322.811	322.811	3.308.091

Fonte: MEC – Sinopse estatística do ensino superior (2009)

Em 2008, as matrículas privadas no interior já representam quase 40% do total de matrículas de ensino superior no país.

Tabela 4 – Evolução do número de matrículas privadas por localização capital e interior: 2000–2008

Ano	Privado			Brasil Total		
	Capital	Interior	Total	Capital	Interior	Total
2000	829.586	977.633	1.807.219	1.250.523	1.443.722	2.694.245
2004	1.367.595	1.617.810	2.985.405	1871.234	2.292.499	4.163.733
2008	1.787189	2.018.902	3.806.091	2.318.204	2.781.852	5.080.056

Fonte: MEC – Sinopse estatística do ensino superior (2009)

Já o movimento de transformar estabelecimentos isolados em universidades parece não despertar mais tanto interesse no setor privado. De 2000 a 2008, foi criada apenas uma universidade particular, evidenciando uma reversão da tendência deflagrada no final da década de 1980[118]. Se o número de universidades privadas se mantém quase inalterado, o de estabelecimentos privados mais do que dobrou de 2000 a 2008, passando de 1004 para 2016. As Instituições de Ensino Superior (IES) privadas representam 90% do total de estabelecimentos de ensino superior no país hoje. Nesse contexto de expansão, destaca-se a forte e crescente presença dos centros universitários, que dispõem de algumas prerrogativas das universidades.

---

[118] No período de 1985 a 1994, o número de universidades privadas quase triplicou, passando de 20 para 59 (Sampaio, 2000). Neste início de século, é o setor público que vem expandindo o número de universidades, em uma média de 3,5 universidades ao ano (MEC/ 2009).

Tabela 5 – Estabelecimentos de ensino superior por natureza institucional e dependência administrativa: 2008

	Total	Universidades	Centros Universitários	Faculdades	Cefets/Fets
Total	2.252	183	124	1911	20
Público	236	97	5	100	20
Privado	2.016	86	119	1811	0

Fonte: MEC – Sinopse estatística do ensino superior (2009)

Em que pese a estagnação do número de universidades públicas nos últimos anos, o aumento ocorrido no passado recente tem reflexos até hoje no sistema de ensino superior.

O primeiro (e mais evidente) é na distribuição das matrículas. Diferentemente dos anos de 1960 e 1970, quando a expansão do setor privado se deu pela via das IES isoladas, hoje mais de 50% dos alunos de ensino superior estudam em instituições universitárias. Dentre eles, a maioria — quase 60% — o faz no setor privado.

Tabela 6 – Distribuição das matrículas de ensino superior por natureza institucional e dependência administrativa: 2008

	Universidades	Centros Universitários	Faculdades	Cefets/Fets
Total	2.685.628	70.605	1.632.888	26.813
Público	1.110.945	23.110	98.9751	26.813
Privado	1.574.683	697.495	1.533.913	

Fonte: MEC – Sinopse estatística do ensino superior (2009)

Outro resultado da transformação de instituições isoladas em universidades, propiciada pela prerrogativa da autonomia, é a interação ágil do setor com o mercado. Na qualidade de universidades ou de centros universitários, as instituições privadas aumentam e diminuem o número de vagas em conformidade com a demanda, criam e extinguem, com base no teste de mercado, cursos em diversas modalidades de ensino e níveis de formação, entre outras iniciativas.

A oferta de cursos de graduação e de pós-graduação está cada vez maior, mais diversificada (e efêmera) nas prateleiras do ensino superior. Quase triplicando a oferta de cursos no período 2000-2008, o setor privado responde hoje por 72,6% dos cursos de graduação no sistema de ensino superior do país.

Tabela 7 – Evolução do número de cursos de graduação presencial por dependência administrativa: 2000–2008

Ano	Público	Privado	Total
2000	4.021	6.564	10.585
2004	6.262	12.382	18.644
2008	6.772	17.947	24.719

Fonte: MEC – Sinopse estatística do ensino superior (2009)

A oferta ainda tímida e experimental de novos cursos e carreiras por parte de algumas instituições privadas, nos anos 1990, disseminou-se no setor privado nos primeiros anos deste século.

Diferentemente do fenômeno da fragmentação, em que os novos cursos derivam, em geral, de carreiras consolidadas e de prestígio ligadas às áreas tecnológicas, científicas ou de humanidades, as novíssimas carreiras advêm da valorização de um saber fazer. Ligam-se a profissões de ofício para as quais tradicionalmente se dispensou a formação superior. Exemplos: *chef de cuisine, somelier,* gastrônomo, designer em cabelos (barbeiro e cabeleireiro), designer de móvel (marceneiro), *pâtissier* (doceiro/padeiro), profissional da moda (estilista, modista, costureira etc.). Esses cursos, em geral, quando adquirem status de formação superior, passam por uma "glamourização" — ganham nomes estrangeiros e associam-se ao consumo do luxo para construir seus campos de conhecimento.

Todavia, apesar dessa oferta crescente e diversificada, o crescimento do setor privado parece hoje ocorrer pelas "bordas" do que tradicionalmente consideramos ser a centralidade do sistema de ensino superior — os cursos presenciais de graduação.

Se isso se comprovar, o crescimento do setor privado não estará mais circunscrito ao aumento da oferta de vagas e de cursos de graduação em função da demanda dos egressos do ensino médio ou de demandas represadas (e localizadas) por formação superior. De modo diverso, neste início de século, a força motriz das mudanças encontra-se na própria capacidade do setor privado em criar, capturar e engendrar novas demandas. Como isso ocorre?

O setor privado reconhece a existência de uma clientela difusa — jovens recém-egressos do ensino médio, evadidos do primeiro curso superior, egressos da graduação, trabalhadores em ascensão, desempregados, ansiosos e insatisfeitos de todas as idades — por conteúdos também difusos de aprendizado. Essa percepção, aliada à sua agilidade gerencial, o conduz a explorar ao máximo sua elasticidade, colocando no mercado pacotes de conhecimentos que podem ser consumidos de forma moderada ou compulsiva, na modalidade presencial ou a distância, por clientelas de origens, idades, formações e interesses muito heterogêneos.

É nesse quadro que se inscrevem o aumento da participação do setor privado na oferta de cursos de pós-graduação stricto sensu (especialmente nos mestrados) e lato sensu (especializações e MBAs) e, no nível de graduação, sua presença dominante na oferta da educação a distância. Ao contrário do que se passa na economia — e, curiosamente, de modo similar ao que ocorre na área da cultura —, trata-se aqui da oferta induzindo a procura.

Nos primeiros anos deste século, o setor privado entrou firme na área de pós-graduação, quase dobrando sua participação na oferta de cursos de mestrado. Em 2008, cerca de 20% dos programas de mestrado eram oferecidos por instituições privadas[119].

Tabela 8 – Evolução da distribuição dos programas de mestrado por dependência administrativa: 2000–2008

Dependência Administrativa / Ano	2000	2004	2008
Privada	12,0	17,7	20,4
Municipal	0,2	0,8	0,7
Estadual	30,0	27,2	25,2
Federal	57,1	54,5	53,7

Fonte: MEC/Capes – GeoCapes

---

[119] Dados resultantes da avaliação dos cursos de mestrado oferecidos pelo setor privado evidenciam tanto o aumento de sua presença como a heterogeneidade deles quanto à qualidade. Entre os cursos que obtiveram nota 3, os do setor privado representavam: 15,7% em 2000, 27,6% em 2004 e 28,8% em 2008. Entre os cursos que obtiveram nota 7, os do setor privado representavam: 8,3% em 2000, 11,3% em 2004 e 7,3% em 2008 (MEC/Capes, 2009). Esses percentuais indicam que o aumento ano a ano do número de cursos de mestrado privados não tem correspondido ao crescimento de sua participação nos cursos mais bem avaliados, antes o contrário.

Já a oferta de cursos de graduação a distância, capitaneada pelo setor privado, cresce em ritmo acelerado, considerando que essa modalidade se instalou no Brasil apenas em 2000[120].

Em 2008, do total de 727.961 matrículas nessa modalidade de ensino, o setor privado respondia por mais de 60%. Certamente isso não aconteceria sem o avanço das novas tecnologias da informação e comunicação, mas atingiria tais cifras se o setor privado não liderasse a inovação.

Para o setor privado, a oferta de graduação a distância significa redução de custos. Hoje o valor das mensalidades varia de R$ 140,00 (menor preço) a R$ 550,00 (maior preço). São poucos os cursos presenciais oferecidos no Brasil nesse intervalo de valores.

Ao lado das vantagens competitivas do campo da graduação a distância, há também aspectos limitadores. O fato de os alunos da graduação a distância já corresponderem a um sexto dos alunos presenciais suscita questões sobre o tamanho da demanda e o quanto dela já foi atendida.

Tal como ocorre com a graduação presencial, o número de vagas disponíveis na graduação a distância é muito maior que o número de inscritos. Para as 1.445.012 vagas oferecidas pelo setor privado em 2008 — o que representa 85% do total de vagas nesta modalidade —, havia 394.904 candidatos.

Além das vagas ociosas, o modus operandi do mercado da educação a distância é outro aspecto que pode coibir o crescimento do setor privado por essa via. As franquias de recepção presencial, um dos principais sistemas de EaD, são um mercado dominado por segmentos muito específicos do setor privado, sob a liderança de instituições que, em geral, foram pioneiras no uso dessas novas tecnologias na educação (Vianey, 2009).

É importante ressaltar que a dinâmica que o ensino superior privado vem estabelecendo com o mercado neste início do século XXI rompe, de algum modo, com o padrão de crescimento até então dominante no setor. O aumento dos cursos de mestrado, de especialização, de MBAs e a forte presença dos cursos de graduação a distância, por exemplo, sugerem uma perda de centralidade dos cursos de graduação presenciais. É como se as universidades privadas se dessem conta de que a autonomia que dispõem

---

[120] O primeiro curso de EaD data de 1994, mas a modalidade só foi disseminada nos anos 2000. Os dez cursos oferecidos em 2000 passaram para 609 em 2007. De acordo com dados do Anuário Estatístico de Educação Aberta e a Distância (ABED), em 2008, quase 1 milhão de brasileiros fizeram cursos à distância nas modalidades graduação, Educação de Jovens e Adultos (EJA) e pós-graduação.

para aumentar o número de vagas, e abrir e fechar cursos de graduação não resolve os impasses em relação à redução do número de inscritos, ao número insuficiente de matriculados e às altas taxas de evasão.

Quando a graduação deixa de ser a força propulsora do crescimento do setor privado, a estratégia de "correr atrás da demanda porque ela estaria represada em algum lugar" (regionalizando e/ou interiorizando a oferta) deixa de ser a única via possível de crescimento e consolidação. É preciso agora inventar alunos e formas de mantê-los sempre por perto, oferecendo atualizações, novidades e sonhos de pertença num mundo em permanente transformação. Educação continuada e juventude estendida são ideias-chaves que parecem orientar esse novo ciclo do setor privado.

Contudo, isso pode produzir deslocamentos importantes tanto em sua configuração interna como em sua relação com o setor público de ensino superior.

São essas possibilidades que destaco. Ao analisar os movimentos do setor privado nesta primeira década do século XXI, devemos separar o que é expansão, política de acesso e qualidade acadêmica.

Os sistemas de ensino superior diferem, como sabemos, de país para país. Todavia, por mais diferentes que sejam, conformam-se a partir de dois eixos: o do acesso e o do conhecimento. Em alguns sistemas, preocupações em relação ao acesso e ao conhecimento têm o mesmo peso; em outros, os pesos de cada qual são diferentes. Para dar conta dessas combinações, Balbachevsky (2009) propõe uma matriz interessante. Nela, países como Escandinávia, Alemanha, Coreia e Japão são exemplos de sistemas de ensino superior orientados por ambos os eixos: ampliação do acesso e relevância do conhecimento. No sentido oposto, estão os sistemas de ensino superior de países da África e o sistema indiano, onde nem a ampliação do acesso nem a preocupação com a qualidade ganham relevância. Numa combinação mista, encontram-se os sistemas de ensino superior da América Latina, nos quais a ampliação do acesso, por meio de políticas indutoras da expansão da graduação e de políticas de financiamento dependentes da demanda social, se sobrepõe à relevância do conhecimento. China, Vietnã e Paquistão são sistemas antípodas aos latino-americanos na medida em que a relevância do conhecimento, por meio de políticas de fomento da pesquisa baseadas na demanda social, tem primazia sobre a ampliação do acesso.

No Brasil, considerando que tanto o setor público de ensino superior como o privado são internamente muito heterogêneos, reunindo cada qual instituições bastante desiguais em termos de qualidade acadêmica, o momento é muito propício para o setor privado vir a desempenhar papéis outros que não apenas o de complementar o setor público no atendimento à demanda de massa por ensino superior.

Ao oferecer novos "pacotes de conhecimento" que buscam conformar desejos e insatisfações de clientelas difusas, as instituições privadas rendem-se também a novos conhecimentos e relações. A incorporação de modernas tecnologias de ensino na graduação a distância, a montagem e a implantação de cursos de mestrado com seus sistemas nacionais de avaliação e *ethos* acadêmico, de cursos de especialização e de MBAs exigem diálogos específicos, uns com P&D, outros com a academia e outros ainda com o mercado profissional. São oportunidades únicas não só de expansão do setor privado, mas também de superação de modelos já obsoletos rumo à relevância do conhecimento.

Se concordarmos com Marx, filósofo pouco citado nos dias de hoje, de que o passado de todas as gerações mortas oprime como um pesadelo o cérebro dos vivos, este é o momento de o setor privado romper com padrões viciados de crescimento, propor novos arranjos de colaboração no sistema de ensino superior e se posicionar como protagonista no processo de construção de novas diretrizes para o ensino superior brasileiro.

REFERÊNCIAS

BALBACHEVSKY, Elizabeth. Reformas de ensino superior: experiências internacionais. *In*: SEMINÁRIO ENSINO À DISTÂNCIA E BANCO DE DADOS SOBRE ENSINO SUPERIOR, 20 e 21 de outubro de 2009, São Paulo, Fundap.

BRASIL. Ministério da Educação e Cultura (MEC). *Sinopse estatística do ensino superior*. Brasília, 2009.

BRASIL. Ministério da Educação e Cultura (MEC). MEC/Capes – GeoCapes, 2009.

BRUNNER, José J. Chile's higher education: Between Market and State. *Higher Education*, [s. l.], v. 25, n. 1, p. 35-43, 1993.

CLARK, Burton. *El sistema de ensino superior*: una visión comparativa de la organización académica. México: Universidad Autónoma Metropolitana; Azacapotzalco: Nueva Imagem, 1983.

CUNHA, Luiz A. A expansão do ensino superior: causas e consequências. *Debate e Crítica*, São Paulo, n. 5, p. 27-58, 1975.

CUNHA, Luiz A. Crise e reforma do sistema de ensino superior. *Novos Estudos Cebrap*, São Paulo, v. 3, n. 46, 1996.

DOURADO, Luiz F. *Expansão e interiorização do ensino superior em Goiás nos anos 80*: a política de privatização do público. 1997. Tese (Doutorado em Educação) – Faculdade de Educação da Universidade Federal do Rio de Janeiro, Rio de Janeiro, 1997.

DURHAM, Eunice R. *O ensino superior em São Paulo*: diagnóstico. São Paulo: Núcleo de Pesquisas de Políticas Públicas da Universidade de São Paulo, 2009.

GEIGER, Roger. *Private Sectors in Higher Education*: structure, function and change in eight countries. Ann Arbor: University of Michigan Press, 1986.

MARTINS, Carlos B. *Ensino pago*: um retrato sem retoques. São Paulo: Global, 1981.

SAMPAIO, Helena. *Ensino superior no Brasil*: o setor privado. São Paulo: Fapesp: Hucitec, 2000.

SAMPAIO, Helena; DURHAM, Eunice R. *O setor privado na América Latina*: uma análise comparada. São Paulo: Documento de Trabalho NUPES, 4/98, 1998.

SCHWARTZMAN, Simon. Policies for Higher Education in Latin America: the context. *Higher Education*, [s. l.], v. 25, n. 1, p. 9-20, 1993.

VIANNEY, João. O cenário da educação a distância. *In*: SEMINÁRIO ENSINO À DISTÂNCIA E BANCO DE DADOS SOBRE ENSINO SUPERIOR, 20 e 21 de outubro de 2009, São Paulo, Fundap.

TRAJETÓRIA E TENDÊNCIAS RECENTES DO SETOR PRIVADO DE ENSINO SUPERIOR NO BRASIL[121]

É arriscado, senão leviano, traçar a trajetória do setor privado de ensino superior no Brasil indicando apenas algumas de suas características. Justifico, todavia, a opção: trata-se de uma fala de apresentação, um começo para se pensar sobre esse setor de ensino superior e instigar novas pesquisas e estudos na área.

Três ideias marcam a presente comunicação.

A primeira diz respeito à presença, desde o final do século XIX, do setor privado no sistema de ensino superior brasileiro; a segunda trata da relação complementar entre os setores público e privado no sistema de ensino superior do país, relação essa que se estabeleceu e se consolidou durante seu período de expansão; e a terceira ideia refere-se, especificamente, à relação que o setor privado de ensino superior estabelece com o mercado; ou seja, como este setor organiza a demanda de mercado e reage a ela.

UM SETOR COM MAIS DE UM SÉCULO

A história do ensino superior privado no Brasil teve início no período Republicano. A Constituição da República, de 1891, descentralizou o ensino superior, que até então era exclusivo do poder central, delegando-o também para os governos estaduais, e permitiu a criação de instituições privadas.

Até 1900 não existiam mais do que 24 escolas de ensino superior no país (Teixeira, 1969). Naquela época, as instituições particulares que estavam sendo criadas eram, basicamente, de iniciativa confessional católica ou de iniciativa de elites locais que buscavam dotar seus respectivos estados de estabelecimentos de ensino superior.

É possível identificar nas estatísticas oficiais referentes aos estabelecimentos de ensino superior privados no país e suas matrículas dois

---

[121] Comunicação feita em 3 de setembro de 1999 no IX Congresso Brasileiro de Sociologia, Universidade Federal do Rio Grande do Sul, na mesa redonda "Novos cenários do ensino superior", coordenada pela professora. Clarissa Eckert Baeta Neves. Resultou em um texto publicado numa separata da *Revista Avaliação*, CIPEDES, v. 4, n. 7, mar. 2000.

períodos claramente distintos: o primeiro, compreendido entre 1933 e 1960; o segundo, de meados dos anos 1960 até 1980.

Foi no primeiro período que ocorreu a consolidação do setor privado; caracteriza-se pela estabilidade no crescimento da participação relativa das matrículas desse setor no sistema. O segundo período — de meados dos anos 1960 até 1980 — corresponde à mudança de patamar no crescimento das matrículas privadas, levando à sua predominância no total de matrículas de ensino superior no país.

A consolidação do ensino superior privado ocorreu em um cenário maior de disputa entre as elites laicas e as católicas pelo controle do ensino superior no país, sob a orquestração do Ministro Francisco Campos e sob uma moldura legal centralizadora do governo Vargas, como a legislação de 1931 (Schwartzman, 1984).

Em 1933, quando foram elaboradas as primeiras estatísticas educacionais, o setor privado já respondia por 64,4% do estabelecimento e por 43,7% das matrículas de ensino superior. Em 1945, a participação das matrículas do setor privado chegava a quase 50% do total de matrículas do sistema que, à época, contava com cerca de 40 mil estudantes. Considerando-se o número de estabelecimentos particulares existentes, pode-se inferir que as instituições de ensino superior eram efetivamente de pequeno porte.

A criação da primeira Pontifícia Universidade Católica (PUC), em 1944, no Rio de Janeiro, inaugurando uma série de outras universidades católicas que viriam a ser criadas, não foi suficiente para aumentar a fatia de participação das matrículas privadas. Isso porque ocorreu em um contexto também de expansão da rede pública de ensino superior, especialmente da rede federal e das inciativas estaduais, governamentais ou não. Na realidade, o impacto das universidades católicas no sistema teve, acima de tudo, um caráter simbólico: coroou a quebra do pacto Estado/Igreja na história do ensino superior no Brasil nos anos 1930 e início dos anos 1940. O fato de a Igreja Católica ter buscado seus próprios caminhos não significou um rompimento total com o Estado: as universidades católicas, criadas a partir da segunda metade da década de 1940, estabeleceram-se antes como um setor semigovernamental do que estritamente privado, tendo dependido em maior ou menor grau do financiamento estatal. Essa relação de dependência das instituições católicas de ensino superior com o Estado não é fenômeno exclusivo do Brasil. Ela logrou a se realizar plenamente em muitos países — na Bélgica e na Holanda, que são exemplos clássicos — e latino-americanos, como no Chile e na Colômbia. Pode-se dizer que, no Brasil, o ensino superior católico desenvolveu-se, em seus primórdios, enquanto um sistema paralelo[122] ao setor público de ensino superior. Esse paralelismo está na base da relação de dependência financeira que as instituições católicas sempre pleitearam, e em alguns períodos conseguiram, de fato, manter com o Estado.

Considerando-se o período mais recente, porém ainda anterior à expansão do sistema — que vai de 1945 a 1961 —, pode-se identificar e sistematizar algumas tendências na criação dos estabelecimentos privados: a) as instituições isoladas mais antigas do período entre 1945-1961 datam de 1951; b) nessa época, tem início uma relativa desconcentração regional das instituições privadas; ou seja, elas começam a ser criadas nos Estados da Bahia, de Minas Gerais, do Paraná e de Goiás; c) verifica-se, ainda, um processo incipiente de interiorização dos estabelecimentos privados nos Estados de São Paulo, do Rio de Janeiro e do Rio Grande do Sul; no Estado de São Paulo, em especial, o processo de interiorização chega a atingir sete cidades de médio porte (Sampaio, 1998).

Quanto aos cursos oferecidos pelo setor privado no período de 1945 a 1961, verificam-se duas tendências conforme o período de criação das escolas que os oferecem. Na primeira metade da década de 1950, os cursos que estavam fundando as instituições privadas tendiam a ser voltados para a formação de profissões liberais, como Medicina, Odontologia, Direito e para a área de Ciências Econômicas. Já entre 1955 e 1961, os cursos que estavam sendo criados eram fundamentalmente voltados para a formação de professores em faculdades de Filosofia, Ciências e Letras. Essas faculdades tendiam a se instalar no interior dos estados.

Constata-se, ainda, que muitas instituições que haviam sido criadas oferecendo apenas um curso acabaram, em um curto intervalo de tempo, ampliando o número deles. É importante notar, entretanto, que as escolas voltadas para a formação de profissões tradicionais, de caráter liberal, em regra não seguiram essa tendência, mantendo-se como escolas especializadas.

---

[122] Utilizo a noção de setor paralelo no sentido atribuído por Geiger (1986), em seu estudo comparativo sobre sistemas de ensino superior. Para esse autor, em virtude de desenvolvimentos históricos específicos, o financiamento estatal estendeu-se também a instituições privadas, dando origem ao que ele designa por setor paralelo. O exemplo mais clássico do setor privado paralelo é o da Bélgica. Em função de peculiaridades históricas, geográficas e culturais, que remontam ao próprio período de formação das universidades belgas, o setor privado tem o mesmo *status* do setor público e também se beneficia do financiamento estatal. Nesse país, o setor privado, basicamente confessional católico, não se expandiu como em outros países no pós-Guerra.

Com efeito, a decisão dos estabelecimentos particulares de expandirem-se mediante a criação de cursos voltados para a formação de professores respondia à confluência de três fatores. Em primeiro lugar, à vigência de uma legislação, a de 1931, em que a concepção de universidade se baseava na existência de um núcleo — a Faculdade de Filosofia, Ciências e Letras — em torno da qual seriam organizadas as demais escolas de formação para profissões tradicionais. Em segundo, à existência de uma clientela motivada pelas novas oportunidades de acesso ao ensino superior e de carreira no magistério; ou seja, a relativa ampliação da rede de ensino público médio, nos anos 1950, acabava funcionando nas duas pontas: de um lado, aumentava a demanda por ensino superior; de outro, alimentava o próprio mercado ocupacional para os egressos dos cursos de Filosofia, Ciências e Letras. Em terceiro, a estratégia das próprias instituições particulares no sentido de se expandir sem dispor de muitos recursos financeiros; cursos dessa natureza tendem a funcionar, até hoje, baseados sobretudo em recursos humanos.

Em resumo, no período compreendido entre meados da década de 1940 até 1960, o que se constata são respostas do sistema de ensino superior às transformações pelas quais passava o país. Em um intervalo de seis anos, de 1954 a 1960, por exemplo, as matrículas no setor privado passaram a representar 44,3% do total. Esse índice pouco diferia do percentual de participação das matrículas no setor privado já em 1933 e ficava um pouco abaixo do índice de 1945. Os dados evidenciam, portanto, o equilíbrio no crescimento das matrículas de ensino superior nos setores público e privado. É importante ressaltar que não houve, nesse período, políticas específicas para a área de ensino superior.

A EXPANSÃO DO SISTEMA E A COMPLEMENTARIDADE DOS SETORES PÚBLICO E PRIVADO – DOS ANOS 1960 A MEADOS DA DÉCADA DE 1980

Em 20 anos, de 1960 a 1980, as matrículas totais de ensino superior cresceram 480,3%; as matrículas totais no setor privado aumentaram 843,7%.

A moldura legal em que se inscreveu essa expansão, sobretudo em seu momento inicial, é a LDB de 1961. A Lei foi pragmática: reconhecia a organização do sistema em moldes não universitários.

Com efeito, as instituições de ensino superior, tanto as públicas como as privadas, que estavam sendo criadas ao longo das décadas de 1940 e 1950, se tinham algum parentesco com o modelo de universidade concebido nas de 1920 e 1930, este consistia no fato de oferecem dois, no máximo três, cursos na área de formação de professores.

A LDB de 1961 também se voltava para os mecanismos de regulamentação da expansão do ensino superior. Nesse sentido, expressou a necessidade de instituir mecanismos de controle na relação do ensino superior com o mercado, que, na época, já pressionava fortemente a sua expansão. Todavia, as exigências legais tinham caráter essencialmente burocrático e embasavam a atuação do Conselho Federal da Educação. Pressionado pela pressão do mercado, o Conselho, criado também em 1961, mais favoreceu do que cerceou a expansão do setor privado.

No período entre 1960 e 1980, o número total de matrículas de ensino superior passou de 200 mil para 1,4 milhão. Os anos de 1968, de 1970 e de 1971 foram os que apresentaram as maiores taxas de crescimento de matrículas.

No final da década de 1970, o setor privado já respondia por 62,9% do total de matrículas de ensino superior. Nesses anos, as iniciativas laicas que já dividiam com o semento confessional a oferta privada de ensino superior desde os anos 1950, tornaram-se predominantes, dando uma nova configuração ao sistema.

Outro aspecto que deve ser ressaltado refere-se ao comportamento do setor público de ensino superior.

As estatísticas para o ensino durante o período de vigência do regime militar no país mostram um fenômeno frequentemente despercebido pelas análises sobre o sistema: o crescimento do ensino público foi especialmente acentuado no período entre 1967 e 1980, apesar de a expansão do ensino privado ter ocorrido, nesses anos, de maneira mais intensa. As matrículas no setor público passaram de 88.889, em 1967, para 462.232, em 1980, ou seja, apresentaram um crescimento da ordem de 453,8%. Esses dados conferem ao Brasil uma posição singular em relação a outros países latino-americanos que também passaram por regimes autoritários e sofreram políticas de esvaziamento das universidades públicas (Klein; Sampaio, 1994).

O que ocorria nesse período de expansão do sistema de ensino superior é que a velocidade e a dimensão do crescimento de cada um dos setores — o público e o privado — estavam em sintonia com formatos das escolas em implantação; e essa sintonia, evidentemente, traduzia concepções diferentes de ensino superior.

A opção do setor pela criação de universidades que aliassem ensino e pesquisa — uma das bandeiras de segmentos dos movimentos docente e estudantil dos anos 1950 e 1960 e que foi, em parte, incorporada na Reforma de 1968 — implicou um aumento progressivo do custo absoluto e relativo do ensino público, limitando sua expansão e abrindo ao setor privado a oportunidade de atender à demanda massiva que o Estado não conseguia absorver. O ensino superior privado, por sua vez, assumiu o espaço complementar no sistema, atendendo à demanda crescente por formação superior, a qual era impossível de ser plenamente satisfeita em um modelo de universidade pública e gratuita, seletiva, em termos socais e acadêmicos. Ocorreu, assim, uma espécie de divisão de funções entre os setores público e privado. Essa complementariedade é uma das principais características de um *mass private sector* (Geiger, 1986). Pelo fato de mobilizar recursos privados e orientar-se visando à obtenção de lucros, o setor privado é mais dinâmico no atendimento à demanda da clientela; por isso ele cresce mais rapidamente e o faz em detrimento de sua qualidade (Geiger, 1986). O setor privado, voltado ao atendimento da demanda de massa, não se define, portanto, somente por sua predominância no sistema, mas também pelo estabelecimento de uma relação complementar com o setor público ao longo da própria história de ensino superior no país.

A relação de complementaridade entre os setores público e privado manifesta-se sob vários aspectos, entre os quais destacam-se a própria natureza institucional dos estabelecimentos de ensino superior e a distribuição da oferta pública e privada de ensino superior nas diferentes regiões do País.

Não terei tempo para explorar esses dois aspectos. Vale apenas registrar que, até 1980, as universidades privadas representavam metade do segmento universitário público. Entre 1946 e 1960, quase todas as inciativas para a criação de universidades foram confessionais (católica e presbiteriana); de 1961 a 1980, quase todas as universidades criadas foram de inciativa de grupos laicos, embora as confessionais ainda constituíssem a maioria. Nesse último período, ocorrem dois fenômenos: a retirada dos grupos confessionais, sobretudo do grupo católico, da expansão do segmento das universidades e o início de uma onda de reconhecimento de universidades particulares laicas que já funcionavam como escolas isoladas ou faculdades integradas desde os anos 1950. As universidades particulares laicas reconhecidas entre 1961 e 1980, todavia, constituem uma exceção no referido período. A regra era a expansão de o ensino privado ocorrer mediante a criação de estabelecimentos isolados.

No que se refere à distribuição regional dos estabelecimentos de ensino superior, verifica-se que a opção do ensino superior público foi tradicionalmente, sobretudo durante o período de expansão, a de instalar-se em regiões geográficas menos favoráveis ao financiamento privado de ensino superior, o que, de algum modo, promovia uma maior equidade de acesso ao sistema (Durham; Sampaio, 1995).

Em suma, a expansão do sistema de ensino superior no Brasil caracterizou-se por um ajustamento de funções desempenhadas pelos setores público e privado no período de crescimento da demanda por esse nível de ensino, o que deu origem a essa relação de complementariedade entre ambos os setores. Tal relação é que constitui o fenômeno novo da expansão do sistema de ensino superior desencadeada desde meados dos anos 1960 e contínua até meados da década de 1980. Essa relação veio se sobrepor à de paralelismo entre ensino público laico e ensino privado confessional que havia caracterizado o período de formação e consolidação do sistema de ensino superior brasileiro.

TENDÊNCIAS DA ÚLTIMA DÉCADA: O SETOR PRIVADO E O MERCADO

Os anos 1980 pareciam promissores para o setor privado. Com efeito, entre 1975 e 1980, o número de suas matrículas quase triplicou, atingindo 63,9% do total. Entre 1980 e 1985, entretanto, ocorreu uma reversão da tendência de crescimento continuado, indicando diminuição no número absoluto e na participação relativa das matrículas do setor privado no conjunto do sistema de ensino superior. A partir de 1985, constata-se a alternância entre períodos de estabilidade e redução do número de matrículas do setor privado e de sua participação relativa no sistema de ensino superior.

Assim, se, no período entre 1975 e 1980, as matrículas no setor privado ainda apresentaram uma taxa de crescimento da ordem de 200%, no quinquênio seguinte, a taxa foi negativa, e, entre 1990 e 1994, ela não chegou a atingir 1% (Sampaio, 1998).

A diminuição no ritmo de crescimento das matrículas do setor privado e, consequentemente, a diminuição de sua participação relativa no sistema de ensino superior — sem que houvesse uma contrapartida de crescimento das matrículas públicas — são efeitos imediatos da diminuição da demanda global por ensino superior no país nesse período e que está expressando o estrangulamento do número de concluintes do ensino médio (antigo ensino médio). Deve ser notado, entretanto, que o comportamento das matrículas de ensino superior não foi igual por todo o país, conforme indicam as estatísticas para o período. Entre 1990 e 1994, enquanto as regiões Norte e Centro-Oeste apresentaram as maiores taxas de crescimento percentual das matrículas totais de ensino superior — tanto públicas como privadas —; na região Sudeste verifica-se não somente uma diminuição da participação relativa das matrículas privadas no conjunto do sistema, mas também uma redução no total de matrículas de ensino superior. Mesmo a ligeira recuperação ocorrida entre 1990 e 1994 não se fez acompanhar pelo aumento da participação das matrículas do setor privado. Na região Sul, verifica-se também, ao longo do referido período, um movimento de declínio na participação das matrículas do setor privado no total das matrículas da região.

A diminuição da demanda global por ensino superior foi se constituindo, com efeito, desde a segunda metade dos anos 1980 até meados da década de 1990, na força motriz das tendências de mudança que estão se processando no setor privado de ensino superior no Brasil. Suas manifestações imediatas, conforme já ressaltado, foram a redução da participação relativa das matrículas do setor privado no sistema e a desaceleração do seu ritmo de crescimento.

Paralelamente a essas tendências, registram-se mudanças de outras naturezas na configuração do setor privado de ensino superior. Diversamente da estagnação ou da redução das matrículas, tais mudanças são resultantes da própria ação do setor privado que organiza a crise da demanda por ensino superior. Trata-se de mudanças de intervenção da iniciativa privada em uma situação de declínio da clientela e traduzem, portanto, estratégias desse setor para se amoldar à demanda de mercado por formação superior.

As principais alterações que começaram a ser desencadeadas no setor privado, a partir do final dos anos 1980, que afetam a configuração do sistema são: diminuição do número de estabelecimentos particulares isolados; aumento do número de universidades particulares; movimento de desconcentração regional e interiorização dos estabelecimentos particulares de suas matrículas; crescimento acelerado do número de cursos e ampliação do leque de carreiras oferecidas pelo setor privado de ensino superior.

O movimento de transformação dos estabelecimentos isolados em universidades acelerou-se a partir do final dos anos 1980. Entre 1985 e 1996, o número de universidades particulares mais do que triplicou, passando de 20 para 64 (Sampaio, 2000). Esse movimento estaria expressando a percepção, por parte da iniciativa privada, que estabelecimentos maiores, com uma oferta mais diversificada de cursos, gozariam de maiores vantagens competitivas na disputa pela clientela de ensino superior. Por isso, os estabelecimentos devem crescer, ampliando o escopo de seus cursos ou ainda criando instalações físicas de forma a buscar, inclusive fora de seus domínios já consolidados, novas e diversificadas clientelas. A estratégia de transformação da natureza institucional dos estabelecimentos inscreve-se também no quadro das mudanças que ocorreram na moldura legal para o ensino superior. Não é por acaso que ela vem sendo acionada pelo setor privado de forma muito mais intensa a partir de 1988, data da nova Constituição da República. Ao disciplinar o princípio da autonomia para as universidades, a Constituição criou um instrumento que abriu ao setor privado a possibilidade de se liberar do controle burocrático do Conselho Federal de Educação, sobretudo no que tange a criação e extinção de cursos na própria sede, bem como ao remanejamento do número de vagas dos cursos oferecidos. Com efeito, essa prerrogativa da autonomia, referendada pela LDB de 1996, permitiu que os estabelecimentos particulares, uma vez reconhecidos como universidades, respondessem de forma ainda mais ágil ao atendimento de demanda de massa.

Essa tendência foi acompanhada, nesse período, de um outro movimento: a redução do número de estabelecimentos particulares no conjunto do sistema. Todavia, essa diminuição não foi tão drástica, considerando-se que, há pelo menos 30 anos, os estabelecimentos do setor privado mantêm uma participação acima de 70% no conjunto do sistema. Indubitavelmente, a projeção da retomada do crescimento da demanda por ensino superior para os próximos anos, em virtude da ampliação que está ocorrendo hoje no número de alunos matriculados no ensino médio, indica, desde já, a reversão dessa tendência. É de se supor que novamente voltaríamos a ter um grande crescimento do número de estabelecimentos privados isolados, tal como ocorreu no período de expansão do sistema.

Outros movimentos importantes e simultâneos que estão acontecendo no setor privado referem-se à desconcentração regional e à interiorização de suas instituições. Entre 1985 e 1990, verifica-se um incremento significativo no número de estabelecimentos privados nas regiões Norte e Nordeste, mas principalmente na região Centro-Oeste; tradicionalmente, nessas regiões, a participação da iniciativa privada sempre foi inexpressiva na oferta de ensino superior. Quanto à interiorização dos estabelecimentos particulares nos diferentes estados, ela se deu, sobretudo, naqueles situados em regiões onde já existe uma oferta significativa, ou até mesmo saturada, de ensino superior privado. O fenômeno inscreve-se em uma dinâmica própria de mercado e significa ir ao encontro de uma suposta demanda. Nas regiões Sul e Sudeste, o setor privado cresceu mais no interior do que nas capitais dos estados. Esse crescimento ocorreu tanto mediante a criação de novos estabelecimentos como mediante a abertura de novos cursos e carreiras em instituições já consolidadas. No estado de São Paulo, em especial, cerca de 60% dos novos 326 cursos oferecidos entre 1985 e 1996 foram criados por estabelecimentos localizados em cidades do interior.

Nas regiões Norte e Nordeste, ao contrário das regiões Sul e Sudeste, a tendência foi a criação de novas instituições do que a abertura de novos cursos. Nessas regiões, a interiorização dos estabelecimentos de ensino superior é um processo ainda muito incipiente. Mesmo assim, deve ser notado que a instalação de seis novas instituições no interior dos estados da região Nordeste contra oito em suas capitais já é indicativa de uma tendência à interiorização do setor privado nessa região. O Centro-Oeste, por abranger o Distrito Federal, apresenta uma situação especial. Brasília concentra boa parte dos estabelecimentos que estavam sendo criados no período de 1985 e 1996, equilibrando, portanto, o número de instituições criadas nas capitais e no interior dos estados.

A interiorização dos estabelecimentos privados de ensino superior, consequentemente, expressa-se também nas matrículas. No gral para o país, as taxas de crescimento das matrículas do setor privado, no interior dos estados de todas as regiões geográficas, foram superiores às taxas de crescimento verificadas nas capitais dos mesmos estados.

A terceira manifestação dessa dinâmica que o setor privado estabelece com o mercado diz respeito ao crescimento acelerado do número de seus cursos e a ampliação do leque de carreiras oferecidas, sobretudo no período 1985-1996. A ampliação da oferta de cursos do setor privado, com efeito, altera a proporção deles no sistema, principalmente quando esse aumento não se verifica com a mesma intensidade no setor público. A diversificação do escopo de carreiras, sobretudo nas áreas de Saúde e de Engenharia, tem também contribuído para atenuar a concentração do setor privado na área de Ciências Sociais Aplicadas, concentração essa característica do próprio desenvolvimento do ensino superior privado no país.

As estratégias de ampliação do leque de cursos, bem como a de fragmentar as carreiras, têm sido desencadeadas em mercados mais saturados, como os das regiões Sudeste e Sul. No caso da fragmentação das carreiras, ela atinge, em especial, sobretudo as áreas de Ciências Sociais Aplicadas. Os cursos de Comunicação Social e Administração são típicos desse processo. Em ambos, o que era antes oferecido como habilitação transforma-se em carreira independente com currículos, vestibulares e vagas próprias. No caso das carreiras da área de Saúde, em particular, a estratégia não é fragmentar carreiras existentes, mas criar outras — como Musicoterapia, Terapia Ocupacional, Psicomotricidade — as quais se propõem como substitutivas de cursos mais seletivos e sujeitos ao controle de associações profissionais ou de órgãos externos ao sistema de ensino superior.

Com efeito, a fragmentação das carreiras faz parte de uma estratégia da iniciativa privada visando colocar novas ofertas no mercado e, com isso, atrair, ampliar e diversificar a clientela. Esse processo ocorre de forma mais acentuada em contextos de mercado mais competitivos, em que a redução da demanda por ensino superior provoca diminuição das matrículas e, consequentemente, um excedente de vagas no sistema.

Para encerrar essa exposição, gostaria de colocar uma questão que considero fundamental: da perspectiva do ensino superior, a relação de complementaridade entre os setores público e privado, consolidada no período de expansão do sistema e, mais recentemente, as mudanças em tela que se verificam no setor privado, estariam contribuindo para uma maior diversificação do sistema de ensino superior no país?

Em um sentido estrito, pode-se afirmar que o sistema de ensino superior brasileiro, desde sua grande expansão ocorrida nos anos 1960 até meados dos anos 1980, efetivamente passou por diferentes experiências associadas à ideia de diversificação. Entretanto, parece que, entre nós, a diversificação que ocorreu parece significar a divisão de funções do sistema para acomodar a ampliação, quantitativa e qualitativa, da clientela de ensino superior. Nesse entendimento de diversificação (Blume, 1987), de fato instaurou-se uma diferenciação hierarquizada entre os estabelecimentos que compõem o sistema; nesse processo, algumas universidades públicas e poucas instituições católicas ou laicas de elite situam-se no topo, porque conseguiram preservar-se dos efeitos de um atendimento em grande escala, enquanto os demais estabelecimentos que se instalaram cumpriram essa função.

No Brasil existe, ainda, outro agravante. A diversificação no sentido de estimular as diferenças e as vocações de segmentos institucionais tem sido, tradicionalmente, desestimulada por modelos que incentivam a uniformidade das formas organizacionais e pelo próprio caráter credencialista do diploma de ensino superior na sociedade brasileira. Esse modelo é o da universidade que concilia ensino e pesquisa e de universalidade de campo. Os segmentos de ensino superior que não têm condições de desenvolver pesquisa — porque ressentem-se de docentes com qualificação e regime de trabalho necessários – — ou de oferecer cursos nas três áreas básicas do conhecimento, diante desse modelo valorizado, tendem a imitá-lo. Muitos dos particulares, reconhecidos como universidades nos últimos dez anos, são simulacros do modelo valorizado de ensino superior.

Nesse contexto, a fragmentação das carreiras que se verifica no setor privado de ensino superior não resulta do desenvolvimento das disciplinas; as carreiras derivadas não são especializações de áreas do conhecimento, tal como é entendido por Clark (1986)[123]. Veja-se o caso da carreira de Comunicação Social: as carreiras derivadas nada mais são do que a autonomização das habilitações anteriormente oferecidas para integralizar os créditos dirigidos para a formação do comunicólogo. Ademais, a tensão que caracteriza o surgimento das novas disciplinas — ou especializações — não está presente nos estabelecimentos particulares, onde a comunicação acadêmica é frágil, e a pesquisa, quase inexistente.

---

[123] Para Clark (1986) a especialização resulta: 1) do desenvolvimento interno das disciplinas que têm dimensão internacional; 2) da tensão entre o campo geral e o especializado; 3) da necessidade de acomodar essa tensão e defender a consolidação do novo campo e, consequentemente, o prestígio e *status* de seus novos especialistas. Em suma, embora o mercado seja um fator importante para as mudanças que se desencadearam no campo das profissões de ensino superior, não se deve subestimar as respostas do próprio sistema a esse mercado. Nessas respostas, o *cross-cutting* disciplina/instituição é força motriz da diversificação.

A fragmentação das carreiras é uma decisão administrativa, alheia à institucionalização da pesquisa nos estabelecimentos particulares e aos conflitos, normalmente ocorrentes, entre membros da comunidade acadêmica vinculados ao desenvolvimento de novos campos do conhecimento (Clark, 1986).

Em um sistema como o brasileiro, em que a moldura legal que, tradicionalmente, regulamentou o ensino superior direciona sua organização para o modelo de universidade, a fragmentação das carreiras no setor privado cumpre ainda a função de complementar a universalidade de campo. Uma carreira derivada da área da Saúde, como Musicoterapia, Psicomotricidade, Fonoaudiologia, Fisioterapia ou ainda Terapia Ocupacional, pode preencher o requisito da área das Ciências Biológicas e da Saúde e serem oferecidos "no lugar de" cursos mais dispendiosos — tanto para o estabelecimento que os oferecem como para os estudantes que devem pagar para cursá-los — e sujeitos ao controle de órgãos externos, como ocorre com os cursos de Medicina, Odontologia e Psicologia.

É verdade que nem todas as novas carreiras ou disciplinas devem ter sua origem no desenvolvimento das disciplinas; muitas surgem em resposta às demandas profissionais da sociedade. Nesse sentido, a fragmentação do campo das profissões ligadas aos negócios — carreiras gerenciais — nos estabelecimentos privados do país parece convergir para o que está acontecendo em outros sistemas nacionais (Brennam et al., 1993). O mesmo fenômeno parece ocorrer em relação à recente valorização no mercado profissional das carreiras paramédicas. Nesse sentido, o acentuado movimento de fragmentação das carreiras gerenciais e de ampliação da área da Saúde mediante as carreiras paramédicas que se verifica nos estabelecimentos particulares de ensino superior no Brasil expressa também algo de mais geral que está se processando nas profissões requeridas pelas sociedades contemporâneas. Se essas novas ofertas de carreiras correspondem ou não às necessidades do mercado profissional do Brasil, do Nordeste, do Centro-Oeste e de outras regiões, à expectativa profissional dos estudantes de suas capitais ou do interior, é difícil avaliar. Com certeza, são chamarizes de novas e abrangentes clientelas. Caso contrário, os estabelecimentos privados não se arriscariam em implementá-las.

REFERÊNCIAS

BLUME, Stuart. Elite institutions and transformation process in higher education. Paper apresentado na Conferência internacional *Higher Education*: Criativy, Legitimation and System Transformations, Rosenon, Dalaro, junho 1-5, 1987. Mimeografado.

BRENNAN, John L. et al. *Students, Courses and Jobs*: The Relationship Between Higher Education and Labour Market. Education Policy Series 21. London: Jessica Kingsley Publishers, 1993.

CLARK, Burton. *El Sistema de educación superior*: una visión comparativa de la organización académica. México: Universidad Autónoma Metropolina-Azacapotzalco: Nueva Imagen, 1986.

DURHAM, Eunice R.; SAMPAIO, Helena. *O ensino privado no Brasil*. São Paulo: Documentos de Trabalho NUPES, 3/95, 1995.

GEIGER, Roger. *Private Sector in Higher Education*: Structure, Function and Change in Eight Countries. An Arbor: University of Michigan Press, 1986.

KLEIN, Lúcia; SAMPAIO, Helena. Políticas de ensino superior na América Latina: uma análise comparada. *Revista Brasileira de Ciências Sociais*, São Paulo, v. 9, n. 24, p. 85-109, 1994.

SAMPAIO, Helena. Evolução do ensino superior brasileiro: 1808-1990. São Paulo: Documentos de Trabalho NUPES, 8/91, 1991.

SAMPAIO, Helena. *O Setor privado de ensino superior no Brasil*. Tese de Doutorado – Departamento de Ciência Política, Faculdade de Filosofia, Letras e Ciências Humanas, Universidade de São Paulo, 1998.

SCHWARTZMAN, Simon; BOMENY, Maria Helena B.; COSTA, Vanda (org.). *Tempos de Capanema*. São Paulo: Edusp: Paz e Terra, 1994.

TEIXEIRA, Anísio *O ensino superior no Brasil*: análise e interpretação de sua evolução até 1969. Rio de Janeiro: Fundação Getúlio Vargas, 1969.

O SETOR PRIVADO DE ENSINO SUPERIOR NO BRASIL – CONTINUIDADES E TRANSFORMAÇÕES[124]

O ensino superior privado no Brasil tem mais de um século e hoje responde por 75% das matrículas nesse nível de ensino. Sua trajetória é marcada por duas Constituições — a da República, de 1891, que lhe facultou a possibilidade de existência e a de 1988 que, reafirmando o princípio liberal, manteve o ensino superior livre à iniciativa privada, sempre que respeitadas as normas gerais da educação e com a autorização e avaliação do poder público.

Essa moldura legal[125] conferiu ao sistema nacional de ensino superior uma organização dual: de um lado, um setor público e gratuito, cujas instituições são mantidas pelo poder federal, estadual ou municipal[126]; de outro, um setor constituído por estabelecimentos de natureza jurídica privada — laicos e confessionais — subordinados a uma legislação federal, condição que lhe assegura uma unidade formal. Esse sentido estrito e convencional atribuído ao sistema de ensino superior — agregado de entidades formais, públicas e privadas (universidades, centros universitários, instituições isoladas) junto ao aparato do Ministério da Educação[127] — não lhe subtrai o seu caráter dinâmico. O setor público e o privado apresentam, cada qual, continuidades e rupturas em relação a seus próprios padrões de desenvolvimento no país. Guardam, assim, alguns traços do final do século XIX, boa parte das características que levaram à diferenciação sistêmica[128] do ensino superior brasileiro em meados do

---

[124] Este texto foi publicado antes na revista *Ensino Superior Unicamp*, ano 2 n. 4, out. 2011.

[125] Entende-se por moldura legal, além das Cartas magnas, todas as disposições normativas mediante as quais o Estado exerce o seu controle sobre o sistema. No Brasil, esse controle é uma das principais características do padrão de desenvolvimento do ensino superior (Sampaio, 2000).

[126] Até os anos 1950, quando passou a vigorar, a gratuidade não era uma característica distintiva do ensino superior público. Atualmente algumas instituições municipais cobram mensalidades e outras instituições públicas passaram a cobrar de seus alunos alguns serviços que antes eram oferecidos gratuitamente.

[127] Em uma acepção mais ampla, sistema de ensino superior designa "todos aqueles que desenvolvem atividades de ensino pós-secundárias: fiscalizadores, organizadores, trabalhadores ou consumidores. Por exemplo, os comitês de legislação de ensino, os funcionários públicos que cuidam destes assuntos, os membros de um patronato quando atuam como tais, assim como os administradores, professores e estudantes de tempo integral ou parcial" (Clark, 1983, p. 2).

[128] Para Clark (1998), "diferenciação sistêmica" refere-se à forma como o sistema se organiza em termos de categoria administrativa pública e privada (confessional e laico); em termos de organização acadêmica

século XX e mantêm estratégias mais recentes quando do enfrentamento da preocupante crise de estagnação da demanda no final do século (Sampaio, 2000). A despeito dessas continuidades, a configuração do setor privado e a do público são hoje muito diferentes do que já foram um dia no passado. Essas partes constitutivas do sistema de ensino superior — o público e o privado — estão em constante movimento; como os setores são internamente muito heterogêneos, as semelhanças entre alguns de seus segmentos podem ser maiores que as diferenças que os separam em termos de natureza jurídica.

Tal dinamismo não é peculiaridade nacional, mas um traço comum aos sistemas de ensino superior em quase todo o mundo. Quando acontece de as peças saírem rapidamente dos lugares onde tradicionalmente as reconhecemos, tudo soa nebuloso. As categorias usuais para caracterizar por contraste o setor público e o privado tornam-se insuficientes diante da esfinge que nos desafia com novos arranjos e processos. O ritmo e a abrangência das mudanças deixam-nos, por vezes, perplexos.

Dessa perspectiva, esboçando algumas questões do debate contemporâneo sobre o ensino superior, busco acompanhar as transformações do setor privado no Brasil neste início do século XXI. Trata-se de entender como um fenômeno geral — o crescimento do financiamento privado no ensino superior — apresenta uma singularidade no Brasil. Neste país, particularidades políticas, econômicas, sociais e culturais presentes no próprio desenvolvimento do ensino superior combinam com tendências mais gerais do mundo contemporâneo (Scott, 1998; Rámirez, 2011) dando-lhe uma nova configuração. A abrangência das mudanças e/ou combinações varia de sistema para sistema nacional de ensino superior, uma vez que, dentre outros fatores, depende do grau de resistência ou de adesão de seus atores diante das alternativas de modelos disponíveis para atender à demanda de ensino superior.

ESTADO, MERCADO E SETOR PRIVADO

Desde a segunda metade do século XX, o relativo equilíbrio que caracterizava a relação público e privado na educação superior no Brasil, em termos de número de instituições e de matrículas[129], rompeu-se em

---

(universidade e não universidade), tipos de programa, áreas do conhecimento etc.

[129] Em meados dos anos 1930, o setor privado respondia por cerca de 40% das matrículas e por 60% das instituições de ensino superior; as instituições privadas eram, em sua maioria, confessionais e se estabeleciam

decorrência da natureza da expansão do sistema. Liderada pela iniciativa privada, no início dos anos 1970, a expansão foi impulsionada pela pressão de diversos segmentos da sociedade brasileira, que se tornava cada vez mais urbana e industrializada (Schwartzman, 1993). Para um contingente cada vez maior da população, a formação superior passava a fazer parte de seus projetos de realização pessoal e ascensão social. A iniciativa privada, atenta às demandas de novos e potenciais consumidores, respondeu de forma ágil. No início, sob a moldura da LDB de 1961 — que reconhecia e legitimava a ainda equilibrada dualidade do sistema de ensino superior[130] — e, depois, reforçada pelas disposições da Reforma Universitária de 1968, a expansão logrou rapidamente estabelecer uma relação de complementaridade entre o setor público e o privado (Sampaio, 2000). O setor privado, mobilizando recursos privados e orientando-se para atender à demanda de mercado, foi mais dinâmico e cresceu mais rapidamente que o público, muitas vezes em detrimento da própria qualidade do serviço oferecido. Entre 1960 e 1980, o número de matrículas no ensino superior passou de 200 mil para 1,4 milhão, em um crescimento de quase 500%; no setor privado, o crescimento foi de mais de 800%.

Desde então, instituiu-se, no sistema de ensino superior brasileiro, uma relação de complementaridade entre o setor público e o privado, a qual, de acordo com Geiger (1986), é típica de um *mass private sector*. Essa complementaridade entre os setores manifestou-se sob vários aspectos: natureza institucional dos estabelecimentos, política de acesso, localização geográfica, existência de pesquisa e pós-graduação stricto sensu, áreas de concentração dos cursos, titulação e regime de trabalho dos docentes etc. Nos anos 1970, enquanto o setor privado crescia por meio da criação de instituições isoladas e do aumento do número de cursos e vagas oferecidos, o setor público investia em pesquisa e criava uma estrutura de regulação e de apoio à pós-graduação (Sampaio; Klein, 1994).

Em 1980, o setor privado já era numericamente predominante; respondia por cerca de 63% das matrículas e cerca de 77% dos estabelecimentos de ensino superior. Porém, essa trajetória de crescimento contínuo

---

antes como um setor semigovernamental paralelo do que estritamente privado, dependendo em menor e maior grau do financiamento do Estado (Sampaio, 2000).

[130] A LDB de 1961, ao reconhecer a organização do sistema em moldes não universitários, favoreceu a proliferação de escolas isoladas; ao mesmo tempo instituiu mecanismos para controlar a relação do ensino superior com o mercado que àquela altura pressionava fortemente por mais vagas no sistema.

já mostrava sinais de esgotamento e seria interrompida a partir daquele mesmo ano. Durante toda a década de 1980, alternaram-se períodos de estabilidade e redução do número de matrículas. A interrupção do crescimento das matrículas, ainda que atingisse o sistema de ensino superior como um todo, afetou, de forma mais intensa, o setor privado, que diminuiu sua participação relativa na taxa total de matrículas de ensino superior naqueles anos[131].

No cenário geral dos anos 1980, conhecida como a década perdida, o país fazia a sua lenta e gradual transição democrática depois de quase 20 anos de regime militar. Com a economia estagnada, só eram crescentes as taxas de desemprego e de inflação e a dupla insatisfação dos setores médios da população brasileira que, também atingidos pelos efeitos da crise econômica, reclamavam seus direitos políticos suspensos durante o regime militar. Na educação, a gravidade do quadro manifestava-se na persistência do alto porcentual de analfabetismo, na restrita cobertura do ensino fundamental, agravada por altas taxas de repetência e evasão escolar. Esses indicadores não só exibiam quantitativamente as renitentes distorções demográficas, sociais e econômicas nas diferentes regiões do país, como também repercutiam de forma direta no estrangulamento do ensino médio, porta de saída da educação básica para o ensino superior.

A demanda de ensino superior estava estagnada, e não havia sinais de reversão desse cenário em curto prazo; em contrapartida, as regulamentações para esse nível de ensino tornaram-se abundantes desde a redemocratização do país. Destacam-se a Constituição de 1988, a LDB de 1996 e a série de disposições legais partidas do Ministério da Educação (MEC) e de seus órgãos assessores deliberativos no período de abril a agosto de 1997.

Para o setor privado, o final do século XX foi de "viração", entendendo, por isso, a lógica da sobrevivência criativa; era necessário lidar com dois intervenientes: um Estado regulador[132], expedidor de disposições legais e normas burocráticas, e um mercado desaquecido. Nesse cenário já se identificam indícios de mudanças importantes no setor privado que, em breve, ganhariam densidade e rumo próprio. Adequando-se à nova

---

[131] Entre 1980 e 1985, a taxa de crescimento das matrículas privadas não chegou a 1%. Essa baixa performance deveu-se à diminuição global da demanda por ensino superior no período que, por sua vez, estava refletindo o estrangulamento do número de concluintes do ensino médio (Sampaio, 2000).

[132] Para uma discussão sobre os diferentes papéis do Estado em relação ao ensino superior no Brasil, ver Sampaio (2000).

legislação e buscando em suas brechas oportunidades para enfrentar a crise da demanda, alguns segmentos do ensino superior privado protagonizaram ações de empreendedorismo cujos resultados estão na base das transformações hoje em curso.

O primeiro sinal de que transformações estavam ocorrendo na educação superior, mais especificamente no setor privado, foi a corrida das instituições privadas para se transformarem em universidades. Ao disciplinar o princípio de autonomia para as universidades, a Constituição de 1988 criou um instrumento importante para o setor privado: a possibilidade de liberar-se do controle burocrático do antigo Conselho Federal de Educação (CFE), especialmente no que diz respeito à criação e à extinção de cursos na sede e ao remanejamento do número de vagas oferecidas. Essa prerrogativa permitiu à iniciativa privada responder de forma ainda mais rápida ao atendimento da demanda. Entre 1985 e 1996, o número de universidades privadas mais do que triplicou (de 20 para 64), evidenciando a percepção do setor de que instituições maiores e autônomas, com uma oferta mais diversificada de cursos, teriam vantagens competitivas na disputa da clientela em um mercado estagnado. Consistentemente, à medida que o número de universidades particulares crescia, o de estabelecimentos isolados diminuía, evidenciando processos de fusão e/ou incorporação de instituições no setor.

Além do movimento em direção à organização universitária, constatam-se outros, como a desconcentração regional, a interiorização das matrículas e a diversificação da oferta de cursos[133]. Na primeira metade da década de 1990, as matrículas privadas cresceram mais nas regiões Norte e Centro-Oeste e diminuíram no Sudeste e no Sul. Nestas regiões, o setor privado cresceu mais no interior do que nas capitais, e isso ocorreu tanto por meio da criação de novos estabelecimentos como por meio da abertura de novos cursos/carreiras em instituições já consolidadas[134]. Também nesse período, e a despeito de um mercado incerto, verifica-se um crescimento acelerado do número de cursos, por meio de um fenômeno que designei "fragmentação de carreiras", ou seja, a transformação de uma habilitação e/ou disciplina em carreira independente. A estratégia

---

[133] A significativa melhoria do fluxo no sistema educacional, ao longo da década de 1990, já estava repercutindo no número de formandos do ensino médio; entre 1991 e 1999, o número de formandos nesse nível de ensino aumentou 133% (Guimarães, 2000).

[134] No estado de São Paulo, por exemplo, dos 326 cursos criados entre 1985 e 1996, cerca de 60% o foram por estabelecimentos localizados no interior (Sampaio, 2000).

foi mais frequente em mercados saturados, como os das regiões Sudeste e Sul, e atingiu, sobretudo, as áreas de Ciências Sociais Aplicadas, Comunicação e Administração. A fragmentação das carreiras é um movimento orientado pelo e para o mercado com os objetivos de ampliar e diversificar a clientela, responder a demandas por ensino superior e engendrar outras[135] (Sampaio, 2000).

Todavia, a iniciativa de maior impacto para os rumos do ensino superior privado no país foi a resposta, nesses anos de "viração", ao art. 1º do decreto 2306 (19 de agosto de 1997). Esse artigo dispõe que as entidades mantenedoras poderão assumir qualquer das formas admitidas em direito, de natureza civil e comercial, e quando constituídas como fundações serão regidas pelo Código Civil Brasileiro (art. 24). Ou seja, o artigo permitia às entidades mantenedoras das instituições de ensino superior alterar seus estatutos, escolhendo assumir natureza civil ou comercial. Com base nesse dispositivo, passaram a ser classificadas como: entidade mantenedora de instituição sem finalidade lucrativa e entidade mantenedora de instituição particular, em sentido estrito, com finalidade lucrativa. As últimas, ainda que de natureza civil, quando mantidas e administradas por pessoa física, ficam submetidas ao regime da legislação mercantil no que diz respeito aos encargos fiscais, parafiscais e trabalhistas; em outras palavras, passam a responder como entidades comerciais.

Tanto para os atores do setor público como para os do setor privado, o Decreto 2306 constitui um marco no sistema de ensino superior no país, um divisor de águas para a sua atual configuração, em que pesem as diferenças profundas em suas interpretações[136]. Na visão de alguns representantes do setor privado, o referido decreto não apenas impôs a escolha entre duas alternativas, com ou sem finalidade lucrativa. Ao optar por uma ou por outra forma legal, "abraçava-se também uma série de deveres e de direitos e, sobretudo, fruto da escolha, passava-se a ter relações muito específicas com o Estado"[137]. Reconhecem também o óbvio: a oportunidade de mudar a escala de seus rendimentos com a atividade

---

[135] Em alguns casos, a fragmentação serviu também para complementar a universalidade de campo exigida na legislação brasileira para as instituições universitárias.

[136] Para alguns, a alteração legal reflete a orientação neoliberal do governo FHC e, coerentemente a ela e com as orientações de agências multilaterais, foi o empurrão que faltava para a mercantilização da educação superior brasileira. Da perspectiva dos formuladores de políticas educacionais da época, o Decreto 2.306/97 apenas reconheceu uma situação de fato, entendendo que era necessário tornar explícita a heterogeneidade do setor privado em termos de direitos e deveres em relação ao Estado.

[137] Entrevistas realizadas com mantenedores de instituições privadas de ensino superior com finalidade lucrativa.

educacional[138]. Depreende-se ainda do decreto que as instituições privadas sem finalidade lucrativa estão muito mais sujeitas ao controle do Estado do que as instituições *for profit* (Sampaio, 2000). A contrapartida desse controle é a possibilidade de essas instituições obterem isenções fiscais e virem a receber recursos públicos, no caso de serem confessionais, comunitárias e/ou filantrópicas.

Hoje, passados 14 anos desde a edição do decreto 2306, quase a metade (48%) de um total de 2.016 instituições privadas de ensino superior no Brasil têm finalidade lucrativa.

As mudanças de natureza institucional (a transformação das instituições em universidades) e de estatuto (a opção pela natureza comercial), bem como algumas ações de caráter acadêmico ocorridas no setor privado na última década do século XX contaram com a presença de uma figura até então desconhecida no sistema de ensino superior no país: os "assessores" ou "consultores".

De modo geral, os consultores do setor privado atuam de forma autônoma, mediante contrato de prestação de serviço por tempo determinado. Foram muito presentes nas instituições em meio às mudanças da arquitetura legal dos anos 1990, assessorando o corpo dirigente numa gama variada de assuntos acadêmicos: elaboração de programas de pós-graduação lato sensu e stricto sensu, implantação de grupos de pesquisa e da iniciação científica, elaboração de projetos de extensão, criação de novos cursos a partir da grade curricular de cursos já reconhecidos e consolidados, formulação de cursos de aperfeiçoamento do quadro docente da instituição solicitante, dentre outras ações. Mais recentemente, as demandas de ordem acadêmica, em geral atendidas por consultores *ad hoc* provenientes de universidades públicas, foram dando lugar a outras que exigiam profissionais com outras qualificações. Os novos consultores agora deveriam ser especialistas também em gestão financeira, de recursos humanos, de sistema de informação e marketing, enfim, especialistas em negócios, tornando ainda mais heteróclita essa categoria de atores.

---

[138] Até 1997, não se previa o serviço educacional com finalidade lucrativa, portanto estendia a isenção fiscal a todos os estabelecimentos mantidos por pessoas físicas ou jurídicas de direito privado. Os empresários do setor privado, considerando o benefício da isenção fiscal, jamais discutiriam abertamente o caráter *for profit* de suas atividades. Levy (1986b) chama atenção para essa situação no Brasil. Comparando com a Turquia, onde "private sector captures only a minority of total enrollments; it does accommodate excess demand and therefore can operate on a for-profit basis. Turkish for-profits began in the early 1960's and did so well economically that many others quickly emerged. 'The best advice one could offer an investor interested in in high profits over short-term periods would be to go into the college business'" (ONCU, 1971 *apud* LEVY, 1986a). Similar dynamics have in practice operated in Brazil, even though all its private institutions are legally nonprofits" (LEVY, 1986b, grifo meu).

A preocupação do setor privado com a gestão da atividade educacional vincula-se às duas transformações pelas quais passavam seus estabelecimentos: uma de natureza institucional, quando se transformaram em universidades, na maioria das vezes, mediante processos de fusão e/ou aquisições; outra de pessoa jurídica, ao optarem pela finalidade lucrativa. Ambas as alterações exigiram dos mantenedores a adoção de novos modelos de gestão para empresas que lhes eram também novas — de maior vulto, como as universidades — e deliberadamente lucrativas[139]. Ao lado desses processos, tem-se a percepção dos mantenedores, alguns já avançados na idade, de haver chegado o momento de preparar a sucessão do negócio educacional, revelando clara consciência de que a veia empreendedora e/ou a vocação educacional não são hereditárias. Ainda que o processo de profissionalização da gestão das instituições de ensino superior privado estivesse apenas começando em meados da década de 1990, já estavam lançadas as bases para transformações mais profundas que se seguiram nos primeiros anos do século XXI.

Embora os consultores sejam heterogêneos em termos de origem, formação acadêmica e experiência de trabalho, eles constituem hoje uma nova categoria de atores do sistema de ensino superior; o que os torna uma categoria singular é o fato de serem externos ao setor, ou seja, não terem nenhum vínculo, seja empregatício ou de parentesco, com o grupo familiar original dos mantenedores que, até então, em regra, respondia pela gestão das instituições. Transitando no sistema de ensino superior, entre instituições públicas, órgãos reguladores do Estado, mercado e instituições privadas (suas empregadoras temporárias), os consultores atuam como comunicadores, espécies de "exus" do sistema; nessa contingência de elo de transmissão de diferentes culturas, esfumaçam as fronteiras, ora aproximando, ora marcando distância entre a cultura acadêmica e a cultura do mercado.

O SETOR PRIVADO NA PRIMEIRA DÉCADA DO SÉCULO XXI

Pouquíssima coisa no Brasil permanece igual desde a primeira expansão do ensino superior há 40 anos. O país comemora a maiori-

---

[139] A possibilidade dada às instituições de ensino superior de assumirem natureza mercantil liberou seus mantenedores dos artifícios que tradicionalmente utilizaram para se apropriarem dos resultados financeiros de suas atividades educacionais formalmente não lucrativas: empregar membros da própria família no corpo dirigente com salários acima do mercado, adquirir imóveis (prédios, terrenos) ou realizar benfeitorias como forma de reinvestir dos dividendos na própria instituição etc.

dade de seu regime democrático, o Plano Real continua a dar provas de seus acertos mantendo a estabilidade econômica e o MEC, por sua vez, edifica a sua robusta, e com eficácia discutível, estrutura normativa (leis, decretos, portarias e outras disposições) na tentativa de modelar o sistema de ensino superior brasileiro a partir dos eixos qualidade e acesso[140].

Embora, no ano 2000, o setor privado já tivesse atingido cifras que lhe conferem posição majoritária no sistema[141], não se vislumbravam até aquele ano sinais de mudanças significativas na sociedade brasileira as quais pudessem indicar um aumento expressivo da demanda de ensino superior. Pelo contrário: o setor chegava ao novo século com um duplo desafio: manter — o que significa não parar de crescer — sua larga fatia de participação no sistema de ensino superior (em 2000, respondia por 67% das matrículas e 85% dos estabelecimentos) e acirrar a competição por alunos no interior do próprio setor. Os egressos do ensino médio, que tradicionalmente ainda não se dirigiam para o ensino superior, se tornariam o público-alvo da disputa que se dará de forma ainda mais intensa entre "coirmãos", como se autointitulam alguns membros da velha guarda dos mantenedores do setor privado de ensino superior no País.

Tabela 1 – Crescimento das matrículas de ensino superior por dependência administrativa: 2000–2008

ANO	PÚBLICO	PRIVADO	TOTAL
2000	780.166	1.807.219	2.594.245
2002	1.051.655	2.428.258	3.479.913

---

[140] Por mais diferentes que sejam os sistemas nacionais de ensino superior, orientam-se por dois eixos: o do acesso e o do conhecimento. Em alguns sistemas, acesso e conhecimento têm o mesmo peso; em outros, os pesos são diferentes. Para analisar o comportamento desses eixos, Balbachevsky (2009) propõe uma matriz em que países como Escandinávia, Alemanha, Coréia e Japão são exemplos de sistemas de ensino superior orientados por ambos os eixos: ampliação do acesso e relevância do conhecimento. No sentido oposto, encontram-se os sistemas de ensino superior de países da África e o sistema indiano, onde nem a ampliação do acesso nem a preocupação com a qualidade ganham relevância. Numa combinação mista, estão os sistemas de ensino superior da América Latina, nos quais a ampliação do acesso, por meio de políticas indutoras da expansão da graduação e de políticas de financiamento dependentes da demanda social, se sobrepõe à relevância do conhecimento. China, Vietnã e Paquistão são sistemas antípodas aos latino-americanos na medida em que a relevância do conhecimento, por meio de políticas de fomento da pesquisa baseadas na demanda social, tem primazia sobre a ampliação do acesso.

[141] Embora o setor público também tenha crescido nos anos mais recentes, sua ampliação não chegou a fazer frente à do ensino privado, cujos números de matrículas e de estabelecimentos só vêm ganhando distância em relação ao primeiro.

ANO	PÚBLICO	PRIVADO	TOTAL
2004	1.178.328	2.985.405	4.163.733
2006	1.209.304	3.467.342	4.676.646
2008	1.273.965	3.806.091	5.080.056

Fonte: MEC/Inep – Sinopse Estatística do Ensino Superior

Tabela 2 – Relação vagas, candidatos e ingressos no ensino superior por dependência administrativa: 2008

	VAGAS	CANDIDATOS	INGRESSOS
Total	2.985.137	5.534.689	1.505.819
Público	344.038	2.453.661	307.313
Privado	2.641.099	3.081.028	1.198.506

Fonte: MEC/Inep – Sinopse estatística do ensino superior

Tabela 3 – Evolução do número de matrículas privadas por região geográfica: 2000–2008

ANO	NORTE	NOR-DESTE	SUDES-TE	SUL	CENTRO-OESTE	BRASIL
2000	43.646	78.533	1.093348	99.145	147.605	1.807.219
2004	116.762	334.524	1.691.276	265.306	265.306	2.985.405
2008	186.671	529.154	2.117.657	322.811	322.811	3.308.091

Fonte: MEC/Inep – Sinopse estatística do ensino superior

Tabela 4 – Evolução do número de matrículas privadas por localização capital e interior: 2000–2008

ANO	PRIVADO			BRASIL TOTAL		
CAPITAL		INTERIOR	TOTAL	CAPITAL	INTERIOR	TOTAL
2000	829.586	977.633	1.807.219	1.250.523	1.443.722	2.694.245
2004	1.367.595	1.617.810	2.985.405	1871.234	2.292.499	4.163.733
2008	1.787189	2.018.902	3.806.091	2.318.204	2.781.852	5.080.056

Fonte: MEC/Inep – Sinopse estatística do ensino superior

Com efeito, os números do setor privado, nos primeiros anos do século XX, indicam desaceleração do crescimento das matrículas, apresentando inclusive taxas decrescentes de crescimento[142]. Essa desaceleração reflete uma tendência geral do sistema que registrou, no período 2004-2008, um aumento de apenas 22% das matrículas, mas, em contrapartida, um incremento substantivo de vagas ociosas.

Em 2008, a relação candidato-vaga no setor privado foi de 0,5 (no setor público foi de 0,9), ou seja, havia mais vagas no sistema do que candidatos. Segundo Durham (2003), não são vagas ociosas, mas "ilusórias", pois, de acordo com a autora, elas estão descoladas da demanda efetiva[143].

Mais uma vez, o sistema de ensino superior brasileiro — e o setor privado como parte integrante — entrava em um novo ciclo. O número de ingressantes no ensino superior parecia ter alcançado um patamar limite em decorrência da estagnação das taxas de matrículas e de concluintes do ensino médio[144].

O corolário desse processo é um sistema de ensino superior maior que a demanda efetiva. Mesmo dobrando sua oferta de cursos e quase triplicado o número de vagas oferecidas nos últimos anos, o ensino superior privado cresce paradoxalmente devagar. É nesse cenário que o setor volta a reagir, mudando, mais uma vez, a configuração do sistema de ensino superior no País.

NOVOS MERCADOS

Se a estabilização no número de egressos do ensino médio é um problema de política pública com a qual se ocupam (ou pelo menos deveriam) os gestores das políticas educacionais do país, ela não aparece como motivo de grande preocupação nas falas dos dirigentes de grandes grupos

---

[142] No período 2000-2004, cresceu 65,2% e entre 2004 e 2008, cerca de 10%.

[143] Analisando a taxa bruta e a líquida de escolaridade no ensino médio no Estado de São Paulo, Durham (2009) mostra que, em 2002, a escolaridade bruta era praticamente igual ao número de jovens de 15 a 17 anos, o que poderia levar a pensar que já havíamos atingido a universalização do ensino médio. Porém, não era isso que estava ocorrendo; tratava-se de uma demanda reprimida, de jovens e adultos mais velhos, que não haviam concluído o ensino médio na idade apropriada. Atendida essa demanda, a taxa bruta começou a cair significativamente. A taxa líquida é mais consistente, girando em torno de 63%. É esse contingente mais reduzido que baliza o número de candidatos o ensino superior o qual parece ter se estabilizado.

[144] Trata-se de um movimento inverso ao verificado nos anos 1990, quando o aumento das matrículas e o dos concluintes do ensino médio alavancaram a retomada de crescimento das matrículas de ensino superior (Sampaio, 2000).

de ensino superior entrevistados. Para eles ainda existe, ao menos para o segmento que representam, uma margem significativa para o setor privado crescer. O cálculo é o seguinte: se o ensino superior absorve hoje cerca de 30% dos egressos do ensino médio, então, a disputa no setor é para atrair os 70% restantes que ainda não estão se dirigindo para o ensino superior. Esse raciocínio está por trás da manutenção de algumas estratégias adotadas pelo setor privado ainda na década de 1990 e da adoção de outras, mais ousadas, como colocar no mercado novas carreiras, modalidades e níveis de ensino.

A estratégia de regionalização e interiorização da oferta intensificou-se. No período 2000-2008, e de forma muito mais significativa entre 2000 e 2004, as matrículas privadas cresceram mais no Nordeste, no Norte e na região Centro-Oeste do país do que nos mercados mais saturados como o do Sudeste e do Sul[145] (Tabela 3). Cresceram também mais no interior do que nas capitais[146] (Tabela 4). Em 2008, as matrículas privadas no interior já estavam representando quase 40% do total de matrículas de ensino superior no país.

Tabela 5 – Estabelecimentos de ensino superior por natureza institucional e dependência administrativa: 2008

TOTAL	UNIVERSIDADE	CENTRO UNIVERSITÁRIO	FACULDADE	CEFET/FET
Total 2.252	183	124	1.911	20
Público 236	97	5	100	20
Privado 2.016	86	119	1.811	0

Fonte: MEC/Inep – Sinopse estatística do ensino superior

---

[145] Entre 2000 e 2004, as matrículas no setor privado mais do que dobraram na região Norte, quadruplicaram no Nordeste e cresceram quase 80% no Centro-Oeste. De 2004 a 2008, apesar da desaceleração do crescimento das matrículas totais de ensino superior, o setor privado obteve, nas regiões Norte e Nordeste, taxas de crescimento muito superiores às verificadas nas regiões Sudeste e Sul do país.

[146] No período 2000-2004, as matrículas privadas registraram um crescimento de 65,5% no interior; com efeito 65% das instituições privadas de ensino superior estão localizadas em cidades do interior.

Tabela 6 – Distribuição das matrículas de ensino superior por natureza institucional e dependência administrativa: 2008

UNIVERSIDADE		CENTRO UNIVERSITÁRIO	FACULDADE	CEFET/FET
Total	2.685.628	70.605	1.632.888	26.813
Público	1.110.945	23.110	98.975	26.813
Privado	1.574.683	697.495	1.533.913	

Fonte: MEC/Inep – Sinopse estatística do ensino superior

Tornar-se uma universidade parece não mais constar do plano de metas do setor privado. Entre 2000 e 2008, foi criada apenas uma universidade particular, evidenciando uma reversão da tendência deflagrada no final da década de 1980[147]. Porém, se o número de universidades privadas se mantém quase inalterado, o de estabelecimentos privados mais do que dobrou de 2000 a 2008, passando de 1.004 para 2.016. As instituições privadas representam hoje 90% do total de estabelecimentos de ensino superior no país.

O crescimento do número de universidades, ocorrido desde o final dos anos 1980 até o início do novo século, está refletido no porcentual de matrículas nas universidades no país: quase 60% dos alunos de ensino superior estudam hoje em universidades; dentre esses, quase 60% em universidades particulares, o que contrasta com o cenário do final do século XX quando as matrículas do setor privado se concentravam em escolas isoladas.

Usufruindo da prerrogativa da autonomia universitária, as instituições privadas continuam aumentando e diminuindo o número de vagas em conformidade com a demanda, criando e extinguindo, com base no teste de mercado, cursos em diversas modalidades de ensino e níveis de formação, entre outras iniciativas. No período 2000-2008, a oferta de cursos quase triplicou; atualmente, mais de 70% dos cursos de graduação no país são oferecidos pelo setor privado.

Cursos e carreiras menos tradicionais, oferecidos de forma ainda tímida e experimental por algumas instituições nos anos 1990, hoje estão bastante disseminados. Diferentemente do fenômeno da fragmentação,

---
[147] Neste início de século, é o setor público que vem expandindo o número de universidades, em uma média de 3,5 universidades ao ano (Inep, 2008).

em que os novos cursos derivam, em geral, de carreiras consolidadas e de prestígio ligadas às áreas tecnológicas, científicas ou de humanidades (Sampaio, 2000), as novíssimas carreiras oferecidas pelo setor privado neste início de século advêm da valorização de um saber fazer. Ligam-se a profissões de ofício para as quais tradicionalmente dispensou-se a formação superior. Exemplos: *chef de* cuisine, *somelier*, gastrônomos, designer em cabelo (barbeiro e cabeleireiro), designer de móvel (marceneiro), *pâtissier* (doceiro/padeiro), profissionais da moda (estilistas, modistas, costureiras etc.). Esses cursos, em geral, quando adquirem status de formação superior, passam por uma glamourização, ganhando nomes estrangeiros e associando-se ao consumo do luxo para construir seus campos de aplicação (Sampaio, 2009).

Tabela 7 – Evolução do Número de Cursos de Graduação Presencial por Dependência Administrativa: 2000–2008

ANO	PÚBLICO	PRIVADO	TOTAL
2000	4.021	6.564	10.585
2004	6.262	12.382	18.644
2008	6.772	17.947	24.719

Fonte: MEC/Inep – Sinopse Estatística do Ensino Superior

Tabela 8 – Evolução da Distribuição dos Programas de Mestrado por Dependência Administrativa: 2000-2008

DEPENDÊNCIA AD- MINISTRATIVA/ANO	2000	2004	2008
Privada	12,0	17,7	20,4
Municipal	0,2	0,8	0,7
Estadual	30,0	27,2	25,2
Federal	57,1	54,5	53,7

Fonte: MEC/Capes-GeoCapes

O crescimento pelas "bordas" do que tradicionalmente se considerou a centralidade do ensino superior — os cursos presenciais de graduação — é outra característica da expansão do setor privado na última década. O setor privado reconhece uma demanda difusa por conteúdos também difusos de conhecimento — jovens que concluíram o ensino médio, mas que ainda não se dirigiram para o ensino superior, evadidos do primeiro curso superior, egressos da graduação, trabalhadores em ascensão, desempregados, ansiosos e insatisfeitos de todas as idades — que o leva a explorar ao máximo a sua elasticidade, colocando no mercado pacotes de conhecimentos que podem ser consumidos de forma moderada ou compulsivamente por públicos de origens, idades, formações e interesses muito heterogêneos. Nesse quadro, ganham destaque especialmente os cursos de pós-graduação lato sensu presenciais ou a distância.

No que se refere à pós-graduação, o setor privado quase dobrou sua participação na oferta de cursos de mestrado neste século. Em 2008, cerca de 20% dos programas de mestrado já eram oferecidos por instituições privadas[148].

Capitaneada pelo setor privado, a oferta de cursos de graduação a distância também cresce em ritmo acelerado, considerando que essa modalidade se instalou no Brasil apenas em 2000[149]. Em 2008, do total de 727.961 matrículas nessa modalidade de ensino, o setor privado respondia por pouco mais de 60%. Certamente isso não aconteceria sem o avanço das novas tecnologias da informação e comunicação, mas também não teria atingido tais cifras se o setor privado não liderasse a inovação. Para o setor privado, a oferta de graduação a distância significa redução de custos.

Tal como ocorre com o ensino presencial, o número de vagas disponíveis na educação a distância é muito maior que o número de inscritos. Em 2008, para as 1.445.012 vagas oferecidas pelo setor privado — o que representa 85% do total de vagas nessa modalidade —, havia 394.904 candidatos (Vianey, 2009).

Essas iniciativas introduzem novos elementos à dinâmica que o ensino superior privado vem estabelecendo com o mercado neste início de século. O aumento dos cursos de mestrado, de especialização, de MBAs e a forte presença em todos os níveis da educação a distância sugerem que

---

[148] A avaliação dos cursos de mestrado oferecidos pelo setor privado evidencia tanto o aumento de sua presença como sua heterogeneidade no que se refere à qualidade. Dentre os cursos que obtiveram nota 3, os do setor privado representavam: 15,7% em 2000; 27,6% em 2004; 28,8% em 2000. Dentre os cursos que obtiveram nota 7, os do setor privado representavam: 8,3% em 2000, 11,3% em 2004 e 7,3% em 2008. Esses percentuais indicam que o aumento ano a ano do número de cursos de mestrado privados não tem correspondido ao crescimento de sua participação nos cursos mais bem avaliados, ao contrário.

[149] O primeiro curso de EaD data de 1994, mas a modalidade só foi disseminada nos anos 2000. Dos dez cursos oferecidos em 2000 passaram para 609 em 2007. De acordo com dados do ABED, em 2008 quase 1 milhão de brasileiros fizeram cursos a distância nas modalidades graduação, EJA e pós-graduação.

os cursos de graduação presenciais são apenas um dos nichos do mercado. É como se as universidades privadas se dessem conta de que a autonomia que dispõem para aumentar número de vagas, abrir e extinguir cursos de graduação não resolve os impasses em relação à redução do número de inscritos, ao número insuficiente de matriculados e às taxas de evasão que insistem em crescer.

Buscar continuamente alunos e inventar maneiras de mantê-los sempre por perto, oferecendo atualizações, novidades e sonhos de pertença num mundo em constante transformação, constituem o desafio hoje para o setor privado. Educação contínua e juventude estendida são ideias chaves que passam a orientar esse novo ciclo do setor privado. A relação do setor privado de ensino superior com a demanda de mercado parece estar em consonância com a produção *just on time* do capitalismo contemporâneo (Harvey, 1989) e do deslocamento da esfera da produção para a de consumo. Nos setores mais dinâmicos do ensino superior privado, a oferta de produtos, cada vez mais customizados, parece efetivamente induzir e manter de forma contínua a demanda por educação (Rhoades, 1987).

NOVOS ARRANJOS

Notícias sobre instituições particulares de ensino superior que demitem professores e funcionários, diminuem o número de turmas de alunos porque reúnem duas ou mais, deslocam os estudantes entre os vários campi por conveniência gerencial, sofrem os efeitos da evasão ou da inadimplência dos alunos etc. são frequentes na mídia. Indicam, em geral, a necessidade de cortar custos. Qualquer que seja a motivação (aumento do lucro ou uma melhor adequação dos gastos com a receita) das instituições para adotar medidas de contenção, essas notícias não deixam dúvidas de que pelo menos alguns segmentos do setor privado enfrentam dificuldades.

Ao lado dessas notícias, quase míticas de tão ciclicamente recorrentes ao longo da trajetória do ensino superior privado no país, chegam outras sobre os novos arranjos que se formam no setor neste início de século. Especificamente, trata-se de matérias sobre os grandes negócios envolvendo o ensino superior privado: instituições particulares associando-se a bancos para abrir seu capital — "fazer um IPO" (lançamento inicial de ações em bolsa de valores), como se diz no jargão financeiro — ou associando-se a redes internacionais de educação.

É preciso, todavia, distinguir os dois fenômenos: nem toda instituição de ensino superior que se associou ao capital internacional abriu capital na bolsa de valores. O contrário não é verdadeiro: toda companhia aberta pode (o que efetivamente acontece) vir a ter capital internacional[150].

Apesar de diferentes, ambos os fenômenos se inscrevem na própria trajetória do sistema de ensino superior e da relação que o Estado estabeleceu com o setor público e com o privado. Nesse sentido, iniciativas como a abertura de capital na bolsa de valores ou parcerias com redes internacionais de educação só se tornaram possíveis porque há pouco mais de dez anos as mantenedoras das instituições privadas optaram pela forma comercial e se instituíram como mantenedoras de instituições privadas com finalidade lucrativa. Tal escolha já expressava a visão empreendedora dos mantenedores das instituições. Quando as instituições ainda não podiam legalmente distribuir o lucro de suas atividades educacionais, algumas mantenedoras começaram a investir os resultados financeiros na infraestrutura da instituição (imóveis, terrenos, benfeitorias nos prédios etc.) numa espécie de "acumulação primitiva do capital". De acordo com um reitor de uma universidade privada que se associou a uma rede internacional, foi o patrimônio em imóveis de sua instituição (diversos prédios e terrenos em vários campi) que chamou atenção do investidor estrangeiro, levando-o a formular a proposta de negócio. Aos olhos do capital internacional, instituições de ensino superior no país são bons negócios quando têm patrimônio — prédios próprios e uma marca consolidada no mercado.

Para alguns mantenedores de instituições privadas, a decisão de se associarem a redes internacionais e/ou de abrirem capital na bolsa de valores não se esgota na oportunidade de multiplicar o lucro mediante aportes de investimentos externos. Em alguns casos, essas transações são também uma estratégia para viabilizar a governança da instituição que muito cresceu, profissionalizando a sua gestão.

Hoje, de um total de 2.069 instituições privadas (que correspondem a quase 90% do total), 40% têm finalidade lucrativa. Dessas, apenas 36 grupos educacionais[151] até o momento abriram capital na bolsa de valores.

---

[150] Certamente todas as instituições de ensino superior que são companhias abertas devem ter capital internacional e, como qualquer empresa de capital aberto, são obrigadas a disponibilizar no site da Comissão de Valores Mobiliários e da Bolsa de Valores de São Paulo uma série de documentos sobre suas operações financeiras.

[151] Exemplos de companhias abertas são a Kroton Educacional S.A, a Anhanguera Educacional Participações S.A, a Estácio Participação S.A; o SEB Sistema Educacional Brasileiro S.A, entre outros.

Embora seja um número pouco expressivo no universo das instituições privadas, cada grupo controla muitos estabelecimentos de ensino que se espalham por todo o território nacional; no conjunto, esses grupos têm um peso considerável no sistema em termos de número de matrículas de ensino superior[152].

As novas possibilidades de negócios estão dando uma nova configuração para o setor privado de ensino superior no Brasil, tornando-o ainda mais heterogêneo. Somam à tradicional diferenciação do sistema (Clark, 1998) de natureza institucional (instituições isoladas, centros universitários ou universidades), de pessoa jurídica (com finalidade ou sem finalidade lucrativa e, dentre estas, laicas comunitárias ou confessionais), de credo (católicas, protestantes etc.), novas segmentações cujos efeitos no sistema de ensino superior ainda es tamos procurando conhecer, como é o caso das instituições "independentes" e das instituições tentáculos de grandes redes educacionais.

Dois movimentos estão em curso no setor privado. De um lado, uma concentração das matrículas no segmento universitário, em geral localizadas nos grandes centros urbanos das regiões Sudeste e Sul; embora as universidades privadas representem apenas 5% do total das instituições do setor, elas respondem por 60% das matrículas no setor. De outro, uma pulverização das matrículas em instituições de pequeno porte localizadas em diferentes regiões, estados e cidades do interior. Um número considerável dessas instituições passou a integrar, por meio de aquisições e fusões, grandes grupos educacionais que, em razão disso, ganharam grande capilaridade. Esse processo de consolidação é recente e ainda está em curso. O cenário é altamente competitivo; nele, um grupo de mantenedores, em sua maioria pertencente à geração de professores (ou de seus filhos) "fundantes" de instituições privadas de ensino superior no país, continua heroicamente resistindo e disputando espaço. Esses empresários de pequeno porte estão cientes de que existe hoje uma reserva de mercado regional para os grandes grupos; em uníssono idealista, reclamam da selvagem e desleal competição que estão enfrentando com os grandes grupos internacionais; ao mesmo tempo, e de forma pragmática, vislumbram nesse mesmo cenário competitivo a possibilidade de se fazer um bom negócio, também passando adiante as instituições de ensino superior que criaram ou herdaram.

---

[152] Juntas, essas redes já respondem por, aproximadamente, 10% das matrículas de ensino superior do país.

Os grandes grupos (alguns são companhias abertas) têm algumas características comuns: crescem muito e rapidamente[153]; orgulham-se de garantir uma padronização pedagógica e de conteúdos nos cursos que oferecem para públicos distintos em diversas localidades; justificam os resultados positivos pela adoção de um modelo de governança no qual se combinam uma gestão administrativa centralizada e uma descentralização gerencial. Uma vez que operam em grande escala — outra vantagem que apontam —, podem reduzir custos e cobrar menos de seus alunos clientes. De fato, esse aspecto tem levado à redução, pela concorrência, do tíquete médio das mensalidades no ensino superior privado.

Essas mudanças no ensino superior privado acolhem a aceleração da economia no país e, ao mesmo tempo, dela se beneficiam. A partir de 2006, cerca de 20 milhões de brasileiros passaram a pertencer à classe C. O reflexo do fenômeno é imediato na educação superior: nos últimos oito anos, a participação de alunos da classe C nas instituições de ensino superior passou de 16% para 23%, o que corresponde a 2,1 milhões de novos alunos. Cerca de 70% dos que ingressaram no ensino superior o fizeram quatro anos após terem concluído o ensino médio. Sem dúvida, é esse novo contingente que está alimentando o crescimento do setor privado e orientando a nova configuração do sistema de ensino superior.

CONSIDERAÇÕES FINAIS

A participação crescente do setor privado nos sistemas nacionais de ensino superior, mediante processos de internacionalização do capital e de globalização da oferta de educação superior, é um fenômeno mundial (Scott, 1998). Entre 2000 e 2007, os investimentos privados em educação superior tiveram forte crescimento em diversos países com taxas significativamente maiores do que os investimentos públicos[154]. No Brasil, segundo dados da Organização para Cooperação e Desenvolvimento Econômico – OCDE (2010), embora as despesas públicas com ensino superior tenham

---

[153] Para se ter uma ideia desse rápido crescimento, em 2006, a Anhanguera Educacional Participações S.A. tinha 24 mil alunos; em 2010, 300 mil.

30 De acordo com o Sindicato das Entidades Mantenedoras de Estabelecimentos do Ensino Superior no Estado de São Paulo (SEMESP), o tíquete médio das mensalidades caiu de R$869,00, em 1996, para R$ 467,00 em 2009. Nos cursos de Administração, as médias de mensalidades caíram de R$532,00, em 1999, para R$367, em 2009.

[154] De acordo com a OCDE (2010), o percentual de investimento privado no ensino superior varia entre menos de 5% em países como Finlândia, Dinamarca e Noruega a mais de 40% na Austrália, Canadá, Japão, Reino Unido, Estados Unidos, Israel e Rússia e a mais de 75% no Chile e na Coreia do Sul.

aumentado no período 1995-2007 (como ocorreu no Chile, no México, na Coreia do Sul e nos Estados Unidos), o investimento privado, conforme vimos, intensificou-se especialmente na última década.

Esses investimentos, sejam públicos ou privados, são indicativos de que ainda há muito espaço para crescimento contínuo do ensino superior no país. Embora o número de suas matrículas, especialmente nas instituições privadas, venha crescendo desde a segunda metade da década passada[155], apenas 19% dos jovens brasileiros entre 18 e 24 anos de idade frequentam ou já frequentaram a educação superior (PNAD, 2009). Esse porcentual ainda está muito aquém da média de 30% dos países industrializados e menor que a de países emergentes que competem diretamente com o Brasil na arena internacional[156]. A meta é atingir 50% da taxa bruta e 30% da taxa líquida dos jovens na faixa etária correspondente. A pertinência de se alcançar esses patamares, bem como a necessidade de incluir no ensino superior os jovens do quintil de menor renda,[157] é clara. Devemos discutir o modo como isso está ocorrendo tendo em vista as características que a expansão do ensino superior apresenta hoje.

O rápido crescimento do investimento privado no ensino superior no Brasil, por meio de grandes redes educacionais, a maioria de caráter internacional, tem provocado mudanças profundas no âmbito do próprio setor privado e trazido novas questões para se somar às velhas no debate sobre o ensino superior no país.

As velhas questões ainda se inscrevem na perspectiva da dualidade público e privado e remetem à qualidade dos cursos oferecidos, às condições de trabalho docente dentre outras "faltas" do setor privado em sua comparação com o setor público (Martins, 1981). As novas questões emanam do cenário que se formou com a presença dos grandes grupos de ensino superior. Algumas, endógenas ao setor privado, referem-se, por exemplo, à emergência de conflitos de governança e de culturas empresariais entre os mantenedores da "velha guarda" e os dirigentes dos grandes grupos, à fragmentação da representação de interesses do setor e seus efeitos na

---

[155] Na primeira década deste século, o número de matrículas no ensino superior quase dobrou, passando de 2.697.342 para 5.115.898, e o maior crescimento ocorreu nos últimos 5 anos (Inep, 2009).

[156] No México, a taxa líquida de matrículas no ensino superior é de 20% e na Coréia do Sul de 72% (OCDE, 2010).

[157] O problema não se restringe ao Brasil. Na maioria dos países da América Latina chegam ao ensino superior cerca de 50% dos jovens do quintil de maiores rendas, percentual que para o quintil mais pobre se move entre 10% e 20% (CEPAL, 2010).

relação que estabelece com o MEC e órgãos reguladores do ensino superior. Outras questões referem-se ao sistema de ensino superior no Brasil em seu conjunto e têm implicações diretas para o equilíbrio entre os eixos do acesso e o do conhecimento (Balbachevsky, 2009). Diante das mudanças recentes no setor privado de ensino superior, há muitas perguntas ainda a serem feitas. De imediato, duas me parecem fundamentais: é possível sustentar, com financiamento privado, esse crescimento pulverizado (tal como hoje ocorre) da oferta de ensino superior no país? A padronização gerencial, didática, de conteúdos etc. que vem sendo implementada pelos grandes grupos não estaria caminhando no sentido oposto ao de uma maior diferenciação e diversificação institucional (Clark, 1998; Birnbaum, 1983) do ensino superior no Brasil e, desse modo, afastando-se de uma alternativa desejável para atender às transformações e demandas da sociedade brasileira neste novo século?

REFERÊNCIAS

BALBACHEVSKY, E. Reformas de ensino superior: experiências internacionais. *In*: SEMINÁRIO ENSINO A DISTÂNCIA E BANCO DE DADOS SOBRE ENSINO SUPERIOR, 20 e 21 de outubro de 2009, São Paulo, Fundap.

BIRNBAUM, Robert. *Maintaining Diversity in Higher Education*. San Francisco; Washington; London: Jossey-Bass Publishers, 1983.

CLARK, Burton. *Creating Entrepeneurial Universities*: Organizational Pathways of Transformation. Oxford: Pergamon Press, 1998.

CLARK, Burton. *El Sistema de Ensino Superior*: una visión comparativa de la organización académica. México: Universidad Autónoma Metropolitana; Azacapotzalco, Nueva Imagen, 1983.

DURHAM, Eunice. *O ensino superior em São Paulo*: diagnóstico. São Paulo: Núcleo de Pesquisas de Políticas Públicas da Universidade de São Paulo, 2003.

GEIGER, Roger. *Private Sectors in Higher Education*: Structure, Function and Change in Eight Countries. Ann Arbor: University of Michigan Press, 1986.

GUIMARÃES, Maria. H. *Tendências na educação superior do Brasil*. Brasília: Inep, 2000.

HARVEY, David. *A Condição Pós-Moderna*. São Paulo: Edições Loyola, 1989.

LEVY, Daniel. Alternative Private-Public Blends in Higher Education Finance: International Patterns. *In*: LÉVY, D. (org). *Private Organizations Studies in Choice Public and Public Policy*. New York; Oxford: Oxford University Press, 1986b. p. 195-213.

LEVY, Daniel. *Higher Education and State in Latin America*: Private Challenges to Public Dominance. Chicago: University of Chicago Press, 1986a.

MARTINS, Carlos B. *Ensino pago*: um retrato sem retoques. São Paulo: Global, 1981. (Coleção Teses).

RÁMIREZ, Gérman A. "Ensino superior no mundo". *In*: SIMÕES, Sonia C.; RODRIGUES, Gabriel M. (org.). *Desafios da gestão universitária contemporânea*. Porto Alegre: Artmed, 2011.

RHOADES, Gary. Higher Education in a Consumer Society. *The Journal of Higher Education*, [s. l.], v. 58, n. 1, p. 1-24, 1987.

SAMPAIO, Helena. *Ensino superior no Brasil*: o setor privado. São Paulo: Fapesp: Hucitec, 2000.

SAMPAIO, Helena. Ensino Superior privado: inovação e reprodução no padrão de crescimento. *Estudos. Revista da Associação Brasileira de Mantenedores de Ensino Superior (ABMES)*, [s. l.], ano 27, n. 39, dezembro 2009.

SAMPAIO, Helena; KLEIN, Lúcia. Políticas de ensino superior na América Latina: uma análise comparada. *Revista Brasileira de Ciências Sociais*, [s. l.], n. 25, p. 85-109, 1994.

SCHWARTZMAN, Simon. Policies for Higher Education in Latin America: the Context. *Higher Education*, [s. l.], v. 25, n. 1, p. 9-20, 1993.

SCOTT, Peter. Massification, internationalization and globalization. *In*: SCOTT, Peter (ed.). *The Globalization of Higher Education*. Buckingham: SRHE: Open University Press, 1998. p. 108-130.

VIANEY, João. O cenário da educação a distância. *In*: SEMINÁRIO ENSINO A DISTÂNCIA E BANCO DE DADOS SOBRE ENSINO SUPERIOR, 20 e 21 de outubro de 2009, São Paulo, Fundap.

Parte 3

OS ESTUDANTES

EQUIDADE E HETEROGENEIDADE NO ENSINO SUPERIOR BRASILEIRO[158]

Haroldo Torres
Helena Sampaio
Fernando Limongi

INTRODUÇÃO

O objetivo do projeto de pesquisa, realizada com o apoio da Ford Foundation, foi discutir equidade e heterogeneidade no sistema de ensino superior brasileiro

O tema da equidade nas oportunidades educacionais, especialmente no ensino superior, é pouco analisado no Brasil. Pesquisas sobre o ensino superior no país, considerando-se do de as mais antigas às mais atuais, em geral, não têm privilegiado o tema. Nesse quadro, constituem exceção atualmente os grupos de estudos ligados a organizações de minorias, em particular, da raça negra. Todavia, além de pouco numerosos e recentes, boa parte dos estudos tende a considerar o tema da equidade no ensino superior, evidentemente, da perspectiva das oportunidades educacionais restritas de pessoas da raça negra

A quase inexistência de estudos sobre o tema equidade, entretanto, não implica que ele esteja ausente no debate contemporâneo sobre o ensino superior no Brasil Esporadicamente, estudiosos do ensino superior, dirigentes de instituições do ensino superior e autoridades da educação são chamados na imprensa ou om outros espaços públicos de discussão para se pronunciarem acerca de fatos que, direta ou indiretamente, remetem ao tema da equidade no ensino superior. Dois fatos sobressaem como catalisadores de apresentações públicas do opiniões. O primeiro é a instituição do Exame Nacional de Cursos (Provão), ou seja, as notas obtidas pelos concluintes de cursos superiores anualmente avaliados pelo MEC. A clivagem entre estudantes pobres/estudantes ricos, a dualidade setor

---

[158] Este texto, escrito com os professores Haroldo Torres (https://orcid.org/0000-0002-5965-0118) e Fernando Limingi (https://orcid.org/0000-0003-3692-8882), foi publicado originalmente pelo Inep, em 2000, e resulta de pesquisa realizada no então Núcleo de Pesquisas sobre Ensino Superior (Nupes) /USP, com apoio da Ford Foundation.

privado (financiado pelos alunos) e setor pública (gratuito) no sistema de ensino superior constituem normalmente os principais elementos explicativos para as diferenças de desempenho dos formandos no Provão. O segundo fato é a discussão, cada vez mais presente na imprensa e nas arenas decisórias de formulação de políticas para o ensino superior, em torno da possibilidade de se instituir cotas nas universidades públicas (federais e estaduais) para pessoas da raça negra e para jovens oriundos de escolas públicas de nível médio. Argumentando-se contra a instituição de cotas para negros e/ou jovens oriundos do ensino público, ou a favor da existência desses mecanismos compensatórios, diferentes setores do sistema de ensino superior apresentam seus entendimentos nada consensuais acerca de equidade nas oportunidades educacionais. Na realidade, ao discutir diferenças educacionais no país, diferenças de perfil socioeconômico e de desempenho dos universitários, tangencia-se o tem da equidade no ensino superior.

Na agenda de políticas para o ensino superior, o tema da equidade também não é central nem constitui objetivo explícito de cenários futuros desejáveis que serviriam para orientar políticas e planos para o ensino superior. Isso se deve, sem dúvida, à gravidade da iniquidade no ensino fundamental, o que praticamente monopolizou a política educacional nos últimos anos. Na década de 1990, esse gargalo transferiu-se para o ensino de nível médio em virtude do aumento do número de egressos do ensino fundamental. Nesse período, a política de expansão do ensino superior apenas respondeu à demanda que, considerando-se os fatores anteriores, manteve-se reduzida. Tanto isso é verdade que, ao longo dos anos 1980, o número de matrículas do ensino superior ficou estagnado, diminuindo até em número absoluto no setor privado de ensino superior.

Com exceção de estudos pontuais voltados para subsidiar a reformulação da política de crédito educativo para estudantes universitários sem recursos financeiros para arcarem com as taxas e anuidades cobradas por estabelecimentos privados, não têm sido efetuadas, por parte do MEC, análises sobre eventuais implicações do tema da equidade para o desenvolvimento do ensino superior no país, o que envolveria certamente outros aspectos do sistema nacional de ensino superior, tais como:

a. taxa de educação em nível superior;
b. mecanismos de seleção e admissão do público estudantil;

c. políticas diferenciadas de estímulo de acesso de diversos grupos sociais ao ensino superior;
d. políticas de distribuição regional das ofertas de oportunidade;
e. diversificação das instituições de ensino superior, dos programas de formação, das modalidades ensino/aprendizagem;
f. formas de articulação entre ensino superior e ensino de nível médio;
g. formas de interação entre Estado e instituições públicas e instituições privadas de ensino superior.

A relação apresentada, certamente, não esgota todos os aspectos envolvidos no desenvolvimento do ensino superior no país. Procurou-se apenas ilustrar algumas implicações que o tema da equidade tem para o sistema educacional em seu conjunto, independentemente da legitimidade e importância da demanda de ensino superior por parte de grupos específicos da população.

Com base nessas considerações julgou-se pertinente que a discussão sobre a equidade no ensino superior tivesse como referência o panorama educacional dos jovens brasileiros em idade de cursar esse nível de ensino. Em outros termos, a questão da equidade no ensino superior deve ser considerada no contexto da relação entre inclusão e exclusão dos jovens no sistema educacional como um todo.

Questões da pesquisa realizada – A primeira questão diz respeito às características que apresentam o subconjunto de jovens que está chegando ao ensino superior e, inversamente, as características do grupo majoritário (que representa cerca 90% da população na faixa etária entre 18 e 24 anos) que está fora do sistema. O delineamento da investigação envolveu relacionar variáveis — renda familiar, escolaridade dos pais, cor, entre outras — que permitam não só caracterizar um e outro conjunto de jovens, mas também construir o perfil socioeconômico e de escolaridade, em função das diferentes regiões geográficas, do amplo e heterogêneo contingente de jovens que se encontram fora do sistema de ensino superior e do grupo nele incluído.

A segunda questão refere-se especificamente aos estudantes que estão concluindo cursos superiores no Brasil. Se na primeira tratou-se de identificar, no contingente de jovens entre 18 e 24 anos, dois grandes grupos — os que estão no ensino superior e os excluídos buscando relacionar suas principais características—, o passo seguinte foi conhecer com maior profundidade o subconjunto de estudantes incluído no sistema de ensino superior.

A hipótese é que, apesar do reduzido percentual de jovens que ingressa no sistema de ensino superior no Brasil, sobretudo se o compararmos com índices de países europeus e com taxas de países da América Latina, o grupo é, efetivamente, muito heterogêneo em termos socioeconômico, cultural, racial e de origem educacional. A heterogeneidade da população estudantil, por sua vez, estaria relacionada com as regiões geográficas nas quais residem os estudantes, com a clivagem ensino superior público/privado e com as diferentes carreiras e turnos em que os cursos são oferecidos. As notas obtidas pelos concluintes de cursos, associadas às suas características socioeconômicas, de região geográfica e clivagem público/privado do sistema de ensino superior, constituem dados da maior relevância para uma discussão ampla e profunda sobre os rumos do ensino superior no país visando equacionar os problemas da democratização do acesso e de uma maior equidade nas condições da formação de nível superior.

Na pesquisa, foram utilizadas duas fontes de dados:

1. A análise dos dados da PNAD de 1997 (IBGE, 1998) permite construir um panorama geral sobre a situação educacional da juventude brasileira na faixa de 18-24 anos, identificando as características gerais dos jovens excluídos e incluídos no sistema de ensino superior no Brasil;

2. A análise dos dados do Exame Nacional de Cursos, realizado pelo Inep, no ano de 1999, estabelece correlações entre a nota obtida pelo graduando na Prova Geral[159] do Exame Nacional de Cursos, características socioeconômicas dos concluintes, região geográfica e natureza institucional e dependência administrativa do estabelecimento onde realizou o curso.

Esse relatório consta de duas partes.

A Parte I apresenta o quadro geral da escolaridade dos jovens entre 18 e 24 anos no país. Dos dados da PNAD, foram priorizadas informações

---

[159] A nota da Prova Geral, como indicador de desempenho, refere-se ao tratamento estatístico dos resultados dos formandos nas provas de múltipla escolha e discursiva.

sobre anos de escolaridade dos jovens brasileiros, considerando-se variáveis relativas às características pessoais (sexo, estado civil, cor) e variáveis socioeconômicas (condição de moradia, renda familiar, escolaridade dos pais) por região geográfica. A análise desses dados permitiu delinear um panorama das condições de estudo e de trabalho dos jovens brasileiros entre 18 e 24 anos. Nesse quadro geral, a discussão sobre o acesso dos jovens ao ensino superior adquire novos contornos, ao mesmo tempo que fornece subsídios para situar o restrito, porém heterogêneo, conjunto de estudantes que ingressam no ensino superior.

Entre as questões consideradas nessa parte do estudo, destacam-se:

- a trajetória de escolaridade dos jovens brancos, pardos e negros; a relação entre essas trajetórias e as características socioeconômicas (renda familiar e escolaridade do pai e mãe) por região geográfica;
- características dos jovens entre 18 e 24 anos com 11 anos ou mais de escolaridade.

A Parte II cuida especificamente do estudante universitário. Trata-se de apresentar o perfil socioeconômico e educacional dos indivíduos que estão se formando em cursos de nível superior no Brasil. Se é verdade que o ensino superior se restringe a parcelas muito específicas de jovens brasileiros — como se procurou mostrar na Parte 1 —, interessa, pois, entender a intensidade e as formas particulares com que este fenômeno se apresenta.

Na ausência de registros sistematizados de dados pessoais e socioeconômicos dos estudantes universitários do país, decidiu-se utilizar o banco de dados do Exame Nacional de Cursos de 1999. Nesse ano, foram avaliados os concluintes de 2.151 cursos superiores, distribuídos em 13 áreas da graduação (Administração, Direito, Engenharia Civil, Engenharia Química, Medicina Veterinária, Odontologia, Engenharia Elétrica, Jornalismo, Letras, Matemática, Economia, Engenharia Mecânica e Medicina — as três últimas incluídas no ano de 1999), totalizando 160.018 inscritos presentes ao Exame. Deve-se esclarecer que o número de cursos representa a totalidade de cursos que inscreveram seus graduandos no Provão, e não o universo dos cursos existentes (Inep, 1999a).

De acordo com o delineando da pesquisa e com as questões apresentadas, foram definidos dados específicos fornecidos pelos concluintes que realizaram o Exame Nacional de Cursos no ano de 1999. Consideraram-se as seguintes variáveis: a) curso de graduação; b) dependência administrativa da instituição (pública/privada); c) natureza institucional (universidade e não universidade); d) região geográfica; e) estado da Federação/capital/interior; f) turno predominante do curso (integral, diurno, noturno); g) nota individual obtida na Prova Geral; h) ano de nascimento/idade; i) cor; j) sexo; k) estado civil; l) situação do moradia durante o curso; m) renda mensal familiar; n) escolaridade dos pais; o) atividade remunerada e carga horária: p) tipo de escola em que frequentou o ensino médio; q) tipo de curso do ensino médio que concluiu; r) beneficiário de bolsa da estudo na graduação. Apesar de restritos aos formandos — portanto, não englobar a totalidade dos estudantes universitários brasileiros e, mesmo assim, somente aqueles concluintes dos cursos avaliados os quais se inscreveram —, os dados do Provão permitem delinear um quadro geral no qual se consideram características pessoais, atributos socioeconômicos (renda familiar, condição do trabalho etc.) e desempenho acadêmico (nota na Prova Geral) dos formandos por região geográfica, cursos dependência administrativa e natureza institucional dos estabelecimentos de ensino superior.

As inter-relações estabelecidas entre essas variáveis permitem trazer novos elementos para o tratamento da equidade no sistema de ensino superior brasileiro. Entre outras, são discutidas as seguintes questões.

- Em que setor — público ou privado — e em que cursos, entre os avaliados no Provão de 1999, se constata maior e menor equidade?
- Que fator(es) — região geográfica, dependência administrativa, natureza institucional do estabelecimento, atributos socioeconómicos do formando — apresenta(am) maior relação com o seu desempenho na Prova Geral?

A análise procura identificar fissuras (em termos de cursos, turnos, tipos de escola, etc.) no sistema de ensino superior para o acesso de estudantes oriundos de grupos de renda mais baixos ou ser tradição familiar em ensino superior.

Propõe-se, sobretudo, avaliar em que medida a configuração do sistema de ensino superior brasileiro — dualidade (setor público e privado), sua distribuição estrutural (universidades, centros universitários ou escolas isoladas) e a oferta de vagas (em termos de cursos, de turnos entre outros) — organiza, restringindo ou ampliando, as condições de acesso dos diferentes grupos sociais à formação superior e o desempenho acadêmico dos concluintes de cursos superiores.

O Relatório é completado por uma discussão geral dos resultados da pesquisa, tendo em vista as questões que orientaram todo o trabalho. Com base nesses resultados, retomam-se considerações sobre a noção da equidade e a de diversidade no ensino superior, discutindo suas implicações para o sistema de ensino superior no Brasil.

Parte I – Os jovens e o acesso ao ensino superior no Brasil

CARACTERÍSTICAS GERAIS DOS JOVENS DE 18 A 24 ANOS

Em 1997, segundo a Pesquisa Nacional de Amostra de Domicílio (IBGE, 1998), o Brasil tinha um total de 19.6 milhões de jovens na faixa etária de 18 a 24 anos. Trata-se de um contingente populacional expressivo, em termos absolutos e relativos, e com características peculiares em relação a outros países e em relação ao passado.

Pela primeira vez na história brasileira recente, a geração de jovens dessa faixa etária é maior que a geração de adolescentes ou de crianças. Nos trabalhos de área (Bercovich; Madeira; Torres, 1998, 1997, entre outros), o fenômeno, denominado "onda jovem", é atribuído ao declínio constante da fecundidade que se tem verificado a partir dos anos 1970. Em termos relativos, trata-se de uma das maiores gerações de jovens já observada na história brasileira, correspondendo, em 1997, a 12,5% da população brasileira, cujo total atingia 167 milhões de pessoas (IBGE, 1998).

Em termos absolutos, considerando-se os quase 20 milhões de pessoas, o tamanho populacional da juventude entre 18 e 24 anos é superior à população de países como Chile, Portugal e Grécia.

Comparando com as gerações anteriores, trata-se de uma juventude predominantemente urbana, alfabetizada e mais escolarizada que a geração de seus pais. Para melhor caracterizá-la, apresenta-se seu perfil segundo as variáveis sexo, idade, condição no domicílio, condição de trabalho, região geográfica, cor, renda familiar e nível de escolaridade.

Distribuição dos jovens por sexo e idade – A distribuição dos jovens de 18 a 24 anos em 1997, segundo o sexo e a idade, aponta dois importantes aspectos do ponto de vista do planejamento educacional para os próximos anos: a população feminina já era sensivelmente maior do que a masculina nesta faixa etária, a primeira ultrapassava a segunda om mais de 100 mil pessoas; os indivíduos, no início da faixa etária, aos 18 anos, eram multo mais numerosos do que os no final da faixa etária, aos 24 anos (Tabela 1.1).

Pode-se constatar, nessa Tabela, que existiam 3.2 milhões de jovens cor 18 anos em 1997, em uma população de 2,5 milhões com 24 anos. Trata-se de uma diferença acentuada 700 mil pessoas — que não se explica nem pela mortalidade nem pela migração — mais quando se sabe que os grupos de idades precedentes ou anteriores (adolescentes e crianças) têm tamanhos populacionais mais modestos em termos absolutos (Oliveira et al., 1998).

Tabela 1. 1 – Distribuição dos jovens de 18 e 24 anos, segundo o sexo e a idade

Idade	Valores Relativos			Valores Absolutos		
	Masculino	Feminino	Total	Masculino	Feminino	Total
18	16,44	16,21	16,33	1.604.895	1.600.604	3.205.499
19	15,25	15,05	15,15	1.489.132	1.486.268	2.975.400
20	14,73	14,47	14,60	1.438.272	1.429.130	2.867.402
21	13,96	13,74	13,85	1.363.082	1.356.677	2.719.759
22	13,48	13,98	13,73	1.316.210	1.380.193	2.696.403
23	13,36	13,63	13,50	1.303.880	1.346.129	2.650.009
24	12,77	12,90	12,84	1.246.363	1.274.122	2.520.485
Total	100,00	100,00	100,00	9.761.834	9.873.123	19.634.957

Fonte: IBGE (1997)

Outrossim, constata-se o início do que os especialistas têm designado por "onda jovem" — uma larga geração de jovens, que se adensa ainda mais no grupo que completará 20 anos em tomo do ano 2000 (Bercovich; Madeira; Torres, 1998, 1997). Descontinuidades demográficas desse porte podem, certamente, levar a significativas pressões sobre o sistema educacional.

Neste início de século, a demanda potencial de ensino superior poderá ser pressionada por uma série de fatores correlacionados: a "onda jovem", o significativo avanço de escolaridade de nível médio entre os jovens, segundo os dados educacionais disponíveis atestam, e a redução do índice de participação dos jovens no mercado de trabalho, embora essa taxa continue elevada (Arias, 1988). De fato, nas unidades de Federação onde o atraso escolar é menor, como São Paulo, a pressão por ensino médio e superior já vem sendo absorvida, há alguns anos, com bastante intensidade (Fundação Sistema Estadual de Análise de Dados, 1998; Sampaio, 1998).

Condição do jovem no domicílio – No Brasil, na faixa etária de 18 a 24 anos, 30,1% dos jovens do sexo masculino e 47% das jovens já não reside na casa de seus pais (Tabela 1.2). No caso das jovens brasileiras nessa faixa etária, 30,4% foram identificadas como sendo cônjuges (dos chefes de domicílio) pela PNAD/97, enquanto apenas 17.6% dos jovens foram identificados como os próprios chefes de domicílio[160]. Esses dados são relativamente conhecidos no contexto dos estudos de nupcialidade no Brasil e remetem para o que os especialistas identificam, em termos demográficos, como o histórico fenômeno da nupcialidade precoce[161] das jovens brasileiras (Berquó, 1998).

O fenômeno das uniões nesta faixa etária tende a ter repercussões significativas no processo educacional, entendido em todos os seus níveis. Muitas jovens de 18 a 24 anos são donas de casas e mães, o que implica a necessidade de uma abordagem especial, caso o sistema educacional pretenda mantê-las ou trazê-las de volta para a escola[162]. Ao mesmo tempo, muitos desses jovens são arrimos de família e trabalham em tempo integral. Com efeito, os que já são chefes de família têm menos anos de escolaridade comparativamente aos que continuam residindo com os pais (Tabela 1.2)

---

[160] A condição de outro parente (neto, sobrinho etc.) também aparece de modo significativo, tingindo para moças e rapazes mais do que 10% do total.

[161] A ideia de nupcialidade precoce não tem como base ciclos biológicos e reprodutivos das jovens nessa faixa etária, mas remete ao processo educacional completo, incluindo o nível superior.

[162] O fenômeno do atraso escolar, que será apresentado mais adiante, é um elemento que não deve ser desconsiderado ao tratar da nupcialidade precoce das jovens. Aos 18 anos, deveriam ter concluído o ensino médio; aos 21 ou 22 anos, o ensino superior. À medida que a correspondência idade e série é prejudicada pelo atraso escolar, a nupcialidade das jovens interrompe a progressão nos anos de escolaridade.

Tabela 1.2 – Distribuição dos jovens de 18 a 24 anos segundo o sexo, a condição no domicílio e a escolaridade média

Condição no domicílio	Masculino	Feminino	Total	Escolaridade média (anos de estudo)
Chefe	17,62	2,97	10,25	5,7
Cônjuge	0,48	30,44	15,54	6,0
Filho	69,91	53,02	61,41	7,3
Outro parente	10,73	10,39	10,56	6,6
Agregado	0,79	0,94	0,87	6,3
Pensionista	0,40	0,28	0,34	8,9
Empregado	0,06	1,98	1,03	5,1
Total	100,0	100,0	100,0	6,8

Fonte: IBGE (1997)

A renda familiar dos jovens que são chefes do domicílio ou cônjuges é significativamente inferior à dos demais jovens. Para o conjunto dos jovens, 22.9% residiam em domicílios com renda até dois salários-mínimos e 21,1% em domicílios com renda superior a dez salários-mínimos. Para os jovens chefes de domicílio ou cônjuges, 34,7% residiam em domicílios com renda familiar até dois salários-mínimos, e apenas 7.7% residiam em domicílios com renda familiar superior a dez salários-mínimos de 1997[163] (Tabela 1.3).

Tabela 1.3 – Distribuição dos jovens de 18 a 24 anos segundo a renda familiar e a condição no domicílio

Renda familiar (em salário-mínimo)	Chefe ou cônjuge	Filho ou filha	Outra condição	Total
0 a 240,00	34,71	17,38	25,45	22,90
241,00 a 600,00	39,69	29,21	33,88	32,52
601,00 a 1.200,00	17,95	26,03	22,21	23,45
1.201.00 a 1.800,00	4,00	11,73	8,59	9,32

[163] O salário-mínimo em setembro de 1997 (data da PNAD) correspondia a R$120,00.

Renda familiar (em salário-mínimo)	Chefe ou cônjuge	Filho ou filha	Outra condição	Total
1.801,00 a 2.400,00	1,73	5,90	4,53	4,64
A partir de 2.401,00	1,94	9,75	5,36	7,17
Total	100,00	100,00	100,00	100,00

Fonte: IBGE (1997)

Em outras palavras, no que concerne à má distribuição geral da renda — em que apenas 7,2% dos jovens residem em domicílios com renda familiar superior a 20 salários-mínimos —, constata-se que os jovens que constituíram família precocemente formam um estrato populacional particularmente pobre, o que certamente tende a acarretar impactos sobre a condição de vida e sobre a possibilidade de continuar estudando[164]. Ampliando a discussão desses aspectos, são apresentados, a seguir, dados relativos às condições de estudo e de trabalho dos jovens brasileiros.

Sexo e condição de trabalho e da escolaridade – Um conjunto importante dos jovens brasileiros de 18 a 24 anos tinha algum tipo de trabalho. Nas famílias com renda até dez salários-mínimos (78,9% do total de jovens se encontra nesta condição), 76,3% dos rapazes, e 41,4% das moças tinham uma ocupação em 1997. Nas famílias de mais de dez salários-mínimos, essas proporções eram de 77,1% e 56,8%, respectivamente (Tabela 1.4).

Tabela 1.4 – Distribuição dos jovens de 18 a 24 anos segundo o sexo, a renda familiar, a condição de trabalho e de estudo

Condição de trabalho e de estudo	Masculino	Feminino	Total
Renda familiar até 10 salários-mínimos			
Ocupado e estuda	14,03	10,22	12,10
Não ocupado e estuda	9,18	14,81	12,04
Ocupado e não estuda	62,26	31,19	46,49
Não ocupado e não estuda	14,52	43,78	29,37
Total	100,00	100,00	100,00

---

[164] Ver, por exemplo, o estudo sobre as condições habitacionais dos domicílios chefiados por jovens (Souza, 1998).

Condição de trabalho e de estudo	Masculino	Feminino	Total
Renda familiar superior a 10 salários-mínimos			
Ocupado e estuda	26,92	22,19	24,70
Não ocupado e estuda	17,59	25,77	21,44
Ocupado e não estuda	47,22	34,65	41,32
Não ocupado e não estuda	8,27	17,39	12,55
Total	100,00	100,00	100,00

Fonte: IBGE (1997)

Os dados sugerem que a renda familiar parece não se constituir um fator distintivo para a condição de trabalho dos jovens nessa faixa etária. De modo geral, em todas os grupos de renda, a parcela de jovens que trabalham é significativa, ao menos entre os rapazes. Entre as mulheres, as jovens de famílias mais ricas participam mais frequentemente do mercado de trabalho, e 43,8% das jovens de famílias com renda inferior a dez salários-mínimos nem trabalham fora do domicílio nem estudam. Deve ser lembrado, de acordo com os dados apresentados, o significativo percentual de moças casadas, na condição de donas de casa e mães (Madeira, 1998).

Por outro lado, a renda familiar parece ser bastante distintiva no que diz respeito à condição de estudo. Apenas 24,1% dos jovens oriundos de famílias com renda inferior a dez salários-mínimos frequentavam a escola em 1997, proporção que atingia 46,1% dos jovens oriundos de famílias com renda superior a dez salários-mínimos (Tabela 1.4). Pode-se também observar que a frequência à escola é mais comum entre as mulheres do que entre os homens.

Outro elemento de grande importância para o planejamento escolar brasileiro advém do fato de ser significativa a proporção de jovens que estudavam e exerciam, simultaneamente, alguma ocupação no mercado de trabalho. Na faixa de renda até dez salários-mínimos, 12,1% dos jovens trabalhavam e estudavam em 1997, o que corresponde à metade do total que continuava a frequentar a escola. Na faixa de renda superior, a proporção de jovens que trabalhavam e estudavam chegava a 24,7% do total, ou 53,8% daqueles que continuavam a estudar em 1997 (Tabela 1.4).

Finalmente, cabe destacar a significativa parcela de jovens que não estavam nem trabalhando nem estudando. O fenômeno tende a refletir, em parte, questões sociais mais gerais, tais como o problema do desemprego e a questão dos chamados "jovens em situação de risco". Constata-se na Tabela 1.4 que a proporção de jovens na situação de não ocupado e não estudando era maior nas famílias de renda mais baixa. Verifica-se, ainda, o mesmo fenômeno entre as moças, o que não necessariamente reflete situação de desemprego ou de risco, mas o fato de muitas delas dedicarem-se somente aos afazeres domésticos (Madeira, 1998), como mãe e esposa.

Em resumo, pode-se afirmar que, por um lado, é grande a participação dos jovens em geral no mercado de trabalho, independentemente da renda familiar. Por outro, a proporção dos jovens que continuam estudando é pequena, sendo inferior a 25% entre aqueles oriundos de famílias com renda inferior a dez salários-mínimos. Nesse sentido, ampliar a frequência dos jovens à escola — reduzindo a desigualdade educacional nessa faixa etária — parece exigir novas alternativas educacionais que contemplem a realidade de boa parte da juventude que trabalha e/ou está casada e tem filhos.

Cor — Outra característica da juventude brasileira é sua heterogeneidade racial ou de cor[165]. Segundo o critério adotado pela PNAD/97, 51,2% dos jovens brasileiros se classificaram como brancos, o que — independentemente da precisão desta categoria — é uma importante evidência da grande heterogeneidade racial da população brasileira (Tabela 1.5).

Entre os que não se declararam brancos, a maior parte era constituída de pessoas da cor parda (42,2%) e preta (5,4%)[166]. Nas próximas seções, serão analisados dados referentes a apenas duas categorias de cor: branca e parda/preta. É provável que, dada a existência da discriminação racial, esses dados apresentem um quadro subestimado do contingente de negros.

---

[165] Na PNAD/97, foi o próprio entrevistado que definiu sua raça/cor: "Consideraram-se cinco categorias para a pessoa se classificar quanto à característica cor ou raça: branca, amarela (compreendendo-se nesta categoria a pessoa que se declarou de raça amarela), parda (incluindo-se nesta categoria a pessoa que se declarou mulata, cabocla, cafuza, mameluca ou mestiça de preto com pessoa de outra cor ou raça) e indígena (considerando-se nesta categoria a pessoa que se declarou indígena ou índia)" (IBGE, 1998, p. 18).

[166] As raças indígena e amarela parecem ter sido subestimadas numericamente no desenho da amostra.

Tabela 1.5 – Distribuição dos jovens de 18 a 24 anos segundo a cor/raça

Cor/raça	Distribuição %	Renda familiar média (Reais de 1997)
Branca	51,92	1.192,98
Parda	42,24	581,73
Preta	5,40	600,38
Amarela	0,30	2.912,68
Indígena	0,14	450,54
Total	100,00	905,97

Fonte: IBGE (1997)

Os dados mostram que a autodefinição da cor — branca e parda ou negra - pelos entrevistados está associada a diferenciais de renda familiar. Os que se definiam como brancos apresentavam, em 1997, uma renda familiar de quase o dobro daqueles que se definiam como pardos ou negros.

Em síntese, os dados da PNAD mostram a heterogeneidade dos jovens brasileiros em termos de padrões demográficos e socioeconômicos. Essa heterogeneidade, muitas vezes, vem sendo utilizada para explicar as condições de acesso dos jovens brasileiros aos níveis mais elevados de ensino (Saboia, 1998). Nesse quadro, maiores níveis de escolaridade estariam associados aos níveis mais elevados de renda, à cor branca, às áreas metropolitanas e às regiões Sul e Sudeste, entre outras variáveis. Para discutir essas questões, a próxima seção trata da escolaridade dos jovens brasileiros.

Escolaridade dos jovens de 18 a 24 anos – Com base nos dados da PNAD/97, a escolaridade média do jovem brasileiro de 18 a 24 anos pode ser considerada muito baixa. Com efeito, 53,5% do total de jovens nem sequer tinham completado o ensino fundamental (menos de oito anos de estudo) e apenas 22,8% haviam completado o ensino médio (11 anos de escolaridade ou mais) (Tabela 1.6).

Os dados confirmam que a universalização do ensino médio — considerado essencial para a integração do indivíduo numa sociedade moderna, baseada nos sistemas de informação e no desenvolvimento tecnológico — continua a ser no Brasil um projeto distante (Berger Filho, 1999). Dois problemas, de acordo com pesquisadores, estariam acarretando o baixo nível médio de escolaridade dos jovens: a saída precoce do sistema educacional e o atraso escolar quando se relaciona série/idade. Com efeito, a maioria dos jovens (quase 14 milhões pessoas) já tinha saído da escola em 1997, e boa parte dos que nela permaneciam apresentava atraso escolar significativo. Para ilustrar a dimensão do atraso escolar, dos cerca de 6 milhões de jovens que ainda estudavam em 1997, uma grande proporção ainda estava frequentando o ensino fundamental (31,9%) ou médio (41,2%).

Tabela 1.6 – Distribuição dos jovens de 18 a 24 anos segundo os níveis de instrução e a frequência à escola

Escolaridade e frequência à escola	Percentagem	Números absolutos
0 a 7 anos de estudo	53,50	10.457.123
8 a 10 anos de estudo	23,72	4.635.924
11 anos de estudo	16,44	3.213.020
12 anos e mais	6,34	1.240.144
Total	**100,00**	**19.546.211**
Frequenta a escola – 0 a 7 anos de estudo	31,94	1.817.656
Frequenta a escola – 8 a 10 anos de estudo	41,17	2.343.234
Frequenta a escola – 11 anos de estudo	11,66	663.549
Frequenta a escola – 12 anos e mais	15,23	866.849
Frequenta a escola	**100,00**	**5.691.288**
Não frequenta a escola – 0 a 7 anos de estudo	62,36	8.639.467
Não frequenta a escola – 8 a 10 anos de estudo	16,55	2.292.690
Não frequenta a escola – 11 anos de estudo	18,40	2.549.471
Não frequenta a escola – 12 anos e mais	2,69	373.295
Não frequenta a escola	**100,00**	**13.854.923**

Fonte: IBGE (1997)

Nota: a diferença entre os números absolutos aqui apresentados e os da Tabela 1.1 decorre do fato de não se dispor dos dados de escolaridade de 84 mil jovens.

A Figura 1.1 mostra dois aspectos importantes da dinâmica de inclusão dos jovens do sistema educacional. Primeiro, é que a grande parte dos jovens que não frequentam a escola sequer concluíram o ensino fundamental. O segundo aspecto é que a frequência à escola é muito mais significativa entre os jovens que atingiram os níveis mais elevados de escolarização (12 anos ou mais). Dos jovens de 18 a 24 anos, apenas 22,8% tinham completado o ensino médio em 1997, e apenas um conjunto muito pequeno estava no ensino superior (6,3%), tendo atingido 12 anos de estudo ou mais (Tabela 1.6). Os dados, de fato, confirmam quanto o acesso aos níveis mais elevados de escolaridade tem sido restrito no Brasil.

Figura 1.1 – Jovens de 18 a 24 anos segundo a escolaridade e a frequência à escola

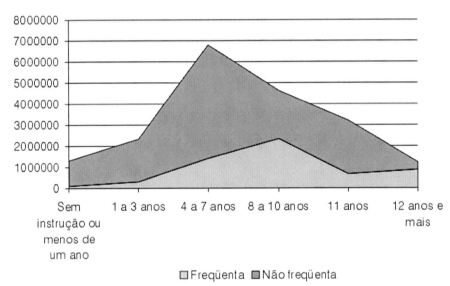

Fonte: IBGE, PNAD/97

A rigor, o público universitário é constituído por aproximadamente 1,9 milhões de jovens[167], englobando os que têm 12 anos de estudo e mais (1,24 milhões de pessoas) e aqueles que têm 11 anos de estudo e ainda estudam (664 mil)[168]. Esse grupo de 1,9 milhões corresponde a apenas 9,7% do contingente de

---

[167] O número de 1,9 milhões de jovens entre 18 e 24 anos corresponde a 86,4% de um total de 2,2 milhões de estudantes universitários, total que computa pessoas acima de 24 anos e mesmo abaixo de 18 anos.

[168] A denominação "público universitário" utilizada inclui os jovens de 18 a 24 anos que estão matriculados no ensino superior, jovens com 11 anos de estudo e que, embora estudando, não estão cursando o ensino superior. Parte desses últimos pode estar frequentando cursos pré-vestibulares ou cursos de curta duração, ou, ainda, fora da educação formal, de caráter tecnológico/ profissionalizante. De qualquer modo, faz sentido incluí-los no chamado "público universitário".

jovens de 18 a 24 anos[169]. Cabe destacar, porém, que outra parcela importante de jovens poderia vir a ingressar no ensino superior, constituindo a clientela potencial do ensino superior; essa importante parcela engloba os 2,5 milhões de jovens que concluíram o ensino médio (11 anos de estudo) e que não estão atualmente estudando e os 2,3 milhões de jovens que, na faixa de 18 a 24 anos, ainda estão cursando o ensino médio (oito a dez anos de estudo).

Em outras palavras, existiam, em 1997, 4,8 milhões de jovens que estavam cursando ou que, embora tivessem já concluído o ensino médio, não tinham ingressado no ensino superior. A existência dessa significativa parcela, que corresponde a 24,5% do total de jovens de 18 a 24 anos no país, sugere que, em um intervalo de tempo relativamente curto, pode ocorrer um aumento substantivo da demanda por vagas no ensino superior. Da perspectiva das políticas para o ensino superior, esse aumento da demanda potencial exige não somente ampliação da oferta do número de vagas no sistema de ensino superior, mas, sobretudo, maior flexibilização das condições de oferta das vagas em termos de custos, de diversificação de carreiras, métodos de ensino, entre outros aspectos.

Nas seções seguintes, apresenta-se um quadro mais detalhado das condições de escolaridade dos jovens brasileiros incluindo as variáveis sexo, renda familiar, cor e região geográfica.

Escolaridade e sexo – No Brasil, a afirmação de que as mulheres jovens apresentam uma escolaridade média muito superior à dos rapazes não causa surpresa; está bastante disseminada nos meios acadêmicos, entre os formuladores de políticas educacionais e na grande imprensa. De fato, segundo os dados da PNAD/97, enquanto 15,6% das moças tinham até três anos de escolaridade em 1997, os rapazes, nessa mesma situação, representavam 21,8%. Analogamente, enquanto 26,4% das mulheres jovens já tinham concluído o ensino médio, a percentagem era de apenas 19,2% para os homens. As mulheres jovens já são maioria mesmo no restritivo nível de ensino superior (Tabela 1.7)[170].

No quadro geral de baixa escolaridade, as mulheres sobressaem positivamente. Em média, as moças têm 7,2 anos de estudo contra os 6,4 anos dos rapazes de 18 a 24 anos, de acordo com os dados da PNAD/97.

---

[169] Segundo os dados do IBGE (1998), o percentual de jovens brasileiros na faixa de 18 a 24 anos cursando o ensino superior era de 7,8%. A proporção de 9,7% mencionada refere-se ao que se denominou "público universitário", que engloba os alunos de cursos pré-vestibulares e os jovens nessa faixa etária que já se formaram.

[170] Ver, a este respeito, a Parte I.

Em relação a outros países em desenvolvimento, trata-se de um resultado surpreendente, já que a diferença entre os anos de escolaridade masculina e feminina é um indicador privilegiado na constatação da desigualdade entre os sexos (UNDP, 1996)[171].

Trata-se, sem dúvida, de uma questão auspiciosa. O aumento dos anos de escolaridade das mulheres tem, a longo prazo, grande impacto nas políticas sociais de saúde (redundando em menor mortalidade infantil) e de educação, uma vez que mulheres mais escolarizadas, de acordo com estudos já realizados, têm filhos mais escolarizados (Barros; Mendonça, 1992).

Tabela 1.7 – Distribuição dos jovens de 18 a 24 anos segundo os anos de escolaridade e o sexo

Anos de escolaridade	Homens	Mulheres	Total
0 a 3 anos	21,83	15,64	18,71
4 a 7 anos	36,12	33,72	34,91
8 a 10 anos	22,81	24,27	23,54
11 anos	13,94	18,98	16,48
12 e mais	5,30	7,40	6,36
Total	100,00	100,00	100,00
Médias de anos de estudo	6,45	7,25	6,85

Fonte: IBGE (1997)

Escolaridade dos jovens e renda – Nos estudos sobre educação no Brasil, são frequentes as associações entre o nível educacional do jovem e o nível de renda de suas famílias. De modo geral, jovens com níveis educacionais mais elevados seriam provenientes de famílias de maior renda (saboia, 1998). Tal correlação pode ser constatada na maior parte das fontes de dados disponíveis. Nos dados da PNAD/97, essa relação pode também ser constatada e qualificada (Figura 1.2).

---

[171] Em janeiro de 2000, a Unesco promoveu um encontro do grupo formado pelos nove países mais populosos do mundo (E-9), do qual o Brasil faz parte. O objetivo era avaliar a melhoria dos indicadores educacionais nesses países desde que assumiram, há dez anos, compromissos comuns. Um dos aspectos dizia respeito à necessidade de se garantir iguais condições educacionais para homens e mulheres, problema que atingia muitos países-membros do E-9. A desigualdade educacional a favor dos homens já não era, há dez anos, um problema no Brasil.

A Figura 1.2 mostra que, entre os jovens com níveis de escolaridade entre zero e cinco anos de estudo, a renda média familiar apresentava pouca variação em 1997. A pequena diferença entre a renda média familiar dos que não estudaram e a dos que tinham pelo menos cinco anos de estudo é indicativa de que o acesso ao primeiro ciclo do ensino fundamental já está praticamente universalizado.

Figura 1.2 – Renda média familiar do jovem de 18 a 24 anos segundo a escolaridade

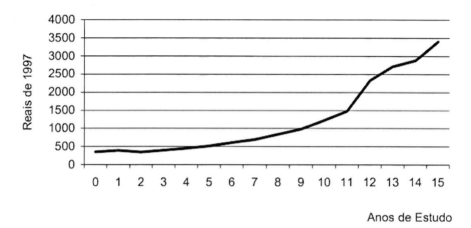

Fonte: IBGE, PNAD/97

É a partir do sexto ano de estudo que a variável renda familiar começa a se fazer presente, crescendo a cada ano de escolaridade adicional. Assim, enquanto a renda média familiar dos jovens com seis anos de estudo estava em torno de 500 reais em 1997, a daqueles com 11 anos de estudo atingia 1.500 reais. Isso significa que, entre seis e 11 anos de estudo, cada ano adicional de estudo do jovem corresponde a um acréscimo de 200 reais na renda familiar média (Figura 1.2). Vale destacar, no entanto, que essa relação deixa de ser automática no momento de entrada do jovem no ensino superior. Entre os jovens com 12 anos de estudo, a renda familiar média atingia 2.300 reais, o que representa um acréscimo de 800 reais em relação à situação dos jovens com 11 anos de estudo — período para a conclusão do ensino de nível médio.

Em outras palavras, apesar de a renda média familiar apresentar correlações com os anos de escolaridade dos jovens, é no momento do ingresso na universidade que o aumento na renda média se faz sentir de forma mais significativa. Se é verdade que os jovens muito pobres têm alguma dificuldade em concluir o ensino fundamental e dificuldade maior em concluir o ensino de nível médio, mais difícil ainda que concluam o ensino superior. A conhecida metáfora do funil do sistema educacional — de a cada ano adicional de estudo excluir maior número de jovens oriundos das famílias mais pobres — se estreita de forma muito significativa no momento de ingresso no ensino superior.

Tal afirmação soa óbvia para o observador da cena social brasileira, podendo ser descrita e constatada de diferentes ângulos. Mais complexa, porém, é a proposição de relações que, de algum modo, possam explicar como ocorre esse processo de exclusão e inclusão no sistema educacional brasileiro.

Diante do fato de que os jovens de escolaridade mais baixa provêm de famílias mais pobres, pergunta-se: até que ponto é possível afirmar que eles são menos escolarizados porque são mais pobres? Com efeito, existem vários outros fatores que intervêm neste quadro — tais como cor, escolaridade dos pais, região geográfica de residência etc. — os quais parecem também contribuir para sua configuração.

A ESCOLARIDADE DOS JOVENS DE 18 A 24 ANOS

Escolaridade dos jovens, cor e renda — A cor da pele é um fator frequentemente considerado quando se trata das desigualdades educacionais no Brasil. Vários estudos chamaram atenção para o fato de jovens pardos e negros apresentarem, tradicionalmente, menos anos de escolaridade que os jovens brancos (Saboia, 1998). Ocorre que, nas chamadas análises univariadas, nunca se sabe com certeza se os jovens negros ou pardos são menos escolarizados devido à sua cor ou porque são também oriundos de famílias com renda mais baixa[172].

Visando investigar esse efeito combinado, a Figura 1.3 apresenta a escolaridade média dos jovens de 18 a 24 anos, por cor e renda familiar. Segundo os dados da PNAD/97, constata-se que, para qualquer nível de renda familiar considerado, os jovens pardos ou negros tinham, em média, um ano de estudo a menos do que os jovens brancos[173].

---

[172] Para constatar os diferenciais de renda por cor, ver a Tabela 1.5.
[173] A Figura 1.2 e a 1.3 representam variantes do mesmo fenômeno. Na primeira, varia a renda em função da escolaridade. Ne segunda, seguiu-se o procedimento inverso.

Figura 1.3 – Escolaridade média segundo a raça e a renda familiar

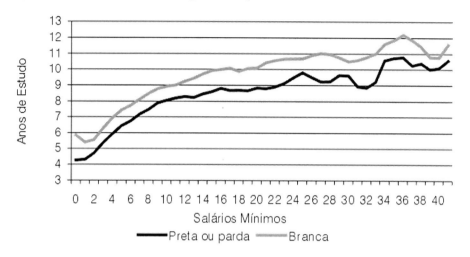

Fonte: IBGE, PNAD/97

Com efeito, o fato de ser jovem negro ou pardo parece implicar um nível mais baixo de escolaridade, independentemente do nível de renda familiar do jovem. Além disso, a diferença parece ser mais acentuada nos níveis de renda mais elevados do que nos mais baixos. Esses resultados são importantes porque indicam de forma muito contundente que a questão da cor é um dos aspectos constitutivos do fenômeno da desigualdade no sistema educacional brasileiro.

Se os dados apresentados parecem adequados para fins descritivos, o leitor deve, todavia, precaver-se diante de relações de causalidade simplistas. Sabe-se, por um lado, que a concentração de jovens negros e pardos parece ser mais elevada no Nordeste do que em outras regiões. Por outro, sabe-se também que os pais de jovens negros ou pardos apresentam menores níveis de escolaridade média do que os pais de jovens brancos. As desigualdades observadas, portanto, poderiam, em tese, ser explicadas em função da própria diversidade regional e das diferenças educacionais nas gerações anteriores.

Escolaridade dos jovens e a região geográfica – De modo geral, os níveis de escolaridade dos jovens entre 18 e 24 anos variam nas regiões geográficas. A proporção de jovens com até três anos de estudo, por exemplo, é muito maior no Nordeste do que no Sudeste[174]. Essa variabilidade ocorre

---
[174] Do total de jovens estudantes, em 1997, 43% residiam no sudeste e 29,7% no Nordeste, as duas regiões mais populosas.

no interior de uma mesma região, comparando a escolaridade dos jovens residentes nas áreas metropolitanas e nos municípios do interior. A proporção de jovens com 11 anos de escolaridade ou mais (ensino de nível médio completo) atinge 31% no conjunto das áreas metropolitanas contra 18,9% nos municípios do interior do Brasil (Tabela 1.8).

Tabela 1.8 – Distribuição dos jovens de 18 a 24 anos segundo níveis de instrução e frequência à escola

Anos de estudo	Norte	Nordeste	Sudeste	Sul	Centro-Oeste	Brasil
Todas as áreas geográficas							
0 a 3 anos	17,63	34,37	11,58	9,84	14,55	18,67
4 a 7 anos	36,88	34,51	32,85	38,62	38,76	34,83
8 a 10 anos	26,68	17,27	27,14	24,87	25,26	23,72
11 anos	15,79	11,09	19,83	18,14	15,46	16,44
12 anos e mais	3,01	2,76	8,59	8,54	5,96	6,34
Total	100,00	100,00	100,00	100,00	100,00	100,00
Interior							
0 a 3 anos	18,69	39,23	13,86	10,75	15,98	22,76
4 a 7 anos	37,91	34,03	36,45	40,59	40,48	36,72
8 a 10 anos	26,19	15,17	25,28	24,57	24,77	21,66
11 anos	15,10	9,63	17,01	16,68	13,81	13,96
12 anos e mais	2,12	1,94	7,41	7,41	4,97	4,90
Total	100,00	100,00	100,00	100,00	100,00	100,00
Regiões metropolitanas							
0 a 3 anos	10,60	15,62	9,06	7,16	8,71	10,11
4 a 7 anos	30,00	36,37	28,86	32,85	31,74	30,88
8 a 10 anos	30,00	25,37	29,20	25,76	27,30	28,02
11 anos	20,40	16,73	22,97	22,40	22,22	21,63
12 anos e mais	9,00	5,92	9,91	11,83	10,04	9,36
Total	100,00	100,00	100,00	100,00	100,00	100,00

Fonte: IBGE (1997)

Os dados da Tabela 1.8 mostram dois aspectos importantes do quadro educacional do país. Primeiro é que a demanda por certos níveis educacionais tende a se concentrar em alguns pontos específicos do espaço geográfico. No caso específico do ensino superior, a demanda tende a se localizar nas regiões metropolitanas. Segundo aspecto, e como parte do mesmo fenômeno, as condições educacionais dos jovens brasileiros são muito espacialmente heterogêneas, seja na comparação entre as diferentes regiões geográficas, seja no interior de cada uma delas.

Nas regiões Sudeste e Sul, as diferenças entre interior e áreas metropolitanas são menos pronunciadas do que nas demais regiões. Nessas regiões, a população rural foi reduzida de forma muito significativa, e o ensino fundamental aproxima-se da universalização na maior parte dos municípios[175]. Em alguns estados, a oferta de ensino já está bem consolidada no interior, em outros encontra-se em vias de franca expansão (Sampaio, 1998).

Do quadro apresentado, emerge uma questão importante: são as características es- específicas dos sistemas educacionais nas diferentes regiões geográficas que estão afetando os níveis de escolaridade média de seus jovens, ou, de maneira inversa, as diferenças de níveis de escolaridade dos jovens estariam apenas refletindo outras variáveis subjacentes, tais como cor e renda familiar.

Escolaridade dos jovens, região geográfica, renda e cor – Ao analisar a relação entre escolaridade média dos jovens e níveis de renda familiar para as diferentes regiões do país, constatam-se resultados relativamente surpreendentes. A escolaridade média dos jovens tende a variar em função da renda familiar de forma muito similar no Nordeste e no Sudeste (Figura 1.4)[176].

---

[175] Segundo a contagem populacional de 1996, a taxa de urbanização do Estado de São Paulo era superior a 90%.

[176] Optou-se por analisar apenas as regiões Nordeste e Sudeste devido ao número insuficiente de casos disponíveis de outras regiões, na amostra.

Figura 1.4 – Escolaridade média dos jovens segundo a região e a renda familiar

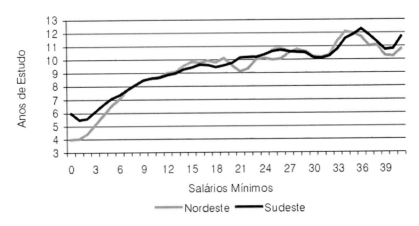

Fonte: IBGE, PNAD/97

Para quase todos os níveis de renda familiar considerados, a escolaridade média dos jovens era muito semelhante nas regiões Nordeste e Sudeste em 1997, sugerindo que diferentes níveis de escolaridade parecem remeter à própria estrutura diferenciada de distribuição de renda nessas regiões do que a outras eventuais particularidades regionais.

A principal exceção diz respeito aos jovens oriundos de famílias com renda inferior a três salários-mínimos. Nesse caso, constata-se, em 1997, desníveis educacionais expressivos entre o Nordeste e o Sudeste, superiores a um ano de escolaridade. É possível inferir, com base nesses dados, que, para os jovens muito pobres da região Nordeste (34,4% do total), o ensino público parece ter sido menos eficiente, no sentido de mantê-los na escola e fazê-los avançar nos anos de escolaridade, do que para os jovens da mesma condição socioeconômica do Sudeste[177].

Apesar desses desníveis, prevalece o argumento geral que, para os demais níveis de renda, o padrão observado é muito semelhante nas duas regiões citadas. De certa forma, o mesmo argumento aplica-se aos diferenciais por cor. Tanto no Sudeste quanto no Nordeste, a escolaridade média dos jovens negros ou pardos é inferior à escolaridade média dos jovens brancos (Figura 1.5 e Figura 1.6).

---

[177] Os jovens de 18 a 24 anos em 1997 deveriam — caso o sistema escolar apresentasse uma relação idade/série adequada — ter iniciado o ensino fundamental entre 1980 e 1986. Embora o grau de urbanização seja hoje muito mais elevado do que nesse período, é provável que grande parte dos jovens com reduzida renda familiar residisse em áreas rurais nessa época.

Figura 1.5 – Escolaridade média dos jovens segundo a renda familiar

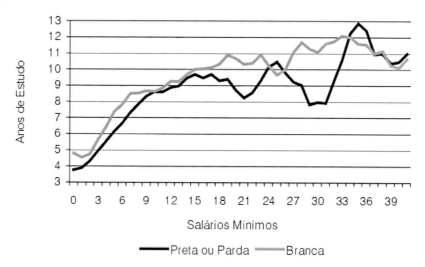

Fonte: IBGE, PNAD/97

Figura 1.6 – Escolaridade média dos jovens segundo a renda familiar

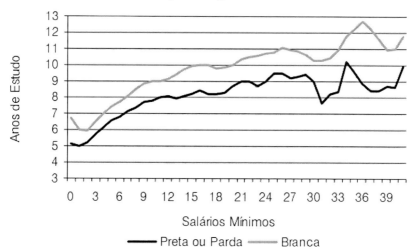

Fonte: IBGE, PNAD/97

As Figuras 1.5 e 1.6 mostram que 80% dos jovens fazem parte do grupo de renda familiar entre 0 e 15 salários-mínimos. Considerando-se a ampla parcela de jovens nesse intervalo de renda familiar, constata-se que a distância entre brancos, de um lado, e negros e pardos, de outro, em termos de anos médios de escolaridade era menor no Nordeste do que no Sudeste. Mostram, ainda, que a distância em anos de escolaridade entre brancos e negros e pardos tende a aumentar à medida que também aumenta a renda familiar, apesar de os dados apresentarem algum grau de imprecisão nos níveis mais elevados de renda familiar em razão de oscilações provocadas pelo tamanho da amostra

Em suma, desigualdades educacionais segundo as variáveis renda familiar e cor não podem ser compreendidas somente com base no fator regional. Os resultados indicam que diferenciais educacionais entre brancos, negros e pardos são menores no Nordeste do que no Sudeste. Indaga-se, assim, em que medida desigualdades educacionais segundo a cor e a renda familiar (constatadas nos subtítulos anteriores) podem ser melhor compreendidas inter-relacionando-as com a variável escolaridade dos pais.

Escolaridade dos jovens, dos pais e renda familiar – A possibilidade de uma pessoa progredir na educação formal tem sido considerada dependente do nível de escolaridade dos pais. Alguns estudos sobre o ensino fundamental chegam mesmo a considerar esta variável — especialmente a escolaridade da mãe — como mais importante que a própria renda da família (Barros; Mendonça, 1992; Seade, 1998). Para discutir esse aspecto, a Tabela 1.9 mostra o nível alcançado pelos jovens no sistema educacional em relação ao nível de escolaridade de seus pais.

Tabela 1.9 – Escolaridade dos jovens de 18 a 23 anos segundo a escolaridade dos pais

Anos de estudo	Escolaridade dos jovens				
	0 a 3 anos	4 a 7 anos	8 a 10 anos	11 anos e mais	Total
Escolaridade dos pais					
0 a 3 anos	29,06	39,96	19,69	11,29	100,00
4 a 7 anos	8,43	31,74	31,11	28,71	100,00
8 a 10 anos	5,61	21,66	34,40	38,33	100,00
11 anos e mais	3,71	10,90	23,68	61,70	100,00
Total	16,91	31,39	25,01	26,69	100,00

	Escolaridade das mães				
0 a 3 anos	29,14	40,39	19,56	10,90	100,00
4 a 7 anos	8,24	33,36	30,81	27,59	100,00
8 a 10 anos	5,08	19,69	34,11	41,13	100,00
11 anos e mais	3,65	11,59	25,24	59,52	100,00
Total	16,72	32,06	25,18	26,04	100,00

Fonte: IBGE (1997)

De acordo com os dados disponíveis na PNAD de 1997[178], enquanto um jovem filho de pai ou mãe com até três anos de escolaridade tinha em torno de 11% de probabilidade de completar o ensino médio (11 anos de estudo e mais), essa probabilidade era superior a 60% para os filhos de pais e mães que tinham concluído o ensino médio.

De modo análogo, aproximadamente 29% dos jovens com baixa escolaridade (até três anos de estudo) eram filhos de pais também com baixa escolaridade. No grupo de pais com 11 anos e mais de estudo, a proporção de filhos com menos de três anos de escolaridade era sempre inferior a 4%. Assim, embora seja constatado relativo avanço nos anos de escolaridade dos jovens de hoje comparativamente aos anos de estudos de gerações anteriores, os dados mostram que ainda persiste um mecanismo de reprodução de baixa escolaridade ao longo das gerações, cujos efeitos se desdobram numa perversa dinâmica de longo prazo.

As Figuras 1.7 e 1.8 apresentam dados, para o ano de 1997, de escolaridade média dos jovens segundo a renda familiar (em salários-mínimos) e escolaridade média do pai e da mãe. As faixas de escolaridade são: 0 a 3 anos; 4 a 7 anos; 8 a 10 anos e 11 anos e mais.

---

[178] Como a escolaridade dos pais não é uma variável incluída na coleta de dados da PNAD/97, considera-se o chefe de domicílio ou cônjuge do chefe masculino "pai" e o chefe de domicílio ou cônjuge do sexo feminino "mãe", o que significa englobar, sob a mesma condição, filhos, agregados, pensionistas etc. Os casos em que os jovens já eram chefes de domicílio ou cônjuge foram desconsiderados. Vale lembrar que os jovens chefes de domicílio apresentam escolaridade média inferior aos demais. A propósito, ver Tabela 1.

Figura 1.7 – Escolaridade média dos jovens segundo a renda familiar e a escolaridade da mãe

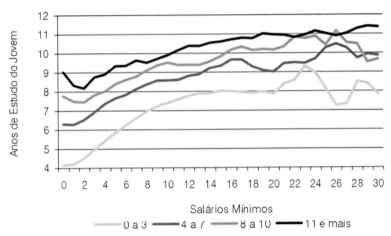

Fonte: IBGE, PNAD/97

Figura 1.8 – Escolaridade média dos jovens segundo a renda familiar e a escolaridade do país

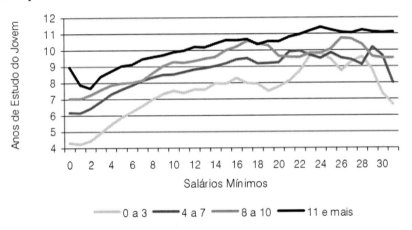

Fonte: IBGE, PNAD/97

Constata-se, em primeiro lugar, que a curva de escolaridade do jovem por renda familiar e escolaridade dos pais tem uma forma similar à da curva apresentada anteriormente (Figuras 1.5 e 1.6) quando não se considerou a variável renda familiar. Em todas as faixas de escolaridade dos pais, a escolaridade do jovem cresce à medida que aumenta a renda familiar.

Em segundo lugar, os dados indicam que, em todos os níveis de renda familiar considerados, a escolaridade dos pais tem efeito muito significativo sobre os anos de escolaridade dos filhos. Nesse quadro, filhos de mães com mais de 11 anos de estudo tinham, em média, quatro anos de estudo a mais do que os filhos de mães com baixa escolaridade (zero a três anos) independentemente da renda familiar.

Comparando as Figuras 1.7 e 1.8, constata-se que filhos de mães com mais de 11 anos de escolaridade e renda familiar inferior a cinco salários-mínimos tinham uma escolaridade média superior à dos filhos de mães com baixa escolaridade (zero a três anos) e renda familiar mais elevada (entre 15 e 20 salários-mínimos).

Com efeito, para mães com mais de três anos de estudo, cada ano adicional de escolaridade parece implicar um acréscimo de meio ano na escolaridade média de seus filhos, independentemente da renda familiar. No caso dos pais, o mesmo efeito também é constatado, porém com menor amplitude.

Em síntese, as Figuras 1.7 e 1.8 mostram que tanto a renda familiar quanto a escolaridade dos pais são fatores muito importantes na definição da escolaridade média dos jovens. Todavia, é preciso ficar atento às interpretações equivocadas. Se considerarmos que o grupo formado por jovens com escolaridade média igual ou superior a 11 anos (ensino médio completo) constitui a "clientela" real ou potencial do ensino superior, poder-se-ia chegar à conclusão, com base em uma leitura equivocada dos dados apresentados, que apenas filhos de mães e pais com mais de onze anos de estudo e renda familiar acima de 20 salários-mínimos teriam atingido o nível médio de escolaridade, o que se sabe não ser verdade.

Escolaridade dos jovens, escolaridade dos pais, renda familiar e cor – Os dados anteriormente analisados sugerem que as possibilidades de um jovem concluir o ensino médio — portanto, estar apto para ingressar no ensino superior — estão condicionadas por um complexo conjunto de fatores: escolaridade dos pais, renda familiar e cor.

Para investigar o efeito conjunto dessas três variáveis, a Tabela 1.10 mostra a distribuição dos jovens segundo a escolaridade da mãe, a renda familiar e a cor. Constata-se, nessa tabela, que, num extremo da distribuição, apenas 2,9% dos jovens da cor preta ou da parda, filhos de mães com baixa escolaridade (zero e três anos de estudo) e com renda familiar de até dois salários-mínimos tinham conseguido concluir o ensino médio.

No outro extremo, 80,4% dos jovens brancos, filhos de mães com mais de 11 anos de estudo e renda familiar superior a 20 salários-mínimos tinham completado o ensino médio em 1997.

Tabela 1.10 – Jovens de 18 a 24 anos segundo a renda familiar, a cor, a escolaridade da mãe e a escolaridade dos jovens

Renda familiar (em salário-mínimo)	0 a 3 anos	4 a 7 anos	8 a 10 anos	11 anos e mais	Total
Raça preta ou parda – 0 a 3 anos de estudo da mãe					
0 a 2	45,57	39,72	11,81	2,90	100,00
2 a 5	36,16	40,86	16,38	6,61	100,00
5 a 10	20,62	42,69	25,25	11,44	100,00
10 a 15	10,83	39,23	30,06	19,87	100,00
15 a 20	15,97	29,02	29,27	25,74	100,00
a partir de 20	8,04	18,69	37,16	36,11	100,00
Raça preta ou parda – 4 a 7 anos de estudo da mãe					
0 a 2	20,12	47,81	24,08	8,00	100,00
2 a 5	14,48	43,57	29,58	12,38	100,00
5 a 10	7,67	37,51	29,82	25,00	100,00
10 a 15	5,13	26,51	36,01	32,35	100,00
15 a 20	7,58	25,87	35,95	30,60	100,00
a partir de 20	3,94	18,64	44,00	33,42	100,00
Raça preta ou parda – 8 a 10 anos de estudo da mãe					
0 a 2	14,76	37,21	37,33	10,70	100,00
2 a 5	11,97	34,55	35,41	18,06	100,00
5 a 10	7,11	24,85	37,37	30,68	100,00
10 a 15	3,04	19,81	35,49	41,66	100,00
15 a 20	0,00	14,95	50,76	34,30	100,00
a partir de 20	4,42	15,77	38,29	41,53	100,00
Raça preta ou parda – 11 e mais anos de estudo da mãe					
0 a 2	6,16	39,09	31,22	23,53	100,00
2 a 5	5,64	28,34	33,17	32,85	100,00

Escolaridade dos jovens

Renda familiar (em salário-mínimo)	0 a 3 anos	4 a 7 anos	8 a 10 anos	11 anos e mais	Total
5 a 10	4,89	17,58	36,43	41,10	100,00
10 a 15	2,58	10,26	36,96	50,20	100,00
15 a 20	1,96	6,93	32,23	58,88	100,00
a partir de 20	2,15	8,28	26,49	63,08	100,00
Raça branca – 0 a 3 anos de estudo da mãe					
0 a 2	34,60	46,79	14,66	3,95	100,00
2 a 5	23,84	43,88	20,10	12,19	100,00
5 a 10	13,68	37,09	28,87	20,36	100,00
10 a 15	6,47	30,63	27,37	35,53	100,00
15 a 20	5,41	26,39	34,91	33,29	100,00
a partir de 20	5,50	22,87	27,55	44,08	100,00
Raça branca – 4 a 7 anos de estudo da mãe					
0 a 2	12,37	46,45	29,50	11,68	100,00
2 a 5	8,19	35,99	33,82	22,00	100,00
5 a 10	4,39	29,72	32,67	33,22	100,00
10 a 15	4,46	21,58	29,98	43,97	100,00
15 a 20	1,02	15,41	30,60	52,97	100,00
a partir de 20	0,65	17,55	28,95	52,85	100,00
Raça branca – 8 a 10 anos de estudo da mãe					
0 a 2	6,90	29,56	40,28	23,26	100,00
2 a 5	4,76	24,55	36,27	34,41	100,00
5 a 10	4,54	17,86	36,21	41,39	100,00
10 a 15	2,40	13,61	31,95	52,05	100,00
15 a 20	0,21	7,78	34,32	57,69	100,00
a partir de 20	0,92	3,39	27,48	68,21	100,00
Raça branca – 11 e mais anos de estudo da mãe					
0 a 2	7,25	20,05	33,94	38,76	100,00
2 a 5	2,07	17,36	40,04	40,54	100,00
5 a 10	3,34	11,65	29,85	55,16	100,00
10 a 15	2,10	5,60	28,65	63,64	100,00

Escolaridade dos jovens

Renda familiar (em salário-mínimo)	Escolaridade dos jovens				Total
	0 a 3 anos	4 a 7 anos	8 a 10 anos	11 anos e mais	
15 a 20	1,76	5,94	26,50	65,80	100,00
a partir de 20	0,80	2,59	16,19	80,42	100,00

Fonte: IBGE (1997)

Os dados da Tabela 1.10 mostram ainda que as variáveis renda familiar, cor e escolaridade materna associam-se a maiores níveis de escolaridade dos jovens pesquisados. De fato, quando as variáveis cor e escolaridade materna são mantidas constantes, verifica-se que, quanto mais elevada a renda familiar, maior será a proporção de jovens com mais anos de escolaridade. Da mesma forma, mantidas constantes as variáveis renda familiar e escolaridade da mãe, constata-se que os jovens brancos têm mais anos de escolaridade que os jovens de cor preta ou parda. Finalmente, quando se mantêm constantes as variáveis renda familiar e cor, constata-se que os jovens filhos de mães mais escolarizadas são mais escolarizados.

Em suma, os dados indicam que as variáveis escolaridade dos pais, renda familiar e cor afetam a distribuição dos jovens nos grupos de anos de escolaridade[179]. De acordo com os dados anteriormente apresentados, a variável cor parece ter um peso menor do que as variáveis renda familiar e escolaridade materna no quadro de possibilidades de o jovem atingir níveis mais elevados de escolaridade.

Diante da situação dos jovens em termos de anos de escolaridade, indaga-se: as desigualdades na escolaridade dos jovens estariam, ao longo do tempo, aumentando ou diminuindo? Procurando responder à questão, seguem-se dados relativos aos níveis de escolaridade dos jovens entre 18 e 24 anos e aos de seus pais.

Evolução da escolaridade entre gerações – Na comparação entre as gerações, a escolaridade média dos mais jovens tem evoluído de maneira significativa. Filhos têm, em média, mais anos de escolaridade que seus pais e, provavelmente, terão filhos ainda mais escolarizados. Sob esse aspecto, acompanhar o avanço escolar entre gerações é uma forma de buscar entender em que medida as desigualdades de escolaridade entre os jovens, apresentadas anteriormente, estariam aumentando ou diminuindo.

---

[179] A questão regional não será analisada devido aos motivos já apresentados anteriormente.

A Figura 1.9 mostra a diferença — em anos de estudo — entre a escolaridade das mães e a dos filhos. Analogamente, a Figura 1.10 expõe a diferença em anos de estudo entre pais e filhos[180].

Figura 1.9 – Diferença média entre a escolaridade da mãe e dos filhos segundo a raça e a renda familiar

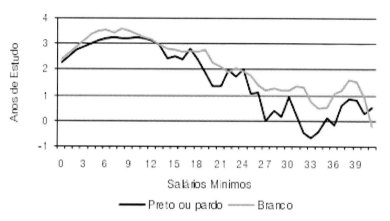

Fonte: IBGE, PNAD/97

Figura 1.10 – Diferença média entre a escolaridade do pai e dos filhos segundo a raça e a renda familiar

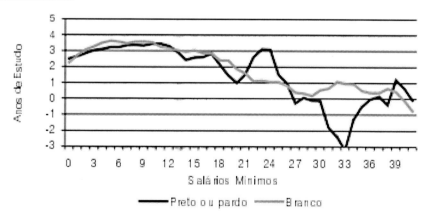

Fonte: IBGE, PNAD/97

---

[180] Os números apresentados nesses gráficos são obtidos a partir da média (para cada grupo de renda) do resultado da subtração dos anos de escolaridade do jovem pelos anos de escolaridade da mãe ou do pai.

Em primeiro lugar, constata-se que a diferença na escolaridade das mães e filhos é mais alta nos níveis de renda mais baixos do que nos mais altos. De certa forma, trata-se de um resultado esperado porque os pais dos jovens pobres tinham, em média, baixa escolaridade, o que faz com que o avanço entre as gerações possa ocorrer de forma mais acentuada. Caso essa tendência seja mantida, os diferenciais de escolaridade, segundo a renda familiar, tenderiam, a longo prazo, a diminuir.

Em segundo lugar, registra-se que os jovens negros ou pardos (na comparação com seus pais) ganharam menos em anos de escolaridade do que os jovens brancos, principalmente no grupo de renda familiar mais elevada. Essa tendência é mais pronunciada na diferença de anos de estudo entre mães e filhos (Figura 1.9), o que significa que diferenciais educacionais entre os jovens brancos e os negros e pardos não estão diminuindo; ao contrário, podem estar aumentando ainda que ligeiramente.

Em suma, diferenciais de escolaridade entre pais e filhos segundo a cor e a renda familiar apontam para um cenário de menor desigualdade educacional por renda e idêntica ou maior desigualdade educacional por cor. Destaca-se, no entanto, que atualmente o diferencial mais acentuado refere-se à renda familiar. Cabe também lembrar que a questão da evolução educacional entre gerações não se restringe às estratégias das famílias, mas reflete políticas educacionais adotadas ao longo de períodos mais largos de tempo. Conforme mencionado antes, os dados educacionais relativos aos jovens de 18 a 24 anos, em 1997, podem estar refletindo problemas ocorridos na oferta de ensino fundamental nos anos 1980.

CONSIDERAÇÕES FINAIS

Ao longo deste capítulo, foram apresentados e analisados vários indicadores socioeconômicos e educacionais de jovens de 18 a 24 anos no Brasil. Procurou-se enfatizar a grande heterogeneidade da juventude brasileira e as agudas desigualdades educacionais existentes. Buscou-se também mostrar que diferentes níveis de renda familiar, de escolaridade dos pais e cor dos jovens estão associados às desigualdades educacionais observadas. De modo geral, jovens brancos, com renda familiar superior a 20 salários-mínimos e filhos de pais com maior escolaridade constituem o grupo com maior nível de escolaridade média.

Da perspectiva de um estudo sobre a questão da presença ou ausência de equidade no sistema de ensino superior brasileiro, os resultados apresentados têm implicações importantes. Os jovens que completam o ensino médio — que estão, portanto, em condições de ingressar no nível superior — provêm, em geral, de famílias mais ricas do que a média da população, são mais frequentemente brancos do que a média da população e são filhos de pais com mais escolaridade do que a média. Subsidiariamente, são mais frequentemente do sexo feminino e residentes no Sudeste e Sul do Brasil.

Quando se toma como referência um corte mais restrito, considerando-se apenas os jovens de 18 a 24 anos que já concluíram o ensino superior, os dados ainda são mais impressionantes. Segundo a PNAD/97, os poucos jovens (1,3% do total) que já tinham concluído o nível superior na faixa etária entre 18 e 24 anos, ou seja, que apresentavam 15 anos de estudo e mais eram quase todos brancos (86,6%), provinham de famílias com renda elevada (renda familiar média de 3.400 reais em 1997) e tinham pais com mais anos de escolaridade (10,6 anos de escolaridade média do pai). Esses jovens residiam predominantemente no Sudeste do País (59,5%) e eram, em grande parte, residentes em regiões metropolitanas (48,3%). Esses resultados levam a afirmar que a cada nível mais elevado de escolaridade, o sistema educacional torna-se mais seletivo.

Ressalta-se, todavia, que, mesmo no interior do grupo que concluiu o ensino superior, existem diferenças socioeconômicas significativas distinguindo jovens que estudaram em cursos diurnos ou noturnos, instituições públicas ou privadas, cursos de Engenharia, Medicina ou Letras, entre outros aspectos. A Parte II trata dessas questões com base nos dados do Exame Nacional de Cursos de 1999.

Parte II – A equidade no sistema de ensino superior brasileiro

CARACTERÍSTICAS DOS FORMANDOS DE 1999

Os registros do Exame Nacional de Cursos do ano de 1999 abrangem cerca de 146 mil formandos, distribuídos em 13 diferentes áreas de graduação. Administração, Direito e Letras são os cursos com maior número de alunos participando do Provão; em conjunto, totalizam 90 mil formandos ou 62,2% do universo dos que realizaram o Exame em 1999 (Tabela 2.1).

Tabela 2.1 – Formandos por curso e região geográfica

Curso*	Norte	Nordeste	Sudeste	Sul	Centro-Oeste	Total
Administração	928	3.062	24.423	6.502	2.749	37.664
Direito	1.337	4.037	23.293	5.695	3.286	37.648
Engenharia Civil	195	1.007	3.375	940	374	5.891
Engenharia Química	45	120	977	312	0	1.454
Medicina Veterinária	37	287	1.100	460	222	2.106
Odontologia	108	827	4.865	1.229	318	7.347
Matemática	544	1.246	5.151	1.708	623	9.272
Jornalismo	76	615	3.143	747	244	4.825
Letras	505	2.650	8.118	2.357	1.392	15.022
Engenharia Elétrica	122	329	2.996	575	171	4.193
Engenharia Mecânica	75	301	2.567	625	1	3.569
Medicina	332	1.217	4.342	1.263	250	7.404
Economia	377	1.419	4.659	1.846	863	9.236
Total	4.681	17.189	89.009	24.259	10.493	145.631

Fonte: Inep (1999)

* A ordem desta coluna obedece à relação das áreas de graduação, cujos formandos foram submetidos ao Provão no período 1996-1999.

No que concerne à distribuição geográfica, os formandos participantes do Provão em 1999 são, em sua maioria, das regiões Sudeste e Sul; da primeira dessas regiões participaram 89 mil formandos (61% do total) e do Sul, totalizaram 24 mil alunos (16,4% do total) (Tabela 2.1). A elevada participação de formandos provenientes das duas regiões geográficas no Provão é coerente com seus indicadores mais elevados de escolaridade de jovens entre 18 e 24 anos em comparação aos jovens das demais regiões.

Considerando-se o conjunto de cursos avaliados no Provão, constata-se também que eles se distribuem de forma pouco equilibrada nas diferentes regiões geográficas: enquanto no Sudeste os formandos na área das engenharias (Engenharia Civil, Engenharia Química, Engenharia

Elétrica e Engenharia Mecânica) chegam a quase 10 mil (11,1% do total do Sudeste), na região Centro-Oeste somam apenas 546 (5,2% do total regional).

Esses dados gerais do Exame Nacional de Cursos, realizado em 1999, também ressaltam a forte presença do setor privado no sistema nacional de ensino superior. Do total de concluintes de cursos que realizaram o Provão, apenas 32,7% eram oriundos de estabelecimentos públicos (universidades ou estabelecimentos não universitários)[181] (Tabela 2.2).

Tabela 2.2 – Formandos por dependência administrativa, natureza institucional do estabelecimento e região geográfica

Dependência e natureza do estabelecimento	Norte	Nordeste	Sudeste	Sul	Centro-Oeste	Total	Valor absoluto
Universidade pública	58,2	53,5	16,4	40,0	27,9	26,9	38.989
Estabelecimento não-universitário público	3,7	6,6	5,5	6,8	6,5	5,9	8.498
Universidade privada	14,9	22,2	41,2	37,6	28,1	36,6	53.129
Estabelecimento não-universitário privado	23,3	17,7	36,9	15,6	37,4	30,7	44.589
Total	100,0	100,0	100,0	100,0	100,0	100,0	145.205

Fonte: Inep (1999)

Nota: o total de alunos apresentado na Tabela 2.2 é ligeiramente diferente do total de estudantes apresentados na Tabela 2.1 e na 2.3. Esta diferença decorre da existência, na base de dados do Provão, de 426 registros sem informação sobre a dependência administrativa e/ou natureza institucional do estabelecimento e/ou turno do curso.

---

[181] Considera-se "estabelecimento não-universitário" as instituições de ensino superior que não se definem como universidades. Os estabelecimentos não universitários podem ser públicos (federal, estadual e municipal) ou privados no que diz respeito à dependência administrativa. Quanto à natureza institucional, os estabelecimentos não universitários englobam centros universitários, faculdades integradas, faculdades e escolas isoladas.

A participação do setor privado no conjunto dos cursos de ensino superior avaliados pelo Provão apresenta, no entanto, destacadas variações regionais. Na região Nordeste, 60,1% dos estudantes estavam concluindo seu curso em estabelecimentos públicos; na região Sudeste, eles representavam apenas 21,9% do total de formandos.

Tabela 2.3 – Formandos por dependência administrativa, natureza institucional do estabelecimento turno e região geográfica

Dependência administrativa/ Natureza institucional do estabelecimento	Norte	Nordeste	Nordeste	Sudeste	Sul	Centro-Oeste	Total	Casos
Universidade pública	100,0	100,0	100,0	100,0	100,0	100,0	100,0	**38.989**
Frequência exclusiva a cursos diurnos	37,6	44,5	44,5	49,9	35,8	39,0	43,4	16.939
Alguma frequência a cursos noturnos	62,4	55,5	55,5	50,1	64,2	61,0	56,6	22.050
Estabelecimento não-universitário público	100,0	100,0	100,0	100,0	100,0	100,0	100,0	**8.498**
Frequência exclusiva a cursos diurnos	51,7	6,4	6,4	26,3	16,2	0,1	20,1	1.708
Alguma frequência a cursos noturnos	48,3	93,6	93,6	73,7	83,8	99,9	79,9	6.790
Universidade privada	100,0	100,0	100,0	100,0	100,0	100,0	100,0	**53.129**
Frequência exclusiva a cursos diurnos	41,4	8,7	8,7	10,7	19,8	10,1	12,5	6.642

Dependência administrativa/ Natureza institucional do estabelecimento	Norte	Nordeste	Nordeste	Sudeste	Sul	Centro-Oeste	Total	Casos
Alguma frequência a cursos noturnos	58,6	91,3	91,3	89,3	80,2	89,9	87,5	46.487
Estabelecimento não-universitário privado	**100,0**	**100,0**	**100,0**	**100,0**	**100,0**	**100,0**	**100,0**	**44.589**
Frequência exclusiva a cursos diurnos	8,6	16,3	16,3	11,3	4,4	4,1	10,4	4.626
Alguma frequência a cursos noturnos	91,4	83,7	83,7	88,7	95,6	95,9	89,6	39.963
Total	**100,0**	**100,0**	**100,0**	**100,0**	**100,0**	**100,0**	**100,0**	**145.205**
Frequência exclusiva a cursos diurnos	32,0	29,0	29,0	18,2	23,6	15,3	20,6	29.915
Alguma frequência a cursos noturnos	68,0	71,0	71,0	81,8	76,4	84,7	79,4	115.290

Fonte: Inep (1999)

Outro aspecto a considerar refere-se à baixa presença de formandos que haviam frequentado seu curso exclusivamente no turno diurno. Eles correspondem a apenas 20,6% num total de quase 30 mil formandos[182] (Tabela 2.3). Considerando-se que o percentual de ingressantes no turno noturno corresponde a 52,6% do total de ingressantes no ensino superior[183],

---

[182] Não constam do banco de dados do Exame Nacional de Cursos informações sobre o turno predominante em que o aluno fez a graduação.

[183] No setor público de ensino superior, no ingressantes no turno noturno correspondiam, 1997, a 40.9% (84.456) do total de ingressantes (206.725). No setor privado, eles representavam 56,8% (324.122) do total de ingressantes (570.306) (Fonte: Banco de dados censo educacional: MEC/INE/SEEC, 1997).

os dados de turno fornecidos pelos formandos — em que 79,4% afirmam ter cursado em algum momento o turno noturno — apontam para o uso de diferentes estratégias pelos estudantes, levando-os à composição de classes diurnas e noturnas ao longo do curso. É provável que nesses arranjos trabalho (em tempo integral ou parcial), ocupações remuneradas temporárias e estágios dos estudantes venham desempenhar um papel importante[184].

Constata-se também que os formandos que declararam ter estudado exclusivamente no turno diurno são mais numerosos nas universidades públicas do que nos demais estabelecimentos de ensino, escolas isoladas públicas, inclusive. Analogamente, a proporção de formandos que tinham estudado exclusivamente no turno diurno (29%) é maior na região Nordeste do que no Sudeste, onde apenas 18,2% dos formandos apresentavam esta situação[185] (Tabela 2.3).

Em suma, as condições de oferta do ensino superior no Brasil, em termos de estabelecimentos públicos e privados, cursos e turnos, são muito diferenciadas segundo as regiões geográficas. Para melhor caracterizar essas diferenças, apresenta-se, na seção seguinte, o perfil dos formandos que realizaram o Provão em 1999, segundo as variáveis sexo, idade, estado civil, cor, condição de trabalho e renda familiar.

Sexo, idade e estado civil dos formandos – Destaca-se, de início, que a participação de formandos mais jovens, do sexo masculino e solteiros, é maior nas universidades públicas do que nos demais estabelecimentos. Enquanto 57% dos formandos de universidades públicas tinham entre 18 e 24 anos; nas faculdades ou escolas privadas, a proporção de formandos nesta faixa etária era de 47.7% (Tabela 2.4). Já a comparação entre a proporção de formandos nessa faixa etária nas universidades públicas e privadas não revela diferenças significativas. Nestas últimas, o percentual está em torno de 55%, bem próximo ao encontrado nas universidades públicas.

---

[184] Apesar de os dados serem insuficientes para esta constatação, os resultados parciais parecem indicar desdobramentos no processo ensino-aprendizado que merecem ser investigados.

[185] No caso das universidades públicas, o ensino noturno é mais comum no Nordeste do que no Sudeste. Embora nesta região o ensino noturno seja mais comum, o fato decorre do maior número de alunos provenientes do setor privado, que, mais intensamente do que o setor público, oferece ensino noturno.

Tabela 2.4 – Formandos por sexo, idade, estado civil, dependência administrativa e natureza institucional do estabelecimento

Sexo, idade e estado civil	Universidade pública	Estabelecimento não-universitário público	Universidade privada	Estabelecimento não-universitário privado	Total
Masculino, 18 a 24 anos, solteiro	27,0	19,5	20,4	17,2	21,1
Feminino, 18 a 24 anos, solteiro	24,6	29,2	28,7	24,6	26,4
Masculino, 18 a 24 anos, casado (*)	2,2	1,9	1,8	1,9	1,9
Feminino, 18 a 24 anos, casado (*)	3,2	5,0	3,1	4,0	3,5
Masculino, 24 anos e mais, solteiro	15,1	12,3	13,6	12,4	13,6
Feminino, 24 anos e mais, solteiro	9,9	10,5	11,1	12,5	11,2
Masculino, 24 anos e mais, casado (*)	10,2	9,2	11,2	14,2	11,7
Feminino, 24 anos e mais, casado (*)	7,8	12,2	10,2	13,2	10,6
Total	100,0	100,0	100,0	100,0	100,0

Fonte: Inep (1999)

(*) Casado, separado ou viúvo

Constata-se também nessa mesma tabela que a proporção de solteiros varia entre o mínimo de 54% nas faculdades ou escolas privadas e o máximo de 76,6% nas universidades públicas. Os dados mostram que a participação de formandas é ligeiramente mais elevada que a de homens; as mulheres correspondiam a 51,7% do total de concluintes de cursos que realizaram o Provão em 1999.

Considerando-se, porém, o total de formandos na diversidade dos estabelecimentos de ensino superior em termos de dependência administrativa (público e privado) e natureza institucional (universidades e estabelecimentos não-universitários), verifica-se que a presença feminina oscila entre um máximo de 56,9% nas faculdades ou escolas públicas e um mínimo de 45,5% nas universidades públicas.

A questão do gênero no ensino superior conduz a outras considerações. Constata-se ainda que as mulheres são majoritárias na faixa etária de 18 e 24 anos, sendo menos numerosas entre os formandos com mais de 25 anos. Trata-se de um resultado esperado, coerente com os dados apresentados na Parte I, os quais mostram a maior escolaridade média das mulheres jovens quando comparada à dos homens jovens.

Os formandos homens são majoritários nas universidades públicas, segmento do ensino superior considerado de melhor desempenho acadêmico. Dos 39 mil formandos oriundos de universidades públicas, 21 mil eram homens (54,5%). O mesmo fenômeno pode ser observado nos cursos mais concorridos, como nos de Engenharia, Medicina e Direito, por exemplo. Por outro lado, no setor privado, em alguns desses mesmos cursos, constata-se uma distribuição mais equilibrada dos formandos por sexo (Tabela 2.5). Entre os formandos de Medicina, por exemplo, as mulheres representam 49,7% e 48,6%, respectivamente nas universidades privadas e nos estabelecimentos não-universitários privados. Nos cursos de Direito, as mulheres já representam mais da metade dos formandos das instituições privadas (universidades e estabelecimentos não-universitários).

Tabela 2.5 – Formandos por sexo, curso, dependência administrativa e natureza institucional do estabelecimento

Curso	Universidade pública			Estabelecimento não-universitário público			Universidade privada			Estabelecimento não-universitário privado		
	Homem	Mulher	Total	Homem	Mulher	Total	Homem	Mulher	Total	Homem	Mulher	Total
Administração	54,8	45,2	100,0	46,6	53,4	100,0	52,3	47,7	100,0	51,6	48,4	100,0
Direito	55,9	44,1	100,0	45,1	54,9	100,0	46,3	53,7	100,0	48,1	51,9	100,0
Engenharia Civil	76,6	23,4	100,0	74,2	25,8	100,0	73,1	26,9	100,0	74,2	25,8	100,0
Engenharia Química	61,5	38,5	100,0	67,4	32,6	100,0	53,8	46,2	100,0	42,9	57,1	100,0
Medicina Veterinária	51,7	48,3	100,0	32,4	67,6	100,0	50,4	49,6	100,0	35,5	64,5	100,0
Odontologia	40,5	59,5	100,0	43,1	56,9	100,0	35,1	64,9	100,0	39,7	60,3	100,0
Matemática	47,4	52,6	100,0	37,7	62,3	100,0	32,9	67,1	100,0	37,4	62,6	100,0
Jornalismo	38,7	61,3	100,0	-	-	100,0	31,8	68,2	100,0	29,3	70,7	100,0
Letras	19,1	80,9	100,0	11,1	88,9	100,0	10,7	89,3	100,0	12,6	87,4	100,0
Engenharia Elétrica	89,0	11,0	100,0	88,8	11,2	100,0	89,3	10,7	100,0	91,2	8,8	100,0
Engenharia Mecânica	96,1	3,9	100,0	92,8	7,2	100,0	96,2	3,8	100,0	93,8	6,2	100,0
Medicina	58,1	41,9	100,0	54,8	45,2	100,0	50,3	49,7	100,0	51,4	48,6	100,0

Curso	Universidade pública			Estabelecimento não-universitário público			Universidade privada			Estabelecimento não-universitário privado		
	Homem	Mulher	Total	Homem	Mulher	Total	Homem	Mulher	Total	Homem	Mulher	Total
Economia	55,7	44,3	100,0	47,1	52,9	100,0	58,2	41,8	100,0	53,5	46,5	100,0
Total	54,5	45,5	100,0	43,1	56,9	100,0	47,3	52,7	100,0	45,8	54,2	100,0

Fonte: Inep (1999)

Esses resultados parecem apontar para dois aspectos de algum modo complementares. O primeiro é a existência de alguma forma de discriminação nas universidades públicas no acesso da mulher a algumas carreiras mais competitivas, voltadas para a formação de profissões tradicionais (Schwartzman, 1990), como Medicina, Engenharia e Direito. O segundo aspecto é que essa discriminação parece ser compensada pelas instituições de ensino superior particulares; nessas escolas, parece haver algumas brechas que estariam concorrendo para um maior equilíbrio, nessas mesmas carreiras, entre o número de formandos homens e mulheres. As razões dessa distribuição singular não podem ser estabelecidas com os dados disponíveis.

A significativa presença de formandas que se verifica em algumas carreiras sugere a ocorrência, em conformidade com estudos anteriores de Schwartzman (1988, 1990), de uma espécie de "feminização" da clientela de instituições, públicas e privadas, universidades e não universitárias, sobretudo em cursos como Letras, Jornalismo, Odontologia e Medicina Veterinária.

No caso dos estabelecimentos não universitários privados, além de seus formandos serem majoritariamente do sexo feminino e terem, em sua grande maioria, estudado exclusivamente no turno noturno (conforme mostrado anteriormente), eles também tendem a concluir seus cursos mais tardiamente do que aqueles matriculados em universidades públicas e privadas.

Em síntese, os dados dos formandos por sexo, idade e estado civil configuram um quadro muito heterogêneo dos estudantes de ensino superior no Brasil. De certa forma, os formandos das universidades públicas, considerados em seu conjunto, e não os separando por curso, ainda apresentam um perfil mais "clássico", que corresponde, em grande medida, à imagem tradicional do "estudante universitário". Eles são, em sua maioria, homens, mais jovens e solteiros. Perfil oposto apresentam os formandos das faculdades e escolas privadas: grande proporção de mulheres, de indivíduos com mais de 25 anos e de pessoas casadas[186].

A cor dos formandos do ensino superior – Embora mais de 40% da juventude brasileira entre 18 e 24 anos sejam constituídos por negros ou

---

[186] Para Simon Schwartzman (1988, 1990), um dos principais fatores da expansão do setor privado de ensino superior nos anos 1970 foi o aumento da demanda por esse nível de ensino, o qual passara a incorporar mulheres mais velhas e casadas, inclusive. Trinta anos após o início da expansão do ensino superior, constata-se que esse segmento do setor privado constituído pelas escolas e faculdades privadas ainda continua atendendo a uma clientela com características muito semelhantes às dos demandantes de ensino superior dos anos 1960 e 1970.

pardos, bem poucos chegam ao ensino superior. Na Parte I, constatou-se que a proporção de jovens negros e pardos que ultrapassaram a barreira dos onze anos de estudo, estando, portanto, em condição de ingressar no ensino superior, era muito menor que a proporção de brancos nessa condição. O resultado mantém-se mesmo quando são introduzidas as variáveis renda familiar e escolaridade dos pais.

Dos formandos que realizaram o Provão em 1999, apenas 15,3% declararam ser negros ou pardos; 80,8% declararam ser brancos (Tabela 2.6).

A distribuição dos formandos que realizaram o Provão em 1999 segundo a raça[187] é variável, considerando-se a faixa etária e a instituição de ensino superior (pública e privada, universidades e estabelecimentos não universitários) na qual concluíram o curso.

Tabela 2.6 – Formandos por dependência administrativa, natureza institucional do estabelecimento cursado, raça e idade

Dependência administrativa, natureza institucional do estabelecimento e idade	Branca	Negra	Parda/mulata	Amarela	Indígena	Total
Universidade pública	75,5	2,7	17,4	3,9	0,6	100,0
18 a 24 anos	79,1	1,5	14,5	4,4	0,5	100,0
25 anos e mais	70,6	4,1	21,3	3,2	0,8	100,0
Estabelecimento não-universitário público	81,1	1,8	13,3	3,4	0,4	100,0
18 a 24 anos	84,0	1,3	10,7	3,7	0,3	100,0
25 anos e mais	77,4	2,4	16,7	3,0	0,5	100,0
Universidade privada	84,4	2,1	9,9	3,2	0,4	100,0
18 a 24 anos	87,5	1,3	7,5	3,5	0,3	100,0
25 anos e mais	80,8	3,0	12,7	3,0	0,5	100,0
Estabelecimento não-universitário privado	81,1	2,2	13,2	3,2	0,3	100,0
18 a 24 anos	84,4	1,4	10,3	3,6	0,3	100,0

[187] Refere-se à raça, e não à cor, porque os dados se referem não só aos brancos, negros e pardos, mas também às pessoas das raças amarela e indígena.

Dependência administrativa, natureza institucional do estabelecimento e idade	Branca	Negra	Parda/mulata	Amarela	Indígena	Total
25 anos e mais	78,1	2,9	15,8	2,8	0,4	100,0
Total	80,8	2,2	13,1	3,4	0,4	100,0
18 a 24 anos	84,0	1,4	10,5	3,8	0,3	100,0
25 anos e mais	77,2	3,2	16,1	3,0	0,5	100,0

Fonte: Inep (1999)

Por um lado, a proporção de formandos negros ou pardos era maior entre os formandos com 25 anos ou mais (19,3%) do que entre os que estavam na faixa etária de 18 a 24 anos (11,9%). A constatação — coerente com a análise dos dados de escolaridade dos jovens apresentada na Parte I — remete à existência de maior atraso escolar na trajetória de escolaridade dos jovens negros e pardos comparativamente à dos jovens brancos, questão também já discutida na parte anterior.

Por outro lado, constata-se que são as universidades públicas que mais formam estudantes negros ou pardos (20,1%). Já nas universidades privadas, o percentual de formandos negros e pardos é da ordem de 12 por cento (Tabela 2.6).

Ao se discutir maior ou menor equidade no acesso ao ensino superior, dados sobre a presença de negros e pardos nesse nível de ensino são fundamentais. Uma das questões que se apresenta é até que ponto esses resultados estariam realmente refletindo a existência de uma menor discriminação racial nas universidades públicas ou, ao contrário, seriam apenas reflexo da formação da população em termos raciais nas diferentes regiões geográficas? Para aprofundar essa discussão, seguem-se dados das proporções de brancos por faixa etária, estabelecimento de ensino superior e região geográfica (Figuras 2.1 e 2.2).

Figura 2.1 – Proporção de brancos entre as pessoas de 18 a 24 anos, por dependência administrativa e natureza institucional do estabelecimento

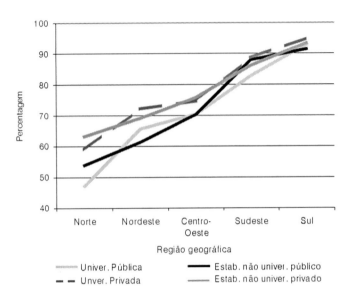

Fonte: Inep (1999)

Figura 2.2 – Proporção de brancos entre as pessoas de 25 anos e mais, por dependência administrativa e natureza institucional do estabelecimento

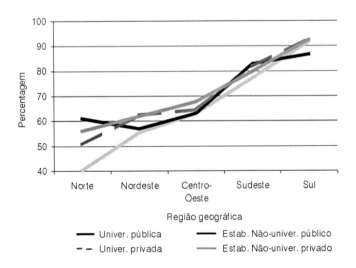

Fonte: Inep (1999)

De acordo com as Figuras 2.1 e 2.2, em todas as regiões geográficas, as universidades públicas apresentam uma menor proporção de formandos brancos do que as universidades privadas e os estabelecimentos não universitários. O fenômeno se verifica tanto entre os jovens de 18 a 24 anos quanto entre os formandos com 25 anos ou mais, lembrando que nesse caso a proporção de brancos é menor que a de negros e pardos.

Em suma, as universidades públicas, apesar de apresentarem maiores proporções de estudantes em cursos exclusivamente diurnos, maiores proporções de estudantes do sexo masculino e mais jovens, também estão formando uma parcela maior de estudantes negros e pardos. Resta avaliar se o que está ocorrendo deriva do modo como se dá a distribuição de renda familiar entre os formandos ou caracteriza uma especificidade da instituição pública de ensino superior no sentido de ser mais permeável ao ingresso de estudantes negros e pardos.

Formandos e jornada de trabalho quando ainda eram estudantes – Na literatura especializada, educação e trabalho em tempo parcial ou integral, sobretudo este último, são considerados atividades inconciliáveis. Existe quase uma unanimidade por parte dos estudiosos da área em considerar que o trabalho para o estudante universitário é prejudicial em termos pedagógicos: limita o tempo de estudo extraclasse, aumenta o número de faltas e reduz a flexibilidade do estudante no sentido de compor horários e buscar estágios e outras formas complementares de aprendizado (Rabello, 1973). Essa percepção, sem contestar suas possíveis razões em termos pedagógicos, parece derivar de uma certa tradição de estudos sociológicos sobre a juventude (Habermas *et al.*, 1968). Nos estudos clássicos sobre a juventude, a antinomia estudo e trabalho é pressuposta; ou seja, a condição de jovem trabalhador e a de jovem estudante são utilizadas para discriminar dois grupos distintos na categoria geral da juventude. Em outras palavras, estudo e trabalho dificilmente aparecem como termos possíveis de conciliação ao tratar dos jovens (Cardoso; Sampaio, 1994a).

Se boa parte da bibliografia sobre a educação e a juventude caminha nessa direção, a realidade, já há algum tempo, parece seguir outra. Longe de ser incomum, o trabalho remunerado, em tempo parcial ou integral, é parte integrante da realidade dos jovens, inclusive dos estudantes universitários (Cardoso; Sampaio, 1994a).

Dos formandos que realizaram o Provão em 1999, quase um terço trabalhou em período integral durante a maior parte do curso de graduação; essa proporção é superior a 40% entre os formandos que frequentaram curso noturno e não atinge 10% entre os formandos que estudaram exclusivamente no turno diurno[188] (Tabela 2.7).

Tabela 2.7 – Distribuição dos formandos segundo o turno, a dependência administrativa e a natureza institucional do estabelecimento, a renda familiar e a jornada de trabalho

Grupos de renda familiar, turno e jornada de trabalho	Universidade pública	Estabelecimento não-universitário público	Universidade privada	Estabelecimento não-universitário privado	Total
Até 10 salários-mínimos					
Cursos diurnos	100,00	100,00	100,00	100,00	100,00
Não trabalhou	41,24	44,93	44,27	43,15	42,10
Trabalhou eventualmente	21,49	17,53	15,32	18,12	19,96
Até 20 horas	15,52	15,89	10,08	6,57	13,68
21 a 39 horas	13,09	9,59	13,95	15,18	13,30
40 horas e mais	8,66	12,05	16,37	16,99	10,96
Frequência ao noturno	100,00	100,00	100,00	100,00	100,00
Não trabalhou	21,74	21,11	19,71	16,49	18,95
Trabalhou eventualmente	13,75	11,12	11,12	10,03	11,31
Até 20 horas	10,78	9,17	5,76	6,78	7,57
21 a 39 horas	18,43	17,07	16,66	17,27	17,31
40 horas e mais	35,29	41,53	47,29	49,43	44,86
Mais de 10 a 20 salários-mínimos					
Cursos diurnos	100,00	100,00	100,00	100,00	100,00
Não trabalhou	53,48	56,41	60,18	48,21	54,23

---

[188] A variável utilizada foi a carga horária remunerada (sem incluir estágio) que o estudante cumpriu na maior parte do curso.

Grupos de renda familiar, turno e jornada de trabalho	Universidade pública	Estabelecimento não-universitário público	Universidade privada	Estabelecimento não-universitário privado	Total
Trabalhou eventualmente	18,78	13,68	14,27	14,47	16,88
Até 20 horas	12,43	7,48	6,74	6,28	10,01
21 a 39 horas	9,60	10,47	10,38	9,07	9,73
40 horas e mais	5,71	11,97	8,43	21,97	9,15
Frequência ao noturno	100,00	100,00	100,00	100,00	100,00
Não trabalhou	26,21	17,45	22,28	15,13	20,17
Trabalhou eventualmente	11,33	9,38	8,78	7,28	8,76
Até 20 horas	9,19	7,04	4,82	4,78	5,71
21 a 39 horas	17,84	14,89	16,13	17,65	16,92
40 horas e mais	35,43	50,79	47,99	55,16	48,44
Mais de 20 salários-mínimos					
Cursos diurnos	100,00	100,00	100,00	100,00	100,00
Não trabalhou	63,74	68,82	71,56	59,24	65,42
Trabalhou eventualmente	17,17	10,30	12,42	15,88	15,19
Até 20 horas	9,39	5,91	5,46	6,26	7,51
21 a 39 horas	7,01	6,04	6,21	7,37	6,79
40 horas e mais	2,68	8,93	4,35	11,25	5,09
Frequência ao noturno	100,00	100,00	100,00	100,00	100,00
Não trabalhou	37,24	23,20	31,77	21,79	29,23
Trabalhou eventualmente	11,47	8,25	9,80	8,22	9,52
Até 20 horas	9,57	4,78	5,71	5,18	6,15

Grupos de renda familiar, turno e jornada de trabalho	Universidade pública	Estabelecimento não-universitário público	Universidade privada	Estabelecimento não-universitário privado	Total
21 a 39 horas	15,50	16,07	14,72	17,15	15,67
40 horas e mais	26,21	47,70	38,00	47,65	39,44

Fonte: Inep (1999)

Com exceção de um subconjunto formado por filhos de famílias com renda mais elevada e que estudaram exclusivamente no turno diurno, a maioria dos formandos trabalhou durante o curso de graduação. Porém, deve ser notado que, mesmo entre os que não trabalharam 40 horas semanais, boa parte (47% nas universidades públicas e 40% nas universidades privadas) teve algum contato com o mundo do trabalho, mesmo fazendo parte do grupo de renda mais elevada.

Constata-se ainda na Tabela 2.7 que são os estabelecimentos não universitários privados que têm as maiores proporções de estudantes que trabalharam mais de 20 horas durante seus cursos de graduação. O dado parece ser coerente com os dados de maior idade média, estado civil (boa parte já casados) dos que estavam se formando nesses estabelecimentos.

De alguma forma previsível, os dados mostram que o trabalho em período integral é mais frequente entre os formandos de renda familiar mais baixa (0 a 10 salários-mínimos) e os oriundos de instituições privadas (universidades e estabelecimentos não universitários) (Tabela 2.7). De todos os formandos que realizaram o Provão em 1999, foi entre os oriundos das universidades públicas que se encontra a menor proporção de estudantes que trabalharam em horário integral, independentemente de renda familiar e do turno do curso que frequentaram.

Isto não implica afirmar que a universidade pública sempre abriga maior proporção de estudantes que não trabalham. Por exemplo, no caso dos estudantes do ensino diurno e com renda familiar entre 0 e 10 salários-mínimos, a proporção de pessoas que não trabalharam era menor na universidade pública (41,2%) do que na universidade privada (44,3%).

Caberia examinar, todavia, diferenças da natureza do trabalho que os estudantes realizam. De um lado, um aluno pode exercer atividade remunerada há algum tempo e financiar seus próprios estudos em uma área não diretamente relacionada com a do seu trabalho. Nesse caso, já trabalhando, o estudante estaria no ensino superior com o objetivo de melhorar ou redefinir sua inserção no mercado de trabalho. De outro lado, o aluno pode ter sua primeira experiência no mercado de trabalho, após o ingresso na universidade, desenvolvendo atividades de trabalho relacionadas com seu curso de graduação. Nesse último caso, a atividade de trabalho representa o passo inicial na carreira profissional. Sem dúvida, existe uma diferença muito grande entre um(a) estudante empregado(a) como secretário(a) ou vendedor(a) que mantém suas atividades profissionais enquanto cursa uma faculdade de Direito e um(a) jovem que trabalha e entra para um escritório de advocacia, após seu ingresso no curso. Os dados disponíveis, contudo, não permitem aprofundar a análise.

Os formandos e a renda familiar – Na distribuição dos formandos do ensino superior por grupos de renda familiar e dependência administrativa do estabelecimento, constata-se que as instituições públicas estão sobrerrepresentadas nos grupos de renda mais baixa. Enquanto, no total de formandos que realizaram o Provão em 1999, 32,4% são oriundos de universidades ou faculdades públicas; no grupo de formandos com renda de zero a três salários-mínimos, a proporção de originários de instituições públicas é de 49,7%.

Tabela 2.8 – Formandos por renda familiar, idade, dependência administrativa e natureza institucional do estabelecimento

Dependência administrativa e natureza institucional do estabelecimento e faixa etária	\multicolumn{6}{c}{Salários-mínimos}
	0 a 453,00	454.00 a 1.151,00	1.152,00 a 3.020,00	3.021,00 a 7.550,00	7.551,00 e mais	Total
Pessoas de 18 a 24 anos	42,4	45,5	50,1	59,1	70,4	52,9
Universidade pública	15,7	13,7	14,5	16,7	16,6	15,1

Dependência administrativa e natureza institucional do estabelecimento e faixa etária	Salários-mínimos					Total
	0 a 453,00	454.00 a 1.151,00	1.152,00 a 3.020,00	3.021,00 a 7.550,00	7.551,00 e mais	
Estabelecimento não-universitário público	6,2	4,2	3,1	2,6	1,7	3,3
Universidade privada	8,0	13,3	18,5	25,2	33,4	19,9
Estabelecimento não-universitário privado	12,5	14,3	13,9	14,6	18,6	14,6
Pessoas de 25 anos e mais	57,6	54,5	49,9	40,9	29,6	47,1
Universidade pública	21,6	15,5	11,1	8,1	5,3	11,4
Estabelecimento não-universitário público	6,2	3,9	2,4	1,6	0,6	2,6
Universidade privada	14,0	16,9	18,4	16,9	14,5	16,9
Estabelecimento não-universitário privado	15,9	18,3	18,0	14,3	9,2	16,1
Total	100,0	100,0	100,0	100,0	100,0	100,0

Fonte: Inep (1999)

* Salário-mínimo de R$151,00, ou aproximadamente US$80

Analogamente, os formandos oriundos dos estabelecimentos privados estão representados nos grupos de formandos de renda familiar mais elevada. Enquanto, no total de formandos, 67,6% provêm de universidades ou faculdades privadas; no grupo de formandos de renda de 50 salários-mínimos e mais, os originários de instituições privadas são de 75,7% (Tabela 2.8).

Os dados são, sem dúvida, pertinentes considerando-se a visão generalizada, disseminada pela mídia, pelos donos de estabelecimentos privados de ensino e até mesmo por alguns especialistas da área, segundo a qual os estudantes das instituições de ensino superior particulares são, em geral, oriundos de famílias mais pobres do que os seus colegas das instituições públicas. Essa "caricatura" já havia sido questionada em outros estudos (Cardoso; Sampaio, 1994b; Sampaio, 2000), mas sem uma base ampla de dados que permitisse a generalização dos resultados para o conjunto dos estudantes do sistema de ensino superior no país. Apesar de os dados do Provão restringirem-se aos formandos de apenas alguns cursos superiores, esses são muito variados, abrangendo diferentes áreas do conhecimento; alguns desses cursos apresentam, no sistema de ensino superior, o maior número de alunos matriculados e de formandos ano a ano.

Os resultados, sem dúvida, ensejam novas questões na discussão da maior ou menor equidade no acesso ao ensino superior no Brasil. Se as universidades públicas são, em geral, consideradas "elitistas", ou seja, são mais restritivas no acesso e permanência de jovens oriundos de famílias pobres e/ou sem tradição em formação superior, como é que essas instituições podem estar sobrerepresentadas na proporção de estudantes pobres?

Uma das hipóteses para a configuração desse quadro parece residir na ausência de mecanismos — além do imediato, que é a gratuidade do ensino superior público — que facilitassem o ingresso e a permanência do estudante pobre e muito pobre no ensino superior privado. Diante da inexistência de um sistema de bolsas de estudo mais abrangente, são as instituições de ensino superior públicas, apesar das significativas barreiras no ingresso, que ainda recebem estudantes de baixa e baixíssima renda familiar; esses estudantes, a despeito de suas condições socioeconômicas desfavoráveis, lograram ultrapassar essas barreiras em razão de uma multiplicidade de fatores combinados, entre eles, a formação educacional que obtiveram no ensino fundamental e médio[189].

---

[189] Segundo os dados do Provão de 1999, 23,9% dos formandos declararam ter recebido algum tipo de bolsa de estudo ao longo do curso e apenas 8,3% declararam ter obtido Crédito Educativo da Caixa Econômica Federal (CEF) ou bolsa integral da própria instituição de ensino. Nas universidades privadas, a proporção dos que tiveram Crédito Educativo ou bolsa integral da instituição atingiu 24,9%; nos estabelecimentos não universitários privados, 16,1%.

Os dados da Tabela 2.8 mostram também que a proporção de formandos com 25 anos de idade e mais é maior entre os formandos dos grupos de renda mais baixa independentemente do fato de a instituição que frequentaram ser pública ou privada, universidade ou não. Esses resultados sugerem coerência com os dados de atraso escolar entre os jovens pertencentes aos grupos de menor renda analisados na parte anterior.

A discussão sobre a existência de uma sobre representação dos formandos de origem mais pobre nas instituições públicas merece ser aprofundada. Indaga-se: será que os formandos mais pobres das instituições públicas não estariam concentrados em determinadas carreiras e/ou cursos que, no contexto dessas instituições, se caracterizam por serem menos concorridas, tais como Letras, Matemática, entre outros? Para examinar a questão, segue-se o conjunto de Figuras 2.3 a 2.6.

Figura 2.3 – Proporção de pessoas de famílias com renda inferior a dez salários-mínimos, por curso e dependência administrativa do estabelecimento

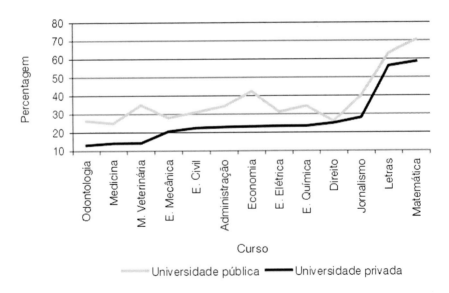

Fonte: Inep (1999)

Figura 2.4 – Proporção de pessoas de famílias com renda superior a 20 salários-mínimos, segundo o curso e o tipo de estabelecimento

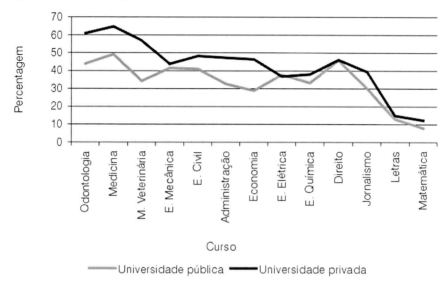

Fonte: Inep (1999)

Figura 2.5 – Proporção de pessoas de famílias com renda inferior a dez salários-mínimos, por curso e dependência administrativa do estabelecimento

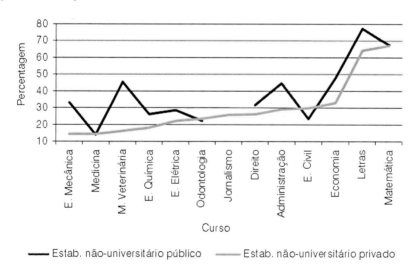

Fonte: Inep (1999)

Figura 2.6 – Proporção de pessoas de famílias com renda superior a 20 salários-mínimos, por curso e dependência administrativa do estabelecimento

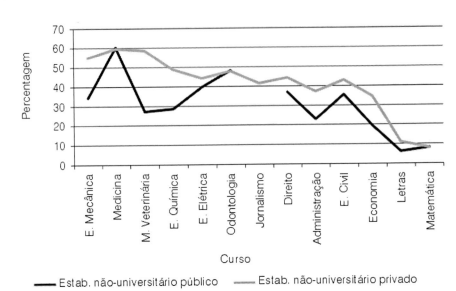

Fonte: Inep (1999)

Conforme as Figuras 2.3 e 2.4, dentre todos os cursos avaliados no Provão em 1999, as universidades públicas apresentam maior proporção de formandos com renda familiar inferior a dez salários-mínimos e, inversamente, menor proporção de concluintes de cursos com renda familiar superior a 20 salários-mínimos comparativamente às universidades privadas.

Analogamente, constata-se nas Figuras 2.5 e 2.6 que os estabelecimentos não universitários públicos apresentam, para quase todos os cursos, maiores proporções de estudantes pobres e menores proporções de estudantes ricos do que os estabelecimentos não universitários privados. Trata-se de um resultado da maior importância.

Em primeiro lugar, mostra a existência de maior permeabilidade nos estabelecimentos públicos aos estudantes de origem mais pobre; em segundo lugar, mostra que essa permeabilidade não se restringe a determinados cursos ou carreiras, mas é geral a todos os cursos oferecidos pelo setor público. Essa constatação não implica negar que alguns cursos oferecidos pelo setor público sejam menos ou mais seletivos em termos de perfil socioeconômico de seus alunos que outros.

Tanto na universidade pública como na universidade privada, cursos de Medicina e Odontologia são os que recebem menores proporções de estudantes pobres e maiores proporções de ricos. No outro extremo, estão os cursos de Letras e de Matemática com maiores proporções de formandos oriundos de famílias de baixa renda familiar. Nas faculdades e escolas privadas, os cursos mais seletivos em termos do perfil socioeconômico de seus alunos são os de Engenharia Mecânica, Medicina e Medicina Veterinária. De qualquer modo, em todas as instituições, sejam públicas ou privadas, universidades ou faculdades e escolas isoladas, os cursos de Letras e Matemática, entre todos os que participaram do Provão em 1999, destacam-se por apresentar maiores proporções de formandos com níveis mais baixos de renda familiar.

Em síntese, considerações correntes sobre o suposto elitismo socioeconômico e cultural dos estudantes de universidades públicas não se sustentam à luz dos dados de renda familiar dos formandos que realizaram o Provão em 1999. Apesar de o acesso ao ensino superior no Brasil ser, de fato, restrito a parcelas muito específicas de jovens — conforme se mostra na Parte I —, isso não permite concluir que, considerando-se a renda familiar dos alunos, o ensino superior público seja mais seletivo e restritivo que o privado.

Na realidade, o debate sobre a "elitização do ensino superior no Brasil parece confundir duas ordens de problemas: rendimento escolar (desempenho em avaliações formais) e renda média familiar (em termos monetários) dos estudantes. Ensino superior de "elite", isto é, de qualidade superior, não necessariamente significa ensino superior para e dos mais ricos.

No entanto, desde a expansão do sistema de ensino superior, nos idos dos anos 1960 e 1970, consolidam-se alguns consensos em torno do tema ensino superior, mais especificamente a respeito da dualidade do sistema referida ao setor público e ao privado. Alguns desses consensos, com base em dados, de fato, procedem. Outros são especulações que se pretendem passar por verdades pela mera repetição.

Seguem-se alguns exemplos: em regra, os vestibulares para ingressar nas universidades públicas são mais disputados (considerando-se, comparativamente, carreiras ou cursos iguais) do que os vestibulares nas universidades privadas; nesse sistema seletivo, supõe-se que os vestibulandos de maior renda familiar, com trajetórias escolares mais regulares e que estudaram em boas escolas particulares no ensino fundamental e médio, têm maiores condições de ingresso nas universidades públicas; nesse raciocínio, as universidades públicas, em razão de seus processos de seleção para o ingresso, excluem estudantes pobres e com trajetórias escolares fracas e/ou interrompidas. Excluídos das universidades públicas, dirigem-se para as instituições de ensino superior privadas, em regra, apresentadas como menos exigentes e, portanto, mais permeáveis ao ingresso de estudantes pobres. Constatamos, com base nos dados socioeconômicos dos formandos que realizaram o Provão em 1999, que essas afirmações não procedem.

No entanto, o mito resiste nos meios acadêmicos e fora deles, agregando deduções aos equivocados pontos de partida. Desde que foi instituído o Exame Nacional de Cursos, em 1996, vem ganhando força a ideia de que os formandos das universidades públicas obtêm melhores colocações no ranking da Prova Geral porque são de origem socioeconômica e cultural mais elevada que a de seus colegas das demais instituições. Recrutando melhores estudantes no ingresso — em termos socioeconômicos e de desempenho escolar —, por meio de seus vestibulares mais seletivos, em nada surpreende o fato de os estudantes das universidades públicas, ao final do curso, apresentarem desempenho superior. Alguns representantes de instituições privadas de ensino superior, ao final de cada edição do Provão, repetem a mesma fórmula: nas instituições públicas estudam os mais ricos e melhor preparados, suas notas no Provão refletem isso.

O conjunto de dados do Provão de 1999 — dados relativos ao perfil socioeconômico dos formandos e dados relativos às notas que obtiveram nas provas específicas — permitem delinear um quadro mais complexo. Conforme se constata, existe um grupo de estudantes pobres e muito pobres que estão conseguindo ultrapassar barreiras ao longo de suas trajetórias escolares, ingressar e permanecer nas universidades públicas. A análise dos indicadores de desempenho desses formandos, com base nas notas que obtiveram no Provão realizado em 1999, é um dos aspectos discutidos na próxima seção.

DESEMPENHO DOS FORMANDOS

Embora as universidades públicas não possam ser consideradas a "elite" do ensino superior em termos do perfil socioeconômico de seus alunos, elas constituem a "elite" universitária brasileira do ponto de vista dos indicadores de desempenho avaliados no Provão de 1999.

Para todos os cursos avaliados em 1999, a média de desempenho dos formandos das universidades públicas na Prova Geral[190] foi superior

---

[190] O Provão envolve duas provas de conhecimento: a de múltipla escolha e a discursiva (Engenharia e Jornalismo só têm questões discursivas). A nota da Prova Geral, como indicador de desempenho, refere-se ao

à nota média obtida pelos formandos das demais instituições de ensino superior — universidades privadas, escolas isoladas públicas e privadas. Nessas últimas, seus formandos estão, de acordo com a nota média obtida na Prova Geral, em desvantagem em relação aos demais concluintes (Figura 2.7).

Na comparação entre as notas obtidas no Provão em 1999 pelos formandos das universidades públicas e privadas, os primeiros apresentam melhor desempenho em todos os cursos considerados. Nos cursos de Engenharia Elétrica, Engenharia Civil e Engenharia Química, as notas dos formandos das universidades públicas atingem uma diferença superior a 10 pontos (numa escala de 0 a 100) em relação às de seus colegas das universidades privadas. As menores diferenças de notas foram observadas para os formandos dos cursos de Jornalismo, de Administração e de Odontologia.

Figura 2.7 – Nota média no Exame Geral por curso, dependência administrativa e por natureza institucional do estabelecimento

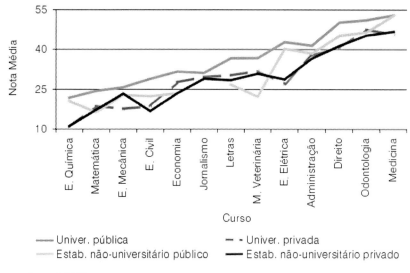

Fonte: Inep (1999)

---

tratamento estatístico dos resultados dos formandos nas provas de múltipla escolha e discursiva. A nota da varia numa escala de 0 a 100. Observa-se, entretanto, que a nota na Prova Geral de um curso, como Medicina, não é totalmente comparável com a nota do curso de Direito, por exemplo. Assim, todas as notas aqui apresentadas serão discriminadas por tipo de curso.

Em outros termos, embora as universidades públicas apresentem — na comparação com as universidades privadas — maiores proporções de estudantes pobres em todos os cursos, seus formandos também apresentam melhores médias na nota da Prova Geral para todos os cursos. Trata-se de um resultado coerente e inequívoco, mas não implica afirmar que a renda familiar não tenha qualquer correlação com a nota na Prova Geral. O conjunto das Figuras 2.8 a 2.11 fornece novos dados para discutir essa questão.

Figura 2.8 – Nota média no Exame Geral dos estudantes de universidades públicas, por curso e renda familiar

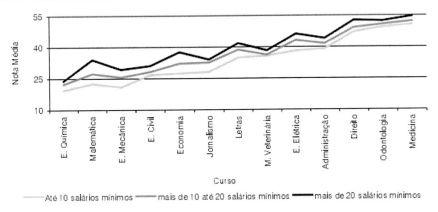

Fonte: Inep (1999)

Figura 2.9 – Nota média no Exame Geral dos estudantes de universidades privadas, por curso e renda familiar

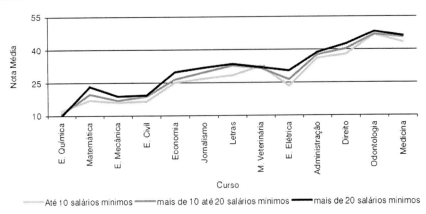

Fonte: Inep (1999)

Figura 2.10 – Nota média no Exame Geral dos estudantes de estabelecimentos não-universitários públicos, por curso e renda familiar

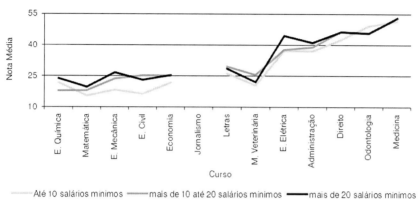

Fonte: Inep (1999)

Figura 2.11 – Nota média no Exame Geral dos estudantes estabelecimentos não-universitários privados, por curso e renda familiar

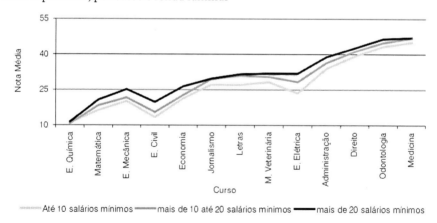

Fonte: Inep (1999)

De fato, conforme os dados apresentados mostram, os formandos de nível superior constituem um conjunto muito heterogêneo. As diferenças ocorrem entre os concluintes das diferentes instituições — públicas, privadas, universidades e não universidades —, entre carreiras e entre regiões geográficas. No entanto, constata-se que, em quase todos os cursos — no interior de cada categoria de instituição —, os formandos oriundos de famílias de renda mais elevada apresentam melhor desempenho na Prova Geral.

Todavia, é importante notar que as diferenças de desempenho dos formandos segundo os grupos de renda familiar são menos acentuadas do que as diferenças de desempenho segundo a dependência administrativa e natureza institucional do estabelecimento. Constata-se, assim, que os formandos oriundos de famílias com renda familiar mais baixa (inferior a dez salários-mínimos) que estudaram em universidades públicas apresentam — em quase todos os cursos considerados — melhor desempenho que os formandos oriundos de famílias com renda familiar mais elevada (superior a 20 salários-mínimos) das universidades privadas.

De todos os cursos avaliados no Exame Nacional de Cursos em 1999, as diferenças de desempenho na Prova Geral dos formandos com renda familiar inferior a dez salários-mínimos e dos formandos com renda superior a 20 salários-mínimos são mais pronunciadas (superiores a 5 pontos numa escala de 0 a 100) nos cursos de Matemática, Letras e Engenharias Mecânica e Elétrica. Os cursos com menor diferencial de desempenho dos formandos por renda familiar são os de Medicina Veterinária, Engenharia Química e Odontologia.

Escolaridade dos pais e desempenho dos formandos – Na área da educação, a escolaridade dos pais é uma variável importante para explicar, combinada a outras, muitos aspectos da trajetória escolar das crianças e jovens — evolução, repetência, evasão, desempenho, entre outros. No caso das diferenças de anos de escolaridade dos jovens brasileiros, por exemplo, a escolaridade dos pais parece ser uma variável tão ou mais importante que a renda familiar. Conforme se constatou na Parte I do Relatório, referida à análise dos dados da PNAD, para a coorte de jovens entre 18 e 24 anos, o aumento de anos de escolaridade dos pais, sobretudo das mães, reflete no aumento de anos de escolaridade dos filhos.

De acordo com os dados de desempenho dos formandos no Provão, segundo as faixas de renda familiar, constatou-se que, para a maior parte dos cursos, essa variável tem peso menor que a dependência administrativa ou a natureza institucional do estabelecimento em que o estudante se formou. Pergunta-se agora sobre o peso da variável escolaridade dos pais nas notas obtidas pelos concluintes que realizaram o Provão. Ou seja, diferenças de desempenho dos formandos estariam associadas aos níveis de escolaridade de seus pais?

De modo geral, sim. No conjunto dos cursos e das instituições — públicas e privadas —, os formandos cujos pais são mais escolarizados obtiveram notas mais elevadas no Provão, independentemente da faixa de renda familiar em que se encontram. Vê-se nas Figuras 2.12, 2.13 e 2.14 que os formandos com pais mais escolarizados (nível médio ou superior), em todas as faixas de renda familiar, obtiveram notas mais elevadas que seus colegas com pais menos escolarizados, porém com renda familiar mais elevada. Isso ocorre praticamente em todos os cursos oferecidos por instituições públicas e privadas cujos formandos foram avaliados no Provão.

Por outro lado, contudo, os dados de notas dos formandos uma vez controlados por dependência administrativa do estabelecimento —público e privado — e faixa de renda familiar (em salários-mínimos) mostram novos aspectos dessa dinâmica geral.

Figura 2.12 – Nota no Exame Geral dos estudantes oriundos de famílias com renda inferior a 10 salários-mínimos, segundo o curso e a escolaridade do pai

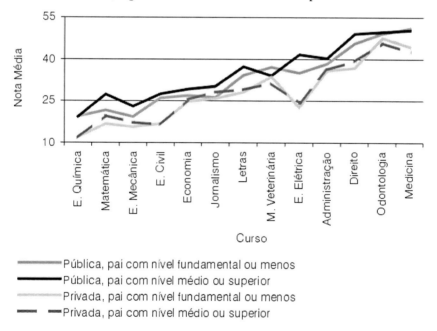

Fonte: Inep (1999)

Figura 2.13 – Nota no Exame Geral dos estudantes oriundos de famílias com renda entre 10 e 20 salários-mínimos, segundo o curso e a escolaridade do pai

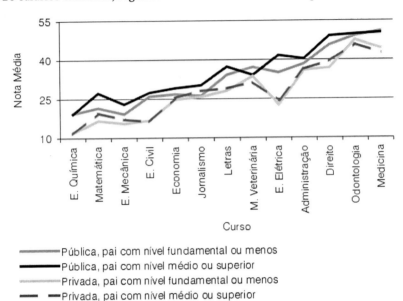

Fonte: Inep (1999)

Figura 2.14 – Nota no Exame Geral dos estudantes oriundos de famílias com renda de mais de 20 salários-mínimos, segundo o curso e a escolaridade do pai

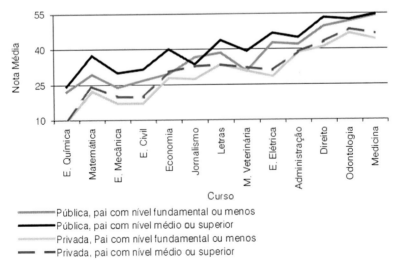

Fonte: Inep (1999)

Para a maior parte dos cursos, os formandos oriundos de instituições públicas na faixa mais baixa de renda (zero a dez salários-mínimos) e filhos de pais com baixa escolaridade (nível de ensino fundamental ou menos) obtiveram notas superiores às obtidas pelos formandos provenientes de instituições privadas, na faixa de renda mais elevada (20 salários-mínimos e mais) e filhos de pais mais escolarizados (nível de ensino médio ou superior). As exceções ocorrem nos cursos de Matemática, Engenharia Mecânica (pequena diferença a favor dos concluintes de instituições privadas), Economia, Jornalismo e Administração.

Cursos diurnos e noturnos e desempenho dos formandos – A questão dos turnos, diurno e noturno, preferencialmente frequentados pelos formandos durante seus cursos de graduação, não deve ser, de forma alguma, desconsiderada; a proporção de formandos que estudou durante algum momento do curso no período noturno é maior nos estabelecimentos privados do que nos públicos. As Figuras 2.15 e 2.16 apresentam dados de desempenho dos formandos na Prova Geral das universidades privadas e públicas discriminados por turno (diurno e turno).

Os dados mostram que os formandos que frequentaram cursos exclusivamente no turno diurno têm melhor desempenho do que os que realizaram alguma disciplina no período noturno ao longo da graduação. Nota-se, porém, que as diferenças de desempenho entre formandos das universidades públicas e das universidades privadas são mais pronunciadas do que as diferenças de desempenho entre os estudantes que cursaram exclusivamente turno diurno e aqueles que cursaram algumas disciplinas no noturno.

Os formandos de universidades públicas que frequentaram alguma disciplina no noturno têm desempenho superior ao de seus colegas de instituições particulares que cursaram disciplinas exclusivamente no diurno. A exceção é o curso diurno de Economia das universidades particulares; nesses cursos, o desempenho de seus formandos é superior ao de seus colegas formandos nas universidades públicas, qualquer que seja o turno considerado[191].

---

[191] Os diferenciais de desempenho dos formandos segundo os turnos que estudaram são pouco significativos. A constatação, contudo, deve ser recebida com cautela, pois o banco de dados do Provão não dispõe de informações relativas ao turno de curso predominante.

Figura 2.15 – Nota média no Exame Geral dos estudantes de universidades públicas por turno

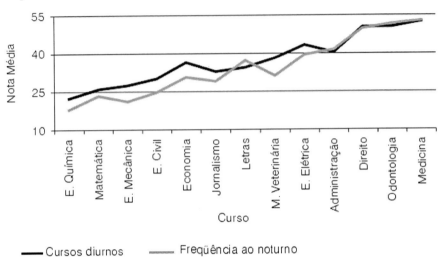

Fonte: Inep (1999)

Figura 2.16 – Nota média no Exame Geral dos estudantes de universidades privadas por turno

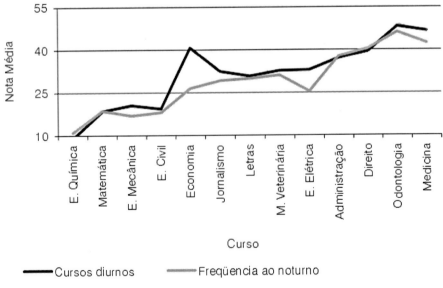

Fonte: Inep (1999)

Formandos, desempenho na Prova Geral e regiões geográficas – A região geográfica é outra variável que poderia influir significativamente nos resultados obtidos pelos formandos dos diferentes cursos e instituições no Exame Nacional de Cursos em 1999. No geral, contudo, o corte regional não contradiz os dados que registram melhor desempenho dos formandos das universidades públicas, independentemente do grupo de renda familiar e turno do curso.

Na comparação de desempenho entre os formandos das instituições localizadas na região Nordeste e os oriundos de instituições do Sudeste, constata-se que os primeiros têm pior desempenho, mesmo mantendo-se sob controle as variáveis renda familiar e dependência administrativa (público e privado) do estabelecimento. O conjunto de Figuras 2.17 a 2.20 apresenta dados de desempenho dos formandos na Prova Geral por curso, turno, renda familiar das universidades públicas e privadas para duas regiões geográficas — Sudeste e Nordeste.

Figura 2.17 – Nota média no Exame Geral dos alunos de universidades públicas do Sudeste segundo o curso e a renda familiar

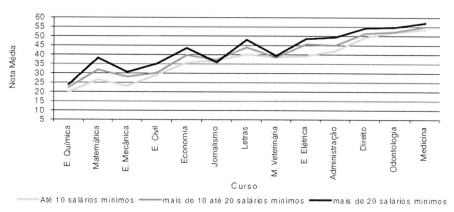

Fonte: Inep (1999)

Figura 2.18 – Nota média no Exame Geral dos alunos de universidades públicas do Nordeste segundo o curso e a renda familiar

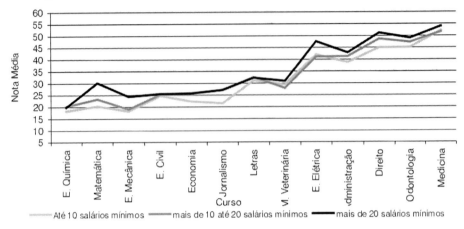

Fonte: Inep (1999)

Figura 2.19 – Nota média no Exame Geral dos alunos de universidades privadas do Sudeste segundo o curso e a renda familiar

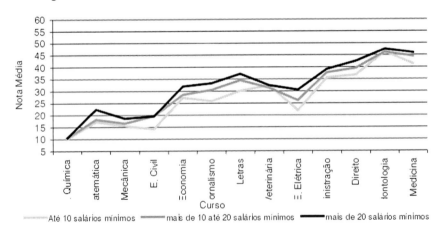

Fonte: Inep (1999)

Figura 2.20 – Nota média no Exame Geral dos alunos de universidades privadas do Nordeste segundo o curso e a renda familiar

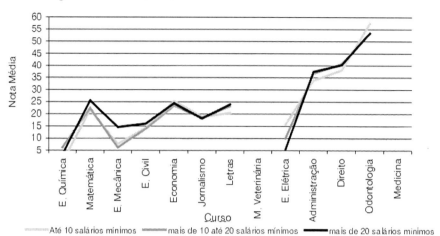

Fonte: Inep (1999)

O conjunto de figuras (Figuras 2.17 a 2.20) permite perceber novos aspectos na dinâmica setor público e privado, ao se considerar os formandos segundo as variáveis região geográfica, renda familiar e turno do curso:

- os formandos das universidades públicas da região Sudeste têm desempenho superior ao de seus colegas também de universidades públicas da região Nordeste;
- os concluintes de cursos das universidades privadas da região Sudeste apresentam um desempenho superior ao de seus colegas das universidades privadas localizadas no Nordeste;
- nas duas regiões analisadas, o desempenho dos formandos das universidades públicas é significativamente superior ao dos formandos das universidades privadas;
- os formandos das universidades públicas da região Nordeste, para a maior parte dos cursos, apresentam um desempenho, em termos médios, comparável ao dos formandos das universidades privadas da região Sudeste;
- Os formandos das universidades privadas da região Nordeste, por sua vez, obtiveram notas muito inferiores à média nacional,

independentemente da variável renda familiar. Foge a essa regra o desempenho dos formandos dos cursos de Medicina e Odontologia.

Resumindo, em todas as situações consideradas, constata-se que os formandos oriundos de famílias de renda mais elevada (20 salários-mínimos e mais) obtiveram, no geral, notas mais elevadas na Prova Geral em 1999. No entanto, as diferenças de desempenho dos formandos por grupo de renda são relativamente pequenas, ou seja, menos significativas do que as diferenças de desempenho observadas nos formandos segundo a região geográfica e a dependência administrativa do estabelecimento.

O conjunto dos aspectos analisados leva a concluir que a região geográfica, a dependência administrativa (público ou privado) e a natureza institucional (universidade ou faculdade) do estabelecimento onde o estudante se formou e o nível de renda de sua família são variáveis que parecem estar correlacionadas no resultado do desempenho dos formandos no Provão de 1999. Os formandos mais bem posicionados são oriundos de famílias de renda mais elevada (20 salários-mínimos e mais) e das instituições públicas de ensino superior do Sudeste; os que obtiveram pior desempenho pertencem a famílias de renda baixa e concluíram seus cursos de graduação em instituições privadas loca- lizadas na região Nordeste.

Deve ser notado, contudo, que a variável renda familiar é secundária para explicar o desempenho dos formandos no Provão. Os formandos das instituições públicas do Sudeste, oriundos de famílias de baixa renda, têm, em média, notas mais elevadas do que os formandos, posicionados em qualquer grupo de renda, das instituições privadas de qualquer região geográfica. Com efeito, as variáveis que melhor parecem se relacionar com o desempenho dos formandos em termos de notas obtidas na Prova Geral — mesmo quando controlada por renda familiar, turno do curso ou região geográfica — são a dependência administrativa e a natureza institucional do estabelecimento, ou seja, o fato de ele ser público ou privado, universidade ou estabelecimento não universitário de ensino superior.

CONSIDERAÇÕES FINAIS

Os dados analisados na Parte II deste estudo têm especial importância para o debate sobre os rumos do ensino superior no Brasil, sobretudo para a discussão acerca da distribuição de alunos entre os setores público e privado.

A visão difundida na opinião pública é que o sistema de ensino superior brasileiro se caracteriza por uma seleção altamente perversa, segundo a qual estudantes com renda familiar elevada estudam em estabelecimentos de ensino superior públicos, enquanto estudantes provenientes de famílias de baixa renda familiar pagam por seus estudos. Em vista dos dados socioeconômicos dos formandos que participaram do Provão em 1999, essa visão precisa ser qualificada.

Os formandos das universidades públicas correspondem a 26,9% do total de formandos que realizaram o Provão; somados aos formandos dos estabelecimentos não universitários públicos, os concluintes de cursos do setor público representam um terço (32,8%) do total de formandos de cursos avaliados no Provão.

Os formandos das universidades públicas são proporcionalmente mais jovens do que seus colegas de outras instituições (estabelecimentos não universitários públicos, universidades e estabelecimentos não universitários privados). Entre os formandos das universidades públicas, o sexo masculino predomina, distinguindo-os, por essa característica, de outros grupos de formandos das demais instituições. A proporção de solteiros também é maior nas universidades públicas. Constata-se, ainda, que os formandos das universidades públicas frequentaram mais habitualmente que seus colegas de outras instituições seus cursos no turno diurno. Com efeito, formandos das universidades públicas são os que apresentam atributos socioeconômicos mais próximos da imagem do estudante universitário padrão: jovem, solteiro e estudante do período matutino O aspecto surpreendente diz respeito à menor presença feminina nessas instituições.

Vale observar, ainda, que são as universidades públicas que têm menores proporções de formandos que trabalharam em período integral durante o curso e menores proporções de formandos que nunca haviam trabalhado. Lidos em conjunção com dados anteriores sobre a idade, pode-se arriscar a hipótese de que os estudantes das universidades públicas tendem a se inserir no mercado de trabalho durante o curso. Muito provavelmente, vão buscar trabalho em função de seus estudos.

Os dados sugerem que as universidades públicas atendem a uma clientela muito seleta; os estudantes dessas instituições constituem a elite do país. De fato, com base nos resultados da Prova Geral do Exame Nacional de Cursos, é inegável que o desempenho médio dos formandos egressos das universidades públicas foi superior ao alcançado pelos egressos das demais instituições. Eles obtiveram médias mais elevadas na Prova Geral do que seus colegas formados em outras instituições de ensino superior. Esse resultado mantém-se constante em qualquer que seja o grupo de formandos que se compare. Entre formandos que frequentaram turnos similares, oriundos de uma mesma região geográfica com renda familiar equivalente, constatou-se sempre que os alunos das universidades públicas têm melhor desempenho que os demais. Em geral, a dependência administrativa e a natureza institucional do estabelecimento têm maior importância que qualquer outro fator na explicação da nota média dos formandos no Provão.

Os dados conduzem a concluir que melhores alunos ingressam nas universidades públicas e nelas recebem uma formação superior à formação obtida nos demais estabelecimentos. Nesses termos, parece razoável afirmar que as universidades públicas atendem à elite dos estudantes do país ao tempo que formam sua elite profissional. Não se segue daí a inferência que apenas jovens provenientes das camadas socioeconômicas mais elevadas tenham acesso às universidades públicas, que esses jovens constituam sua clientela exclusiva; tampouco pode-se inferir que compete às instituições de ensino superior privadas atender preferencialmente à demanda de ensino superior oriunda dos segmentos mais pobres da população.

Na Parte I, mostrou-se que o acesso ao ensino superior no Brasil é muito restrito. Dos jovens entre 18 e 24 anos, somente uma pequena em parcela (em torno de 9%) ingressa no ensino superior. As chances de ingresso estão relacionadas à renda familiar e ao nível de escolaridade dos pais. Poucos são os jovens que, oriundos de famílias com baixa renda e/ou com pais com baixa escolaridade, logram ingressar em um curso superior. No entanto, para os poucos que o fazem, os estabelecimentos públicos constituem uma alternativa para a obtenção do diploma de graduação

A maior proporção de formandos negros ou pardos, em que pese a reduzida participação desses segmentos no ensino superior independentemente do curso, é encontrada nas universidades públicas. Em razão da correlação entre renda familiar e cor no Brasil, os dados disponíveis apontam para o início da abertura das instituições públicas aos jovens negros ou pardos e de baixa renda. Com efeito, essa possibilidade decorre da ampliação do número de vagas e de concluintes nos níveis de escolaridade que antecedem o ensino superior, em especial no ensino de nível médio.

As universidades públicas, conforme os dados mostram, apresentam maiores proporções, comparativamente às universidades e estabelecimentos não universitários privados, de formandos com baixa renda familiar. Uma vez que essa sobre representação das camadas de renda que mais baixa nas universidades públicas ocorre em todos os cursos, tal fato não pode ser atribuído somente às características dos cursos oferecidos.

Vale observar ainda que, no outro extremo da escala social, o fenômeno se inverte e assume contornos ainda mais fortes. Isto é, dos formandos com renda familiar mensal igual a 50 salários-mínimos ou maior, constata-se que cerca de 75% cursaram instituições de ensino superior privadas (universidades ou estabelecimentos não universitários).

Por certo, a amostra representada por aqueles que realizaram o Provão não reproduz fielmente o universo dos formandos no ano de 1999 no país. Muitos cursos não foram incluídos na avaliação, portanto os dados analisados não permitem fazer inferências sobre a totalidade dos formandos. Uma descrição completa da distribuição de alunos e formandos, nos estabelecimentos públicos e privados, com base em seus atributos socioeconômicos, não pode ser feita apoiada somente nos dados disponibilizados pelo der Provão. Todavia, as conclusões, ainda que referidas exclusivamente aos formandos do conjunto de cursos submetidos ao Provão, são pertinentes.

Se, em geral, o acesso ao ensino superior é restrito, não há nenhum dado que indique que o setor público de ensino superior reforce a iniquidade. Parece ocorrer o contrário. Os alunos egressos das universidades públicas apresentam um desempenho médio, considerando-se a média na Prova Geral, superior ao de seus colegas dos demais estabelecimentos, não importando suas características socioeconômicas. Assim, independentemente de sua origem social, o formando das universidades públicas tem melhor formação que os demais. Nesses termos, o ensino superior público, na ausência de um sistema de bolsas de estudo que permita aos mais pobres financiar seus estudos adequadamente, acaba funcionando como o instrumento possível para superar desigualdades ou para, ao menos, diminuir a iniquidade no sistema.

Os resultados sugerem, portanto, que a iniquidade que caracteriza o sistema de ensino superior brasileiro é produzida ao longo do ensino médio, uma vez que é nesse nível de ensino que se definem as possibilidades de ingresso dos jovens nos diferentes estabelecimentos de ensino superior no país.

Discussão

Indicadores socioeconômicos e educacionais dos jovens de 18 a 24 anos mostram a grande heterogeneidade que caracteriza hoje a juventude brasileira e as agudas desigualdades educacionais existentes no país, associadas a níveis de renda familiar, de escolaridade dos pais e origem étnica dos jovens.

Os indicadores relativos ao nível de escolaridade da população são indiretos. Assim, a Pesquisa Nacional de Amostra de Domicílio fornece informações sobre o percentual de concluintes do ensino superior (15 anos ou mais de escolaridade) na coorte de 18 a 24 anos. Sabe-se, contudo, que nessa coorte da faixa etária, pelo menos um terço dos jovens não teria ainda idade para ter completado quinze anos de escolaridade, o que deprime muito o percentual, que é de apenas 1,3%. Esse percentual apresenta-se ainda mais deprimido porque são poucos os jovens no Brasil — mesmo os de classe média ou alta — que concluem o ensino básico sem repetência, o que, certamente, provoca o ingresso mais tardio no ensino superior.

Jovens que completam o ensino médio — portanto, em condições de ingressar no ensino superior —, comparados com a média da população, provêm, em geral, de famílias mais ricas, são mais frequentemente brancos e filhos de pais com mais escolaridade. Subsidiariamente, são mais numerosos os jovens do sexo feminino e os residentes no Sul e Sudeste do Brasil.

Mesmo assim, esses dados, se não expressam a extensão do acesso ao ensino superior, exibem de forma clara as desigualdades nas oportunidades educacionais. Do reduzido percentual de jovens (1,3%) que já havia concluído o nível superior na faixa etária entre 18 e 24 anos, ou seja, com 15 anos de estudo e mais, boa parte provém de famílias com renda elevada (renda familiar média de 3.400 reais em 1997), a maioria é branca (86,6%) e tem pais com mais anos de escolaridade (10,6 anos de escolaridade média do pai). Esses jovens residem predominantemente no Sudeste (59,5%) e são, em grande parte, moradores de regiões metropolitanas (48,3%).

Com efeito, para cada nível mais elevado de escolaridade, constata-se que aumenta a proporção de jovens excluídos. Deve-se enfatizar, contudo, que o caráter seletivo e restrito do ensino superior não implica homogeneidade de sua clientela. Ao contrário, uma das principais características do grupo que conclui o ensino superior é a sua heterogeneidade.

É possível, assim, identificar, no sistema em seu conjunto, instituições ou conjunto de instituições que apresentam maior ou menor heterogeneidade socioeconômica, educacional e étnica em seu corpo discente.

As instituições públicas (universidades e estabelecimentos não universitários) respondem por cerca de um terço (32,8%) do total de concluintes que realizaram o Provão de 1999. Os atributos pessoais e socioeconômicos dos formandos dessas instituições —conforme já apresentados— estão mais próximos da imagem do estudante universitário padrão: jovem, solteiro e estudante do período matutino. Foi também entre os formandos das universidades públicas que se constatou as menores proporções de estudantes que trabalharam em período integral ou que nunca haviam trabalhado durante o curso. O fato de as universidades federais, em seu conjunto, oferecerem poucos cursos noturnos certamente contribui para esta distorção, uma vez que a ausência dessa oferta efetivamente impede o trabalho em tempo integral. Relacionados com os dados de idade dos formandos dessas universidades, supõe-se que eles tendem a se inserir no mercado de trabalho durante o curso; muito provavelmente, buscam trabalho em função de seus estudos.

Possibilidades de ingresso no ensino superior estão relacionadas com a renda familiar e o nível de escolaridade dos pais. Poucos são os jovens que, oriundos de famílias com baixa renda e/ou com pais com baixa escolaridade, logram ingressar em um curso superior público ou privado. No entanto, para os poucos que o fazem, as instituições públicas constituem uma alternativa para a formação de nível superior.

Em compensação, em que pese a reduzida participação de negros e pardos no ensino superior[192], independentemente do curso, é nas universidades públicas que se encontra a maior proporção desses segmentos. Em razão da correlação entre renda familiar e cor no Brasil, os dados disponíveis apontam uma maior abertura das instituições públicas aos jovens negros ou pardos e de baixa renda. Além disso, essa possibilidade parece estar se ampliando e decorre da ampliação do número de vagas e de concluintes nos níveis de escolaridade que antecedem o ensino superior, em especial no ensino de nível médio[193].

---

[192] Em 1998, os negros representavam 41% da população brasileira e respondiam por apenas 12% dos que ingressavam no ensino superior. A propósito, estudo recente desenvolvido por Vale Silva e Hasenbalg (1999) sobre diferenças raciais na realização socioeconômica, indica que é no processo de aquisição da educação que reside o núcleo de desvantagens que indivíduos negros ou pardos sofrem na sociedade brasileira. O estudo mostra que as diferenças no retorno ocupacional para investimentos em educação são relativamente modestas quando comparadas com as diferenças em realização educacional. Essas diferenças, segundo os autores, tendem a crescer conforme melhora a situação socioeconômica de origem.

[193] O estudo da pesquisadora Moema Teixeira (1998), com base em séries estatísticas do IBGE para um período de seis anos, mostra que o número de negros que conseguiu ingressar no ensino superior aumentou quase 70% entre 1992 e 1998. Enquanto em 1992, 77.607 negros disseram ter frequentado o ensino superior, em 1998 o número chegou a 131.763. Na ausência de políticas educacionais específicas voltadas para negros e pardos, o aumento

Nas universidades públicas, encontram-se também maiores proporções, comparativamente aos estabelecimentos privados, de formandos com baixa renda familiar. Uma vez que a presença desses formandos pobres ocorre em todos os cursos das universidades públicas, ela não pode ser atribuída somente às características dos cursos oferecidos.

Esses resultados são importantes porque permitem rever interpretações recorrentes sobre o perfil dos estudantes universitários no País. Vários estudos (Maggie, 1998; Sampaio, 2000) têm insistido que as diferenças de perfil socioeconômico dos estudantes universitários devem-se, não ao fato de a instituição onde estudam ser pública ou privada, mas fundamentalmente às características das carreiras que escolheram e ao turno — diurno ou noturno — em que o curso é oferecido. Embora esses estudos tenham contribuído para questionar o mito, aliás, muito consensual, de que "pobre vai para instituição particular e rico consegue vaga na instituição pública", a distribuição dos estudantes segundo suas características socioeconômicas permanece atrelada à distinção "cursos para ricos e cursos para pobres", a qual se reproduz no setor público e no privado de ensino superior. De fato, dados socioeconômicos dos ingressantes em diferentes a carreiras de nível superior conduzem à conclusão de que as diferenças socioeconômicas dos estudantes de diferentes carreiras tendem a se sobrepor às diferenças entre estudantes do setor público e dor privado. Todavia, conforme constatou Sampaio (2000), qualquer que seja o grau de elitização de uma determinada carreira, Medicina, por exemplo, a possibilidade de nela ingressarem estudantes provenientes de camadas pobres só se realiza se o curso for oferecido por uma instituição pública.

Os dados socioeconômicos dos formandos avaliados pelo Provão, com efeito, corroboram essa interpretação. Constata-se, ainda, que, no outro extremo da escala social, o fenômeno se inverte e assume contornos ainda mais nítidos, isto é, dos formandos com renda familiar e mensal igual a 50 salários-mínimos ou mais, cerca de 75% cursaram instituições de ensino superior privadas (universidades ou estabelecimentos não universitários).

Por certo, a amostra representada por aqueles que realizaram o Provão não reproduz fielmente o universo dos formandos no ano de 1999

---

de ingressantes negros no ensino superior deve-se à ampliação de matrículas no ensino de nível médio e consequentemente, à ampliação do número de egressos desse nível de ensino. Embora os dados indiquem melhoria na escolarização dos negros, o abismo entre eles e os brancos, de acordo com o estudo de Teixeira, ainda é grande.

no país. Muitas áreas de graduação e cursos não foram incluídas na avaliação, portanto os dados analisados não permitem fazer inferências sobre a totalidade dos formandos. Uma descrição completa da distribuição de alunos e formandos nos estabelecimentos públicos e privados, segundo os seus atributos socioeconômicos, não pode ser feita com base somente nos dados disponibilizados pelo Exame Nacional de Cursos. Todavia, as conclusões, ainda que referidas exclusivamente aos formandos do conjunto de cursos submetidos ao Provão, revelam pertinência para a discussão da equidade no ensino superior brasileiro.

Se, em geral, o acesso ao ensino superior é restrito, não há nenhum dado que indique que o setor público de ensino superior reforce a iniquidade. Parece ocorrer o contrário. Os alunos egressos das universidades públicas apresentam um desempenho médio, considerando-se a média, no Provão, superior à de seus colegas dos demais estabelecimentos, não importando suas características socioeconômicas. Assim, independentemente de sua origem social, o formando das universidades públicas tem melhor formação que os demais. Parece que, na ausência de um sistema de bolsas de estudo, que permita aos mais pobres financiar seus estudos adequadamente, o ensino superior público constitui-se alternativa de equidade no sistema.

Os resultados sugerem, portanto, que a iniquidade que caracteriza o sistema de ensino superior brasileiro é produzida ao longo do ensino médio, uma vez que é nesse nível de ensino que se definem as possibilidades de ingresso dos jovens nos diferentes estabelecimentos de ensino superior no país. Além disso, com base nesses resultados, conclui-se que a discussão e o encaminhamento do tema da equidade no ensino superior brasileiro envolvem outros aspectos do sistema educacional brasileiro. Os principais[194], relacionados com a introdução do presente Relatório, seriam:

Taxa de educação em nível superior – A retomada do crescimento do número de matrículas de ensino superior, a partir da segunda metade da década de 1990, decorreu da ampliação do número de egressos do ensino de nível médio. Com efeito, o aumento do número desses egressos ampliou a base da demanda com a qual opera o ensino de nível superior. Em um período de cinco anos (1995-1999), as matrículas no nível de ensino médio aumentaram em cerca de 57% (Brasil, 2000). Em 1998, as

---

[194] A seleção desses aspectos foi inspirada no trabalho de Gómez Campo (1997) sobre a equidade no ensino superior colombiano.

matrículas de ensino superior já estavam em 2.125.958; o setor privado, recuperando seu ritmo de crescimento, passava a responder por 62% desse total (Brasil, 2000).

Mesmo considerando-se essa rápida retomada de crescimento do número de matrículas no sistema de ensino superior, seria possível caracterizá-lo como um sistema de "massa" nos termos em que se define um sistema de massa?

Para responder a essa questão, há de se considerar, em primeiro lugar, a dimensão da população jovem no Brasil. Em termos absolutos, o contingente de jovens de 18 a 24 anos no ensino superior está perto de 2 milhões. Inegavelmente, atender a 2 milhões de jovens, ainda que esse número corresponda a apenas cerca de 10% da população brasileira nessa faixa etária, já faz do sistema de ensino superior brasileiro um sistema que atende em grande escala; por outro lado, porém, considerando-se que cerca de 90% dos jovens entre 18 e 24 anos não estão ingressando no ensino superior, a ideia de "massa" no sentido de "inclusão de proporções significativas" da população jovem no ensino superior não se aplica ao caso do sistema de ensino superior brasileiro.

Com efeito, a possibilidade de crescimento do número de matrículas de ensino superior no país vincula-se à ampliação do atendimento dos níveis de ensino que antecedem o superior. Essa consideração evidenciou-se no último quinquênio: o aumento do número de egressos do nível de ensino médio, em razão de um movimento anterior de ampliação constante do atendimento de alunos no nível de ensino fundamental, provocou a retomada do crescimento das matrículas de nível superior. O problema, portanto, da ampliação do acesso ao ensino superior não é mera questão de aumento da oferta de vagas no sistema (fenômeno mais característico dos anos 1960 e 1970), mas está diretamente relacionado, ainda, com a elevada exclusão de jovens pertencentes aos segmentos mais pobres da população, à medida que se eleva o nível de escolaridade. O corolário desse processo de exclusão é o nível de ensino mais elevado, que é o superior.

Considerando-se o aumento recente de quase 60% no número de matrículas no nível médio de ensino, qual seria, para o Brasil, a taxa desejável de matrícula de jovens, da coorte correspondente, no ensino superior? Hoje, essa taxa é de 9,7%

Na Europa, as taxas de escolaridade no nível superior oscilam entre 20% e 30% no grupo de idade pertinente, embora essas taxas sejam muito mais elevadas quando se considera a população adulta acima de 25 anos (como também ocorre no Brasil). Em alguns países do norte da Europa, as matrículas de estudantes com mais de 25 anos chegam a representar até mais de 60% do total de matrículas de ensino superior (Gómez Campo, 1997). Nos países latino-americanos, como Argentina e Chile, por exemplo, o percentual de jovens da faixa etária correspondente, para o ano de 1990, estava em torno de 14% (Banco Mundial, 1993).

Para o Brasil, que medidas seriam necessárias para incluir no sistema de ensino superior cerca de 3 milhões ou perto de 6 milhões de jovens, caso fossem definidas, respectivamente, metas de 15%, como os países latino-americanos, ou de 30%, como ocorre nos países europeus, dos jovens da coorte entre 18 e 24 anos?

Articulação entre o nível médio e o superior de ensino – Em nenhum país do mundo, ocorre de a totalidade dos egressos do ensino de nível médio — o nível que antecede o superior e que pode adquirir várias denominações bem como diferentes ramificações em cada país — se dirigir para o ensino superior. Ao contrário, apenas uma parcela reduzida da coorte de idade o faz, e dos ingressantes, nos vários cursos de nível superior. Uma proporção significativa não ultrapassa o primeiro ano de estudo (Oliveira; Gomes, 1998).

Nos Estados Unidos, o funil é menor: cerca de 90% dos adolescentes norte-americanos estão matriculados no ensino de nível médio, e mais de 50% dos jovens de uma coorte da faixa etária ingressam no ensino superior. Na França e no Reino Unido, respectivamente 89% e 80% da faixa de idade estão matriculados nos vários tipos de escolas secundárias. Na França, mais da metade consegue concluir o curso propedêutico e seguir os estudos no nível superior; constata-se também que, quanto mais profissionalizante for o ensino de nível médio, menor também será o êxito de seguir no ensino superior. No caso dos *bacheliers généraux*, a totalidade de seus egressos se direciona para o ensino superior (Euriat, 1998). Na Inglaterra, em torno de 78% dos jovens com mais de 17 anos de idade ainda se encontram no ensino médio; cerca de 35% estão na vertente acadêmica, e 12%, na profissional. Ao término do ensino de nível médio, cerca de um terço dos jovens ingleses ingressa no ensino superior (Stobart, 1998).

Dentre os países latino-americanos, a Argentina, por exemplo, apresenta uma taxa bruta de escolarização de ensino de nível médio para a coorte da faixa etária menor que a da Inglaterra, porém naquele país uma parcela significativamente maior da coorte de idade ingressa no ensino superior; como resultado, tem-se que a Argentina conta com um índice de matrículas no ensino superior por cem mil habitantes maior que o do Reino Unido (Oliveira; Gomes, 1998). Deve ser notado que na Argentina o ingresso ao ensino superior é irrestrito a todos que terminam o ensino médio.

No Brasil, o ensino de segundo nível — para usar a terminologia da Unesco —, somente nos últimos anos, tornou-se tema das políticas educacionais. Por muito tempo, esse nível de ensino foi considerado "passagem" para o ensino superior. Não resta dúvida quanto à necessidade de se estender o nível médio de escolaridade aos jovens até como base necessária para a ampliação da taxa de ingressantes no ensino superior. Todavia, admitindo-se — com base na experiência nacional e de outros países que já atingiram a universalização do nível médio de ensino — que grande parcela de seus egressos não prossegue estudos superiores, a diversificação das oportunidades de estudos de nível médio é um desafio tão ou mais importante que a necessidade da diversificação do ensino superior para adequá-lo à heterogeneidade socioeconômica e de formação escolar dos jovens que nele estão ingressando. É importante, contudo, sublinhar que a diversificação das oportunidades de formação no nível médio de ensino deve ser encaminhada de forma a não se constituir um obstáculo para que seus egressos prossigam os estudos de nível superior.

Mecanismos de seleção e admissão dos estudantes – A questão da equidade no ensino superior relaciona-se com a necessidade de promover oportunidades mais equitativas aos jovens que lograram concluir o nível de ensino médio e são candidatos ao ensino superior. Um dos paradoxos da relativa democratização do ensino superior no Brasil é que ela se deu predominantemente mediante a ampliação do número de instituições, cursos e vagas no setor privado que se mantém por meio das anuidades pagas pelos estudantes.

Nesse contexto, enquanto alguns segmentos do setor privado de ensino superior vêm instituindo novos mecanismos de seleção de candidatos — revestidos de legitimidade com base nas orientações da Lei de Diretrizes e Bases da Educação Nacional de 1996 —, acirrando a competição entre as instituições por alunos, são raras e ainda muito incipientes as iniciativas do setor público no sentido de inovar os procedimentos tradicionais de admissão do público estudantil. A adoção de novos mecanismos de seleção de estudantes, por parte das instituições públicas, não necessariamente significa o estabelecimento de cotas a serem preenchidas por grupos sociais e/ou étnicos específicos, mas pode conduzir à ampliação das oportunidades de ingresso de jovens das camadas mais pobres da população. Algumas universidades públicas, é verdade, vêm estimulando novos mecanismos de ingresso ou disponibilizando aos jovens pobres uma oportunidade de reverter suas dificuldades de formação escolar anterior, preparando-os para um exame vestibular específico. Essas iniciativas, no entanto, mantêm-se isoladas no âmbito das políticas de ingresso vigentes no setor público. Uma experiência que parece apresentar resultados é a que vem sendo realizada na Universidade de Brasília; ela consiste no acompanhamento de desempenho escolar de estudantes do ensino público de nível médio. Na USP, existe o cursinho pré-vestibular da Politécnica destinado a vestibulandos de baixa renda que pretendem ingressar na USP. Embora essa experiência tenha apresentado bons resultados quanto ao percentual de alunos aprovados no exame vestibular, ela opera em pequena escala até por não ser uma ação institucionalizada, mas uma iniciativa de alunos e professores de uma unidade específica da universidade.

Políticas diferenciadas de estímulo de acesso de diversos grupos sociais ao ensino superior — A inclusão de diferentes segmentos sociais no ensino superior, evidentemente, tem a ver não só com a diversificação dos mecanismos de seleção de ingresso, mas, fundamentalmente, com as condições de permanência dos diferentes grupos no ensino superior. Essas condições de permanência não se referem apenas à questão do financiamento da formação superior (no caso dos estudantes pobres das instituições privadas, a existência de créditos e bolsas), mas às condições de oferta dos cursos superiores — turnos noturnos, ensino não presencial etc.

Nesse sentido, é fundamental reconhecer as diferenças de expectativa e formação escolar dos aspirantes ao ensino superior. A extensão da escolaridade superior não pode continuar a ser tratada como se fosse uniforme e monotônica.

Políticas de distribuição regional das ofertas de oportunidades — As políticas de ensino superior no país parecem ter caminhado nessa direção. Dados da distribuição da oferta pública e privada de ensino superior no Brasil mostram claramente que o setor público, ao longo dos anos, procurou se instalar nas regiões geográficas que não apresentavam atrativos para o setor privado. Nas regiões Norte e Nordeste, até bem recentemente, excetuando-se alguns poucos estabelecimentos privados, a oferta de ensino superior privado era basicamente pública (Durham; Sampaio, 1995).

Desde a segunda metade da década de 1980, entretanto, constata-se um movimento de maior desconcentração regional da oferta de ensino superior. Essa desconcentração, liderada sobretudo pela iniciativa privada, vem sendo impulsionada pelo crescimento da demanda de ensino superior em regiões que, até muito recentemente, apresentavam uma relação candidato/vaga muito baixa, ou seja, desfavorável, da perspectiva do setor privado para a instalação de estabelecimentos particulares de ensino superior (Sampaio, 1998).

Embora a legislação brasileira dificulte os estabelecimentos universitários de instalarem novos cursos e/ou instituições fora de sede ou área de abrangência, evitando, com essa regulamentação, o crescimento desordenado da oferta de ensino superior e a formação de cartéis educacionais, seria oportuno refletir também sobre a instituição de outras regras de crescimento do setor privado. Uma dessas novas regras poderia conter o estímulo à desconcentração regional das instituições privadas de ensino superior. A possibilidade de abertura de novos cursos na sede, ou/e em regiões geográficas e/ou áreas metropolitanas que apresentam expectativas otimistas de retorno de investimento para os empresários do ensino superior poderia ser condicionada, mediante medidas compensatórias de investimento, ao atendimento de áreas/regiões onde houvesse necessidade de incremento da oferta de ensino superior, porém que comportassem taxas de lucratividade mais modestas.

Diversificação das instituições de ensino superior, dos programas de formação, das modalidades ensino/aprendizagem – A heterogeneidade e a diversidade tanto da demanda como da oferta de ensino superior, conforme bem notou Gómez Campo (1997), são atualmente temas centrais da política educativa, contrariamente às suposições tradicionais acerca da homogeneidade de interesses e expectativas e sobre a prevalência e hegemonia da universidade como a única instituição desejável. A exclusão desses temas da agenda para o ensino superior é certamente fonte de discriminação e iniquidade em relação aos estudantes provenientes de grupos sociais tradicionalmente excluídos do ensino superior. A bagagem cultural desses grupos pode ser interior ou diferente, suas aspirações educacionais e ocupacionais podem também ser diferentes comparativamente às dos jovens pertencentes a setores sociais que, há várias gerações e tradicionalmente, têm concentrado a matrícula no ensino superior Submeter os primeiros a experiências educativas para as quais não estão preparados ou não são adequadas às suas necessidades leva, inevitavelmente, ao estabelecimento de um processo educativo, social e culturalmente desigual. Esse processo tende a privilegiar antecipadamente estudantes cujo capital cultural e social é mais congruente com as características do processo e a discriminar, consequentemente, aqueles estudantes que mais se diferenciam dos pressupostos desse processo educativo (Gómez Campo, 1997). Além dessas graves implicações sobre a equidade no ensino superior, a mais grave consequência é a que recai sobre o aluno por não ter repertório para responder às exigências desse processo.

O tema da diversificação da oferta de ensino superior não pode ser entendido como o estabelecimento de uma estratificação vertical hierárquica que concentra status social e educativo em algumas poucas instituições de ensino superior — as melhores universidades públicas — e condena outras instituições, públicas inclusive, a não ter identidade nem futuro próprios, mas que insistem em se apresentarem como simulacros de universidades eleitas como modelo para o sistema (Sampaio, 2000; Castro, 2000; Durham, 1998). Parece razoável advogar que a busca de maior equidade no ensino superior no país não pode ser atingida perseguindo as mesmas fórmulas que estavam presentes na expansão do sistema de ensino superior há mais de 30 anos — com a expansão dos mesmos tipos de oferta curricular e de instituições, com a lógica da oferta segundo as supostas demandas de mercado.

Interação entre Estado e instituições públicas e privadas de ensino superior – O tema da equidade no sistema de ensino superior reporta não só à garantia de progressão educacional contínua dos jovens até o nível superior, mas também à instituição e consolidação de um sistema educacional mais inclusivo.

A questão é também de ordem qualitativa, ou seja, diz respeito ao controle da qualidade da formação superior oferecida no sistema aos estudantes. A formação de nível superior, devido à heterogeneidade acadêmica que existe entre as instituições, tende a refletir em desvantagens no futuro mercado profissional do formando. Equidade, portanto, significa maior controle sobre a qualidade da oferta de ensino superior no sistema. Com efeito, a relativa democratização do acesso ao ensino superior, propiciada pela própria diferenciação do sistema, apresenta um lado perverso que é a de reproduzir desigualdades iniciais (de entrada do jovem) ao término da formação superior. Os resultados das notas dos formandos que realizaram o Provão em 1999 trazem elementos pertinentes para o debate do problema da qualidade do ensino superior no Brasil. Mesmo que seja impossível neutralizar totalmente os fatores socioeconômicos e regionais que intervêm no desempenho acadêmico do estudante, é possível, contudo, minorar seus efeitos ao longo da formação de ensino superior. De acordo com os resultados analisados na Parte II deste Relatório, as instituições públicas de ensino superior, de modo geral, parecem estar desempenhando de forma mais satisfatória o papel da Educação – minorando e até mesmo revertendo desigualdades iniciais do alunado.

REFERÊNCIAS

ARIAS, Alfonso R. Avaliando a situação ocupacional e dos rendimentos do trabalho dos jovens entre 15 e 24 anos de idade na presente década. *In*: BERQUÓ, Elza (org.). *Jovens acontecendo na trilha das políticas públicas*. Brasília: Comissão Nacional de População e Desenvolvimento, 1998. p. 519-544.

BANCO MUNDIAL. *Informe sobre el desarrollo mundial, 1990*. México: [s. n.], 1993.

BARROS, Ricardo P.; MENDONÇA, Rosane S. P. Pobreza, cor e trabalho infanto-juvenil: as consequências da pobreza sobre a infância e a adolescência. *In*: FUNDO DAS NAÇÕES UNIDAS PARA A INFÂNCIA (Unicef). *O trabalho e a rua*: crianças e adolescentes urbanos dos anos 80. Brasília: Unicef: Flacso: CBIA: Cortez, 1992.

BERCOVICH, Alícia M.; MADEIRA, Felícia R.; TORRES, Haroldo, G. Mapeando a situação do adolescente no Brasil. *In*: FÓRUM NACIONAL ADOLESCÊNCIA, EDUCAÇÃO E TRABALHO, 1997, Belo Horizonte.

BERCOVICH, Alícia M.; MADEIRA, Felícia R.; TORRES, Haroldo, G. Descontinuidades demográficas. *In*: FUNDAÇÃO SISTEMA ESTADUAL DE ANÁLISE DE DADOS (Seade). *20 anos no ano 2000*: estudos sociodemográficos sobre a juventude paulista. São Paulo: Seade, 1998. p. 2-13.

BERGUER FILHO, Rui L. Ensino médio: a universalização possível. *In*: COSTA, Vera L. C. *Descentralização da educação*: novas formas de coordenação e financiamento. São Paulo: Fundap: Cortez, 1999. p. 191-202.

BERQUÓ, Elza Quando, como e com quem se casam os jovens brasileiros. *In*: BERQUÓ, Elza (org.). *Jovens acontecendo na trilha das políticas públicas*. Brasília: Comissão Nacional de População e Desenvolvimento, 1998. p. 93-108.

BRASIL. *Educação no Brasil:* 1995-2000. Brasília: Ministério da Educação, 2000.

CARDOSO, Ruth; SAMPAIO, Helena. Estudantes universitários e o trabalho. *Revista Brasileira de Ciências Sociais*, São Paulo, n. 26, p. 30-50, 1994a.

CARDOSO, Ruth; SAMPAIO, Helena. *Os estudantes universitários no Estado de São Paulo*: relatório de pesquisa. São Paulo: Centro Brasileiro de Análise e Planejamento: Núcleo de Pesquisas sobre Ensino Superior-USP, 1994b. Mimeografado.

CASTRO, C. M. *Ensino superior*: o desafio de nadar para a frente. São Paulo, 2000. Mimeografado.

CLARK, Burton. *El sistema de educación superior*: una visión comparativa de la organización académica. México: Universidad Autónoma Metropolitana; Azcapotzalco: Nueva Imagen, 1983.

DURHAM, Eunice R. Uma política para o ensino superior: diagnóstico e proposta. São Paulo: Documentos de Trabalho NUPES, 1998.

DURHAM, Eunice R.; SAMPAIO, Helena. O ensino superior privado no Brasil. São Paulo: Documentos de Trabalho NUPES, 3/95, 1995.

EURIAT, Michel. A experiência francesa. *In*: SEMINÁRIO INTERNACIONAL SOBRE AVALIAÇÃO DO ENSINO MÉDIO E ACESSO AO ENSINO SUPERIOR, 1997, Brasília. *Trabalhos apresentados* [...]. Brasília: Inep, 1998. p. 25-44. (Série Documental, Eventos, n. 9).

FUNDAÇÃO SISTEMA ESTADUAL DE ANÁLISE DE DADOS. *Prestação de serviços especializados de consultoria para a realização de estudos, pesquisas, análises, sistematização, georreferenciamento e disseminação de indicadores socioeducacionais para o Estado de São Paulo*. São Paulo: Seade, 1998.

GÓMEZ CAMPO, Víctor M. Equidad social y política de educación superior. *Pensamiento Universitario*, Buenos Aires, v. 5, n. 6, p. 12-24, 1997.

HABERMAS, Jürgen *et al*. O comportamento político dos estudantes comparado ao da população em geral. *In*: BRITO, Sulamita de. *Sociologia da juventude*. Rio de Janeiro: Zahar, 1968. v. 2.

INSTITUTO BRASILEIRO DE GEOGRAFIA E ESTATÍSTICA *Metodologia da Pesquisa Nacional de Amostra a Domicilio, 1997*. Rio de Janeiro: IBGE, 1998.

INSTITUTO BRASILEIRO DE GEOGRAFIA E ESTATÍSTICA. *Contagem da população, 1996*. Rio de Janeiro: IBGE, 1997.

INSTITUTO NACIONAL DE ESTUDOS E PESQUISAS EDUCACIONAIS. *Exame nacional de cursos (base de dados)*. Brasília: Inep, 1999b.

INSTITUTO NACIONAL DE ESTUDOS E PESQUISAS EDUCACIONAIS. *Provão*: exame nacional de cursos, relatório-síntese. Brasília: Inep, 1999a.

MADEIRA, Felícia R. A trajetória das meninas dos setores populares: escola, trabalho ou reclusão. *In*: MADEIRA, Felícia R. (org.). *Quem mandou nascer mulher? –* estudo sobre crianças e adolescentes pobres no Brasil. São Paulo: Rosa dos Tempos: Unicef, 1998. p. 45-134.

MAGGIE, Yvone. Universalismo, particularismo e a busca de novos caminhos para diminuir a exclusão e a desigualdade: o pré-vestibular para negros e carentes. *In*: CONGRESSO LUSO-AFRO-BRASILEIRO DE CIÊNCIAS SOCIAIS, 5., 1998, Maputo, Moçambique. Mimeografado.

OLIVEIRA, J. C. *et al*. Evolução e características da população jovem no Brasil. *In*: BERQUÓ, Elza (org.). *Jovens acontecendo na trilha das políticas públicas*. Brasília: Comissão Nacional de População e Desenvolvimento, 1998. p. 7-20.

OLIVEIRA, João B. A.; GOMES, Cândido. As questões recorrentes da pesquisa comparada. *In*: SEMINÁRIO INTERNACIONAL SOBRE AVALIAÇÃO DO ENSINO MÉDIO E ACESSO AO ENSINO SUPERIOR, 1997, Brasília. *Trabalhos apresentados* [...]. Brasília: Inep. 1998. p. 7-15. (Série Documental, Eventos, n. 9).

RABELLO, Ophelina. *Universidade e trabalho*: perspectivas. Brasília: Inep; Campinas: Unicamp, 1973.

SABOIA, Ana L. Situação educacional dos jovens brasileiros. *In*: BERQUÓ, Elza (org.). *Jovens acontecendo na trilha das políticas públicas*. Brasília: Comissão Nacional de População e Desenvolvimento, 1998. p. 499-518.

SAMPAIO, Helena. *O setor privado de ensino superior no Brasil*. São Paulo: Hucitec: Fapesp, 2000.

SAMPAIO, Helena. Tradição e modernidade da universidade brasileira. São Paulo: [s. n.], 1990. Mimeografado.

SAMPAIO, Helena. O ensino superior privado: tendências da última década. São Paulo: Documentos de Trabalho NUPES, 1998.

SCHWARTZMAN, Simon. Brazil: Opportunity and Crisis in Higher Education. *Higher Education*, [s. l.], v. 17, n. 1, p. 99-119, 1988.

SILVA, Nelson V.; HASENBALG, Carlos. Race, schooling and social mobility in Brazil. *Ciência e Cultura, Journal of the Brazilian Association for the Advancement of Science*, São Paulo, v. 51, n. 5/6, p. 457-463, 1999.

SOUZA, Gustavo O. C. Qualidade e condição do domicílio. *In*: FUNDAÇÃO SISTEMA ESTADUAL DE ANÁLISE DE DADOS. *20 anos no ano 2000*: estudos sociodemográficos sobre a juventude paulista. São Paulo: Seade, 1998. p. 224-233.

STOBART, Gordon. Avaliação e ingresso no sistema britânico de educação. *In*: SEMINÁRIO INTERNACIONAL SOBRE AVALIAÇÃO DO ENSINO MÉDIO E ACESSO AO ENSINO SUPERIOR, 1997, Brasília. *Trabalhos apresentados* [...]. Brasília: Inep, 1998. p. 17-24. (Série Documental, Eventos, n. 9).

TEIXEIRA, Moema P. *Negros em ascensão social*. 1998. Tese (Doutorado) – Museu Nacional da Universidade Federal do Rio de Janeiro, Rio de Janeiro, 1998.

UNDP. *Human development report, 1996*. Nova York: Oxford University Press, 1996.

OS ESTUDANTES DO SETOR PRIVADO[195]

Quem são os estudantes do setor privado de ensino superior? Os mais pobres? Os menos competentes academicamente? Existe uma suposição generalizada de que o ensino superior privado se volta para o atendimento de estudantes provenientes de famílias com renda e ambiente cultural mais modestos, os quais, tendo sempre cursado escolas públicas, teriam menos vantagens no ingresso em cursos oferecidos em universidades estatais, em geral consideradas mais seletivas. Por sua vez, os jovens com situação socioeconômica e cultural mais privilegiada realizariam trajetória inversa, ocupando as vagas das instituições públicas e gratuitas.

A mídia, os proprietários de estabelecimentos privados de ensino superior e até mesmo alguns setores do governo, dentro e fora da área da Educação, são os primeiros a chamar atenção para o que consideram talvez a maior iniquidade do sistema de ensino superior no país. As argumentações, embora de diferentes naturezas, apresentam forte enfoque ideológico, uma vez que traduzem posições de setores com interesses diversos no sistema de ensino superior e nos próprios órgãos de governo, entre as áreas econômica e de educação e no próprio Ministério da Educação.

Com periodicidade regular, a imprensa reporta-se à suposta desigualdade das condições econômicas, sociais e culturais, contrastando estudantes do setor público (os privilegiados que estudam gratuitamente) com os do setor privado (os mais pobres que pagam por seus estudos)[196]. Com raras exceções[197], o objetivo explícito das reportagens é manter acesa a discussão em torno da gratuidade do ensino superior público.

---

[195] Esse texto é um capítulo do livro *O Ensino Superior no Brasil: o setor privado* (2000), elaborado a partir da tese de doutorado (Doutorado em Ciência Política) da autora defendida na Universidade de São Paulo em 1998.

[196] Em 2 de dezembro de 1992, uma reportagem publicada no jornal *Estado de S. Paulo* tinha por título "Pesquisa: universidade pública não é lugar de estudante pobre". Desde essa época, com muita frequência, os grandes jornais do país (*O Estado de S. Paulo, Folha de S.Paulo, Jornal do Brasil*) vêm publicando matérias na tentativa de demonstrar que as instituições públicas são redutos dos filhos da elite, questionando o fato de elas serem gratuitas. O perfil dos estudantes de cada um dos setores é caricato. Os estudantes entrevistados para representar cada um dos setores são escolhidos cuidadosamente, de modo que correspondam ao intento da matéria jornalística.

[197] Destacam-se como exceções os artigos de Gilberto Dimenstein. Embora o jornalista caracterize a clientela do setor privado como "desprivilegiada social e economicamente", aparentemente tais afirmações não o levam a advogar que estudantes presumivelmente ricos do ensino superior público devessem pagar por seus estudos ("Privadas vão mal", *Folha de S.Paulo*, 12/3/97).

Por sua vez, os argumentos dos dirigentes de instituições particulares, em diferentes arenas de discussão sobre políticas de ensino superior, seguem na mesma linha, acrescidos de outro ingrediente: reivindicam o reconhecimento público do importante papel que o setor privado desempenhou, e ainda desempenha, na democratização do ensino superior no país[198]. Normalmente, acusam também o caráter elitista das instituições federais e estaduais e propõem, no limite, o fim da gratuidade do ensino superior estatal como mecanismo de promoção da equidade no sistema. Dispondo de mais recursos, o Estado poderia, de acordo com esse tipo de argumento, atender a maior número de estudantes que não podem pagar por seus estudos, independentemente do fato de terem sido admitidos em instituições públicas ou particulares[199].

Nos órgãos do Estado, em âmbito federal, as posições dos atores divergem, e nenhuma está autorizada a apresentar-se como a oficial do governo[200].

Em suma, no quadro apresentado para caracterizar os estudantes das instituições privadas de ensino superior, combinam-se deficiências acadêmicas (os menos preparados em termos escolares) com carências

---

[198] Gabriel Mário Rodrigues, reitor da recém-criada Universidade Anhembi-Morumbi e presidente do Semesp, em artigo recente que defende o desempenho do setor privado no Exame Nacional de Curso do MEC, considera: "[...] As escolas particulares de 2º Grau, de pessoas com melhor renda, são as principais fornecedoras de alunos para as estatais. [...] entradas diferentes não podem gerar produtos iguais. O valor do ensino particular é justamente alavancar talentos para que, com educação continuada e a profissionalização, aquelas diferenças sejam menos sentidas e o valor individual sobrepuje quaisquer desigualdades. [...] em algum momento [...] pensou nas consequências trágicas que teríamos para o país se não existisse a opção do Ensino Superior Particular? A da elite dos diplomados em ensino superior das Escolas públicas e o resto. A universidade e a imprensa. Integração". *Revista da Universidade São Judas Tadeu*, ano III. n. 9, p. 116-7, maio de 1997.

[199] Esse argumento foi defendido, enfaticamente, pela então vice-reitora da Universidade de Mogi das Cruzes, professora Maria Beatriz Carvalho de Melo nas várias entrevistas informais que concedeu no desenvolvimento deste trabalho.

[200] Recentemente, a própria imprensa tentou desencadear eventuais divergências entre setores do governo federal. Procurado pelo jornal *Folha de S.Paulo*, Gustavo Franco manifestou-se favorável à cobrança de anuidades dos estudantes das universidades públicas. Suas opiniões baseavam-se na suposição de que nessas instituições só estudavam os alunos do estrato socioeconômico mais elevado. Seu argumento era o seguinte: se tais alunos viessem a pagar seus cursos, o estado economizaria com ensino superior, e "esses recursos poderiam ser utilizados na bolsa-escola ou em qualquer outro programa com benefício um pouco mais extenso". O então diretor do Banco Central não expressou em número o que essa economia representaria para o Estado em âmbito federal e estadual. Seus argumentos não eram técnicos, mas de natureza política. Por meio do mesmo jornal, o ministro de Estado da Educação e do Desporto, Paulo Renato Souza, reagiu às declarações de Franco. O ministro, todavia, não tomou posição nem a favor nem contra o fim da gratuidade nos estabelecimentos públicos, deixando claro que essa era uma questão que deve ser considerada tecnicamente e, exclusivamente, no âmbito de seu ministério. Na mesma matéria, o secretário de Ensino Superior do MEC, Abílio Baeta Neves, considerava uma "bobagem" achar que o pagamento de mensalidades poderia ajudar a financiar outras áreas da educação. Ministro Critica Declarações de Franco. *Folha de S.Paulo*, 14/10/97.

socioeconômicas (os de menor renda familiar) e limitações para a dedicação plena aos estudos, uma vez que são jovens que conciliam estudo e trabalho até como possibilidade de poderem frequentar um curso superior. Fenômeno contrário, repito, ocorreria, no setor público de ensino superior.

Tal suposição tem sido muito difundida e raramente questionada[201]. Não resta dúvida de que há muitas verdades em constatações tão genéricas como essas, mas também existem muitos mitos que se reproduzem e que pretendem ganhar ressonância no debate público e nas arenas de formulação de políticas para o ensino superior.

Meu objetivo aqui é aprofundar o conhecimento dos estudantes dos estabelecimentos e cursos do setor privado[202].

---

[201] Conforme observou Ronca, "há uma crítica aligeirada e infundada de que nas Universidades estaduais estudam os ricos e nas outras os pobres. Isso não é verdade. Na PUC-SP, há uma distribuição muito semelhante à da USP: no curso de Medicina encontram-se os estratos privilegiados da sociedade, ao passo que nos cursos de Geografia ou História estão os estratos mais desprivilegiados. Essa é uma questão que não está sendo debatida como deveria" (no debate "Crise e Reforma do Sistema Universitário", promovido em 20 de setembro de 1991 pelo Centro Brasileiro de Análise e Planejamento em São Paulo). Também a Associação Nacional das Universidades Federais (Andifes), por meio de seu Fórum de Pró-Reitores de Assuntos Comunitários e Estudantis, divulgou, recentemente, dados de uma pesquisa realizada no segundo semestre de 1996 com uma amostra de 32.348 estudantes (9% do total) de 44 das 52 universidades federais. De acordo com os resultados da pesquisa, 13% dos estudantes são provenientes de famílias com renda acima de 40 salários-mínimos (classe A); 43% de famílias com renda entre sete e 30 salários-mínimos (classe B): 31% de famílias com renda entre três e 15 salários-mínimos (classe C) e 13% com renda familiar inferior a três salários-mínimos (classe E). Neste estudo define-se, por exemplo, como classe B, além da renda no intervalo considerado, a família que tenha carro, TV em cores, banheiro em casa, empregada mensalista, rádio, máquina de lavar, aspirador de pó, geladeira e cujo chefe tenha escolaridade superior. Interpretando os dados da pesquisa, o reitor da UFRN e vice-presidente da Andifes ponderou: "Isso [os dados] prova que não há só ricos nas universidades federais. Há uma grande concentração nas classes C, D e E e a classe B é a classe média, que está bastante espoliada e com poder aquisitivo reduzido". Apesar disso, os dados foram divulgados pela imprensa como a prova cabal da Elitização das universidades públicas em uma reportagem intitulada "Elite É Maioria em Universidades Federais". *Folha de S.Paulo*, 17/8/97.

[202] Os dados analisados provêm de três fontes:
– "Estudantes Universitários", pesquisa coordenada por Ruth Cardoso e pela autora, no âmbito de um projeto colaborativo que envolveu o Núcleo de Pesquisa Sobre Ensino Superior da Universidade de São Paulo e o Centro Brasileiro de Análise e Planejamento. A pesquisa, com financiamento da Finep, foi realizada, entre 1993 e 1994, com base em uma amostra de 2.223 estudantes de diferentes cursos oferecidos pelos estabelecimentos públicos e privados, universidades ou instituições isoladas localizadas na capital e na região administrativa de Campinas, no estado de São Paulo;
– Instituto Nacional de Estudos e Pesquisas Educacionais e Diretoria de Avaliação e Acesso ao Ensino Superior do Ministério da Educação e do Desporto, responsáveis pela coleta, seleção e análise de dados relativos à renda familiar, ao trabalho, à origem escolar e à escolaridade dos pais dos concluintes dos cursos de Direito, Administração e Engenharia Civil que realizaram o Exame Nacional de Cursos em dezembro de 1996;
– "O Setor Privado de Ensino Superior no Brasil", pesquisa realizada em 1996 pelo Núcleo de Pesquisa sobre Ensino Superior da Universidade de São Paulo e financiado pela Fundação Ford. As informações foram coletadas mediante o preenchimento de questionário enviado a todas as 632 (1996) instituições isoladas particulares e às 76 universidades privadas do país existentes em 1996. Os respondentes perfaziam 23,4% do total de estabelecimentos isolados e 60,5% das universidades. Ainda que este estudo não tivesse como foco

Sustento, como ponto de partida, que a expansão do setor privado no país, ao longo dos últimos 30 anos, efetivamente contribuiu, e ainda está contribuindo, para aumentar e diversificar os segmentos de jovens que chegam às universidades. Contudo, advogo também que essa ampliação não nos autoriza a endossar a tese segundo a qual o setor privado abriga estudantes com atributos socioeconômicos e culturais tão contrastivos em relação ao perfil dos jovens que estudam em instituições públicas. A composição do estudante de ensino superior hoje, no Brasil, é de uma complexidade muito maior do que a contraposição entre estudantes do setor público e privado, ricos e pobres, mais e menos preparados academicamente. Os dados socioeconômicos disponíveis sobre os estudantes do setor privado mostram uma realidade muito diferente e ensejam a possibilidade de pôr em novos termos questões como equidade e democratização do ensino superior. Democratização e elitização são elementos presentes, em maior ou menor grau, nas diferentes instituições — públicas e privadas, universidades e escolas isoladas — nos vários cursos que oferecem e nas diferentes regiões geográficas onde os estabelecimentos estão inscritos.

Embora o objetivo seja o conhecimento dos estudantes do setor privado, muitas vezes a apresentação e a discussão dos dados foram feitas considerando-se os referentes ao perfil dos estudantes das instituições públicas. O recurso comparativo é necessário para demonstrar que caricaturas nem sempre são suficientes para o conhecimento da juventude universitária do Brasil.

ALGUNS MITOS E DADOS SOBRE OS ESTUDANTES DO SETOR PRIVADO

A ampliação das camadas médias urbanas, resultado dos processos de industrialização e urbanização, concorreu, conforme vimos notando ao longo do trabalho, para transformar o sistema de ensino superior. O fenômeno não foi específico do Brasil, tendo ocorrido quase simultaneamente em todos os países que passaram por processo rápido de terceirização e urbanização e que tiveram ampliados os setores médios da sociedade. Se antigamente a universidade destinava-se, com quase exclusividade, aos jovens das camadas mais altas, depois dessas transformações, e nelas interferindo, um contingente cada vez maior de estudantes chegou ao ensino superior. De acordo com Blume (1987), a grande transformação

---

os estudantes das instituições particulares, constam do formulário informações sobre o valor das anuidades dos cursos que oferecem.

nos sistemas de ensino superior no século XX foi o fato de deixarem de ser exclusivamente de elite para destinarem-se também à massa.

As mudanças no ensino superior não se limitaram à expansão das matrículas. Novas instituições e carreiras foram criadas para dar conta da demanda crescente por escolaridade superior. O novo contingente estudantil que chega à universidade já não apresenta a homogeneidade de antigamente[203]. A pressão por ensino superior, que deflagrou a expansão do sistema nos anos 1970, partiu de diferentes segmentos da sociedade: mulheres que já não se satisfaziam com a formação de nível secundário, jovens oriundos de famílias sem tradição em formação superior, pessoas mais velhas e já inseridas no mercado de trabalho que buscavam melhor qualificação profissional, entre outros (Schwartzman, 1988).

Numericamente, o sistema brasileiro, nos últimos 30 anos, passou de cerca de 100 mil alunos (1965) para quase 1,7 milhão (1996). Soa óbvio que, em um contingente de quase 2 milhões de jovens universitários, a diversificação seja maior que a de um sistema que comporta 100 mil alunos. A expansão das matrículas de ensino superior, portanto, não significou apenas aumento quantitativo.

Ainda que tenha ampliado e se diversificado, mediante o incremento da oferta de vagas e de carreiras em número também maior de instituições, o ensino superior no Brasil não pode ser classificado como um sistema de massa no sentido de ter universalizado o acesso ao ensino superior. As transformações ocorridas tocaram somente de leve no problema da democratização da educação. O índice de jovens que ingressa no ensino superior correspondia, em 1995, a 11,4% da faixa etária entre vinte e 24 anos (García, 1997). Esse índice de cobertura do sistema conferia ao Brasil o décimo sétimo lugar entre os países latino-americanos, posição apenas pouco melhor que a da Nicarágua e a de Honduras[204]. A situação é grave, mas cabe algumas ponderações. A taxa de escolarização superior no

---

[203] Micelli (1977), ao estudar as biografias dos homens de letras no Brasil no início do século XX, identifica as estratégias de ascensão social que mobilizavam redes de parentesco e apadrinhamento. O autor sugere, com base na análise dessas estratégias, que a notoriedade de muitos dos literatos do começo do século — sem questionar o eventual valor literário de suas obras — está associada à luta desses personagens pela inclusão nos meios acadêmicos extremamente elitizados. O curso de Letras era um dos poucos que, na época, possibilitava a ascensão dos jovens oriundos de famílias menos favorecidas econômica e socialmente.

[204] A taxa de escolaridade de educação superior na faixa etária entre vinte e 24 anos no ranking dos países latino-americanos é a seguinte: Argentina (38,9%); Venezuela (31,5%); Uruguai (29,9%); Costa Rica (29,3%); Peru (28,3%); Panamá (27,6%); Chile (26,6%); Bolívia (22,8%); Equador (19,7%); El Salvador (19,1%); Colômbia (17,6%); Cuba (15,8%); República Dominicana (15,1%); México (13,8%); Paraguai (12,3%); Guatemala (12,3%); Brasil (11.4%); Nicarágua (11,2%) e Honduras (10,6%) (García, 1997).

país deve ser relativizada no contexto latino-americano tendo em vista a extensão das populações jovens. No Brasil, são 14.508 milhões de jovens entre 20 e 24 anos, o maior contingente da América Latina, seguido de longe pelo México (9.452 milhões) e, muito atrás, pela Argentina (2.711 milhões) para citar apenas os países do continente de maior densidade demográfica. Para se ter ideia, os 1.661.034 estudantes de nível superior, em 1994, do Brasil equivalem quase ao total da população entre 20 e 24 anos da Venezuela, a qual não chega a 2 milhões (García, 1997).

Do contingente de estudantes universitários no país, 58,4% estão em estabelecimentos particulares — universidades, federações de escolas/faculdades integradas e estabelecimentos isolados[205]. De acordo com os dados que serão apresentados, os estudantes do setor privado são tão diferentes entre si quanto os que estudam em instituições públicas. É na medida mesma de sua heterogeneidade interna que esses estudantes diferem e se aproximam dos graduandos do setor público. As diferenças têm a ver com as carreiras e a oferta de ensino superior nas diferentes regiões geográficas. Ambas as variáveis são fundamentais para discutir os limites da democratização da educação superior e as brechas que se abrem em alguns nichos tradicionalmente mais restritivos desse nível de ensino.

A heterogeneidade dos estudantes dos setores privado e público

O estudo de Cardoso e Sampaio (1994a)[206] com estudantes de diferentes universidades e escolas de ensino superior no estado de São Paulo

---

[205] Dos países latino-americanos, o Brasil ocupa o quarto lugar em porcentual de matrículas privadas de ensino superior. Na sua frente, estão República Dominicana, El Salvador e Colômbia. Considerando-se a extensão do sistema brasileiro, seu setor privado é de longe o maior da América Latina, tanto em número de matrículas como em estabelecimentos.

[206] A amostra da pesquisa resultou do cruzamento de uma série de características dos cursos e das instituições de ensino superior do estado de São Paulo. Foram selecionados cursos representativos das carreiras tradicionais, modernas e recentes, ou seja, carreiras constituídas, em sua maioria, antes de 1970, carreiras típicas da década de 1970 e os cursos que surgiram a partir da segunda metade dos anos 1970, segundo a classificação de Schwartzman (1988). Foram também contemplados cursos oferecidos predominantemente pelo setor privado de ensino superior e carreiras cuja demanda, tanto no setor público como no privado, cresceu nos últimos anos. A relação candidato/vaga foi também um critério considerado. Na amostra constam cursos oferecidos tanto pelo setor público como pelo privado, cujas vagas estão entre as mais disputadas nos vestibulares paulistas. São os cursos de Odontologia, Direito, Administração, Publicidade e Propaganda e Processamento de Dados. Também foram selecionados cursos cujo crescimento da oferta vincula-se à expansão do setor privado, tais como Filosofia, Administração e Pedagogia; cursos de tipo vocacional, os quais, nos últimos anos, têm tido grande demanda, como Turismo e Nutrição. Por fim, a escolha das instituições onde esses cursos são oferecidos procurou corresponder às clivagens características do sistema de ensino superior: setor público/privado, escola isolada/universidade, alto e baixo prestígio acadêmico (existência de pós-graduação e conceito Capes). Ao todo foram selecionadas 13 carreiras diferentes, em um total

mostrou que eles fazem parte de uma parcela muito restrita da sociedade e que existem muito poucas variações entre instituições públicas e particulares no que tange ao perfil de suas clientelas.

Os dados da pesquisa indicam que a maioria dos alunos das instituições privadas (57,8%) e a maior parte dos estudantes das instituições públicas (55,1%) concentram-se nas duas faixas intermediárias de renda (de seis a dez e mais de dez a 20 salários-mínimos). Também na faixa de renda mais alta — acima de 20 salários-mínimos —, os estudantes dos setores privado e público, de acordo com os dados do estudo, apresentam índices bem próximos, respectivamente, 33,9% e 32,7%.

Tabela 1 – Distribuição dos estudantes de instituições públicas e privadas por faixa de renda familiar em salários-mínimos (em porcentagem)

Faixas de renda em salário-mínimo	Instituições privadas	Instituições públicas
até 2	0,3	1,8
mais de 2 a 6	12,1	10,6
mais de 6 a 10	22,6	22,9
mais de 10 a 20	31,2	32,2
mais de 20	33,9	32,7
Total*	1.024	398

Fonte: Cardoso e Sampaio (1994a)

*A amostra corresponde a 2.226 estudantes. Destes, 1.422 (63,9%) responderam à questão sobre renda familiar. Os não respondentes estão distribuídos proporcionalmente em instituições públicas e privadas de ensino superior.

---

de 51 cursos oferecidos por três instituições públicas e por 17 particulares. A amostra subdivide-se em malha 1 (São Paulo) e malha 2 (Campinas e região). Na malha 1, foram selecionadas 12 instituições, sendo dez particulares e duas públicas. A malha 2 compõe-se de oito instituições, sendo uma pública e sete particulares. Os estudantes responderam ao questionário nas classes de terceiro ano previamente sorteadas; nos casos de a instituição contar com mais de uma classe deste ano, procedeu-se ao sorteio delas em cada um dos turnos (uma classe no período diurno e outra no noturno). O questionário tratava de diferentes aspectos da vida dos estudantes: dados pessoais, dados socioeconômicos da família, escolaridade dos pais, situação de moradia, se estava trabalhando, o que fazia e quanto ganhava, questões sobre a escolha do curso e da escola, opiniões sobre o curso e sobre o relacionamento com os colegas da faculdade, entre outras. Ao término dessa primeira fase da pesquisa, foram realizadas entrevistas em profundidade com alguns dos estudantes da amostra e seus melhores amigos por eles indicados. O objetivo era mapear as redes de sociabilidade dos universitários, como costumam se divertir, como tratam questões como política, sexualidade, drogas, relações com a família, estudo e futuro profissional. Foram entrevistados 30 jovens, universitários ou não, pertencentes às redes de amizade dos estudantes da amostra (Cardoso; Sampaio, 1994b).

Considerando-se a distribuição dos estudantes segundo a renda familiar em função da dependência administrativa e da natureza institucional dos estabelecimentos, constatam-se algumas diferenças.

Tabela 2 – Distribuição dos estudantes por renda familiar em salários-mínimos segundo dependência administrativa e natureza institucional dos estabelecimentos (em porcentagem)

Faixas de renda em salário-mínimo	Instituições privadas		Instituições públicas	
	Universidade	Escola isolada	Universidade	Escola isolada
- de 2	0,3	0,3	1,2	5,9
de 2 a 6	12,3	11,7	10,1	13,7
+ de 6 a 10	22,5	22,7	21,0	35,3
+ de 10 a 20	32,3	29,2	32,6	29,4
mais de 20	32,5	36,2	35,2	15,7
Total	640	384	347	51

Fonte: Cardoso e Sampaio (1994)

Conforme se vê na Tabela 2, os estudantes de escolas isoladas particulares distribuem-se nas cinco faixas de renda de modo semelhante à distribuição dos estudantes das universidades particulares. Mais da metade encontra-se nas faixas intermediárias de renda (de seis a dez e mais de dez até 20 salários-mínimos). Na faixa de renda acima de 20 salários-mínimos, encontra-se mais de um terço dos estudantes. Essa proporção é maior que a encontrada entre os estudantes de universidades públicas e particulares. Também nas escolas isoladas privadas, o porcentual de estudantes com renda entre dois e seis salários-mínimos é menor que a proporção de estudantes nessa faixa nas universidades privadas[207]. O número inexpressivo de estudantes (apenas dez) com renda familiar até dois salários-mínimos distribui-se desigualmente no setor público e no privado, nos cursos de Engenharia Elétrica (uni-

---

[207] A instituição isolada que foge ao padrão é uma escola isolada pública. Nela, apenas 15,7% de seus estudantes são provenientes de famílias com renda superior a 20 salários-mínimos, em contraste com as demais instituições tanto públicas como privadas em que mais de um terço dos alunos auferem ainda mais de 20 salários-mínimos. Na Tabela 2, no texto, a Fatec é a única escola que está representada na coluna "escola isolada pública".

versidade pública), Filosofia (universidade pública), Pedagogia (escola isolada privada e universidade pública) e Processamento de Dados (escola isolada pública).

Carreiras e instituições

Ainda de acordo com os dados do estudo de Cardoso e Sampaio (1994a), a distribuição dos alunos por curso e renda familiar indica a existência de carreiras socialmente homogêneas e outras heterogêneas. Definem-se como carreiras socialmente homogêneas aquelas em que os estudantes se concentram em duas faixas de renda contíguas. Já nas carreiras socialmente heterogêneas, os alunos distribuem-se em proporções desiguais em quase todas as faixas de renda. Quando há concentração, tende a ocorrer na faixa de renda acima de 20 salários-mínimos. Isso significa que o sistema de ensino superior está segmentado; a dispersão dos estudantes nas diferentes faixas de renda, segundo carreiras específicas revela a heterogeneidade do sistema no país.

Os cursos de Biologia e de Filosofia caracterizam-se, segundo os dados, pela relativa homogeneidade socioeconômica dos estudantes. A maioria concentra-se nas faixas de renda baixa (de dois a seis salários-mínimos e de mais de seis a dez salários-mínimos). Também se caracterizam como cursos socialmente homogêneos, para uma faixa de renda intermediária, compreendida entre mais de dez e 20 salários-mínimos, os cursos de Pedagogia, Ciência da Computação e Processamento de Dados. Podem ser considerados socialmente homogêneos para as faixas mais elevadas de renda (mais de dez a 20 e acima de vinte salários-mínimos) também os cursos de Odontologia e de Publicidade e Propaganda.

Por sua vez, Medicina e Direito são, entre os cursos pesquisados, os que apresentam maior proporção de estudantes com renda familiar superior a 20 salários-mínimos. O primeiro define-se como um curso socialmente homogêneo; já o curso de Direito, ainda que seus estudantes se concentrem na faixa de renda mais alta (acima de 20 salários-mínimos), caracteriza-se pela presença de estudantes em todas as faixas de renda, o que demonstra a grande heterogeneidade socioeconômica.

Pergunta-se: a existência de carreiras socialmente mais homogêneas do que outras não estaria relacionada ao fato de as instituições que as oferecem serem públicas e gratuitas ou particulares? Sim e não.

Considerando-se os diferentes cursos, temos situações muito variadas. O curso de Biologia de uma universidade pública, por exemplo, tem os alunos distribuídos de forma relativamente equilibrada nas faixas de renda acima de dois salários-mínimos, indicando, portanto, composição muito heterogênea. Na universidade privada, ocorre o inverso. A quase totalidade dos alunos de Biologia (86,4%) concentra-se nas duas faixas inferiores de renda (de mais de dois a seis e de mais de seis a dez salários-mínimos). Assim, o caráter à primeira vista socialmente homogêneo dos estudantes do curso de Biologia nas instituições privadas não estava dando conta da heterogeneidade do alunado desse mesmo curso em uma universidade pública.

O curso de Administração mostra fenômeno simetricamente inverso. Os alunos de Administração em instituições privadas distribuem-se nas quatro faixas de renda. No conjunto, essa distribuição não é proporcional, já que mais de 60% dos estudantes são provenientes de famílias com renda entre dez e 20 salários-mínimos e acima de 20 salários-mínimos. Enquanto em uma instituição isolada privada de São Paulo, considerada de alto prestígio acadêmico, mais de 60% dos alunos concentram-se nas duas faixas superiores de renda (nenhum estudante com renda inferior a dois e apenas dez por cento entre dois e seis salários mínimos), na universidade privada a participação dos estudantes em cada uma das faixas de renda é mais equilibrada, ainda que nas duas faixas inferiores (menos de dois e acima de dois até seis salários mínimos) se encontrem menos de 10% dos alunos. Constata-se, portanto, que a heterogeneidade socioeconômica dos estudantes do curso de Administração não decorre do fato de a instituição que oferece o curso ser pública ou privada — ela está embutida no setor privado.

Os estudantes dos cursos de Pedagogia, Publicidade e Propaganda, Odontologia e Medicina apresentam outras peculiaridades.

O primeiro, anteriormente caracterizado como carreira socialmente homogênea, não revelou diferenças significativas entre o perfil socioeconômico dos estudantes das instituições públicas e o das privadas. Todavia, ocorrem variações importantes em função da natureza da instituição (universidade ou escola isolada) onde o curso é oferecido, e as diferenças ocorrem no próprio setor privado. Os alunos de Pedagogia de uma universidade particular localizada em São Paulo concentram-se nas faixas de renda intermediárias — de mais de seis a dez e acima de dez até

20 salários-mínimos. Na faixa inferior entre mais de dois e seis salários-mínimos e na superior acima de 20 salários-mínimos, o porcentual de estudantes diminui, e na faixa de menos de dois salários-mínimos desaparece. Já na universidade pública e na escola isolada privada, os estudantes distribuem-se nas cinco faixas de renda, diminuindo consideravelmente a participação na faixa mais alta (acima de vinte salários-mínimos) e na mais baixa (menos de dois salários-mínimos). Assim, entre os estudantes do curso de Pedagogia, a renda familiar média dos que frequentam a universidade particular de São Paulo é mais elevada que a de seus colegas da universidade pública e da escola isolada privada.

O curso de Publicidade e Propaganda apresenta outros contornos. Mais uma vez, o contraste não se dá entre ensino público e ensino privado, mas no próprio setor privado. A heterogeneidade socioeconômica dos estudantes de Publicidade e Propaganda é dada em uma universidade privada localizada no interior do estado de São Paulo. Nessa instituição, os alunos distribuem-se de forma relativamente equilibrada nas quatro faixas de renda acima de dois salários-mínimos. Em contrapartida, tanto em uma universidade pública como em uma escola isolada privada, ambas localizadas na capital do estado, mais de 80% dos alunos são oriundos de famílias com renda superior a dez salários-mínimos.

Por fim, os cursos de Odontologia e de Medicina merecem considerações especiais. Nas instituições públicas, são apontados como carreiras de elite, para onde convergem os estudantes de origem socioeconômica e cultural mais alta. Tal consideração baseia-se em indicadores como renda familiar, escolaridade superior dos pais, escola onde o aluno concluiu o ensino médio, entre outros. De fato, comparativamente a outros cursos oferecidos pelo setor público, os cursos de Medicina e de Odontologia são os mais elitizados. Entretanto, essa não é uma peculiaridade, ou um desvio, das instituições públicas, mas é uma característica desses cursos, independentemente do fato de serem oferecidos pelo setor público ou pelo privado. Ao contrário do que se supõe, os que vão cursar Odontologia e Medicina em instituições privadas não são os menos favorecidos de atributos socioeconômicos e culturais. O processo seletivo ocorre entre estudantes de estratos socioeconômicos médios altos e altos da sociedade. Mesmo considerando-se a elitização dos cursos de Odontologia e de Medicina, e apesar dela, é nas instituições públicas que existe alguma possibilidade de recrutar, com base no desempenho acadêmico, jovens de origem socioeconômica menos privilegiada. Comparando-se os estudantes dos cursos de Odontologia e de Medicina de instituições privadas e públicas, verifica-se que são as instituições públicas ou semipúblicas (municipais) que acabam abrindo brechas nessas carreiras tradicionalmente mais restritivas e, em consequência, funcionando como "nichos" relativamente mais democráticos.

No curso de Odontologia, cerca de 90% dos estudantes de uma universidade privada concentram-se nas duas faixas de renda acima de dez salários-mínimos, dos quais mais da metade (56,7%) tem renda familiar acima de 20 salários-mínimos. Já na universidade pública, em que pese a elitização da carreira, o maior porcentual de estudantes encontra-se nas faixas de renda compreendidas entre mais de dez e 20 salários-mínimos (46,2%), seguido da faixa de mais de 20 salários-mínimos (32,7%). Verifica-se ainda que mais de 20% de seus estudantes estão nas faixas entre dois e seis e mais de seis a dez salários-mínimos.

No curso de Medicina, ocorre distribuição semelhante. A proporção de estudantes nas faixas de renda superior (mais de dez a 20 salários-mínimos e acima de 20 salários-mínimos) é muito maior nas duas instituições privadas (uma universidade e outra escola isolada) do que nas universidades públicas pesquisadas.

Escolaridade dos pais e as carreiras dos estudantes

A escolaridade paterna é uma variável importante para traçar o perfil da clientela do sistema de ensino superior em geral e do setor privado em especial. Do total dos estudantes pesquisados (Cardoso; Sampaio, 1994a), 43,8% têm pais com escolaridade superior (incluída pós-graduação). Os estudantes cujos pais têm graus médios de instrução (segundo ciclo do ensino fundamental, ou antigo ginásio; e no ensino médio, ou colegial) constituem 33,6% da amostra. Chama atenção o percentual relativamente elevado de estudantes cujos pais têm escolaridade de primeiro ciclo do ensino fundamental (antigo primário) ou nenhuma escolaridade (incluídos analfabetos e aqueles que, embora saibam ler e escrever, nunca frequentaram escola formal). Nessa condição de baixa escolaridade dos pais, encontram-se quase 20% dos estudantes pesquisados.

No que diz respeito à escolaridade materna, o porcentual de escolaridade superior (incluída pós-graduação) é menor que o porcentual de pais com esse nível de instrução. Os estudantes com mães de formação universitária correspondem a 30%. Entretanto, considerando-se a distribuição das mães pelas diferentes faixas de escolaridade, constata-se que, na média, a escolaridade materna tende a ser maior que a paterna[208].

A escolaridade paterna e a materna apresentam curvas diferentes. Cada curva varia, ainda, conforme se reporta aos pais de estudantes de instituições públicas ou de particulares.

No caso da escolaridade paterna dos estudantes das instituições públicas, ela tende a concentrar-se no grau superior, seguido de longe pelos pais com primeiro e com ensino médio de escolaridade. Por sua vez, nas instituições particulares, a maioria tem pais com escolaridade de ensino fundamental; em segundo lugar vêm os estudantes cujos pais possuem escolaridade superior. A proporção de estudantes cujos pais têm nível de ensino médio é a mesma tanto nas instituições públicas como nas privadas. Nos extremos da escala de escolaridade, a variação é menos significativa, embora a proporção de pais analfabetos e semianalfabetos nas instituições públicas seja menor que a proporção de pais nessa mesma situação nas instituições privadas; também é nas instituições públicas que se verifica percentual maior de pais com pós-graduação.

A escolaridade materna apresenta-se com outra distribuição. Nas instituições públicas, os percentuais de mães com escolaridade de ensino fundamental, ensino médio e nível superior são quase equivalentes, ainda que tenda a cair um pouco na faixa de escolaridade superior. Nas instituições privadas, ao contrário, a distribuição da escolaridade das mães não é tão equilibrada. A maioria tem apenas ensino fundamental. A proporção de mães decresce à medida que se eleva o nível de escolaridade. Nos extremos da escala de escolaridade, o percentual de mães analfabetas ou semialfabetizadas é equivalente ao percentual de mães com pós-graduação. Já nas instituições públicas, a proporção de mães com pós-graduação é bem maior que a de mães analfabetas ou semialfabetizadas.

Em suma, há menos pais com formação superior entre os estudantes de instituições privadas do que entre os estudantes de instituições

---

[208] Essa é uma tendência da população brasileira: as mulheres têm, na média, mais anos de educação formal do que os homens (IBGE, 1996).

públicas. Enquanto os pais nas instituições particulares distribuem-se de forma mais equilibrada em todas as faixas de escolaridade, nas instituições públicas, com exceção da escola isolada, eles tendem a se concentrar na faixa superior de escolaridade. Em relação ao grau de escolaridade materna, nas instituições públicas, as maiores porcentagens têm ensino médio e nível superior, com índice significativo de mães com pós-graduação. Na escola isolada pública e nas universidades privadas, os maiores percentuais estão no primeiro ciclo do ensino fundamental e no ensino médio. Já nas escolas isoladas privadas a distribuição é dispersa: a proporção de mães com escolaridade de primeiro ciclo de ensino fundamental é próxima à de mães com escolaridade superior; e o percentual de mães analfabetas e semialfabetizadas é equivalente ao de mães com pós-graduação, o que mostra a grande heterogeneidade da clientela das instituições isoladas privadas que fazem parte da amostra.

Tabela 3 – Grau de instrução paterna nas instituições públicas e privadas de ensino superior (em porcentagem)

Escolaridade paterna	Instituições públicas		Instituições privadas	
	Universidade	Escola isolada	Universidade	Escola isolada
Analfabeto/lê e escreve	1,2	1,3	3,5	2,3
Primeira à quarta série do ensino fundamental	11,4	21,8	20,5	28,8
Quinta à oitava série do ensino fundamental	8,6	19,2	17,6	15,1
Ensino médio	18,1	26,9	20,4	17,9
Superior	48,6	26,9	31,6	31,7
Pós-graduação	12,1	3,8	6,4	9,3
Total	570	78	977	571

Fonte: Cardoso e Sampaio (1994a)

Tabela 4 – Grau de instrução materna nas instituições públicas e privadas de ensino superior (em porcentagem)

Escolaridade materna	Instituições públicas		Instituições privadas	
	Universidade	Escola isolada	Universidade	Escola isolada
Analfabeta/lê e escreve	1,9	3,8	3,6	4,0
Primeira à quarta série do ensino fundamental	14,3	26,9	25,0	24,8
Quinta à oitava série do ensino fundamental	14,0	23,1	9,8	17,2
Ensino médio	30,7	30,8	28,5	23,4
Superior	31,8	12,8	20,1	25,5
Pós-graduação	7,2	2,6	3,2	5,1
Total	566	78	977	569

Fonte: Cardoso e Sampaio (1994a)

A variável escolaridade dos pais, com efeito, mostra diferenças significativas entre os estudantes de instituições privadas e públicas, entre alunos de universidades e de escolas isoladas. Todavia, considerações nesse nível de análise são ainda muito genéricas. Considerando-se o conjunto dos dados, verifica-se que a variável área do conhecimento dos cursos dos estudantes sobrepõe-se ao corte público/privado e ao fato de o estabelecimento ser uma universidade ou uma escola isolada.

Pais de estudantes das áreas da Saúde e Biológicas apresentam níveis de instrução mais elevados em relação aos pais dos graduandos de outras áreas (Exatas e Humanas). Quanto à escolaridade dos pais dos estudantes da área de Exatas e de Humanas, a situação é um pouco diferente. Embora o percentual de pais com escolaridade superior seja maior nos cursos da área de Humanas do que nos cursos da área de exatas, é também entre os primeiros que se verificam os maiores percentuais de mães e pais analfabetos ou que apenas sabem ler e escrever sem jamais terem ido à escola. No caso da escolaridade paterna dos estudantes de cursos de exatas, constata-se distribuição relativamente equilibrada nas faixas de escolaridade de ensino médio e superior. No caso das mães, elas distribuem-se de modo equilibrado nas faixas do segundo ciclo do ensino fundamental, ensino médio e nível superior. Constata-se, assim, que os cursos das áreas de exatas são mais homogêneos no que diz respeito à escolaridade dos pais, e os das áreas de Humanas são mais heterogêneos. Se existem diferenças em função da área de conhecimento, considerando-se os cursos de uma mesma área, tais diferenças tendem a ser ainda mais acentuadas.

Em função da proporção de pais nos níveis mais altos de escolaridade — superior e pós-graduação —, nas diferentes carreiras, discriminam-se três grupos de cursos nos quais o percentual de pais com escolaridade superior e pós-universitária é: *a)* inferior a trinta por cento; *b)* acima de trinta por cento e inferior a 45%; *c)* acima de 45%. De acordo com essa classificação, os cursos ocupam as posições apresentadas no Tabela 5.

Tabela 5 – Classificação dos cursos segundo a escolaridade superior e pós-universitária paterna e materna dos estudantes

Classes de porcentagem	Escolaridade superior e pós-universitária paterna	Escolaridade superior e pós-universitária materna
(<30%)		Pedagogia
	Filosofia	Processamento de Dados
	Ciência da Computação	Filosofia
	Processamento de Dados	Ciência da Computação
	Pedagogia	Turismo
		Administração
		Nutrição
		Direito
(>30% <45%)	Administração	Engenharia Elétrica
	Turismo	Biologia
	Engenharia Elétrica	Publicidade/Propaganda
	Biologia	Odontologia
	Nutrição	
(>45%)	Direito	Engenharia da Computação
	Publicidade/Propaganda	Medicina
	Engenharia da Computação	
	Odontologia	
	Medicina	

Fonte: elaborada com base em dados de Cardoso e Sampaio (1994a)

Em alguns cursos, o percentual de pais com escolaridade superior está acima de 40%. São os casos dos cursos de Medicina e de Odontologia, nos quais mais da metade dos pais têm formação superior. Na maioria dos cursos, entretanto, o índice de escolaridade superior dos pais fica em torno de 20%. O curso com o menor índice de pais com formação universitária é o de Filosofia: apenas 13% têm diploma universitário. Também são os pais dos estudantes desse curso que apresentam os menores níveis de escolaridade: quase 33,3% possuem apenas o primeiro ciclo do ensino fundamental (33,3%) ou não têm nenhuma formação escolar, embora saibam ler e escrever (5,6%). Os estudantes de Filosofia da amostra são de uma universidade pública.

OS ESTUDANTES DE ADMINISTRAÇÃO, DIREITO E ENGENHARIA DOS ESTABELECIMENTOS PARTICULARES

Os dados da publicação MEC/Inep/Daes (1996) sobre os atributos socioeconômicos dos concluintes de 1996 dos cursos de Direito, Administração e Engenharia Civil permitem ampliar as tendências indicadas no estudo de Cardoso e Sampaio (1994a).

Embora referentes a estudantes de apenas três carreiras, os dados são mais globais, pois remetem aos formandos de todos os cursos de Direito, Administração e Engenharia Civil oferecidos no país, permitindo generalizar algumas tendências já apontadas para algumas dessas carreiras — sobretudo Direito e Administração —, baseadas em amostragem restrita a estudantes de alguns estabelecimentos do estado de São Paulo (Cardoso; Sampaio, 1994a). Outra contribuição dos dados do MEC/Inep/Daes refere-se ao fato de eles estarem discriminados não só cm função da dependência administrativa dos estabelecimentos que oferecem os cursos em questão, mas também segundo a região geográfica das instituições, o que leva à proposição de novas considerações sobre os estudantes do setor privado.

Considerando-se os indicadores socioeconômicos e culturais — como renda familiar, 40 horas de trabalho semanais, escola onde cursou ensino médio, escolaridade superior paterna e materna — dos estudantes de Administração, Direito e Engenharia Civil em função do caráter público e privado e da natureza institucional dos estabelecimentos de ensino superior, algumas suposições correntes sobre o perfil dos estudantes do setor privado são confirmadas; outras, entretanto, não resistem ao constatado.

Conforme se registra na Tabela 6, a proporção de graduandos com renda familiar mensal de até 20 salários-mínimos é maior nas instituições públicas que nas particulares, indicando, de resto, que a renda média das famílias dos estudantes do setor privado é maior que a das famílias dos alunos do setor público. Por outro lado, nas instituições federais e estaduais, menos estudantes trabalharam 40 horas semanais, o percentual dos que cursaram o ensino médio em escolas particulares e que têm pais com escolaridade superior é maior que a proporção de estudantes com esses mesmos atributos nas instituições particulares (e nas municipais).

Tabela 6 – Indicadores socioeconómicos dos concluintes dos cursos de Administração, Direito e Engenharia Civil, por dependência administrativa das instituições (em porcentagem)

Indicadores	Cursos	Particular	Federal	Estadual	Municipal
Trabalham quarenta horas semanais	Administração	64,9	42,0	51,6	69,3
	Direito	43,0	26,1	30,5	44,2
	Engenharia Civil	37,0	4,0	2,7	39,0
Renda média familiar até vinte salários-mínimos	Administração	52,4	60,8	63,8	69,0
	Direito	56,1	44,0	50,0	40,5
	Engenharia Civil	48,0	53,0	53,1	74,2
Ensino médio em escola particular	Administração	42,2	28,7	23,7	11,7
	Direito	44,4	41,4	44,1	29,2
	Engenharia Civil	50,8	47,9	43,5	20,7
Escolaridade superior paterna	Administração	23,0	28,7	23,7	11,7
	Direito	32,5	41,4	44,1	29,2
	Engenharia Civil	37,0	47,9	43,5	20,7
Escolaridade superior materna	Administração	16,2	22,2	18,1	8,2
	Direito	23,8	30,8	35,0	17,2
	Engenharia Civil	25,3	33,9	33,2	11,9

Fonte: MEC/Inep/Daes (1996)

Contudo, os resultados apresentados estão longe de sugerir a elitização dos estudantes das instituições públicas: quase metade fez o ensino médio também em escolas públicas e, durante o curso, trabalhou 40 horas semanais. Depreende-se dos dados que, tanto no setor público como no privado — em que pesem algumas variações de uma carreira para a outra —, está ocorrendo significativa mobilidade social e cultural alavancada por oportunidades educacionais. Isso pode ser comprovado pelo alto porcentual de universitários — mais de 50% — cujos pais não têm formação de nível superior.

Variação nas carreiras

A Tabela 6, elaborada com base em indicadores apresentados na Tabela 5, destaca as variações internas do próprio setor privado em cada um dos três cursos.

De acordo com os dados da Tabela 6, os estudantes de Engenharia Civil, embora tenham renda média familiar menor que a dos estudantes de Direito, diferem destes e dos de Administração em relação aos demais atributos. Nos cursos de Engenharia Civil, encontramos menos estudantes trabalhando 40 horas semanais durante o curso, maior proporção dos que cursaram o ensino médio em escolas particulares, maior percentual de pais e mães com formação superior. Os estudantes de Direito, embora apresentem renda média familiar maior que a dos graduandos de Administração e de Engenharia Civil, considerando-se os demais indicadores, apresentam um perfil intermediário. Por fim, os estudantes de Administração apresentam os maiores porcentuais quanto a trabalho de 40 horas semanais, de famílias com renda média de até 20 salários-mínimos, de secundaristas de escolas públicas e de país sem formação superior.

Tabela 7 – Indicadores socioeconômicos dos estudantes de Administração, Direito e Engenharia Civil do setor privado (em porcentagem)

Indicadores	Administração	Direito	Engenharia Civil
Renda média até vinte salários-mínimos	52,4	46,1	48,0
Trabalham quarenta horas semanais	64,9	43,0	37,0
Ensino médio em escola particular	42,2	44,4	50,8
Pai com nível superior	23,0	32,5	37,0
Mãe com nível superior	16,2	23,8	25,3

Fonte: elaborada com base em dados do MEC/Inep/Daes (1996)

Variações regionais

A heterogeneidade dos estudantes do setor privado não se manifesta somente nas diferentes carreiras de nível superior. Os dados do MEC/Ipea/Daes (1996) indicam que o perfil dos universitários de cada curso varia também em função da região geográfica onde estudam.

Tabela 8 – Indicadores socioeconômicos dos estudantes de Administração, Direito e Engenharia Civil, segundo as regiões geográficas do País (em porcentagem)

Indicadores	Cursos	Norte	Nordeste	Sudeste	Sul	Centro-Oeste
Trabalha quarenta horas semanais	Administração	48,5	46,9	67,3	65,1	50,9
	Direito	28,2	32,8	43,8	44,6	42,5
	Engenharia Civil	8,0	18,4	41,9	13,3	-
Renda familiar superior a vinte salários-mínimos	Administração	48,4	54,7	40,0	43,3	42,5
	Direito	47,1	47,8	46,5	41,8	48,6
	Engenharia Civil	54,0	47,1	52,0	60,0	36,3
Ensino médio em escola privada	Administração	50,7	71,6	40,5	42,5	41,5
	Direito	51,2	64,6	42,8	43,3	48,5
	Engenharia Civil	73,5	71,9	47,3	61,5	40,0
Pai com formação superior	Administração	21,9	42,3	22,0	23,1	22,3
	Direito	32,1	42,7	32,0	30,2	34,5
	Engenharia Civil	52,0	40,8	35,4	43,7	60,0
Mãe com formação superior	Administração	15,4	34,9	15,0	16,7	18,5
	Direito	23,3	34,4	22,8	24,5	26,2
	Engenharia Civil	28,0	36,0	23,0	34,4	36,3

Fonte: elaborada com base em dados do MEC/Ipea/Daes (1996)

De acordo com a Tabela 8 verificam-se as seguintes tendências em relação aos estudantes de cada um dos cursos do setor privado nas diferentes regiões geográficas do país:

– Os estudantes de Direito, nas regiões Norte, Nordeste e, em menor grau, no Centro-Oeste, tendem a ser mais elitizados considerando os seguintes indicadores;

— Cerca de apenas 30% trabalharam 40 horas semanais durante o curso (Norte e Nordeste);

— Maior proporção de estudantes cujas famílias têm renda superior a 20 salários-mínimos (Norte, Nordeste e Centro-Oeste);

— Mais da metade (chegando a cerca de 65% no Nordeste) cursou o ensino médio em escolas particulares;

— Maior proporção de pais com escolaridade superior (Norte, Nordeste e Centro-Oeste). Na região Nordeste, o índice de pais com formação superior é de mais de 40% e o de mães, de mais de 30%.

A situação socioeconômica mais privilegiada dos estudantes de Direito das regiões Norte, Nordeste e, em menor grau, também da Centro-Oeste, em relação aos seus colegas do Sudeste e Sul, está relacionada às desigualdades regionais do país, as quais se manifestam em diferentes indicadores socioeconômicos. Tais indicadores, sem dúvida, constituem um obstáculo para a ampliação da clientela de ensino superior[209]. Em consequência, nessas regiões, as redes de estabelecimentos privados são mais reduzidas comparativamente às das regiões Sul e Sudeste. Na região Norte, a iniciativa privada oferece apenas cinco cursos de Direito (um em universidade e quatro em escolas isoladas). No Nordeste, são dez, e metade é oferecida por universidades católicas nas capitais dos estados, um por faculdade integrada e quatro por escolas isoladas. Na região Centro-Oeste, a oferta privada não é tão maior; são 12 cursos de Direito, sendo três oferecidos por universidades — duas delas católicas —, dois por escolas integradas e sete por instituições isoladas.

Vale notar que essa relativa elitização dos graduandos de Direito das regiões Norte, Nordeste e Centro-Oeste teve pouca influência nos resultados que eles obtiveram no Provão. Dos cinco cursos de Direito da região Norte, em apenas um deles os formandos obtiveram conceito regular (C). Dos dez do Nordeste, apenas um teve B (uma faculdade integrada do interior), os três oferecidos pelas universidades tiveram C, e os demais ficaram entre D e E. Na região Centro-Oeste, os estudantes dos doze cursos de Direito, na média, tiveram desempenho melhor. Nenhum curso obteve B, tampouco conceito E. Em oito deles os graduandos tiveram conceito C e em quatro, D.

---

[209] Tomando como indicador apenas a renda familiar per capita (rendimento médio familiar de todas as fontes dividido pelo número médio de pessoas na família) em reais de 1995 nas cinco regiões geográficas, tem-se o seguinte alinhamento em ordem crescente: Nordeste (173,05); Norte (206,23); Centro-Oeste (275,93); Sul (319,67); Sudeste (347,00) (PNDAS, 1995).

Comparativamente a esses resultados, os estudantes de Direito das instituições particulares das regiões Sudeste e Sul lograram obter melhores conceitos. No Sudeste, 73,5% dos cursos de Direito obtiveram conceitos C ou mais (C = 37; B = 11 e A = 4). No Sul, o resultado foi ainda melhor. Dos 22 cursos de Direito, apenas dois obtiveram conceito D. Os demais dividiram conceitos C (= 10), B (= 8) e A (= 2).

Quanto aos estudantes do curso de Administração, no geral, repetem-se as tendências regionais já apontadas para os estudantes de Direito, com a diferença que, nas regiões Norte e Nordeste, ainda são mais elitizados que seus conterrâneos do curso de Direito. Mais da metade dos graduandos de Administração do Norte e Nordeste tem renda superior a 20 salários-mínimos, frequentou o ensino médio em escolas particulares (chegando a 71% no Nordeste). No que diz respeito à escolaridade superior dos pais, no Nordeste, esses estudantes apresentam índices superiores a 40% para os pais e maiores que 30% para as mães, o que é bastante elevado considerando-se o conjunto dos universitários do país. Diferentemente dos estudantes de Direito, a proporção dos graduandos de Administração que trabalharam 40 horas semanais durante o curso é maior, mas está ainda muito longe do porcentual verificado entre seus colegas do Sul e do Sudeste.

Há, na região Norte, apenas oito cursos de Administração: sete são oferecidos por faculdades isoladas e um por universidade. Os alunos desses cursos obtiveram, no Provão, melhores resultados que os de Direito. Mais da metade dos cursos de Administração, todos oferecidos por escolas isoladas, teve conceito C (= 4) ou B (= 1). No Nordeste os cursos de Administração das instituições particulares tiveram desempenho ainda melhor; dos 14 cursos oferecidos, 11 obtiveram conceitos C ou maior (A = 1; B = 4 e C=6).

Na região Centro-Oeste, os estudantes de Administração, diferentemente dos conterrâneos de Direito, apresentam perfil socioeconômico mais próximo do perfil dos de Administração das regiões Sul e Sudeste. A maioria trabalhou 40 horas semanais durante o curso; somente cerca de 40% têm renda familiar superior a 20 salários-mínimos e cursaram o ensino médio em escolas particulares, e somente em torno de 20% têm pais com formação superior.

Com efeito, quanto à oferta de cursos de Administração, a região Centro-Oeste situa-se em posição intermediária entre, de um lado, o Norte e o Nordeste e, de outro, as regiões Sul e Sudeste. Nela são oferecidos pela iniciativa privada 25 cursos, sendo 17 em instituições isoladas, quatro em federações de escolas e quatro em universidades. O desempenho desses estudantes no Exame Nacional de Cursos do MEC foi bastante desigual: enquanto estudantes de dois cursos obtiveram conceito A (uma escola isolada no interior e uma universidade), de outros dois lograram B (uma universidade e uma escola integrada, ambas de Brasília) e de mais oito cursos conseguiram o conceito C; os 13 cursos restantes ficaram abaixo de regular.

O perfil menos elitizado, ou a origem mais modesta dos estudantes de Administração das regiões Sudeste e Sul, comparativamente ao de seus colegas de curso do Norte e Nordeste, com efeito, vincula-se, além das maiores oportunidades educacionais nestas regiões, à extensão e à interiorização da oferta de cursos de Administração. No Sudeste são oferecidos, só pela iniciativa privada, 146 cursos (87 em faculdades isoladas, 22 em escolas integradas e 37 em universidades). A carreira de Administração na região Sudeste, em especial no estado de São Paulo, caracteriza-se, de acordo com os dados já apresentados, pelo seu caráter socialmente heterogêneo, na qual ingressam estudantes com atributos socioeconômicos muito variados. Dos 125 cursos, cujos estudantes foram avaliados no Provão[210], mais de 60% receberam conceito C ou mais (C = 31; B = 18; A= 8). Os cursos que tiveram conceito A distribuem-se em quatro escolas isoladas de capitais (São Paulo e Rio de Janeiro) e em uma do interior (Minas Gerais), e em quatro universidades situadas nas capitais dos estados, três delas católicas. Dos 18 cursos cujos estudantes obtiveram conceito B, dois são oferecidos por universidades e 16 por faculdades isoladas, a maioria localizando-se nas cidades do interior de São Paulo (quatro), Minas Gerais (oito) e Espírito Santo (uma).

Conforme já notado, dos três cursos em tela, o de Engenharia Civil é, sem dúvida, o que recruta estudantes com atributos socioeconômicos mais elevados. Entretanto, as variações regionais mostram um fato novo. Os estudantes desse curso nas regiões Norte e Nordeste, comparativamente aos seus conterrâneos dos cursos de Administração e de Direito, não são os mais ricos, embora sejam mais privilegiados que seus colegas de curso do Sudeste e do Centro-Oeste.

Ainda de acordo com a Tabela 8, é na região Sul que está a maior concentração de estudantes de Engenharia Civil (60%) com renda familiar

---

[210] Na região Sudeste, deixaram de ser avaliados 21 cursos de Administração, a maioria do Rio de Janeiro. Esses ficaram sem conceito em virtude das manifestações nos locais das provas, as quais impediram os estudantes de realizá-las.

acima de 20 salários-mínimos; é entre esses graduandos também que encontramos o menor número de estudantes que trabalham 40 horas semanais e o maior contingente de pais com formação superior. Na região Sul, o setor privado oferece apenas sete cursos de Engenharia; todos em universidades. Em quatro desses, seus estudantes obtiveram conceitos C (= 2) e B (= 2) no Provão de 1996.

Na região Norte, é oferecido apenas um curso de Engenharia Civil em uma universidade de Belém. O perfil socioeconômico desses graduandos é elevado: mais da metade tem renda familiar acima de 20 salários-mínimos; poucos trabalharam 40 horas semanais durante o curso, a maioria fez ensino médio em escolas particulares, e mais da metade tem pais com formação universitária.

No Nordeste, os estudantes de Engenharia, ainda que mais privilegiados que os colegas do Sudeste, são menos elitizados que os das regiões Sul e Norte. Mais da metade tem renda familiar inferior a 20 salários-mínimos, e quase 20% trabalharam 40 horas semanais enquanto estudavam. Todavia, a maioria cursou o ensino médio em escolas particulares; para mais de 40% e mais de 30%, seus pais e mães, respectivamente, têm nível superior. Nessa região são oferecidos três cursos de Engenharia Civil, todos em universidades localizadas em capitais de estados. Somente os graduandos de uma delas conseguiram conceito C no Provão de 1996.

Os estudantes de Engenharia Civil da região Centro-Oeste apresentam características muito peculiares em atributos socioeconômicos: são menos privilegiados economicamente que os colegas de curso do Norte, Nordeste e Sul, mas apresentam a maior proporção de pais com escolaridade superior do país para esse curso: 60% dos pais e cerca de 37% das mães têm formação universitária. Considerando-se outros indicadores, entretanto, mais de 60% têm renda familiar inferior a 20 salários-mínimos; 90% trabalharam durante o curso e mais da metade cursou o ensino médio em escolas públicas. Na realidade, esse perfil corresponde ao dos estudantes do único curso de Engenharia oferecido por uma universidade particular da região.

Na região Sudeste, os estudantes de Engenharia Civil do setor privado, tal como seus conterrâneos dos cursos de Direito e de Administração, são os que apresentam perfil menos elitizado: bem menos da metade cursou o ensino médio em colégios particulares e mais de 60% não têm pais com escolaridade superior. Nessa região, o setor privado oferece 28 cursos de Engenharia Civil, 21 sendo ministrados em universidades, 16 em instituições isoladas e um em uma escola integrada. Dos 31 cursos cujos alunos foram avaliados, 27 obtiveram conceitos entre C (= 22) e B (= 5). Enquanto os conceitos C foram atribuídos, em sua maioria, aos estudantes de universidades, os estudantes de três escolas isoladas lograram conceito B.

A apresentação das variações socioeconômicas dos graduandos, em função das carreiras que cursam ou das regiões onde estudam, enseja alguns comentários.

Em primeiro lugar, é incontestável o fato de que a oferta de ensino superior privado contribui para ampliar e diversificar os segmentos de jovens que chegam ao ensino superior. Essa relativa democratização do ensino superior que se verifica em alguns cursos do setor privado não significa, contudo, uma suposta elitização do setor público. Conforme se demonstrou ao longo deste capítulo, apesar da existência de algumas variações entre as carreiras e entre as regiões, o que se constata, tanto no setor público como no privado, é uma acentuada mobilidade educacional, considerando-se as altas proporções de pais e/ou de mães sem formação de nível superior.

Em segundo lugar, considerando-se as diferentes regiões geográficas do país, o que se verifica é que a oferta privada de ensino superior não promove por si a democratização do acesso a esse nível de escolaridade. O processo é muito mais complexo e vincula-se, entre outras condições, à possibilidade do aumento da demanda por esse nível de ensino mediante a universalização do atendimento dos níveis educacionais anteriores; por sua vez, a expansão do contingente de estudantes de primeiro e ensino médio está, em grande medida, condicionada pela superação das desigualdades regionais em relação a vários indicadores socioeconômicos. A análise desses condicionantes foge, evidentemente, aos objetivos deste trabalho.

A conclusão, portanto, parece óbvia: nas regiões em que as desigualdades econômicas e sociais tendem a ser mais acentuadas e em que, em consequência, a demanda por educação superior é menor, a tendência é o ensino superior — independentemente do fato de ser oferecido pelo Estado ou pela iniciativa privada — restringir-se, ou quase, aos jovens provenientes de famílias com renda mais elevada e com tradição de maior escolaridade. Nas regiões Sul e Sudeste, onde o atendimento dos níveis educacionais médios está mais adiantado comparativamente às demais regiões, a demanda por formação superior é maior e, consequentemente, o setor privado reage de forma mais dinâmica, expandindo sua oferta de serviços.

O terceiro comentário diz respeito especificamente ao perfil socioeconômico dos graduandos de Administração e Direito das regiões Norte e Nordeste. Os altos porcentuais de escolaridade superior dos pais e mães desses estudantes, a baixa proporção dos que conciliaram trabalho e estudo, o elevado número que cursou o ensino médio em escolas particulares sugerem que Direito e Administração, nessas regiões especificamente, caracterizam-se mais como cursos socialmente homogêneos do que heterogéneos, diferentemente do que os dados socioeconômicos dos estudantes de Direito e Administração do estado de São Paulo indicaram (Cardoso; Sampaio, 1994a).

Nesse sentido, Sérgio Costa Ribeiro (1988) tinha razão ao sustentar que a seleção não se faz no momento de ingresso na universidade, mas muito antes, quando o estudante ingressa no próprio sistema escolar e sua orientação diante das carreiras valorizadas segundo uma hierarquização ocupacional ditada por razões históricas, culturais e econômicas. Para esse autor, a seletividade escolar não é uma questão exclusivamente pedagógica; pelo contrário, caracteriza-se como questão de seletividade social. A seleção ocorre não só no sentido de controlar quem tem acesso ao saber como também de conservar determinados valores e prestígios sociais. Além de socialmente mais homogêneos quanto ao perfil de sua clientela, os cursos de Direito e de Administração, nas regiões Norte e Nordeste, parecem ser também cursos voltados para os filhos das elites dessas regiões, onde Estado e família representam, ainda, as melhores oportunidades no mercado ocupacional.

De modo geral, os dados do MEC/Ipea/Daes (1996) apontam para tendências que corroboram os resultados do estudo de Cardoso e Sampaio (1994a):

– a proporção de estudantes dos cursos de Direito, Administração e Engenharia Civil do setor privado com renda média familiar superior a 20 salários-mínimos é maior que a renda média encontrada entre os estudantes de instituições públicas;

– o perfil socioeconômico e cultural dos graduandos dos cursos de Direito, Administração e Engenharia Civil do setor privado é muito variado. As diferenças constatadas são também registradas entre os estudantes desses mesmos cursos do setor público;

— os estudantes de Direito, Administração e Engenharia Civil do setor privado não são iguais em todas as partes do Brasil. Em cada região geográfica, apresentam características socioeconômicas e culturais próprias que os distinguem de seus colegas que estudam em outras regiões.

ESCOLHAS: CARREIRA E ESCOLA

Até agora, chamei atenção para o aspecto da heterogeneidade econômica e social que caracteriza os universitários, sejam estudantes do setor público ou do setor privado de ensino superior. Todavia, como parte da categoria juventude, os estudantes apresentam muitos traços comuns.

O fato de compartir uma situação liminar entre dois estados sociais — criança/adulto — possibilita a construção de uma identidade jovem porque existe espaço para processos comunicativos que se sobrepõem às especificidades. Os jovens têm linguagem própria para falar com outras gerações, mas no momento que iniciam esse diálogo manifestam também as marcas de cada contexto (Cardoso; Sampaio, 1994b). A linguagem compartilhada resulta do tomar parte de um universo simbólico que se expressa por meio da música, da dança, da moda, dos esportes, da divulgação de questões ligadas à ecologia, ao perigo nuclear, às desigualdades sociais, às novas religiões, à valorização do corpo, entre outras. Ao desenvolverem esses temas, ainda que o façam por meio de diferentes formas de comunicação, os jovens de periferia, os *punks*, os *neo-hippies*, ou os estudantes de classe média que frequentam barzinhos e universidades estão todos marcando seus espaços no confronto com diferentes interlocutores das outras gerações que ainda têm o poder de ditar regras. Cada um, ou cada grupo, a seu modo, constrói uma identidade ao manter esse diálogo e define sua maneira própria, na linguagem geral, de aceitar ou recusar as normas estabelecidas. A identidade jovem fragmenta-se, assim, em uma multiplicidade de formas de ser jovem.

Os temas relacionados à juventude não podem ser esquecidos ao tratar dos universitários. Eles permitem identificar uma linguagem comum que se manifesta no contexto acadêmico mediante condicionamentos gerais e da construção de certas práticas, definindo-o também como um espaço geracional e cultural. Segundo Moffat (1989), a existência de um domínio social e cultural próprio — vida universitária — não só resulta de experiências baseadas em posições institucionais opostas dentro da universidade — de um lado, os docentes, de outro, os estudantes — como também marca condições sociais específicas[211]. Nesse sentido, entrar para a universidade significa ainda uma experiência própria de alguns segmentos a uma situação de liminaridade, como é o caso da juventude.

No Brasil, na medida em que as escolas de ensino superior se apresentam como alternativa previsível para os jovens oriundos dos segmentos médios e altos da sociedade, ingressar na universidade significa também uma forma de partilhar uma linguagem geracional e cultural comum a jovens de determinados estratos sociais. Posta nesses termos, a aspiração dos jovens por ensino superior vai além da dimensão acadêmica e profissionalizante da universidade, cujos atrativos podem oscilar em função de uma série de fatores. Ela expressa, fundamentalmente, a adesão a um modo específico de ser jovem — o jovem universitário.

Tendo como pano de fundo essa categoria mais ampla, a juventude, é possível depreender aspectos de uma relativa igualdade entre eles. Um desses aspectos manifesta-se quando os jovens se defrontam com o momento de escolher seus cursos e escolas. Suas decisões são tomadas em uma situação de liminaridade; não são mais crianças, pois já desfrutam de relativa independência em relação aos adultos da família; porém, ainda não são adultos, porque mantêm com a família relação de dependência, não são só financeira, mas sobretudo emocional.

Nesse sentido, pergunta-se: os jovens demonstram satisfação em relação às suas decisões? Eles consideram os cursos que frequentam suas

---

[211] Em seu estudo sobre os estudantes universitários americanos, o antropólogo Moffat (1989) descreve como a experiência universitária tem se incorporado a um ciclo de vida próprio da classe média americana. Em geral, os estudantes vão para as universidades fora de suas localidades de origem; para muitos é a primeira experiência longe da família. O dormitório universitário torna-se, assim, o baluarte da autonomia, onde os estudantes "aprendem" a ser indivíduos contando com suas próprias condições. Nesse domínio resistem à invasão da autoridade universitária, lê-se adulta. Apesar de no Brasil poucas universidades e instituições de ensino superior oferecerem alojamento estudantil, existe uma prática muito desenvolvida, sobretudo nas cidades que fazem parte das malhas universitárias no interior do estado de São Paulo, que são as repúblicas estudantis. *República* designa a casa onde estudantes dividem o aluguel, alimentação e outras despesas de manutenção durante o período em que permanecem na faculdade. Essa forma de moradia estudantil pode ser mais "institucionalizada", como é caso das tradicionais repúblicas da Escola de Agronomia Luis de Queiroz (Esalq) da USP, em Piracicaba/SP, onde os veteranos aprovam ou não a entrada dos novatos, existem regras bastante rígidas para a divisão de despesas e trabalhos domésticos, calendários de festas e outras normas orientadoras do comportamento dos moradores e das relações entre eles; há, ainda, repúblicas que são arranjos quase domésticos. São organizações informais envolvendo três ou quatro jovens, que já se conhecem antes de entrar para a universidade (em geral, são da mesma cidade ou parentes), que dividem o aluguel e as despesas da casa. O responsável pelo contrato de aluguel, em geral, é o pai/mãe de um desses estudantes, o que, evidentemente, contribui para aumentar a ingerência adulta nesse tipo de moradia, uma vez que os pais tendem a controlar a entrada e permanência dos coabitantes da casa.

primeiras opções? O que os fez se moverem em direção a algumas carreiras e não para outras? Como decidiram ser aprendizes de advogados, médicos, professores, profissionais de marketing entre tantos outros cursos disponíveis no mercado de ensino superior?

Histórias de "primeira opção"

De acordo com a pesquisa de Cardoso e Sampaio (1994a), 90% dos estudantes responderam que seus cursos foram suas primeiras opções nos exames vestibulares. O índice não deixa de revelar persistência dos estudantes em serem admitidos nos cursos que escolheram. É verdade que, em um sistema de vestibular classificatório, até recentemente em vigor, os casos de aproveitamento de vagas em outros cursos de uma mesma instituição são muito raros. Por outro lado, será que o elevado porcentual de primeiras opções demonstra que todos esses estudantes estão, de fato, no curso e escola pretendidos? Em termos mais amplos, haveria ajuste tão perfeito entre a demanda estudantil e a oferta de ensino superior?

O exame dos dados referentes à escolha do curso e da instituição pela clientela estudantil indica que o processo de decisão não é tão direto como as estatísticas gerais demonstram.

Em primeiro lugar, deve-se considerar que o número de estudantes que consideram seus cursos como "primeira opção" varia muito de curso para curso e de instituição para instituição. Em segundo lugar, é preciso entender o que o estudante leva em conta quando responde afirmativamente à pergunta se seu curso foi sua primeira opção. No geral, o estudante tende a dissociar o curso da escola onde é ministrado, o que contribui para que um porcentual significativo de estudantes passe a considerar somente a carreira escolhida em detrimento da instituição onde conseguiu ser admitido.

Entretanto, mesmo considerando esses intervenientes que podem ter concorrido para interpretações e respostas diferentes à pergunta sobre a "primeira opção", parece que o mais comum é ter ocorrido ajustamento prévio entre a escolha do curso e da escola pelo estudante e suas possibilidades de ingresso.

O jovem, diante do mercado de oferta de cursos e instituições de ensino superior, abre a carta das alternativas viáveis. Além da estimativa de seu desempenho acadêmico, participam da decisão condicionantes de ordem familiar, financeira, possibilidades de trabalhar durante o curso, entre outros. Feito isso, inscreve-se para os cursos/escolas nos quais supõe ter mais êxito de ingresso[212]. Em geral, o estudante não está dirigido apenas para um curso em uma determinada instituição. Seu leque de opções é bastante amplo, e todos os cursos e escolas que constam do leque passam, depois do ingresso, a figurar como "primeira opção". Tal cálculo antecipado é fator determinante para a existência dessa alta taxa de estudantes satisfeitos, pelo menos em relação à escolha do curso, no sistema. Há, ainda, casos em que o estudante desiste da escolha inicial depois de uma sequência de vestibulares sem sucesso, reorientando a escolha do curso, da escola ou de ambos. Existem também casos de alunos evadidos de outros cursos. Com uma experiência universitária anterior, eles encaram novo vestibular para ingressar em um curso diferente, na mesma instituição (quando não há possibilidade de transferência) ou mesmo em uma outra escola. O estudante, em cada uma dessas situações, pode ou não vir a considerar o curso que está frequentando como sua primeira opção.

Ao contrário do que comumente se supõe, nem sempre os alunos de cursos concorridos ou de instituições mais conceituadas academicamente são estudantes de primeira opção. Assim, surpreende o fato de alguns alunos de Engenharia Elétrica e de Odontologia, de universidades públicas e de alto prestígio acadêmico, não considerarem seus cursos primeira opção. Apesar de não dispor de dados para saber quais cursos/instituições esses estudantes pretendiam, é possível sugerir algumas hipóteses. No caso de um aluno de Engenharia Elétrica da Unicamp, por exemplo, sua primeira opção pode ter sido uma outra universidade pública como a USP, no campus de São Paulo ou no campus de São Carlos, supondo que o êxito do candidato no vestibular da Unicamp pudesse ser extensivo aos vestibulares de instituições privadas. Ou Engenharia Elétrica pode ser seu segundo curso, tendo-se ou evadido do primeiro que escolheu ou mesmo tê-lo concluído; com efeito, nas duas situações, Engenharia Elétrica não seria considerada pelo estudante primeira opção. No caso dos estudantes de Odontologia de uma universidade pública que não consideram esse

---

[212] Um estudo realizado por Jean-Jacques Paul e Zoya Dias Ribeiro sobre as estratégias dos estudantes de Fortaleza, explicitando em quantas e quais universidades eles se apresentam, onde se classificam e, finalmente, onde decidem se matricular, mostra o "acerto que os vestibulandos fazem, a priori, a estimativa de seu desempenho. Os dados, efetivamente, comprovam que, em termos globais, os concorrentes sabem, a partir da estimativa de seu desempenho acadêmico, em que instituições e cursos estão as maiores chances de sucesso no vestibular" (Paul; Ribeiro, 1989, p. 128).

curso a primeira opção, aplicam-se as mesmas hipóteses. É pouco provável ter ocorrido aproveitamento de vagas. Tanto Engenharia Elétrica como Odontologia têm relação candidato/vaga muito alta, independentemente de serem oferecidos por instituições públicas ou privadas. Todavia, o aluno de Odontologia que não considera o curso primeira opção pode ainda ser um candidato que desistiu, depois de várias tentativas, de concorrer a um outro curso, provavelmente ainda mais disputado, como o de Medicina.

Essas situações ilustram a dificuldade do analista de considerar a questão da primeira opção do estudante universitário somente em função de respostas "sim" e "não" fornecidas por eles ao preencherem o questionário da pesquisa. De qualquer modo, os dados mostram que existe uma clientela muito diversificada para o ensino superior, cujos interesses e motivações acabam, de um modo ou de outro, encontrando soluções (ou saídas) na oferta do mercado educacional. O processo de decisão do estudante por este, aquele ou ainda aquele outro curso, nesta, naquela ou naquela outra escola, parece resultar de um cálculo. Nele o estudante mede sua própria competência acadêmica e sua possibilidade de êxito em ingressar na carreira pretendida que corresponde a "n" cursos oferecidos em "n" instituições de ensino superior. Nas falas dos estudantes sobre a escolha do curso/escola, destaca-se, pelo menos, um aspecto importante do processo de decisão: a escolha não envolve somente aspectos de natureza acadêmica, embora seja em grande medida condicionada por ela. Os jovens levam em conta fatores que também se tornam condicionantes da decisão e que se referem à disponibilidade de recursos financeiros, à possibilidade de deixar a casa da família e seguir uma carreira "solo", os custos e benefícios de mudarem-se de suas cidades ou ainda encararem a capital, entre outros. A existência desse cálculo explica, em parte, por que quase a totalidade dos estudantes respondeu ser o curso e a escola frequentados sua primeira opção. Em se tratando de um julgamento posterior, resta ao estudante moldar-se no elenco de alternativas possíveis e valorizar sua própria determinação, êxito e independência, inclusive.

O maior porcentual de graduandos (91,1%) que consideram seus cursos/escolas como a primeira opção foi encontrado entre os que estudam em universidades privadas. Todavia, no conjunto das universidades particulares, foi entre os estudantes dos cursos de Biologia e Pedagogia que se verificou a maior proporção de alunos que não consideram seus cursos como a primeira opção. Situação inversa ocorre com os estudantes desses mesmos cursos nas universidades públicas[213]. No caso dos estudantes de escolas isoladas privadas, a avaliação da primeira opção apresenta-se um pouco diferente. Mesmo em cursos relativamente disputados, como Publicidade e Propaganda e Administração, ambos oferecidos por escolas isoladas privadas na cidade de São Paulo[214], para 11,7% e 18,8% respectivamente, seus estudantes não os consideram a primeira opção. Para o curso de Nutrição de uma escola isolada de São Paulo, a proporção de alunos que não o consideram a primeira opção chega quase a 40%. O fato de todos esses estabelecimentos localizarem-se em São Paulo desfrutarem de algum prestígio em suas respectivas áreas de ensino, levam-nos a crer, por diversas razões, mas sobretudo por ser gratuita, que as primeiras opções desses estudantes estavam dirigidas à USP[215].

Essa suposição não se aplica aos estudantes de outros cursos oferecidos por escolas isoladas privadas. A proporção de estudantes dos cursos de Direito e de Pedagogia que consideram seus respectivos cursos primeira opção chega, respectivamente, a 93% e a quase 97%. Nesses casos, o fato de a escola não ser gratuita nem desfrutar do eventual prestígio de universidades públicas ou privadas parece não interferir na decisão do estudante tampouco em sua consideração posterior em relação ao fato de se tratar ou não de sua primeira opção.

Os dados relativos à primeira opção para cada um dos cursos, nas várias instituições de ensino superior cujos estudantes foram pesquisados, sugerem que as diferenças identificadas se devem, basicamente, a três fatores.

---

[213] Nos cursos de Publicidade e Propaganda e Medicina em universidades públicas, quase a totalidade dos alunos consideram-nos primeira opção. Nos cursos de Odontologia, Filosofia, Engenharia Elétrica, Turismo, também em universidades públicas, o índice de estudantes que os consideram primeira opção cai para cerca de 90%. Em uma escola isolada pública, para apenas 67,9% dos estudantes o curso de Processamento de Dados foi a primeira opção no vestibular.

[214] A relação candidato/vaga no curso de Publicidade e Propaganda da Escola Superior de Propaganda e Marketing, na cidade de São Paulo, foi de 8,1 candidatos-vaga. No curso de Administração de Empresas da Fundação Getúlio Vargas, também em São Paulo, a relação candidatados-vaga foi de 27,4 no período matutino e de 4,5 no período noturno. Os dados de ambas as escolas são do vestibular de 1992, ano em que boa parte dos estudantes da amostra ingressou na universidade (Guia do Estudante, 1992).

[215] Os dados levantados por Paul e Ribeiro (1989) também apontavam nessa direção. Comparando os dados de desistência dos aprovados nos vestibulares das três universidades de Fortaleza — Universidade Federal do Ceará (UFC), Universidade Estadual do Ceará (Uece) e a particular Universidade de Fortaleza (Unifor) —, os autores constataram que a taxa de desistência relativa à UFC é pouco elevada, ficando a Uece numa situação intermediária (21,6%). Segundo Paul e Ribeiro (1988, p. 125), "essas taxas revelariam dois fatores: um fator de custo e um fator de prestígio. Assim, a baixa taxa de desistência relativa à UFC está relacionada, ao mesmo tempo, com o prestígio e com a gratuidade dessa universidade, e a taxa elevada de desistência da Unifor está relacionada ao fato dessa universidade ser paga".

Primeiro, a oferta de cursos na área geográfica ou na própria cidade do estudante. Vejamos: quase a totalidade dos estudantes de Administração, Publicidade e Propaganda e de Direito de uma universidade particular de Campinas (SP) considerou seus respectivos cursos primeira opção. Deve ser notado que nessa cidade nenhum dos referidos cursos era, em 1991, ano de ingresso de boa parte dos estudantes, oferecido pela Unicamp. Em contrapartida, alguns alunos do curso de Publicidade e Propaganda de outra universidade particular localizada em Piracicaba (SP) afirmou ter como primeira opção a mesma carreira naquela universidade particular de Campinas, que se localiza na mesma região do estado de São Paulo.

O segundo fator diz respeito ao perfil da clientela e suas expectativas cm relação ao diploma universitário. Os estudantes de Direito e de Pedagogia de escolas privadas isoladas estão, com raras exceções, frequentando os cursos e escolas que escolheram em primeira opção. São, em geral, não tão jovens, boa parte casados(as), já inseridos(as) no mercado de trabalho. Muitos desses estudantes sequer chegaram a se inscrever em vestibulares de outras instituições. Por sua vez, é significativo o percentual de alunos de Nutrição, Turismo e de Publicidade e Propaganda de instituições particulares de São Paulo que não consideram seus primeiros cursos como a primeira opção. Muito provavelmente, tais estudantes pretendiam ingressar nesses mesmos cursos, só que na universidade pública de São Paulo — a USP.

Por fim, deve-se considerar o cálculo de êxito. Trata-se, na realidade, de uma avaliação do estudante no momento de inscrever-se nos vestibulares. Nessa avaliação, pondera suas possibilidades de êxito de ingressar no curso escolhido em uma ou mais instituições que o ofereçam. Quase a totalidade dos estudantes de Odontologia de uma universidade particular em São Paulo e de Engenharia Elétrica de uma universidade particular localizada na região de Campinas consideram seus respectivos cursos suas primeiras opções. Nesses casos, o que o aluno prioriza? O curso ou a escola? Em se tratando de um arranjo, provavelmente ambos têm igual peso na escolha.

Decidir a carreira

O que leva os jovens a se decidirem por esta ou aquela carreira? Serem futuros pedagogos, advogados, engenheiros, publicitários, entre outros profissionais?

Para responder sobre os fatores que influíram na escolha do curso, os estudantes deveriam assinalar, no questionário (Cardoso; Sampaio, 1994a), três alternativas de uma lista de oito. A nona alternativa fornecida era aberta, caso o estudante quisesse indicar outras razões não contempladas pelo questionário[216].

Para 85,8% dos que responderam a essa questão, a escolha dos respectivos cursos deveu-se ao "grande interesse que têm na área". A segunda alternativa mais votada — representando 40,4% das respostas — para justificar a escolha foi a "possibilidade de ampliar a cultura geral". Para 36,3%, a escolha do curso prendeu-se às possibilidades de "aumentar as chances de emprego".

A combinação dessas três razões foi a resposta de mais de um terço dos estudantes distribuídos nos diferentes cursos e instituições pesquisados.

Tabela 9 – Razões indicadas pelos estudantes para a escolha (múltipla) dos respectivos cursos (em porcentagem)

Curso	\multicolumn{8}{c	}{Razões indicadas}	Total
	1	2	3	4	5	6	7	8	
Administração	79,0	43,2	50,0	21,0	3,8	5,5	2,1	8	472
Biologia	87,2	41,8	23,6	0	1,8	7,3	3,6	0,4	55
Ciência da Computação	74,6	36,5	71,4	7,9	3,2	6,3	15,9	1,8	63
Direito	86,6	53,4	35,6	10,6	0	11,1	0,7	0	449
Engenharia Elétrica	85,3	42,1	49,5	22,1	1,0	3,2	1,0	0	95
Filosofia	77,8	63,9	8,3	2,8	0	5,5	0	0	36
Medicina	94,6	24,4	24,9	1,5	0	8,8	2,4	0,5	205
Nutrição	90,9	37,9	25,7	1,5	0	12,1	3,0	1,5	66
Odontologia	93,4	18,4	30,1	2,0	0	14,8	2,5	0	196
Pedagogia	85,3	48,2	18,9	16,8	0,7	7,0	2,8	1,4	143
Processamento de Dados	65,9	35,2	61,4	5,7	6,8	13,6	9,1	1,1	88
Publicidade e Propaganda	94,6	29,5	26,1	3,4	0	3,9	2,5	0	203

---

[216] Foi bastante significativo o número de estudantes que preferiram, mesmo muitas vezes repetindo alternativas já contempladas no formulário, singularizar suas respostas.

Curso	Razões indicadas								Total
Turismo	85,6	53,0	24,2	6,8	1,5	9,1	2,3	3,8	132
Engenharia da Computação	100,0	26,1	47,8	0	0	4,3	0	0	23

Fonte: Cardoso e Sampaio (1994a)
Legenda: 1 = tenho grande interesse na área.
2 = para ampliar minha cultura geral, desenvolver-me intelectualmente.
3 = para aumentar minhas possibilidades de conseguir um bom emprego.
4 = para melhorar minha posição no meu emprego.
5 = é o mais acessível para eu conseguir logo meu diploma universitário.
6 = por influência de amigos, professores e/ou família.
7 = foi o único curso em que passei.
8 = meu caso foi o de aproveitamento de vagas.

Conforme mostra a Tabela 9, a distribuição das razões apontadas pelos estudantes varia conforme o curso e a instituição. Algumas alternativas tenderam a ser mais assinaladas por estudantes de determinados cursos. Desse modo, enquanto boa parte dos estudantes de Administração, Engenharia Elétrica e Pedagogia e, mesmo em menor proporção, os de Direito, assinalaram a alternativa "para melhorar minha posição no emprego", essa alternativa foi quase desconsiderada pelos alunos da área da Saúde, pelos de Filosofia e pelos de Publicidade e Propaganda.

Já a alternativa "é o mais acessível para eu conseguir logo meu diploma universitário" não foi considerada por nenhum estudante da área da Saúde, de Engenharia da Computação, Direito e Filosofia. Nos demais cursos, sobretudo em Administração, Ciência da Computação, Licenciatura e Processamento de Dados, essa alternativa chegou a ser assinalada por alguns estudantes.

A influência de amigos, professores e/ou parentes na escolha do curso parece ter também peso maior entre estudantes de determinadas carreiras. Essa alternativa obteve mais de 10% das respostas dos estudantes de Direito, Nutrição, Odontologia e Processamento de Dados. Entre os alunos de Medicina e de Turismo, obteve, respectivamente, 8,8% e 9,1% das respostas.

A análise das respostas abertas dos estudantes para a questão da escolha do curso mostra que as razões indicadas, em geral, enfatizam as vantagens do curso quanto à realização de um projeto pessoal/profissional.

Entre as razões mais apontadas, destacam-se a visão de que a carreira escolhida permite a mobilidade social e uma ideia de que existe um mercado de trabalho amplo para a área. Essas razões foram muito recorrentes sobretudo entre os estudantes de cursos voltados para a formação de profissões tradicionais, como Direito, Medicina e Odontologia. Tal visão parece associar-se, de um lado, à tradição de profissão liberal dessas carreiras e, de outro, a uma percepção de que essas profissões teriam ligações mais diretas e definidas com o mercado de trabalho (Brennan *et al.*, 1993). Destacam-se, a seguir, algumas respostas que ilustram esse grupo de considerações.

"Montar um escritório particular."

(Direito, universidade particular, São Paulo)

"Vencer na vida, melhorar de vida."

(Direito, universidade particular, São Paulo)

"Interesse pessoal e grande mercado de trabalho."

(Direito, universidade pública, São Paulo)

"É o curso que mais abre opções."

(Medicina, universidade pública, São Paulo)

"Por ser profissão autônoma."

(Odontologia, universidade pública, São Paulo)

"*Status* e prestígio social."

(Medicina, escola particular, São Paulo)

Ao lado dessa visão pragmática, que aposta no retorno financeiro e no prestígio social conferidos a essas carreiras, ainda consideradas liberais, a análise do material mostra que boa parte das razões indicadas pelos estudantes para a escolha pauta-se em sentimentos, tais como: paixão, amor ou, ainda, vocação, inclinação pessoal. As razões que remetem à "vocação", em geral, realçam a atemporalidade da escolha; em suas frases, os estudantes recorrem ao uso de advérbios, como "sempre", "desde" [que nasci], livre de influências (dom, natureza) como se o curso fosse a única possibilidade cogitada. Esse modo de expressar torna as razões apresentadas muito parecidas independentemente do curso ou da escola que os estudantes frequentam, como ilustram as frases a seguir.

"*Amo* esse curso."

(Direto, universidade particular, São Paulo)

"*Sempre* adorei essa área da Saúde."

(Odontologia, universidade particular, São Paulo)

"Sinto que tenho o *dom* para a área."

(Direito, faculdade particular, Jundiaí/SP)

"É o que *sempre* quis fazer, autorrealização."

(Direito, universidade particular, São Paulo)

"Acho *adequado* à minha personalidade."

(Direito, universidade pública, São Paulo)

"É a minha paixão *desde a infância*."

(Direito, universidade particular, São Paulo)

"*Nasci* para isso."

(Odontologia, universidade pública, São Paulo)

"Foi a opção da profissão que *sempre* quis."

(Administração, universidade particular, São Paulo)

Existe, ainda, um terceiro conjunto de razões. Trata-se de situações em que o universitário procura apresentar justificativas tidas como "racionais", considerando, de um lado, a aptidão e, de outro, o que a carreira oferece quanto a seu conteúdo específico e campo de atuação. Nesses casos, o estudante apresenta uma razão para sua escolha no tocante ao grau de adequação entre seu projeto pessoal e à área específica de estudos do curso. O projeto pessoal envolve desde a intenção de intervir na sociedade — um sentimento solidário de ajudar o próximo, os carentes, o país, a humanidade — até uma avaliação do próprio campo profissional que a carreira oferece. As frases, mais uma vez, são muito parecidas, independentemente do curso ou da escola frequentada pelo jovem. Alguns exemplos:

"Necessidade de *conhecer* as leis do País."

(Direito, universidade particular, São Paulo)

"Cultivar um *ideal* melhor de ensino."

(Pedagogia, universidade particular, São Paulo)

"Para tentar *ajudar* outras pessoas com o meu conhecimento."

(Medicina, universidade pública, São Paulo)

"É um meio de *ajudar* grande parte da população carente."

(Odontologia, universidade particular, São Paulo)

"*Ajudar* o País a se desenvolver ambientalmente."

(Biologia, universidade particular, interior)

"Para melhor *interpretar* o mundo em que vivo."

(Filosofia, universidade pública, São Paulo)

Existe ainda um quarto conjunto de razões que remetem ao aperfeiçoamento profissional em uma área em que os estudantes já se encontram trabalhando ou já tiveram uma formação técnica de ensino médio. Ainda nesse conjunto de respostas, as razões indicadas pelos estudantes para a escolha da carreira remetem a uma quase certa colocação profissional tão logo se formem. Essas razões, diferentemente das anteriores, são mais frequentes entre os alunos dos cursos de Administração, Processamento de Dados e Pedagogia. A ideia de um futuro profissional garantido aparece com frequência nas respostas de estudantes de Administração cujas famílias são proprietários de empresas (pequenas, médias e grandes). As frases a seguir ilustram esse grupo de razões para a escolha do curso.

"Se relaciona com o meu trabalho."

(Processamento de Dados, escola isolada pública, São Paulo)

"Meu pai possui empresa."

(Administração, universidade particular, São Paulo)

"Continuação do ensino médio."

(Processamento de Dados, escola isolada pública, São Paulo)

"Está integrado com o meu trabalho."

(Administração, universidade particular, interior/SP)

"Trabalho na firma de meu pai e quero dar continuidade."

(Administração, universidade particular, interior/SP)

"Seguir a carreira de meu pai na empresa."

(Administração, universidade particular, interior/SP)

"Dar continuidade ao que já iniciei no magistério."

(Pedagogia, universidade pública, interior/SP)

"Por ter feito curso equivalente ao ensino médio em técnico de Contabilidade."

(Administração, universidade particular, capital/SP)

"Por ser um curso que eu gosto e amplia os conhecimentos no meu trabalho."

(Direito, faculdade particular, interior/SP)

Um quinto grupo de razões para a escolha do curso superior considera a viabilidade de frequentá-lo por ponderações de custo/benefício:

"Próxima de meu trabalho."

(Processamento de Dados, escola isolada privada, capital/SP)

"Proximidade de minha residência e ensino gratuito."

(Processamento de Dados, escola isolada pública, capital/SP)

"Não tinha dinheiro para fazer o curso que eu queria."

(Pedagogia, universidade pública, interior/SP)

"Por ser o único curso existente na cidade."

(Administração, escola isolada privada, interior/SP)

"O horário e por não ter aulas aos sábados."

(Administração, escola isolada privada, interior/SP)

"Por não ter curso de História em Jundiaí."

(Pedagogia, escola isolada privada, interior/SP)

"Porque tenho bolsa e não tenho condições de frequentar outro."

(Publicidade e Propaganda, universidade particular, interior/SP)

Por fim, há respostas que negam a existência de uma razão para a escolha do curso. Nesses casos, o estudante admite que não foi capaz de escolher o curso e ingressou em qualquer um, sem muita convicção:

"No fim, por indecisão de que curso optar, escolhi Administração."

(Administração, universidade particular, capital/SP)

"Foi uma entre três opções minhas."

(Turismo, escola isolada privada, capital/SP)

"Para ter um diploma universitário."

(Turismo, escola isolada privada, capital/SP)

"Entrei nesse curso à toa."

(Processamento de Dados, escola isolada pública, capital/SP)

A análise das razões que envolvem o processo de decisão dos estudantes por um curso superior mostra dois aspectos. Primeiro que as razões apresentadas são de diferentes naturezas. Os estudantes atribuem a escolha da carreira ao interesse no conteúdo da área, à expectativa de mobilidade social, de retorno financeiro e reconhecimento social, ao idealismo, à influência de terceiros, às limitações de ordem financeira e/ou familiar, à valorização do diploma de nível superior, entre outras. Ainda que algumas razões tenham sido indicadas de forma mais recorrente por estudantes de determinados cursos e tipos de instituição, a análise do conjunto das respostas sugere que os motivos apresentados para a escolha do curso são, a despeito dessa heterogeneidade, limitados, podendo ser agrupados em cinco ou seis conjuntos.

Decidir a escola

Entre as razões apresentadas pelos estudantes para a escolha do estabelecimento de ensino superior, a reputação da escola é um critério importante, mas não único. Isso se deve ao fato de a escolha da instituição ser, em geral, posterior à decisão do curso.

Os dados do estudo de Cardoso e Sampaio (1994a) mostram que a combinação de três razões foram as mais recorrentes na justificativa da escolha da instituição de ensino superior: "o fato de ser boa na minha área" (49,8%); "ter a melhor reputação" (30,7%); "ser próxima ao local de moradia e/ou trabalho" (30,7%). No caso dos alunos das instituições públicas, o fato de serem gratuitas foi apontado na mesma proporção do de serem consideradas "boa na área" ou "ter reputação".

Ainda que os dados não nos permitam fazer generalizações, eles apontam para duas tendências no processo de escolha da escola pelo estudante.

A primeira é o conhecimento prévio e/ou expectativa do jovem em relação ao curso pretendido na faculdade que escolheu. Tal conhecimento, que se pode basear apenas em uma expectativa ou em informação sobre as condições do ensino no estabelecimento, é fator decisivo para muitos estudantes no momento que escolhem a faculdade. Isso ocorre, com frequência, entre os estudantes das instituições públicas, mas também entre os de escolas particulares. Algumas respostas abertas dos estudantes ilustram esse aspecto:

> "Porque eu esperava que fosse o melhor ensino."
>
> (Nutrição, universidade pública, capital/SP)
>
> "Porque é a única que ensina filosofia."
>
> (Filosofia, universidade pública, capital/SP)
>
> "Oferece melhor ensino em Administração."
>
> (Administração, escola isolada particular, capital/SP)
>
> "É a única que forma os melhores profissionais."
>
> (Odontologia, universidade pública, capital/SP)
>
> "Tem excelentes professores."
>
> (Nutrição, escola isolada privada, capital/SP)
>
> "Pelas estrelas do Guia do Estudante."
>
> (Turismo, escola isolada privada, capital/SP)
>
> "Forma em pesquisa."
>
> (Medicina, universidade pública, interior/SP)
>
> "O curso é melhor que o da minha cidade."
>
> (Direito, universidade particular, interior/SP)
>
> "Das em que entrei, era a melhor."
>
> (Administração, universidade particular, capital/SP)

A segunda tendência para a escolha da instituição agrupa as razões de conveniência — as facilidades que o estabelecimento oferece para o estudante quanto à proximidade do local de trabalho e/ou moradia, o fato de ter sido a única instituição na qual prestou vestibular e/ou a única na qual foi admitido, ou, ainda, porque oferece curso noturno.

> "Combinou condução e horário de trabalho."
>
> (Direito, universidade particular, capital/SP)
>
> "Única que quando fiz inscrição ainda aceitava."
>
> (Administração, universidade particular, capital/SP)
>
> "Foi a primeira em que prestei vestibular."
>
> (Processamento de Dados, escola isolada privada, capital/SP)
>
> "Única que oferecia este curso no noturno."
>
> (Engenharia Elétrica, universidade particular, interior/SP)
>
> "Não existia o curso na minha cidade e aqui tenho chance de viajar todos os dias."
>
> (Biologia, universidade particular, interior/SP)
>
> "Meus pais não têm condições de me manter fora da cidade em uma faculdade melhor."
>
> (Ciência da Computação, universidade particular, interior/SP)
>
> "Tem o curso pelo qual optei e em minha cidade."
>
> (Pedagogia, escola isolada privada, interior/SP)

Por fim, temos as decisões em que pesam valores geracionais (independência/dependência em relação à família, autoafirmação), de qualidade de vida, religiosos, entre outros:

> "Porque é universidade, tenho chance de conhecer gente de outras áreas e oportunidades culturais dentro da universidade e da própria cidade."
>
> (Engenharia Elétrica, universidade pública, interior/SP)
>
> "Para morar fora de casa."
>
> (Medicina, escola isolada privada, capital/SP)

"Eu queria entrar na USP. Tinha que provar que conseguia."

(Publicidade e Propaganda, universidade pública, capital/SP)

"Não queria deixar a família."

(Biologia, universidade particular, interior/SP)

OS VALORES DAS ANUIDADES DOS CURSOS SUPERIORES

Quanto, em tese[217], os estudantes do setor privado estão pagando para prosseguir com seus projetos de vida ou simplesmente fazer parte de um segmento específico da juventude, que são os jovens universitários?

Os dados da pesquisa Nupes/USP (1996) sobre os estabelecimentos particulares de ensino superior do país mostram grande variação nas anuidades cobradas dos estudantes, a qual ocorre em função tanto das carreiras, das áreas do conhecimento como também da natureza do estabelecimento, se universidade ou escola isolada, e de sua localização nas diferentes regiões do país, ou no interior ou nas capitais dos estados.

Os dados sobre os valores das anuidades escolares dos 887 cursos oferecidos pelas universidades e os 474 cursos oferecidos por federações de escolas ou por instituições isoladas mostram dois aspectos: a extensa variabilidade das anuidades cobradas por curso e estabelecimento e a relativa concentração das anuidades em faixas de valores contíguos. Isso se aplica aos cursos oferecidos tanto pelas universidades como por estabelecimentos não universitários que participaram da pesquisa.

Os valores das anuidades dos cursos nos estabelecimentos isolados concentram-se entre R$1.000,00 e R$3.000,00; nas universidades, as anuidades estão na faixa de R$2.000,01 a R$4.000,00. É também nessas instituições que se encontram mais cursos com anuidades superiores a R$9.000,01, conforme se vê na Tabela 10.

A diferença que existe entre as anuidades cobradas pelas instituições isoladas e universidades deve-se, obviamente, ao fato de as últimas oferecerem número maior de cursos, incluindo as áreas da Saúde e de Engenharia, carreiras, em geral, com anuidades superiores às cobradas nos cursos das áreas de Humanas, incluindo-se as Ciências Sociais Aplicadas.

---

[217] Embora os dados analisados refiram-se ao quanto os estabelecimentos privados cobram de seus estudantes e não ao quanto os alunos efetivamente pagam — existem bolsas totais e parciais, crédito educativo, inadimplência etc. —, a análise dos valores das mensalidades dos diferentes cursos oferecidos por diferentes instituições constitui-se em um indicador importante para a discussão da heterogeneidade dos consumidores de ensino superior privado.

Tabela 10 – A anuidade dos cursos de graduação em universidades e estabelecimentos não universitários particulares por faixa de valores, em reais, de 1996 (em porcentagem)

Faixa, em reais, de 1996	Universidade	Federação de escolas/faculdades integradas/escolas isoladas
Sem anuidade	0,6	0,6
até 500,00	1,7	0,6
500,01 a 1.000,00	4,7	2,7
1.000,01 a 2.000,00	7,1	38,6
2.000,01 a 3.000,00	25,5	22,6
3.000,01 a 4.000,00	22,1	18,6
4.000,01 a 5.000,00	14,5	8,6
5.000,01 a 6.000,00	13,8	5,1
6.000,01 a 7.000,00	4,5	0,2
7.000,01 a 9.000,00	3,4	1,7
9.000,01 a 10.000,00	1,0	0,2
10.000,01 a 11.000,00	0,8	0,4
11.000,01 a 13.000,00	0,3	-
Total	887	474

Fonte: elaborada com base em dados Nupes/USP (1996)

* O conjunto das universidades respondentes oferece 1.005 cursos de graduação; entretanto, não foram fornecidas informações das anuidades de 118 cursos. Os estabelecimentos não universitários pesquisados oferecem, em seu conjunto, 474 cursos de graduação; também não foram fornecidas informações das anuidades de 51 cursos.

De acordo com a Tabela 11, enquanto o menor número de cursos oferecidos pelas universidades pesquisadas é dez (duas localizadas em Santa Catarina), chegando a 42 no caso de uma universidade do Rio Grande do Sul, apenas cinco instituições não universitárias das 144 pesquisadas oferecem mais de dez cursos; mais de dois terços desses estabelecimentos oferecem entre um e quatro cursos de graduação.

Tabela 11 – Número de cursos de graduação oferecidos segundo a natureza institucional dos estabelecimentos particulares de ensino superior

Número de cursos oferecidos	Universidades	Federações de escolas, escolas integradas e isoladas
1	-	52
2-4	-	52
5-7	-	20
8-10	2	15
11-20	19	5*
21-30	17	-
31-40	4	-
41 em diante	2	-
Total	44	144

Fonte: elaborada com base em dados Nupes/USP (1996)

* As instituições são: Faculdades Integradas de Votuporanga (SP); Centro de Ensino Unificado de Brasília (DF); Fundação de Ciências Aplicadas (MG); Faculdades Capital (SP), Federação das Escolas de Ensino Superior do ABC (SP). A última, oferecendo dezesseis cursos for transformada em universidade em 1997.

Conforme se verifica no Tabela12 as diferenças entre os dois tipos de estabelecimentos tendem a aparecer justamente nas áreas de Exatas, da Saúde e Biológicas. Enquanto cursos de Engenharia, Nutrição e Odontologia aparecem entre os cinco mais oferecidos pelas universidades, esses mesmos cursos, com exceção de Engenharia Civil, sequer constam da coluna referente aos cursos das instituições isoladas. Efetivamente, tais cursos tendem a elevar os valores das anuidades do conjunto dos cursos oferecidos pelas universidades.

Tabela 12 – Cursos de maior oferta nas universidades e nas instituições não universitárias particulares por área do conhecimento

Áreas do conhecimento	Universidades	Federações, escolas integradas e instituições isoladas
Humanas e Ciências Sociais Aplicadas	Administração (41)*	Pedagogia (50)
	Pedagogia (39)	Letras (48)
	Direito (37)	Administração (46)
	Ciências Contábeis (37)	Ciências Contábeis (38)
	Letras (37)	História (23)
Exatas e Tecnológicas	Ciência da Computação (30)	Matemática (26)
	Matemática (28)	Tecnologia em Processa mento de Dados (16)
		Engenharia Civil (24)
		Ciência da Computação (8)
	Engenharia Mecânica (16)	Engenharia Civil (7)
	Engenharia Elétrica (15)	
Biológicas e da Saúde	Biologia (Bacharelado/Licenciatura) (34)	Licenciatura em Ciências (25)
	Nutrição (33)	Educação Física (11)
	Enfermagem (20)	Psicologia (7)
	Odontologia (19)	Biologia (Bacharelado/Licenciatura) (7)
	Educação Física (24)	Enfermagem (6)

Fonte: elaborada com base em dados Nupes/USP (1996)
*Entre parênteses consta o número de cursos oferecidos em cada carreira de nível superior.

Há que se considerar, ainda, uma diferença fundamental: a diversificação das carreiras. As 44 universidades pesquisadas oferecem juntas 1.005 cursos de graduação; desse total, mesmo para o curso de Administração que é oferecido por quase todas elas, representa menos do que 5% do total de seus cursos. Já para as instituições não universitárias, os 50 cursos de Pedagogia equivalem a mais de 10% do total de cursos oferecidos pelas 144 instituições pesquisadas.

Considerando-se apenas as universidades, verificam-se variações significativas nas anuidades de cursos formalmente idênticos. Destacando-se apenas algumas carreiras, entre as mais oferecidas, pelas universidades, têm-se na Tabela 13 as maiores e as menores anuidades encontradas para cada uma.

Tabela 13 – Maiores e menores anuidades cobradas pelas universidades particulares por curso (em reais de 1996)

Cursos	Maiores anuidades	Menores anuidades
Pedagogia	6.008,28	648,72
	5.724,00	785,20
	4.293,00	906,84
Administração	5.832,00	648,72
	5.724,00	785,20
	5.456,88	906,84
	5.724,00	785,20
Publicidade e Propaganda	4.357,14	1.009,60
	4.273,56	2.775,00
	7.152,00	785,20
Engenharia Civil	6.799,00	820,08
	6.240,00	2.800,00
	5.949,00	1.059,48
Ciência da Computação	5.400,00	2.646,00
	5.238,00	2.768,76
	12.960,00	3.348,00
Odontologia	11.445,24	6.043,39
	10.200,00	6.156,00
	6.799,68	785,20
Nutrição	6.269,42	3.529,09
	8.882,00	3.600,00

Fonte: elaborada com base em dados Nupes/USP (1996)

A variação que se constata nos valores das anuidades entre as universidades deve-se a suas características institucionais e ao próprio preço corrente no mercado o qual também tende a variar regionalmente.

Para os três cursos da área de Humanas e Ciências Sociais Aplicadas, das nove maiores anuidades, seis são cobradas pelas universidades católicas de São Paulo, Campinas, Rio de Janeiro e Salvador. As outras três são cobradas por universidades laicas localizadas em cidades do interior do estado de São Paulo. Por sua vez, das nove menores anuidades, oito são de universidades comunitárias do Rio Grande do Sul; e uma por uma universidade de Sergipe.

Quanto aos valores das anuidades dos cursos da área de Exatas e Tecnológicas, existe um movimento curioso entre as regiões Sudeste e Sul. Enquanto na primeira se encontram cinco dos cursos mais caros e um dos mais baratos, na segunda ocorre o inverso: vamos encontrar quatro dos mais baratos e um dos mais caros, constituindo-se a exceção uma universidade católica na região Centro-Oeste que oferece o segundo curso mais barato de Ciência da Computação.

No caso das Ciências da Saúde, os seis cursos com maiores anuidades estão em universidades do estado de São Paulo, cinco oferecidos por universidades do interior e o outro, o mais caro de todos, por uma universidade da capital. Curiosamente três dos cursos com menores anuidades também estão no estado de São Paulo, todos oferecidos por universidades do interior. Nota-se, ainda, que o curso mais barato de Odontologia e o mais barato de Nutrição, estão localizados, respectivamente, no Nordeste e no Sul.

Essas considerações levam a algumas hipóteses sobre o comportamento dos preços do ensino superior nas universidades particulares. Entre as comunitárias notam-se duas estratégias de mercado opostas: dos cursos selecionados, quando uma universidade católica o oferece, sua anuidade está sempre entre as maiores; inversamente, quando as universidades comunitárias do Sul oferecem o referido curso, suas anuidades estão sempre entre as menores do mercado. Verifica-se ainda, entre algumas comunitárias, a estratégia de cobrar um mesmo valor para todos os cursos oferecidos. Com efeito, as universidades comunitárias do Sul parecem adotar a visão, que, por sinal, já vem sendo assimilada na maior parte dos países do mundo, de que o consumo do produto educacional é, em si mesmo, um bem desejável e deve tornar-se disponível a qualquer pessoa que tenha capacidade, independentemente de suas condições financeiras[218]. A política de preço único para diferentes cursos, a determinação de preço muito abaixo do mercado (um curso cuja anuidade é de R$ 648,00 sai para o aluno R$ 54,00 mensais, ou seja, menos da metade de um salário-mínimo). Assim, para cursar Pedagogia, por exemplo, o estudante pode pagar durante todo o ano quase o que seu colega, em uma outra universidade, desembolsa mensalmente[219].

No que diz respeito às universidades não confessionais e/ou não comunitárias, a determinação de preço das anuidades parece estar mais próxima de uma análise da reação da demanda de níveis alternativos de preço. Isso significa que uma universidade da capital ou do interior do estado de São Paulo acredita que pode cobrar por um curso de Odontologia, por exemplo, duas vezes o valor cobrado pelo mesmo curso em uma universidade localizada nos arredores da capital, mas não da capital. No geral, as universidades particulares acabam adotando estratégias de compensação. Uma universidade, cuja reputação e/ou localização, no parecer de sua própria direção, está em situação de desvantagem em relação a uma outra, que eventualmente goza de maior prestígio e/ou está localizada em centros urbanos mais ricos, terá de abaixar o valor de suas anuidades, a fim de estimular a demanda por seus cursos. Essa questão fica muita clara no cálculo que o estudante faz no momento de decidir em que cursos/escolas vai se inscrever e, no caso de ser aprovado, matricular-se. Na realidade, o que a direção da universidade faz ao determinar os preços de seus cursos é analisar a origem geográfica e socioeconômica de sua clientela e procurar atuar em nível tolerável de anuidades, considerando-se que, muitas vezes, a despesa do estudante não se restringe ao preço cobrado pela faculdade, mas supõe viagens, moradia e alimentação.

---

[218] Nos Estados Unidos, a aplicação desses princípios tem levado, já há algumas décadas, a maioria das universidades e faculdades particulares a estabelecer políticas de ajuda financeira. Acabam, por isso, apresentando dois estágios de decisão: primeiramente decidem sobre o nível em que poderão, viavelmente, determinar o preço de seus produtos no mercado; depois, decidem quanto poderão distribuir para a ajuda financeira (Sheth; Wrigth, 1974).

[219] Essa determinação tão variada do preço dos cursos entre as universidades que se definem como comunitárias — tanto as católicas como as laicas comunitárias do Rio Grande Sul — soa contraditória com a organização dessas universidades em uma única associação, a Abruc. Uma das principais lutas da Associação é receber subsídios do Estado, tal como determina a Constituição. A despeito da construção de uma identidade comum — privada sem fins lucrativos ou pública não estatal — os subsídios públicos parecem ter destinos muito específicos em cada uma dessas instituições. Nas comunitárias do Rio Grande do Sul, os recursos estatais parecem ser essenciais para a ajuda financeira aos estudantes, não necessariamente mediante bolsas de estudo individuais, mas, sobretudo, para a manutenção de suas anuidades abaixo do preço de mercado ou ainda, em alguns casos, a viabilização da política de preço único para todos os cursos do estabelecimentos. O caráter público e não estatal das comunitárias do Sul revela-se, assim, na quase gratuidade do ensino em alguns cursos de graduação. No caso das católicas, o caráter público das universidades parece prender-se fundamentalmente ao modelo de universidade de ensino e pesquisa, o que constitui o próprio paradigma das universidades públicas e gratuitas.

Outro aspecto das anuidades dos cursos selecionados refere-se às diferenças entre os maiores valores e o valor médio.

Cerca de um terço dos valores das anuidades cobradas pelos sete cursos selecionados está em uma faixa média de preços do mercado. A maioria das anuidades de todos os cursos de menores anuidades está na faixa de vinte a 25% de seu valor médio no mercado.

As maiores diferenças porcentuais foram encontradas entre as anuidades dos cursos de Pedagogia, Administração e Publicidade e Propaganda, em que os valores das maiores anuidades chegam a ser, em algumas universidades, superiores a 100% ao valor médio das anuidades cobradas por esses mesmos cursos no mercado.

Os cursos de Odontologia das universidades são os que apresentam as maiores diferenças absolutas nos valores de suas anuidades. A diferença entre o mais caro e o mais barato é de R$ 9.612,00. Por outro lado, são os que apresentam as menores oscilações porcentuais em torno do preço médio, ou seja, o curso mais caro é 59% acima do valor médio do mercado, e o mais barato é 41% do preço médio.

Recapitulando – É na análise do perfil dos estudantes universitários que mais se aproximam o espaço privado e o público no ensino superior.

Apesar das considerações amplamente repetidas de que os menos favorecidos, social e economicamente, estudam nas escolas superiores particulares, uma análise mais acurada mostra que esse recorte não se sobrepõe ao da distribuição de renda. Características do estabelecimento de ensino (universidade ou escola isolada, federal, estadual, municipal comunitária ou particular) e localização geográfica definem características para o tipo de ensino e o tipo de clientela. Nada expressa mais essa variação que as anuidades cobradas pelos estabelecimentos.

A análise das razões apontadas pelos estudantes para escolha da carreira e da instituição mostrou que eles não se comportam "racionalmente" com relação a fins acadêmicos quando ingressam no ensino superior. A universidade preenche um espaço na vida dos jovens que é mais que o acadêmico; os estudantes julgam e decidem o que fazer dentro dos parâmetros dados pela condição comum de jovens que os reúne, em que pese toda a diversidade que os caracteriza. Ser universitário ainda é uma identidade.

DEPOIMENTOS

SÔNIA – tem 25 anos e cursa Biologia na Universidade Metodista de Piracicaba/SP. Entrou por transferência de curso; cursava Nutrição na mesma instituição. Sandra é estagiária em uma escola e ganha dois salários-mínimos, mas ainda recebe complemento da família. Mora com os pais, que são donos de uma padaria e têm curso primário. A renda familiar está entre dois e seis salários-mínimos. Sônia terminou o ensino médio em colégio particular da própria universidade e ficou cinco anos sem estudar. Nesse período, ajudou o pai na padaria e morou um ano na Alemanha, onde reside sua irmã casada. Gosta do ensino da Unimep, mas não do ambiente social da escola.

> Não pensei [fazer faculdade] por causa do... era muito alto né, como agora, entendeu? Então eu achei melhor que, na bobeira minha que eu acho muito grande, ter parado cinco anos. 'Ah, vou pagar universidade, esse dinheirão todo, então vou fazer outra coisa'. Eu fiz cursos paralelos, de auxiliar de escritório, de inglês, de computação, mas assim nunca levei a fundo nenhuma das coisas, né [...]. Eu sempre gostei de estudar, então eu pensei: 'ah, vou pagar, mas vou usufruir, né? [...]. Eu escolhi Nutrição, né, minha primeira opção [...], mas depois eu mudei porque não era aquilo que eu queria. Não foi aquilo que eu esperava do curso em termos de trabalho [...]. Achei que eu ia me dar melhor em Biologia [...]. Eu achei que ia ficar difícil, ia ter que ir para São Paulo e não ia compensar. [...] Eu gosto de Biologia [...], mas eu quero é dar aula mesmo. Não sei, eu não gosto de laboratório, ficar pesquisando, eu gosto mesmo de lidar com gente, sabe? [...] na Nutrição, porque o pessoal era classe alta mesmo, então você não tinha os mesmos assuntos que os delas, tinha uma certa dificuldade. [...]. Não, não era ninguém de Piracicaba, Eram umas quatro só; o resto era tudo de fora, de São Paulo, Minas Gerais, bem longe mesmo. Então, eu já tinha essa dificuldade, né, de região, diferença e então eu não sei, né. Hoje, em Biologia, eu tenho mais facilidade. Tudo pessoal que trabalha, que tem as mesmas dificuldades de pagar a universidade, entendeu [...], tem que arranjar tempo para estudar [...]. Eu ainda não tenho assim isso. Eu trabalho só de manhã, então à tarde é só para estudar [...] Então é um nível social que tem mais a ver comigo, eu acho, o pessoal da noite. Eu me encontro mais lá do que na Nutrição quando eu estudava.

MARCELO – tem 23 anos e cursa Publicidade e Propaganda na Universidade Metodista de Piracicaba/SP. O curso foi sua primeira opção. Escolheu a Unimep por estar situada em Piracicaba, onde reside com os pais. Não tem trabalho remunerado. Acha seu curso *"muito teórico e que tem poucas matérias práticas"*. Gosta do ambiente da escola, mas não do ensino. Marcelo fez o ensino fundamental e o ensino médio em escola pública e não fez cursinho pré-vestibular. Seus pais têm o ensino médio. O pai é comerciante, e a mãe, dona de casa. A renda familiar está entre seis e dez salários-mínimos.

> Eu era da TV Beira Rio... ela é uma televisão daqui e ela passa no canal da TVE. A gente tem assim um programa da cidade. Daí eu descolei, tem um rapaz que trabalha com a gente na banda (rock) e ele tava falando que tem dois amigos e tal que fazem um programa pra jovem, assim, sobretudo sobre Piracicaba [...] que atingisse o público jovem. Ganho, por enquanto, não ganha nada, né e eu tô f... porque tudo o que eu tô fazendo não ganha. Aí esse é um programa piloto [...] foi sobre piloto de furgão, piloto de carro, piloto de... Aí mandamos pra eles e eles aprovaram. Aí a gente tem que descolar agora apoio cultural [...]. Aí descola uma verba que vai ser onde a gente vai ganhar e vai conseguir fazer o programa, né? [o programa sobre repúblicas em Piracicaba].

ADRIANA – tem 22 anos e cursa Publicidade e Propaganda na Universidade Metodista de Piracicaba/SP. O curso foi sua primeira opção e escolheu essa instituição porque *"dentre as que escolhi foi a que melhor se encaixava nas minhas expectativas"*. Acha que, em seu curso, a *"prática e a teoria não são dadas juntas; primeiro vem a teoria, depois a prática"*. Por isso, não gosta do ensino da universidade, mas gosta muita do *"ambiente social"*. Em Piracicaba, ela divide casa com amigos, já que sua família mora em Araraquara/SP. Adriana sempre estudou em escola particular e fez seis meses de cursinho pré-vestibular. Ela não trabalha, e seus gastos são financiados pela família. Seus pais têm pós-graduação. O pai é cirurgião-dentista, e a mãe é pesquisadora e professora especializada na área de pessoas com deficiências mentais.

> Agora São Paulo é aquela coisa. Eu morro de medo assim de São Paulo. Da agitação, eu sou uma pessoa muito calma e acredito que eu fico meio histérica lá. [...] eu tô me preparando faz um tempo já para isso. Porque eu quero fazer minha pós na Escola Superior de Propaganda e Marketing (ESPM/SP).

> Eu encanei com ela e ando conversando com muita gente que tá fazendo ESPM. E é o que eu quero mesmo. E, inclusive, eu tô tendo que me educar em questão de lê (sic). Eu tô vendo os livros dos meus amigos [...] E é isso, né, eu odeio ler. [...] Tô lendo mais agora, mas mesmo assim eu não leio ainda, eu acho que eu não leio, mas eu digo assim que eu não leio porque eu vejo meu pai e minha mãe... eles leem muito, sabe. E eu... meu pai o que... ele trabalha, minha mãe trabalha muito. E um minutinho que eles têm, estão lendo".

TÂNIA – tem 22 anos e cursa Publicidade e Propaganda na Universidade Metodista de Piracicaba/SP. É bancária do Banco do Brasil e ganha três salários-mínimos, o que lhe permite se manter. Começou a trabalhar depois que já estava na universidade. Tânia fez o ensino médio em escola particular em Itu, onde mora sua família. Seu pai tem o ensino fundamental completo e é funcionário público; a mãe tem formação superior e é professora aposentada. A renda da família fica entre seis e dez salários-mínimos. Em Piracicaba, ela divide casa com amigos. Publicidade e Propaganda foi sua primeira opção. Só prestou vestibular na Unimep. Acha seu curso muito teórico, mas gosta do ambiente social da universidade. Pretende fazer o curso de Artes Plásticas.

> É, só aqui também, só na Unimep. Foi uma mudança radical, eu achei assim. Nossa, hoje, o que eu curto, o que eu me faço jamais faria, entendeu? Tipo a liberdade que eu tenho hoje, sabe... lá, eu não tinha. [...]. Olha, no primeiro semestre, eu achei muito básico [...], muita teoria, então, é, eu esperava mais no começo. [...]. São, nossa, é o que eu falo, o que eu... tipo faculdade. Tipo como é que eu penso? Como que eu falaria? Eu tô mais para obter o diploma, sinceridade. Pra ter o diploma na mão e partir, sabe, assim, conseguir alguma coisa e ter um curso superior, sabe, poder assinar e boa, porque vê, eu não tenho base, sinceridade... [...]. De repente, tá sendo ridículo eu tá falando isso. Porque que nem assim, ó, História que nem é uma coisa que você tem que ler muito, sabe, um tipo assim, que eu não preciso de uma faculdade, assim, eu já sei, você aprende História desde o grupo (Ensino Fundamental) você tem História do Brasil. E na faculdade você vai aprender tudo de novo, eu já aprendi tudo isso, não é verdade?

CÉLIA – tem 24 anos e cursa Matemática (Licenciatura) no período noturno da Faculdade de Filosofia, Ciências e Letras de Jundiaí/SP. Mora com os pais e é professora em escola estadual. Ganha dois salários-mínimos. Com o salário, mantém-se e contribui em casa. Seus pais estudaram até o 1º ciclo do ensino fundamental. O pai é motorista de empresa aposentado, e a mãe, bordadeira e dona de casa. A renda da família está na faixa de dois a seis salários-mínimos. Célia fez o Ensino fundamental em escola pública e o ensino médio profissionalizante. Não fez cursinho pré-vestibular. Matemática foi sua primeira opção. Segundo ela, é o *"mais acessível para obter o diploma de nível superior"*. Escolheu a faculdade porque é a mais próxima de onde mora e oferece curso noturno. Gosta do ambiente, mas não do ensino.

> Foi, eu não ia fazer Matemática. Não ia fazer faculdade. Eu terminei Desenho Arquitetônico [no Ensino Médio], que não tinha nada a ver com Matemática. E este curso era um curso que eu me identifiquei. Eu detesto línguas, detesto ler, então, Matemática eu achava legal. Meu curso não é puro, nem aplicado. É Matemática com licenciatura. Eu escolhi simplesmente este curso porque eu considero que no caso de ter filhos, família, marido, era o melhor que eu poderia fazer. Eu quero ser uma boa mãe e uma boa esposa e acho que sendo professora e saindo de casa meio período para dar aulas, eu consigo ser.

LÚCIO – tem 20 anos e cursa Engenharia Elétrica, modalidade eletrônica, no período noturno na Universidade São Francisco, em Itatiba/SP. É noivo de Célia, do curso de Matemática. Trabalha como eletricista de manutenção em uma empresa metalúrgica e ganha dois salários-mínimos. Engenharia Elétrica foi sua primeira opção e escolheu a Universidade São Francisco porque oferece curso noturno. Lúcio fez o ensino fundamental e o médio em escola pública, o último no período noturno. Mora com os pais em Jundiaí. Seu pai terminou o ensino médio e é aposentado. Sua mãe estudou até o 1.º ciclo do ensino fundamental e é dona de casa. A renda da família está entre dois e seis salários-mínimos.

> É o fascínio. Se você vê uma televisão, você se enche de perguntas. Como funciona? Ficou sempre na minha cabeça desde criança uma série de perguntas que ninguém consegue responder. Então, eu comecei estudar a parte elétrica com catorze anos no Senai e pensei em optar por uma carreira profissional. A própria formação no Senai foi desaprovada pelos meus pais. Pelo contrário, queriam mais que eu fosse para uma área de administração do que

de engenharia. [...]. Olha, eu acho que eles acham que eu tenho que conseguir tudo sozinho; condições de ajudar eles têm e bastante. Mas meu irmão deu muito gasto à toa para o meu pai com faculdade. Então, quem sofre as consequências disto sou eu. Eu entendo que eles querem que eu dê valor para aquilo que eu faço. Eles me ajudam dando casa para eu morar e comida, só isto. O que eu ganho é só pra mim pagar a faculdade, ônibus, material, colocar gasolina no meu carro. Só dá pra isto. Eu consegui uma bolsa da Faculdade de 50% restituível após a formatura e deste jeito eu vou tocando. São sete anos de curso e mais sete para acabar de pagar a faculdade.

FLÁVIO – tem 22 anos e cursa Medicina na Faculdade de Medicina de Jundiaí. O curso foi sua primeira opção, mas é seu segundo curso superior. Escolheu a faculdade porque foi a única onde entrou. Gosta do ensino, mas não do ambiente social da escola. Flávio fez o ensino fundamental e o ensino médio em escola pública e seis meses de cursinho. Em Jundiaí mora em alojamento estudantil. Ele não trabalha, e seus gastos são financiados pela família. Seus pais estudaram até o 1º ciclo do ensino fundamental. Seu pai é industrial; e a mãe, dona de casa.

Esta história do vestibular é bem longa. Na verdade, eu, desde a 1ª série primária, queria ser médico. Então, terminando o Colegial [2º Grau], eu optei por fazer cursinho. Na verdade, eu prestei Medicina quando eu terminei o Colegial e peguei colocações assim assustadoras. [...]. Fui para o Anglo. Então, eu comecei em março; em agosto eu tive que parar porque eu tive que fazer uma cirurgia [...]. Mas enfim, larguei de estudar antes da hora, né? [...]. Depois de todo esse problema (cirurgia), o pessoal lá de casa falava: 'mas você não estudou nada'. E uma coisa a que eu falava é que não queria fazer cursinho de novo [...]. Quando vai chegando o dia do vestibular, é um tormento, é uma pressão dentro de casa. Meu pai ficava falando: 'eu não vou ficar pagando cursinho pra você mais que um ano'. Mas como eu tive este problema da cirurgia, então tudo bem, se eu quisesse fazer novamente, não foi porque eu larguei por vagabundagem. Então, o pessoal lá de casa sugeriu que eu prestasse outra coisa [...]. Eu falei: 'tudo bem, já que assim, eu vou fazer uma coisa completamente diferente da Medicina, para não ser um profissional frustrado, por exemplo, Biomédicas. [...] Então, prestei para Engenharia Química na FEI [Faculdade de Engenharia Industrial, SP].

> Prestei [Medicina] Fuvest, Unicamp, na época Vunesp, Mogi, acho que só. E peguei uma lista de espera em Mogi, além de passar em Engenharia Química. [...]. Fiz um ano deste curso [...] passando o 1º semestre a coisa foi mudando e aí eu pensei que fazer cinco anos daquilo não ia dar certo. [...]. Aí, falei assim: 'pra desencargo de consciência, vou prestar Medicina outra vez. Foi onde prestei aqui em Jundiaí, em Bragança e na OSEC (SP). Tive ótimas classificações. Acho até que fui chamado na OSEC, mas eu nem fui ver, porque eu queria mesmo aqui, por questão de distância. Bem, quando eu passei, larguei Engenharia, que eu realmente não era a fim, e vim embora.

MARCOS – tem 23 anos e cursa Medicina na Faculdade de Medicina de Jundiaí/SP. O curso foi sua primeira opção. Escolheu essa faculdade porque fica em Jundiaí, onde reside com a família, é boa na área e barata. Considera seu curso bom, mas não gosta do ambiente social da escola. Marcos cursou o ensino fundamental e o médio em escola pública, o último no período noturno, e fez mais dois anos de cursinho pré-vestibular. Embora dê aulas de Biologia e receba um salário-mínimo, Marcos conta com complemento financeiro da família.

> Eu escolhi Medicina, de certa forma, não tem bem o porquê eu escolhi Medicina. É uma coisa que eu tinha em mente desde pequeno, mas sem influência de ninguém, nunca meus pais me influenciaram. [...]. Conforme eu fui crescendo e cheguei no Colegial e continuei com isso na cabeça, porque... é... apesar de não ter ninguém que me incentivasse, também não tinha ninguém que me falasse 'não, isso não vale a pena' [...]. Como eu fiz colégio do Estado e à noite, aqui em Jundiaí mesmo [...], precisava fazer um cursinho, né, pré-vestibular. E aí já fui pro cursinho com esta ideia de Medicina mesmo. Eu tinha ideia de Medicina, mas não tinha noção do que era enfrentar um curso de Medicina, o que que era um vestibular. A gente nunca teve este tipo de orientação, né. 'Olha, a concorrência é assim, os melhores cursos são em tais lugares, né [...]. Sempre tive o apoio dos meus pais em matéria de estudo. Apesar que eles falam de a gente não ter condições financeiras boas. Meus pais são pessoas simples [...], mas eles sempre me deram apoio assim, o possível deles de condições, sempre. [...]. Eu não pensava em particular porque para mim eu nunca teria condições de pagar uma escola particular, como não tenho. Mas aí que eu era tão desinformado que

> eu não conhecia a Faculdade de Medicina de Jundiaí, pra você ver [...]. Aqui era uma autarquia, que mensalidade aqui uma parte o município paga, é mais barato um pouco. E morando aqui sairia ainda mais, porque se eu tivesse fazendo uma estadual, por exemplo, em Campinas, só de viagem ficaria mais caro. Se bem que valeria a pena o curso. Mas mesmo assim eu ainda tenho a oportunidade de uma faculdade perto pra mim e relativamente barata. E aí, então, eu tentei aqui também, além das outras. Passei na primeira fase, tudo, Unicamp, USP, tal. Mas segunda fase, barrado, né. E consegui passar aqui. E ai eu fiquei com uma puta dúvida na cabeça: 'será que dá pra eu encarar e ser mais barato ainda assim é caro? Dá pra eu encarar e ir até o fim?

ISABEL – tem 22 anos e cursa Ciências Biológicas na Unicamp/SP. Embora seja seu segundo curso (o outro não concluiu), Isabel considera Ciências Biológicas sua primeira opção. Escolheu a Unicamp porque a considera boa na sua área, mas acha seu curso *"muito teórico, com poucas matérias práticas, além de estar muito fracionado/desorganizado"*. Apesar das críticas, gosta do ensino na Unicamp e do *"ambiente social"* da escola. Isabel cursou o ensino fundamental I em escola particular e o ensino fundamental II e o ensino médio em escola pública. Fez um ano de cursinho pré-vestibular. Em Campinas, divide a casa com amigos. Como não trabalha, seus gastos são financiados pela família que mora em Itu. Seu pai tem pós-graduação e trabalha como consultor em recursos humanos. Sua mãe tem formação universitária e é enfermeira.

> Eu não sei como eu escolhi pela Biologia. Devo ter acordado e descoberto que queria fazer Biologia. Aí eu prestei na Unicamp. Eu tinha feito 3º colegial e um ano de cursinho ao mesmo tempo. Aí prestei Terapia Ocupacional. Aí eu não passei na USP, não passei na Unicamp, passei só na primeira fase. Aí eu entrei na PUCCAMP em Terapia Ocupacional. Em 88, fui fazer Terapia Ocupacional; mas não gostei do curso, não gostei da cidade e larguei em dois meses e voltei para Itu. Estava morando em Itu [...]. Fiz cursinho meio ano; no meio do ano, eu prestei Biologia em Londrina (PR). [...]. Fiz seis meses lá de curso de Biologia e ficaria lá, porque eu gostei da cidade, eu achei legal. Só que como eu queria muito a Unicamp, por desencargo de consciência, eu prestei Unicamp no final do ano. E passei. Aí eu vim pra cá fazer o curso de Biologia aqui.

ANDRÉ – é de Itabuna, Bahia, tem 19 anos e cursa Medicina na Unicamp. Não trabalha, mas pretende. Medicina foi sua primeira opção e escolheu a Unicamp por duas razões: ter, segundo ele, a melhor reputação e ser gratuita. Embora, no geral, considere seu curso bom, acha *"muito positivista"*. Não gosta do *"ambiente social"* da Unicamp, muito menos do pessoal da Medicina. André cursou o ensino fundamental e o médio em escola pública e não fez cursinho. Em Campinas, divide casa com colegas. Seu pai é jornalista, tem pós-graduação e mora em Brasília. Sua mãe é advogada em Salvador. A renda da família (do pai com quem morava) é entre seis e dez salários-mínimos.

> Por que vocês foram escolher logo eu entre os alunos de Medicina? Eu não tenho nada a ver com os alunos da Medicina. Não tenho nada a ver com tudo isso aqui. Você vai ter uma ideia muito errada. [...] Prestei só Unicamp e uma lá em Salvador que foi a Faculdade Baiana de Medicina (particular) e aí eu passei nas duas e aí meu pai fez um pouco de pressão pra eu vir pra cá, porque a outra, inclusive, era paga também. Porque o período [dos vestibulares] das federais é quase todo ao mesmo tempo, e a Unicamp cai bem no período que eu podia fazer a federal. Não prestei a USP. A USP não é conhecida assim lá nos outros estados assim. Ela é muito menos conhecida. O nome da Unicamp é muito mais forte que o da USP nos outros estados. Aqui em São Paulo não. Todo mundo sabe. 'Ah, a USP é o máximo!" mas nos outros estados, o sonho das pessoas é a Unicamp. [...] Porque o pessoal da Medicina é mais prepotente ainda que o pessoal dos outros cursos por causa deste lance de nós somos seletivos, somos a hight society daqui, a nata dos estudantes do Brasil. Então, eles se colocam numa posição um tanto fria e eu cheguei assim, né... Eu vim pra Unicamp porque tava querendo testar meus conhecimentos no vestibular, aí, de repente, passei. E o resto do pessoal não. Tem aquele sonho, né, tinha gente que tava tentando já pela 3ª, 4ª, 5ª vez e aquele sonho....

VIRGINIA tem 18 anos e TARSILA, 17; são irmãs e dividem a casa em Campinas onde estudam na Unicamp. Virgínia cursa Engenharia Elétrica, e Tarsila, Medicina. Ambas cursaram o ensino fundamental e o médio em escola particular em Itajubá/MG, mas não fizeram cursinho pré-vestibular. Nenhuma delas trabalha e não pretendem até concluírem seus respectivos cursos. Seus gastos são financiados pela família, que mora em Itajubá. O pai tem pós-graduação e é professor de Engenharia da Universidade de Itajubá. A mãe fez Filosofia e é professora de Matemática no ensino fundamental e médio. Engenharia Elétrica foi a primeira opção de Virgínia, que escolheu a Unicamp dentre os três cursos em que foi admitida (USP, Unesp, em Guaratinguetá, e Escola de Engenharia de Itajubá), porque, *"além de ser boa na área, é gratuita"*. Da Unicamp, Virgínia gosta tanto do ensino como do *"ambiente social"*.

> O curso de Medicina também foi a primeira opção de Tarsila, que, além da Unicamp, entrou na Faculdade Paulista de Medicina, da Universidade Federal de São Paulo, na USP, na Unesp, em Botucatu/SP e na Faculdade Federal de Itajubá/MG.
>
> [...] Sempre quis. Foi uma coisa assim de 3º ano (colegial), o que vai fazer, tal, mas foi realmente uma escolha, não foi nada 'Ah, faz isso, faz aquilo". Não foi nada imposto. Eu gosto, eu gosto. [...]. Eu já conhecia, contato eu realmente tinha, porque meu pai é engenheiro mecânico, mas sabe assim, quando você começa a fazer colegial, você gosta mais da parte de Matemática, de Física, sabe? Eu fui visitar a escola de Itajubá, ver como o pessoal trabalhava... Eu achei que ia me dar bem. [...]. A questão não é que eu não quero voltar para Itajubá, eu acho que aqui tem mais oportunidades, aqui aparecem coisas melhores, objetivos maiores, né [...]. Uma das coisas que eu mais senti quando vim para cá foi isso de me distanciar deles. Eu era e ainda sou uma pessoa super apegada, sinto a maior saudade, falta de casa [...] (Virgínia).
>
> Bom, na verdade, eu fiquei em dúvidas entre a Paulista (federal) e Unicamp. Mas eu resolvi vir para cá porque ficaria com minha irmã e eu acho que o curso em si não tem assim tanta diferença, sabe. Porque eu acho que o importante mesmo na Medicina é a residência depois e isso vai depender do que eu me esforçar agora para conseguir uma residência em um lugar melhor, né. Quer dizer, o curso agora não tem tanta diferença" (Tarsila).

CELSO – tem 27 anos e cursa Matemática na Unicamp/SP. É militar do Ministério da Aeronáutica, e seu soldo é de oito salários-mínimos. Antes da Matemática, havia feito outro curso superior, mas não concluiu. Escolheu Matemática por três razões: além do interesse na área, teve influência de amigos e foi o único em que passou. Como disse: *"Foi um curso que eu realmente sabia que seria aprovado"*. Escolheu a Unicamp porque é boa na área, tem reputação e foi onde entrou. Celso ainda pretende fazer Engenharia. Ele gosta do ensino da universidade, mas não do *"ambiente social"*. Tem poucos amigos lá. Sempre estudou em escola pública, e seus pais moram em Belém/PA. Em Campinas, divide a casa com Vítor, também de Belém, e com Carlos, do Rio e militar. Celso, além de se sustentar, é responsável pelo sustento da família. Seus pais não chegaram a concluir o ensino fundamental. Seu pai é motorista, e a mãe, dona de casa.

> Eu pensava em sair e fazer uma especialização, de preferência onde? Na Unicamp e na USP; são duas universidades de adoração desse País [...] Poxa, passar na Unicamp, hoje é assim: 'ô cara, você passou na Unicamp, não acredito!' Vou fazer mesmo velho, mesmo velho (27 anos), eu quero terminar... Quem te viu, quem te vê; não tô tão mal, mas tô mal. Mas é verdade. Todo mundo pensa em fazer pós-graduação aqui. Aí você pode falar. Todo mundo não. Pensam assim: metade quer ficar por perto – 'não, vou terminar o curso aqui na manteiga, papai é dono de empresa'. Tem também isso lá [Belém]. Mas a gente que é de periferia assim, pensa que não tem condições, que pensa em pelo menos aprender alguma coisa, apenas em vir para cá...

CARLOS – tem 25 anos e é militar da Força Aérea Brasileira. Cursa Física na Unicamp/SP. Fez o ensino fundamental I em escola particular e o fundamental II em escola pública. O ensino médio foi profissionalizante. Fez um ano de cursinho pré-vestibular e escolheu a Unicamp por causa de sua reputação e por oferecer curso noturno. Gosta de seu curso porque dá *"uma formação ampla em ciências"*. Gosta mais do ambiente social da Unicamp do que do ensino oferecido. A família de Carlos mora no Rio. Seus pais têm ensino fundamental completo. O pai é empresário de pesca e investigador de polícia aposentado; a mãe, cabeleireira. A renda familiar está na faixa de seis e dez salários-mínimos. Como militar, ele recebe nove salários-mínimos e não contribui em casa.

> [...] mas eu sei que quando eu me formei [escola militar], eu fiquei meio perdido. Mas de qualquer maneira, eu não estava numa situação ruim. Eu fui o primeiro a escolher. Então, de todas as localidades, eu me interessava pelo Estado de São Paulo; o resto era locais que eu desconhecia totalmente ou então, fim de mundo [...]. Tinha aberto pra Guaratinguetá, São José dos Campos, São Paulo, Pirassununga, Campinas,

né? Tinha aberto pra essas localidades aqui em São Paulo. Aí, a princípio, eu pensei em ir pra São José dos Campos, que eu já conhecia [...], já conhecia o CTA que é o centro técnico aeroespacial. [...]. Depois, um amigo meu falou: 'Ah, mas você não tem intenção de fazer faculdade?' Falei: "Tenho sim'. Ele falou: 'Então, porque você não escolhe Campinas que tem Unicamp'. – 'É isso aí mesmo. Você me deu uma boa ideia'. [...]. Olha, eu gosto de Física, porque justamente ela é fundamental e engloba tudo [...]. Então, por exemplo, Matemática, se você chegar para mim e falar que 2+2 são 4, eu não tô satisfeito. Eu quero saber por que, de onde surgiu isso, quero a história, percebeu? Sou muito interessado na história da ciência [...]. A minha tendência é física teórica, percebeu? [...]. Inclusive, eu estava pensando: 'Poxa, eu penso em fazer mestrado, eu estava pensando que área eu iria escolher'. Agora, é lógico que depende da situação mais pra frente. As circunstâncias podem me levar a escolher outra coisa. [...]. Então, desde quando eu vim aqui pra Campinas, eu sempre quis voltar pro Rio. Basicamente, por causa da família, entendeu? Eu não quero estar afastado deles [...]

VITOR – tem 22 anos e cursa Engenharia Elétrica na Unicamp/SP no período noturno. Durante o dia trabalha como técnico em eletrônica em uma empresa federal civil (TASA), embora seja militar. Ganha seis salários-mínimos, o que dá para se manter e contribuir em casa. A família mora em Belém/PA. Seu pai estudou até o ensino médio e trabalha no comércio de tintas automotivas; sua mãe tem o ensino fundamental completo e é dona de casa. Vítor fez o ensino fundamental em escola particular e o médio em escola profissional. Não fez cursinho pré-vestibular. Engenharia Elétrica foi sua primeira opção. Acha que o curso aumenta suas chances de conseguir um bom emprego. Escolheu a Unicamp porque é boa na área, oferece curso noturno e é gratuita. Gosta tanto do ensino quanto do *"ambiente social"* da universidade

Olha, escolhi a TASA por causa da Unicamp. Se não tivesse universidade aqui eu já não estava mais aqui em Campinas, tá. Porque eu tô indo, quero ir pra casa, porque tem muita gente em Belém que é possível [transferência] [...]. E Campinas deve ter muita gente de São Paulo, Rio que o pessoal tá muito próximo de casa e... em Belém tá super longe, né? Super isolado, né. Olha, eu pretendo voltar [...] eu não sei se logo que eu terminar, porque o curso são seis anos; na verdade sete anos [...] eu vou começar fazer matéria letiva pra ver se eu consigo terminar o curso em seis anos. Isso. 92, terminar em 98, ser engenheiro do ano 2000. Então, eu escolhi a TASA exclusivamente por causa da UNICAMP. Se eu terminar o curso de Engenharia e arrumar uma coisa que eu acho que é melhor pra mim, que é estável, eu saio fora.

JAIR – tem 25 anos e cursa Desenho Industrial na Universidade Paulista, particular, em São Paulo. Mora sozinho e trabalha com vendas; ganha entre três e quatro salários-mínimos, com o que se mantém. Seu pai é motorista, e sua mãe, manicure. Ambos têm o ensino fundamental completo. A renda da família está na faixa de seis a dez salários-mínimos. Desenho Industrial não foi sua primeira opção, mas resolveu fazê-lo para *"me profissionalizar e partir pra negócio próprio"*. Escolheu a UNIP porque é perto de onde mora e tem curso noturno. Acha seu curso *"bem prático, tem pouca teoria"*. Gosta do ambiente da escola, mas não do curso. Jair fez o ensino fundamental em escola particular e o médio em escola profissionalizante, em período integral, e seis meses de cursinho pré-vestibular.

Como eu me sinto como universitário.... Eu me sinto uma pessoa... valorizado. Porque eu acho que quem pode chegar numa faculdade, tá, estudando numa faculdade, né? Eu acho que são pessoas assim privilegiadas, ainda mais pra Brasil, né? Porque assim, o apoio é que não tem, né? Da própria sociedade, né? Também pretendo atuar na área que tô aprendendo. Quero terminar esse curso. Com esse curso que tô fazendo, Desenho Industrial, aqui no Brasil ele ainda não é reconhecido pelo MEC, me parece, né.... Eu quero ir mais a fundo. Eu quero conhecer um pouco mais. Pretendo fazer Arquitetura. Isso daí me despertou faz pouco tempo [...] eu acho que, acredito que tá relacionado com o que eu tô fazendo, né? Mas me parece que os arquitetos é que estão dominando áreas aí dos desenhistas industriais. Por isso que eu tô interessado pela Arquitetura.

JÚLIA – tem 22 anos e cursa Nutrição na Faculdades Integradas São Camilo, particular, em São Paulo. O curso não foi sua primeira opção. Queria entrar na USP. É vegetariana radical e seguidora de várias seitas orientais. Sempre estudou em escola particular e fez um ano de cursinho pré-vestibular. Mora com os pais e não trabalha. O pai tem formação superior; a mãe tem pós-graduação e é pesquisadora na área de Educação. Disse desconhecer a renda da família. Júlia não gosta do ensino nem do ambiente da faculdade.

> Nosso curso aqui, a gente tem sociologia, antropologia, psicologia, ética, economia, a gente tem entre outros, várias matérias de humanas pra abranger um pouco mais a causa desse problema. Pra invés de remediar, tentar solucionar. E num há melhor solução do que você trabalhar com o emocional, o campo etérico mesmo. O campo auro do paciente. Eletromagnetismo. Ah, até atingir o fisiológico, né [...] Eu sempre fui uma pessoa voltada para a saúde, para longevidade, pra você conhecer melhor o seu universo interior que seria tanto emocionalmente como fisiologicamente. Inclusive, eu acho que até vou continuar fazendo Psicologia acabando a Nutrição. Que é uma coisa super relacionada com a outra. Entendeu? 1...] então, eu fiz essa escola, pra realmente tentar ajudar a humanidade que tá tão carente de... de saúde, mas de uma maneira mais consciente; mais voltada realmente para a causa, tá? E não pro efeito em si, entendeu? Então, foi por isso que eu escolhi Nutrição e eu estou tentando ver se tiro algum proveito.

SOLANGE – tem 20 anos e cursa Odontologia na Universidade Camilo Castelo Branco, em São Paulo. Ela não trabalha, mas pretende fazê-lo até o final do curso. Odontologia foi sua primeira opção; mas ingressou simultaneamente no curso de Direito. Ela acredita que o *"curso é um meio bastante viável para ajudar grande parte carente da população"*. Escolheu essa universidade porque a considera *"boa na minha área"*, mas não gosta do ambiente social. Solange cursou o ensino fundamental e o médio em escola particular e fez seis meses de cursinho pré-vestibular. Mora com os pais, que atualmente são comerciantes. O pai tem ensino médio. e a mãe, o fundamental.

> É, porque assim, eu no 1.º ano fazia outro curso junto com esse, fazia Odonto e Direito à noite. Eu tive que parar também, porque são coisas que eu não tenho tempo... não dá pra ter dedicação. Porque é o seguinte, eu sou uma pessoa, assim, que sempre tive vontade de ajudar muita gente, né, aí eu pensei bom [...] as leis seriam um bom começo, né, mudando algumas leis, assim, eu ajudaria muita gente. E Direito sempre foi uma coisa que me fascinou, né, desde muito cedo. No colégio, eu cursei patologia clínica, então eu cursei já na área de Biológicas e o vestibular eu sempre pensava pra Direito e Odonto, né, porque essas eram profissões que eu poderia ajudar muita gente e pareciam uma boa, sabe, é assim, que poderiam unir o útil ao agradável, e

assim eu achei que poderia fazer os dois cursos" [...]. Só que depois eu comecei a perceber alguns detalhes, eu comecei a ver que a realidade exigia outra postura, né, diferente daquela, e acabei cursando só um ano e decidi optar por Odonto, porque a relação com a profissão é totalmente diferente [...] essa relação direta com o paciente. Hoje eu tenho certeza que é Odonto.. [...]. Em casa, a gente tem muito diálogo, a minha família é classe média, assim, com muito respeito, e eu estudei num colégio de freiras particular, mas sempre foi muito difícil pagar esse colégio, né, e meu pai sempre trabalhou muito para poder fazer com que a gente tivesse uma boa educação. Ele falava: 'eu trabalho, mas eu trabalho pra dar boas condições pros meus filhos. Eu sempre valorizei esse ideal deles; eu como filha tenho que valorizar aquilo. E como eu falei né, sempre com muito sacrifício, né, porque a faculdade é paga, então tem que pagar pra poder formar a gente.

FELIPE – tem 21 anos e cursa Publicidade e Propaganda na PUC-CAMP/SP. Cursou o ensino fundamental e o médio em escola pública, o último frequentou no período noturno. Não fez cursinho pré-vestibular, e o curso foi sua primeira opção. Escolheu essa universidade por três razões: ser boa na sua área, oferecer curso noturno e ser a mais próxima da cidade onde reside. Gosta do ambiente da PUCCAMP, mas não do ensino oferecido. Felipe mora com a mãe em Limeira; não trabalha, e seus gastos são financiados pela família. A mãe tem ensino médio e é dona de casa.

[...] continuar como ator e ser um bom publicitário. Bem, eu sempre gostei. Em 1983, eu fiquei doente, peguei hepatite crônica e fiquei dois anos de cama. Eu ficava direto vendo TV e comecei a pegar amor pelo negócio. Aí, em 91, o Eduardo me chamou para fazer teatro aqui na Igreja e aí ano passado (92) eu encenei a peça de teatro da Páscoa. O ensaio foi num retiro de carnaval. [...]. Eu descobri um espaço aqui na Igreja.

CLAUDINHA – tem 18 anos e cursa Ciências Contábeis na PUCCAMP/SP, no período noturno. Durante o dia, trabalha como estagiária em banco e ganha um salário-mínimo. Acha que seu curso não prepara, que a prática que forma o profissional. Por isso, não gosta do ensino que a escola oferece, mas gosta muito do ambiente. Cursou o ensino fundamental e o médio em escola pública e não fez cursinho pré-vestibular. Mora com os pais em Campinas. Embora trabalhe, a família tem que completar seu orçamento. Seu pai fez até o ensino fundamental e é ferramenteiro. A mãe é manicure e tem o ensino fundamental I.

> Eu não sei como eu caí em Contabilidade, mas eu pretendo terminar; não sei, se desistir e partir para um outro lado, sei lá, Pedagogia, que eu gosto de crianças ou então Psicologia, que eu também gosto. Não sei, mas eu tenho planos, sabe?

BEATRIZ – tem 19 anos e cursa Análise de Sistemas na PUCCAMP/SP no período noturno. Já trabalha como analista em uma firma de software e ganha três salários e meio. Cursou o ensino fundamental e o médio em escola pública. Mora com os pais e, mesmo trabalhando, a família complementa seu orçamento. O pai tem ensino médio e é diretor administrativo de imobiliária. A mãe fez até o ensino fundamental e é funcionária pública. Análise de Sistemas foi sua primeira opção. Acha que seu curso prepara e credencia para o mercado de trabalho. Escolheu a PUCCAMP porque *"é boa na minha área e por oferecer curso noturno"*. Beatriz gosta tanto do ensino como do ambiente da PUCCAMP. Costuma sair mais frequentemente com o pessoal de fora da escola. Ela faz parte, com Eduardo, Claudinha e Felipe, de um grupo jovem do Movimento de Renovação Carismática da Igreja Católica.

> Quando eu entrei [na universidade], eu conheci pessoas totalmente novas, que não frequentavam muito a Igreja, não tinham esse nível de comunidade, né. Mas, mesmo assim, eu fiz amizades. São pessoas que você acaba se identificando com elas, então a gente tinha um grupo grande de umas dez, doze pessoas que estavam sempre junto, sempre conversando, estudavam junto, faziam trabalho junto. Mas nesta época, a gente não tinha uma turminha firme e hoje, no terceiro ano, mudou um pouco a característica, porque duas destas pessoas do grupo agora elas participam das missas, da comunidade e mesmo do barzinho de Jesus....

LUÍS – tem 19 anos e cursa Publicidade e Propaganda na PUCCAMP/SP, no período noturno, e Educação Artística na Unicamp, em período integral. Não trabalha e não pretende fazê-lo até o final do curso. Fez o ensino fundamental e o médio em escola pública e seis meses de cursinho pré-vestibular. Mora com os pais em Campinas, onde o pai é consultor geral da Fepasa, e a mãe é professora de português em escola estadual. Ambos têm formação universitária. Luís acha que seu curso *"dá uma formação ampla que abre perspectivas de trabalho.*" Gosta do ensino e do ambiente da PUCCAMP. Como faz parte de dois grupos de jovens ligados à Igreja Católica, um da Renovação Carismática e outro de Comunidade Eclesial de Base, costuma fazer sua vida social com os jovens desses grupos.

> Quando eu fui prestar vestibular, meu pai me avisou que Educação Artística na PUCCAMP ele não pagava e na Unicamp eu não passei. Apesar de não conhecer muito bem o curso de Publicidade e Propaganda da PUCCAMP, coloquei como opção por imaginar que tivesse um pouco a ver com artes. Passei na PUCCAMP. Como eu fui achando que o curso seria uma total porcaria e perda de tempo e dinheiro, me surpreendi quando percebi que não era tão ruim assim. No ano seguinte, minha mãe tava tentando para mim um estágio na 3M, mas resolvi prestar vestibular na Unicamp novamente. No mesmo dia em que ligaram em casa dando a notícia de que havia conseguido o estágio, saiu o resultado da Unicamp no jornal e eu havia passado. Não foi difícil a decisão: vim para a Unicamp. Esperava tanto dessa universidade que assim que cheguei tive a maior decepção. Desta forma, tive que prometer a meus pais que não largaria a PUCCAMP e por isso continuo os dois cursos. Pretendo trabalhar com criação onde poderei usar o que aprendi nas duas universidades. Sei que fazer somente Educação Artística neste País é morrer de fome, mas fazendo Publicidade junto, poderei me especializar em multimeios. No futuro, pretendo cursar Teologia na PUC.

LAERTE – tem 20 anos e cursa Publicidade e Propaganda na PUCCAMP /SP. Fez o ensino fundamental e o médio em escola particular em Mogi das Cruzes/SP, onde reside sua família. Em Campinas, divide a casa com amigos. Embora trabalhe em uma agência de propaganda, disse que quase não recebe pagamento e é sustentado pela família. O pai é professor de uma universidade particular em Moji das Cruzes, e a mãe, com formação superior, é professora no ensino fundamental. Laerte disse não saber a renda da família. Publicidade e Propaganda foi sua primeira opção e escolheu a PUCCAMP porque, segundo ele, "*é boa na área, além de ser uma instituição de renome*". Quanto ao curso, acha que não prepara, "*pois a prática que forma o profissional*". Embora goste do ambiente da escola, não gosta do ensino oferecido.

> [sobre o seu trabalho] É, trabalho de graça. Nossa, meu pai começou a ficar muito puto [...] Eu tô lá porque o cara tem computador lá, legal pra caramba. Chamamos uma menina

> da faculdade que mexe com isso, ela vai começar a dar aula pra gente esta semana. [...]. É bom pra gente porque tá muito caro pagar esse curso aí. Mas se continuar esse lenga-lenga [não receber], vou sair fora. É, não tem compensação aqui, eu gasto a maior grana pra pagar a faculdade, pagar aluguel, eu viajo todo o final de semana [para Moji das Cruzes]. É, então não tem condições de ficar, né? Meu pai gasta o quê? Com aluguel dá uns oito paus [oito mil cruzeiros de 1993] por mês. Uns dez "pau" e meio por mês. Ó, dez pau por mês é a metade do salário da minha mãe, pô!.

LÍGIA – tem 18 anos e cursa Artes Plásticas na UNICAMP/SP. É de Jundiaí e mora em Campinas com mais duas amigas de sua cidade. Sempre estudou em escola particular e fez dois anos de cursinho pré-vestibular. Trabalha, mas recebe complemento da família. Os pais têm escolaridade superior, e a família tem uma renda entre dois e seis salários-mínimos.

> Porque na Unicamp, quando eu prestei Artes Plásticas, Educação Artística, é que lá a gente fala Artes Plásticas, era o único curso que vi na Unicamp que eu gostava, que eu me daria bem. Aí eu passei na PUCCAMP também aqui em Campinas, só que eu prestei Análise de Sistemas. Passei em Análise também, daí fiz matrícula nos dois. A minha família, a minha tia, queriam que eu fizesse Análise de Sistemas. Aí eu assisti uma aula, que era só matemática e assisti uma aula que era só Educação Artística, só que acabei gostando mais da Unicamp. [...]. Muita gente que está no curso quer continuar, então eu acho que muita gente, eles tentam levar o curso o quanto tempo eles puderem. Eu não. Eu quero terminar rápido, eu quero me formar logo, eu preciso me formar logo, assim, em quatro anos, eu não posso ficar em nada. O que é engraçado é que quase ninguém fica de exame. Os professores não deixam os alunos de exame. [...]. Eu acho que o aluno só fica de exame se ele quer. Eu, por exemplo, se ficar de exame nessa matéria, a História da Arte, é porque eu fui super vagabunda mesmo. [...]. Eu acho que a gente está tão acostumado com essas matérias que vem um cara [professor] que ele é superbom [...] o cara é realmente competente, a gente tá tão acostumada a não fazer nada e tirar notas que agora eu tô me ferrando por isso. Eu pensei: 'Ah, eu não vou fazer nada, porque eu vou tirar nota.

EDUARDO – tem 23 anos e é estudante de Publicidade e Propaganda da PUCCAMP /SP. Cursou metade do ensino fundamental em escola pública, outra metade e o ensino médio em escola particular. Fez um ano de cursinho pré-vestibular. Ele mora com os pais e trabalha com o pai na pizzaria da família. Embora trabalhe, não tem salário e é sustentado pela família. Os pais têm ensino médio. Ele não quis informar a renda mensal da família. O curso de Publicidade e Propaganda foi sua primeira opção, e ele escolheu a PUCCAMP porque é *"boa na área, é barata e foi a única onde entrei"*. Acha que seu curso não prepara, pois acredita que é a prática que forma o profissional. Não gosta do ensino da escola, mas gosta muito do *"ambiente social"*. Eduardo é presidente da Atlética da Faculdade.

RAFAEL – tem 21 anos e cursa Direito na PUCCAMP /SP. É de Campinas e mora com os pais. Sempre estudou em escola particular. Seu pai é gerente de vendas, com formação superior, e a mãe, comerciante, concluiu o ensino médio. A renda da família é superior a 20 salários-mínimos. Rafael não trabalha e não pretende trabalhar antes de se formar. Ele considera seu curso bom, ainda que muito teórico. No geral, gosta do ensino oferecido na PUCCAMP e do seu *"ambiente social"*, ainda que saia mais frequentemente com amigos de fora da escola. Ele faz parte de um conjunto musical, no qual toca guitarra.

> Bom, a minha opção pelo curso de Direito, não foi a primeira coisa que prestei, tá? Fiz colégio técnico [particular] de eletrônica, então prestei Engenharia Elétrica na Unicamp e prestei Análise de Sistemas na PUCCAMP. E não entrei, né. Também, na verdade, eu não me dediquei muito, eu não estudei. Prestei por prestar... Estava trabalhando na época, trabalhando na IBM. E esse ano eu fiz estágio e no final do ano eu fiz aquele cursinho de três meses. Eu estudei até, né, mas não entrei. Então, eu falei assim: 'Ah, quer saber, não vou estudar, quer dizer eu não vou fazer cursinho, mas eu vou estudar'. Daí quando chegou mais na véspera da prova, um mês antes, eu comecei a estudar, aí eu passei na Unicamp, na 1ª fase e passei na PUCCAMP. Entrei em Direito. Só que na primeira fase da Unicamp é aquele negócio, né, você... tanto quem estudou muito como quem não estudou pode passar. Não seleciona muito. Só que a 2ª fase já seleciona quem realmente estudou. Daí na 2ª fase não teve jeito. Mas daí, eu tinha passado em Direito, falei: 'ah, vou fazer né, vai ver se eu gosto ou não'. [...]. Eu acho que a melhor coisa que eu fiz foi ter saído da área que tava e ter ido para a área de Direito. Talvez eu já até esperava, mas não tinha, sabe, sei lá, não sei porque eu não prestei de

cara Direito. Talvez porque tava tão na cabeça trabalhando com eletrônica, então, sei lá, parece que fica na obrigação de continuar na área, né?

TERESA – tem 19 anos e cursa Direito na PUCCAMP/SP. Não fez cursinho pré-vestibular e sempre estudou em escolas particulares. Seus pais moram em Franca/SP. Em Campinas, divide a casa com amigas. Ela não trabalha, mas pretende trabalhar durante o curso. O pai é médico, e a mãe, psicóloga e professora. Direito foi sua primeira opção. Foi para a PUCCAMP porque foi a única instituição em que passou no vestibular. Gosta tanto do ensino como do ambiente da escola e sai frequentemente com seus colegas de classe.

> [...] em Franca, é uma cidade assim, não tem muitas opções igual aqui, né? Tem universidade, tem Unesp, tem Direito, inclusive, lá. Só que eu prestei vestibular lá e não passei na Unesp lá; eu passei aqui. Daí eu ia até fazer cursinho pra tentar ficar lá só que daí, meu tio que é juiz (de Direito), ele falou que a faculdade daqui era boa, aí eu acabei vindo para cá. Mesmo vida cultural, eu acho que aqui tem mais, apesar de ter universidade lá, a UNESP, acho que aqui se tem mais acesso assim... [...]. Mas eu sempre gostei de estudar e sempre estudei porque eu quero mesmo prestar concurso, fazer alguma coisa, não sei se eu quero prestar concurso, mas eu quero eu sei que eu quero trabalhar nessa área. Então eu acho que eu me interesso. Não que eu sou 'CDF', não, mas eu me interesso e quero estudar, entendeu, gosto de estudar, gosto.

TOMÁS – tem 20 anos, é de Campinas e cursa Direito na PUCCAMP/SP. Sempre estudou em escolas particulares e não fez cursinho pré-vestibular. Escolheu Direito porque acha que o curso amplia sua cultura geral, desenvolve intelectualmente e aumenta suas chances de conseguir um bom emprego. Escolheu a PUCCAMP porque, além de considerá-la boa na área, é a única faculdade de Direito em sua cidade. Gosta do ambiente social da escola e do ensino que oferece. Tomás mora com os pais, não trabalha, e seus gastos são financiados pela família. Seu pai tem pós-graduação e é professor da Unicamp; sua mãe tem ensino médio e é dona de casa. A renda familiar é superior a 20 salários-mínimos.

> [...] Como eu falei pra você já, por estar fazendo Direito, assim, a responsabilidade das pessoas é maior né do que tá fazendo outro curso, né, que... sei Já. Um outro tipo de

curso, pessoal que tá lá é assim, todos assim conscientes, né, são aplicados, tal, são assim responsáveis, porque a carreira acho que é, assim, a carreira não só de advogado, mas todas as carreiras que seguem a formação de Direito.

REFERÊNCIAS

CARDOSO, Ruth; SAMPAIO, H. Estudantes universitários e o trabalho. *Revista Brasileira de Ciências Sociais,* São Paulo, v. 26, p. 30-50, 1994a.

CARDOSO, Ruth; SAMPAIO, H. *Relatório de pesquisa. Os estudantes universitários no estado de São Paulo.* São Paulo: Centro Brasileiro de Análise e Planejamento e Núcleo de Pesquisas sobre Ensino Superior da Universidade de São Paulo, 1994b. Mimeografado.

GARCÍA, Carmen G. La reforma de la educación superior en Venezuela desde una perspectiva comparada. *In*: CATANI, Afrânio (org.). *Congresso Internacional de Políticas de Educação Superior na América Latina no Limiar do Século XXI.* Recife, 1997.

GUIA DO ESTUDANTE. São Paulo: Editora Abril, set. 1992.

MICELLI, Sérgio. *Poder, sexo e letras na República Velha (estudo clínico dos anatolianos).* São Paulo: Perspectiva, 1977.

MINISTÉRIO DA EDUCAÇÃO E DO DESPORTO/INSTITUTO NACIONAL DE ESTUDOS E PESQUISAS EDUCACIONAIS/DIRETORIA DE AVALIAÇÃO E ACESSO AO ENSINO SUPERIOR. *Exame Nacional de Cursos,* Brasília, 1996.

MINISTÉRIO DA EDUCAÇÃO E DO DESPORTO/INSTITUTO NACIONAL DE ESTUDOS E PESQUISAS EDUCACIONAIS/DIRETORIA DE AVALIAÇÃO E ACESSO AO ENSINO SUPERIOR Resultados globais preliminares. Brasília, 1996.

MINISTÉRIO DA EDUCAÇÃO E DO DESPORTO/INSTITUTO NACIONAL DE ESTUDOS E PESQUISAS EDUCACIONAIS/DIRETORIA DE AVALIAÇÃO E ACESSO AO ENSINO SUPERIOR. Relatório Administração. Brasília, 1996

MINISTÉRIO DA EDUCAÇÃO E DO DESPORTO/INSTITUTO NACIONAL DE ESTUDOS E PESQUISAS EDUCACIONAIS/DIRETORIA DE AVALIAÇÃO E ACESSO AO ENSINO SUPERIOR. Relatório Direito. Brasília, 1996.

MINISTÉRIO DA EDUCAÇÃO E DO DESPORTO/INSTITUTO NACIONAL DE ESTUDOS E PESQUISAS EDUCACIONAIS/DIRETORIA DE AVALIAÇÃO E ACESSO AO ENSINO SUPERIOR. Relatório Engenharia Civil. Brasília, 1996.

MINISTÉRIO DA EDUCAÇÃO E DO DESPORTO/INSTITUTO NACIONAL DE ESTUDOS E PESQUISAS EDUCACIONAIS/DIRETORIA DE AVALIAÇÃO E ACESSO AO ENSINO SUPERIOR. Síntese do Exame Nacional de Cursos. Brasília, 1996.

MINISTÉRIO DA EDUCAÇÃO E DO DESPORTO/INSTITUTO NACIONAL DE ESTUDOS E PESQUISAS EDUCACIONAIS/DIRETORIA DE AVALIAÇÃO E ACESSO AO ENSINO SUPERIOR. Quem é e o que pensa o graduando de Administração, 1996. Brasília, 1996.

MINISTÉRIO DA EDUCAÇÃO E DO DESPORTO/INSTITUTO NACIONAL DE ESTUDOS E PESQUISAS EDUCACIONAIS/DIRETORIA DE AVALIAÇÃO E ACESSO AO ENSINO SUPERIOR. Quem é e o que pensa o graduando de Direito. 1996. Brasília, 1996.

MINISTÉRIO DA EDUCAÇÃO E DO DESPORTO/INSTITUTO NACIONAL DE ESTUDOS E PESQUISAS EDUCACIONAIS/DIRETORIA DE AVALIAÇÃO E ACESSO AO ENSINO SUPERIOR. Quem é e o que pensa o graduando de Engenharia Civil. 1996. Brasília, 1996.

MOFFAT, Michael. *Coming of Age in New Jersy*: college and American culture. New Brunswick: Rutgers University Press, 1989.

PAUL, Jean-Jacques; RIBEIRO, Zoya. Diversidade da oferta e estratégia dos vestibulandos: o caso de Fortaleza. *Educação e Seleção*, Rio de Janeiro, v. 19, p. 111-128, jan.-jun.,1989.

SCHWARTZMAN, Simon. Brazil: Opportunity and Crisis in Higher Education. *Higher Education*, [s. l.], v. 17, n. 1, p. 99-119, 1988.

TOLSTÓI, León. *Memórias*. São Paulo: Global Editora, 1983.

BRENNAN, J. L. et al. *Students, Courses and Jobs:* the relationship between higher education and labour market. Education Policy Series 21. Londres: Jessica Kingsley Publishers, 1993.

SHETH, Jaglish N.; WRIGTH, Peter, L. (ed.). *Broadening Marketing's Horizons*. Urbana, Illinois: University of Illinois, Bureau of Economic and Business Research, 1974.

Artigos da imprensa

DIMENSTEIM, Gilberto. Privadas vão mal. *Folha de S.Paulo*, São Paulo, 12/3/1997.

ELITE é maioria em universidades federais. *Folha de S.Paulo*, São Paulo, 17/10/1997.

MINISTRO critica declarações de Franco. *Folha de S.Paulo*, São Paulo, 14/10/1997.

PESQUISA: universidade pública não é lugar de estudante pobre. *O Estado de S. Paulo*, São Paulo, Suplemento Cola, 2/12/1992.

POLÍTICAS PARA A AMPLIAÇÃO DO ACESSO AO ENSINO SUPERIOR NO BRASIL: AVANÇOS, LIMITES E DESAFIOS[220]

Helena Sampaio
Cibele Andrade

INTRODUÇÃO

Nas últimas décadas, o Brasil conseguiu mudar consideravelmente seu quadro educacional. Avanços importantes ocorreram em todos os níveis de escolaridade: desde os anos 1990, o país logrou atingir a universalização de acesso ao ensino fundamental[221], diminuir de forma significativa a parcela de jovens sem o ensino fundamental (passou de 58% em 1995 para 13% em 2017) e, em decorrência desses avanços, aumentar o percentual dos concluintes do ensino médio (passou de 12% em 1995 para 37% em 2017) (IBGE, 1995; IBGE, 2017).

Essa evolução no fluxo educacional facultou a adoção, por parte do governo federal, de ações mais pontuais destinadas à ampliação da cobertura do ensino superior (Corbucci, 2014). Portanto, é nesse quadro geral de melhoria da escolaridade dos jovens brasileiros que o governo federal, com os objetivos de ampliar o acesso ao ensino superior e diversificar a público estudantil, adotou duas frentes de ação: uma voltou-se para o setor público, notadamente para as universidades federais, e se traduz no Programa de Apoio a Planos de Restruturação e Expansão das Universidades Federais (Reuni) e na Lei das Cotas[222]. A segunda frente,

---

[220] Esse texto, escrito com a pesquisadora Cibele Andrade (https://orcid.org/0000-0002-3181-0386)., foi publicado originalmente como um capítulo do livro *Ensino superior no Brasil e no Peru e as políticas de inclusão nas últimas décadas*, organizado por André Pires, Luis Sime Poma e Helena Sampaio e publicado pela Editora da Faculdade de Educação em 2020.

[221] No Brasil, o ensino fundamental, que integra a educação básica, compreende nove anos de estudos e atende crianças na faixa etária entre 6 a 14 anos.

[222] BRASIL. Lei n.º 12.711 de 29 de agosto de 2012. Dispõe sobre o ingresso nas universidades federais e nas instituições federais de ensino técnico de nível médio e dá outras providências. Brasília, DF: Presidência da República. Disponível em: https://www.planalto.gov.br/ccivil_03/_ato2011-2014/2012/lei/l12711.htm. Acesso em: 22 abr. 2019. Decreto n.º 7.824 de 11 de outubro de 2012. Portaria Normativa nª 18 de 11 de outubro de 2012. Regulamentam a Lei n.º 12.711 de 29 de agosto de 2012 que dispõe sobre o ingresso nas universidades federais e nas instituições federais de ensino técnico de nível médio e sobre a implementação gradual das reservas em

dirigida aos estudantes matriculados em instituições de ensino superior privadas, envolve o Prouni e o Fies[223].

No presente capítulo, buscaremos discutir os avanços, os limites e os desafios da ampliação do acesso ao ensino superior no Brasil. Para tratar dos avanços, descreveremos os quatro programas federais implementados nas primeiras décadas deste século. Para abordar os limites, apresentaremos dados quantitativos relativos aos programas no período (o período do Prouni se inicia em 2006 e o do Fies em 2010) 2000-2017 e, com base neles, apontaremos para os limites da continuidade da ampliação e diversificação do público estudantil atendido. Por fim, para tratar dos desafios enfrentados, traremos dados que indicam a persistência de gargalos no fluxo educacional no país, não obstante os avanços ocorridos. Nesses gargalos, identificamos os principais desafios para o aumento da taxa líquida de matrículas no ensino superior no Brasil e para sua transformação em um sistema de massa, segundo a classificação dada por Trow (2005). Para classificar os sistemas nacionais de ensino superior, esse autor utiliza como critério o percentual de jovens de uma determinada faixa etária atendida; assim, com base no estabelecimento de faixas de percentual de atendimento, os sistemas de ensino superior se classificam, na nomenclatura de Trow, em sistemas de elite (de 0 a 15%), sistemas de massa (16% a 50%) e sistemas universais (acima de 50%).

No Brasil, os dois planos nacionais de educação, instituídos neste século, vêm reafirmando a meta de elevar o percentual de jovens na faixa etária de 18 a 24 anos matriculados no ensino superior. O PNE de 2001 (Lei Federal 10172/01) estabeleceu "prover, até o final da década de 2010, a oferta de Educação Superior para pelo menos 30% da faixa etária de 18 a 24 anos"[224]. Não conseguindo alcançar a meta, o Plano de Educação de 2014 (Lei Federal 13.005/14) estabeleceu "aumentar a taxa bruta de

---

vagas de IES federais. Brasília, DF: Presidência da República. Disponível em: https://www.planalto.gov.br/ccivil_03/_ato2011-2014/2012/decreto/d7824.htm. Acesso em: 22 abr. 2019.

[223] Embora o Fies exista desde 2001 (Medida Provisória 2094), só adquiriu importância a partir de sua remodelação e ampliação em 2011 (Lei n.º 12.513). Essa lei, além de outras providências, dispõe sobre o Fundo de Financiamento ao Estudante de Ensino Superior. Disponível em: https://www.planalto.gov.br/ccivil_03/_ato2011-2014/2011/lei/l12513.htm. Acesso em: 22 abr. 2019.

[224] BRASIL. Lei n.º 10.172/2001. Aprova o Plano Nacional de Educação e dá outras providências. Brasília, DF: Presidência da República, 2001. Disponível em: https://www.planalto.gov.br/ccivil_03/leis/leis_2001/l10172.htm. Acesso em: 22 abr. 2019.

matrícula na educação superior para 50% e a taxa líquida para 33% da população de 18 a 24 anos" até o final da década de 2020[225].

Embora se constate expressivo crescimento do número de matrículas no ensino superior nas últimas décadas, conforme veremos adiante, ainda não se atingiu a meta de aumentar a taxa líquida de matrículas. Trata-se de um dos principais desafios do sistema de ensino superior brasileiro, que discutiremos neste capítulo.

Neste estudo, utilizamos dados de diferentes natureza e fontes: documentos oficiais, matérias veiculadas na grande imprensa, dados estatísticos do Inep, vinculado ao MEC, do IBGE e de outras fontes complementares.

O texto se organiza em três partes, além desta introdução e das considerações finais. A primeira traz uma breve descrição do sistema de ensino superior no Brasil e dos quatro principais programas de ampliação do acesso — Reuni, Lei das Cotas, Prouni e Fies — apontando para os seus impactos no crescimento do número de matrículas no ensino superior no país. A segunda, com base na análise de dados quantitativos sobre a evolução dos programas e de outros documentos, trata de seus limites como uma política para a ampliação do acesso ao ensino superior no país; esses limites remetem, de um lado, ao tamanho reduzido do segmento federal de ensino superior no sistema nacional e, de outro, às restrições orçamentárias no país hoje e suas implicações, tanto para a continuidade de investimento no ensino superior público como para a manutenção de aportes para o financiamento público de estudantes matriculados em instituições privadas, por meio dos programas Prouni e Fies. A terceira parte do texto aborda os desafios para aumentar a taxa líquida de matrículas no ensino superior, em razão de desigualdades que ainda persistem no sistema de educação no país e que se manifestam na exclusão ou no atraso educacional dos jovens mais pobres e autodeclarados pardos e pretos. A análise desta seção baseia-se em dados estatísticos sobre o fluxo de escolaridade dos jovens brasileiros, segundo a distribuição deles por quintis de renda familiar e cor da pele autodeclarada.

Nas considerações finais, retomamos os principais resultados das análises e apontamos para outros desafios do ensino superior no Brasil, destacando a questão da permanência dos estudantes no sistema educa-

---

[225] BRASIL. Lei n.º 13.005, de 25 de junho de 2014. Aprova o Plano Nacional de Educação – PNE e dá outras providências. Brasília, DF: Presidência da República, 2014. Disponível em: https://www.planalto.gov.br/ccivil_03/_ato2011-2014/2014/lei/l13005.htm. Acesso em: 22 abr. 2019.

cional e, associada a ela, a necessidade de ampliar a taxa de concluintes no sistema nacional de ensino superior. Em uma conjuntura política e econômica desfavorável ao aumento do investimento na educação, como a que vive o país hoje, os desafios do ensino superior, evidentemente, ganham proporções muito maiores, e a meta de se tornar um sistema de massa parece ficar cada vez mais distante.

O SISTEMA DE ENSINO SUPERIOR NO BRASIL E AS AÇÕES PARA A AMPLIAÇÃO DO ACESSO

Com mais de 8 milhões de estudantes matriculados e com mais de mil instituições, sendo 200 universidades, o sistema de ensino superior no Brasil, ainda que maior, tem semelhanças com outros sistemas nacionais de ensino superior da América Latina, como a valorização da universidade como um espaço de realização do ensino e da pesquisa e da autonomia dessa instituição frente ao Estado provedor, em uma espécie de legado partilhado da Reforma de Córdoba na região (Bernasconi, 2008; Brunner, 2014; Schwartzman, 2015a; Bernasconi; Celis, 2017).

Todavia, as singularidades do sistema de ensino superior brasileiro são muitas, destacando-se, entre elas, a já antiga e forte presença do setor privado, que concentra 75% do total de matrículas e 87% do total de instituições de ensino superior (Inep, 2017). Antes de abordar os programas federais voltados para a ampliação do acesso ao ensino superior no país, cujos números parecem ter sido decisivos para o crescimento do número de suas matrículas em menos de duas décadas, faz-se necessária uma breve descrição do sistema brasileiro e de seus principais setores.

O setor público é financiado basicamente com recursos públicos e é gratuito para os estudantes[226]. Ele é constituído majoritariamente por universidades federais e estaduais, consideradas, em geral, mais seletivas e de melhor qualidade acadêmica. O setor privado, por sua vez, é mantido por meio das mensalidades pagas pelos estudantes. É formado por diferentes tipos de instituições — universidades, centros universitários e faculdades isoladas — as quais apresentam qualidade acadêmica mais heterogênea. Outra característica do setor privado é a existência de insti-

---

[226] A gratuidade do ensino público em estabelecimentos oficiais é garantida pela Constituição de 1988 (Artigo 206, IV). As instituições municipais, embora públicas, cobram, em sua maioria, taxas de matrículas e mensalidades dos alunos (Sampaio, 2000).

tuições sem fins lucrativos e com fins lucrativos[227]; enquanto as primeiras (confessionais, comunitárias ou filantrópicas) são isentas de tributos, as instituições com fins de lucro devem pagar impostos federais, encargos fiscais e trabalhistas (Sampaio, 2014b).

O programa Reuni e a Lei das Cotas foram concebidos para o segmento público federal. O principal objetivo do Reuni, que vigorou de 2007 a 2012, era aumentar o número de alunos matriculados nas universidades públicas federais. Já o da Lei das Cotas é promover a diversificação socioeconômica e étnica dos estudantes.

Desenhado para operar de forma flexível, o programa Reuni destinou recursos públicos adicionais para que as universidades federais, por meio de projetos próprios, pudessem expandir a capacidade de atendimento. Com vistas à expansão, as instituições lançaram mão de diversas ações: implantação de novos campi, criação de novos cursos, aumento do número de vagas, contratação de docentes e funcionários técnico- administrativos e oferecimento de cursos no turno noturno[228].

No período de implementação do Reuni, as universidades federais lideraram o crescimento do número de matrículas, do número de instituições e de cursos no setor público. No período 2005-2014, o segmento das universidades federais praticamente dobrou o número de suas matrículas, passando de cerca de 600 mil para 1,2 milhão (Inep, 2015).

Em meio ao processo de expansão do segmento federal, a Lei 12.711, conhecida como Lei das Cotas, de 2012, veio complementá-lo, ao promover a diversificação do público estudantil por meio da adoção de reserva de vagas. A lei estabelece destinar, o prazo era o ano de 2016, 50% das vagas das universidades federais a estudantes provenientes de escolas públicas; essas vagas dividem-se entre estudantes oriundos de famílias de baixa renda e/ou estudantes que se auto identificam com grupos afrodescendentes ou indígenas.

É importante notar que a Lei das Cotas não foi uma ação isolada e/ ou de iniciativa pioneira do governo federal. Primeiro, porque ela resultou

---

[227] Essa distinção foi estabelecida pelo Decreto Ministerial 2.306/1997, que estabelece que as entidades mantenedoras de instituições de ensino superior privadas podem optar entre ter ou não fins lucrativos, podendo assumir qualquer das formas admitidas em direito, de natureza civil e comercial, e quando constituídas como fundações serão regidas pelo Código Civil Brasileiro (art. 24). Deve-se realçar que o referido decreto não instituiu o ensino superior privado no país, que existe desde o final do século XIX, tampouco privatizou as matrículas de ensino superior; o setor privado já era predominante no sistema nacional desde os anos 1970 (Sampaio, 2014a).

[228] De acordo com Barbosa (2016), 70% dos cursos de rede pública, incluindo o nível superior, só funcionavam no turno diurno (manhã, tarde, integral).

de um projeto de lei que já transitava pelo Congresso havia uma década[229]; segundo, porque, quando a lei foi aprovada, já existia uma série de iniciativas em instituições federais e estaduais que, inspirando-se no pioneirismo da Universidade Estadual do Rio de Janeiro (Uerj) e da Universidade de Brasília (UnB), nos anos 2001/2002, também passaram a adotar a reserva de vagas para estudantes de escola pública, pretos e pardos. Nesse sentido, em 2012, quando a Lei das Cotas foi votada no Congresso, mais de 100 instituições de ensino superior públicas já contavam com algum programa de reserva de vagas (Junior, 2006). Todavia, é importante ressaltar com Heringer (2015) que se a Lei das Cotas não teve a primazia no país, o seu papel — sem dúvida fundamental — foi o de conferir legitimidade aos programas de cotas já existentes e sobre os quais pairavam dúvidas acerca de sua constitucionalidade[230].

Assim, quando a Lei das Cotas foi instituída em 2012, o Reuni encerrava seu ciclo: as universidades federais já haviam incrementado o número de suas vagas, cursos, docentes, funcionários etc. A estratégia do governo de, primeiramente, ampliar a rede federal e, apenas depois, promover, por força da lei, a diversificação do público estudantil nas universidades, permitiu que a Lei fosse implementada de forma gradual, conforme estava previsto, e, relativamente, sem grandes resistências e percalços (Heringer, 2015). Hoje, a maior parte das universidades federais já alcançou o estabelecido pela Lei de Cotas, em termos de diversidade de público estudantil.

Outros dois programas federais voltados para a ampliação do acesso são o Prouni e o Fies; ambos, como já observamos, destinam-se a estudantes matriculados em cursos presenciais de graduação em instituições de ensino superior privadas. Enquanto o Prouni opera mediante a concessão de bolsas de estudo, o Fies é um programa de crédito estudantil.

Para pleitear uma bolsa Prouni, o estudante deve preencher uma série de requisitos: não possuir ainda diploma de ensino superior, ter renda familiar mensal per capita de até um salário-mínimo e meio (bolsa integral) e de até três salários-mínimos (bolsa parcial de 25% ou 50%), obter uma pontuação mínima de desempenho acadêmico no Exame Nacional do

---

[229] Ao longo da década, o projeto de Lei de reserva de cotas raciais em instituições federais provocou muitos embates, inclusive na academia, os quais expressavam diferenças de interpretação quanto à eficácia da política de cotas para minorar as desigualdades educacionais e promover a inclusão e a equidade social e racial nas universidades brasileiras. A respeito das diferentes posições, ver: Fry, Maggie *et al.* (2007); Junior (2006); Silverio (2009).

[230] Para uma análise do trâmite da votação no Supremo Tribunal Federal (STF) sobre duas ações diretas de inconstitucionalidade que tramitavam questionando o princípio da reserva de vagas e sobre o desfecho favorável daquela corte à constitucionalidade das políticas de ação afirmativa, inclusive seu componente racial, ver Heringer (2015).

Ensino Médio (Enem) e ter estudado no ensino médio em escolas públicas ou em escolas privadas na condição de bolsista. O programa também reserva parte das bolsas às pessoas com deficiência física, a estudantes que se autodeclaram pretos, pardos e indígenas, desde que se enquadrem nos critérios de seleção citados. As instituições de ensino superior privadas que aderem ao Prouni ficam isentas do pagamento de tributos federais; todavia, exige-se delas uma avaliação positiva do Sinaes, que é o mecanismo de avaliação das instituições de ensino superior do MEC.

Diferente do Prouni, mas também voltado para estudantes matriculados em instituições de ensino superior privadas, o Fies opera com crédito estudantil. Embora o programa já existisse desde 2001, ele foi significativamente ampliado e remodelado em 2010. Nessa remodelação, o Fies passou a ser operado pelo Fundo Nacional de Desenvolvimento da Educação (FNDE). Para participar desse programa de financiamento público, as instituições de ensino superior privadas devem estar cadastradas também no Prouni e contar com uma avaliação positiva nos processos de avaliação conduzidos pelo MEC. O estudante, por sua vez, para poder se candidatar ao crédito estudantil, deve ter uma renda familiar mensal bruta de até 20 salários-mínimos. Também diferentemente do Prouni, o Fies não exige que o estudante tenha cursado escola pública tampouco que tenha origem indígena ou afrodescendente declarada.

Em suma, os quatro programas federais para a ampliação e diversificação do acesso ao ensino superior foram concebidos e implementados por sucessivos governos do Partido dos Trabalhadores (PT)[231]. Todos se inscrevem em um debate maior, que se intensificou na sociedade brasileira na primeira década dos anos 2000, em torno das distorções no sistema de ensino superior brasileiro. Por meio do Reuni, buscou-se conferir maior dimensão ao segmento federal, exigindo dele sua contraparte no aumento do número de suas matrículas. Com a Lei de Cotas, intencionou-se aumentar as condições de acesso ao ensino superior, por meio da reserva de metade das vagas das instituições federais para jovens oriundos de escolas públicas, de famílias de baixa renda e, metade delas, para jovens que se autodeclaram pretos e pardos.

Podemos estabelecer um paralelo entre as duas ações no segmento federal com os dois programas destinados aos estudantes matriculados em

---

[231] Governo Luís Inácio Lula da Silva (2002-2005 e 2006-2010); Governo Dilma Roussef (2011-2014 e 2014-2016). Para um balanço das políticas do governo Lula para a educação superior, ver Aguiar (2016).

instituições privadas. Assim, o Reuni equivale ao Fies, em seus objetivos de expandir a oferta de vagas e de cursos, e a Lei das Cotas, ao Prouni, uma vez que, em ambos, buscou-se ampliar as condições de acesso de jovens pobres, pretos e pardos ao ensino superior, promovendo, consequentemente a diversidade estudantil no sistema.

Os dados da Quadro 1 mostram a expansão do sistema de ensino superior no Brasil no período 2000-2015, em que foram instituídos os programas Reuni, Prouni e Fies. Como podemos constatar, as matrículas de ensino superior passaram de pouco mais de 1,6 milhão, em 2000, para 6,6 milhões em 2015. O crescimento foi de 106% no setor público e de 166% no setor privado. Nota-se que o aumento do número de matrículas no setor público, como já observamos, deve-se ao incremento ocorrido no segmento federal, que dobrou o número delas no período 2005-2012, em que vigorou o Reuni. Quanto ao número de instituições de ensino superior, houve uma duplicação no período: no setor público, o crescimento foi da ordem de 60% e, no privado, de pouco mais de 100%.

Quadro 1 – Evolução do número de instituições e matrículas de ensino superior

Ano	Instituições			Matrículas		
	Pública	Privada	Total	Pública	Privada	Total
2000	176	1.004	1.180	887.026	1.807.219	2.694.245
2005	231	1.934	2.165	1.246.704	3.321.094	4.567.798
2010	278	2.100	2.378	1.461.696	3.987.424	5.449.120
2015	295	2.069	2.364	1.952.145	6.075.152	8.027.297

Fonte: Inep (2000, 2005, 2010, 2015)

Nesse período, o Estado brasileiro, no exercício de sua função de financiador do ensino superior público federal e de regulador da rede pública (municipal, federal e estadual) e privada (Sampaio, 2000; Martin; Talpaert, 1992), explicita e, em certa medida, legitima o caráter complementar que caracteriza a relação entre o setor público e o setor privado no sistema de ensino superior no Brasil. Nessa equação, quase chega a (re)instaurar a relação de paralelismo (Sampaio, 2000; Geiger, 1986) entre ambos os setores, ao assegurar o crescimento do setor privado por meio do financiamento público a seus estudantes, seja por meio da concessão de bolsas do Prouni — com a contrapartida da isenção tributária por parte das instituições de ensino superior privadas —, seja por meio do crédito educativo, Fies, mediante o qual é, por meio de banco oficial, o fiador do estudante (Sampaio, 2014b; Aguiar, 2016).

LIMITES DAS POLÍTICAS DE AÇÕES PARA AMPLIAÇÃO DO ACESSO

Certamente, os três programas — Reuni, Prouni e Fies — foram decisivos para a grande expansão do sistema superior nas últimas décadas. Uma vez que o setor privado responde por 75% do total de matrículas nesse nível de ensino, o Prouni, mas especialmente o Fies, voltado para os estudantes matriculados em instituições de ensino superior privadas, teve um grande peso nessa expansão.

Na Figura 1, podemos constatar que, em um período de dez anos, o crescimento do número de bolsas Prouni foi contínuo, com significativa elevação das bolsas integrais no ano de 2014. Em 2016, no entanto, o número total de bolsas caiu e, até 2017, verifica-se também uma tendência de maior equilíbrio entre o número de bolsas parciais e integrais concedidas aos estudantes de instituições privadas.

Figura 1 – Crescimento do número de bolsas Prouni (em milhares): 2006-2016

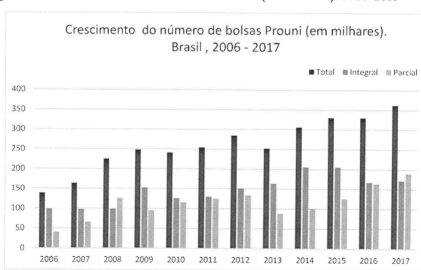

Fonte: elaborada pelas autoras a partir de dados do Sindata/Semesp, 2018. Mapa do Ensino Superior no Brasil (2018)

A evolução do número de contratos firmados no Fies difere da evolução das bolsas Prouni. Conforme mostram os dados da Figura 2, o crescimento do número de contratos firmados foi contínuo entre 2011-2014, da ordem de 864%[232]. Em 2014, esse número atingiu seu ápice; naquele mesmo ano, a então Presidente Dilma Roussef foi reeleita ao cargo. Todavia, desde esse vultoso crescimento, o programa passou a ser objeto de sucessivas alterações em suas regras de funcionamento, o que levou à diminuição drástica do número de contratos firmados. Dentre as mudanças, destacam-se a alteração da taxa de juros cobrada e a exigência de maior desempenho do estudante no Enem. Vale notar que, entre 2010, quando o Fies foi reformulado, até o ano de 2014, o programa operou com juros de financiamento bem abaixo dos praticados no mercado e não exigia, do estudante, nenhum mínimo de desempenho acadêmico. A partir de 2015, novas medidas alteram a taxa de juros e passam a exigir do estudante um determinado desempenho acadêmico para poder ter acesso ao crédito educativo: uma pontuação mínima de 450 pontos no Enem e uma nota diferente de zero na prova de redação, exigências que sempre existiram no Prouni.

Em 2017, o número total de contratos firmados no Fies atingiu quase o mesmo montante do ano de 2012, quando o programa estava ainda em sua fase inicial (Figura 2).

Figura 2 – Número de contratos firmados FIES (em milhares): 2010-2017

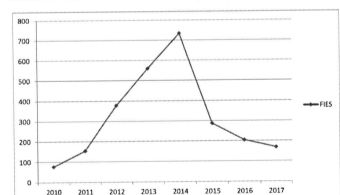

Fonte: elaborada pelas autoras a partir de dados do Sindata/Semesp, 2018. Mapa do Ensino Superior no Brasil (2018)

---

[232] Os estados de São Paulo, Minas Gerais, Bahia e Rio de Janeiro, onde as redes de instituições de ensino superior privadas são mais numerosas, concentravam mais da metade (1,08 milhão) no cumulativo do período de janeiro de 2010 a junho de 2015 (Semesp, 2015).

Com efeito, em 2016, a grave crise econômica que atingiu o país e a mudança no governo central — o vice-presidente Michel Temer assume a Presidência da República após o impeachment de Dilma Roussef — parecem ter afetado a prioridade de manter a ampliação e diversificação do acesso ao ensino superior. O discurso oficial sobre a necessidade de diminuir custos com a operacionalização do Fies, notadamente, e a reação do setor privado diante das novas medidas restritivas a esse programa evidenciam a mútua dependência que se forjou entre os provedores do setor privado e o poder central na governança da oferta de ensino superior no país. A dependência do primeiro em relação aos recursos públicos para manter o seu ritmo de crescimento é comparável à dependência do poder público em relação aos grupos educacionais privados na sua meta de incluir 33% dos jovens entre 18 e 24 anos no ensino superior, conforme estabelecido na PNE de 2014.

O presidente Jair Bolsonaro, em seus primeiros meses de governo, em 2019, anunciou duas medidas para o ensino superior: a possibilidade de os estudantes matriculados em instituições privadas e inadimplentes com crédito educativo Fies poderem negociar a dívida contraída com o governo[233] e o corte de 30% no financiamento das universidades federais[234]. Os limites para a ampliação do acesso ao ensino superior já estão dados.

DESAFIOS PARA A AMPLIAÇÃO DO ACESSO AO ENSINO SUPERIOR

Assinalei que houve um significativo crescimento do número de matrículas de ensino superior no país nas últimas duas décadas e que isso,

---

[233] Portaria n.º 154, de 1 de abril de 2019. Dispõe sobre o prazo para a realização da renegociação dos contratos de financiamento concedidos com recursos do Fundo de Financiamento Estudantil (FIES), até o 2º semestre de 2017, conforme estabelecido na Resolução nº 28, de 31 de outubro de 2018.

[234] "O Ministério da Educação (MEC) bloqueou, no final de abril, uma parte do orçamento das 63 universidades e dos 38 institutos federais de ensino. O corte, segundo o governo, foi aplicado sobre gastos não obrigatórios, como água, luz, terceirizados, obras, equipamentos e realização de pesquisas. Despesas obrigatórias, como assistência estudantil e pagamento de salários e aposentadorias, não forma afetadas". "Em 30 de abril [...], o MEC informou que o bloqueio de 30% na verba das instituições de ensino federais valeria para todas as universidades e todos os institutos. A informação foi dada à TV Globo por Arnaldo Barbosa de Lima Junior, secretário de Educação Superior do MEC. No dia 7 de maio, durante audiência na Comissão de Educação no Senado, Abraham Weintraub esclareceu que não haveria corte, mas sim um contingenciamento. O ministro afirmou que o recuso poderá voltar a ser liberado se a reforma da Previdência for aprovada e se a economia do país melhoras no segundo semestre. Durante a audiência, o ministro ressaltou que o bloqueio atinge uma parte da verba total". (*G1*. 15 de maio de 2019). Disponível em: https://g1.globo.com/educacao/noticia/2019/05/15/entenda-o-corte-de-verba-das-universidades-federais-e-saiba-como-sao-os-orcamentos-das-10-maiores.ghtml.

conforme mostram os dados, associa-se à implementação de ações federais para a ampliação do acesso a esse nível de ensino, as quais abrangeram tanto o segmento público federal como as instituições de ensino superior privadas. Também ressaltei que a possibilidade de implementação dessas políticas nos últimos governos deve-se à melhoria do fluxo educacional no Brasil, o que vem acontecendo desde o final do século passado. Portanto, trata-se de um processo lento e contínuo, em que se avança tanto no aumento da demanda como no da oferta desse nível de ensino.

Ao cabo de quase quatro décadas, em que a questão educacional ocupou, de um modo ou de outro, um lugar de destaque no âmbito das políticas sociais no Brasil (Arretche, 2015), conseguimos incluir, no ensino superior, 26% dos jovens entre 18 e 24 anos. Embora tenha ocorrido avanço expressivo, trata-se de uma taxa ainda aquém da meta de 30% estabelecida pelo PNE de 2001 e que o PNE de 2014 aumentou para 33%[235]. Nesse sentido, que desafios se colocam no país hoje, além de fatores de ordem política e de conjuntura econômica, para a ampliação da nossa taxa líquida na educação superior?

Mais de um terço (37%) dos jovens brasileiros entre 18 e 24 anos não apresentam os requisitos formais para ingressar no ensino superior; ou não concluíram o ensino fundamental ou, caso tenham concluído, não chegaram a ingressar no ensino médio. Outros 37% estudantes, embora tenham concluído o ensino médio, não tiveram acesso ao ensino superior (PNAD, 2017).

Quadro 2 – Jovens entre 18 e 24 anos por nível de escolaridade – 2017

Situação escolar	%
Não concluiu o ensino fundamental	13,0
Concluiu apenas o ensino fundamental	24,0
Concluiu o ensino médio	37,0
Teve acesso ao ensino superior	26,0
Total	100

Fonte: elaborado pelas autoras a partir de dados da PNAD/IBGE (2017)

---

[235] A taxa líquida em torno de 30% no ensino superior corresponde ao índice encontrado em países industrializados, embora países emergentes como a Coreia do Sul tenha atingido uma taxa líquida de matrículas no ensino superior da ordem de 70% (OCDE, 2010). Interessante notar que o PNE instituído durante o primeiro mandato do Presidente Fernando Henrique Cardoso chamava a atenção para a então reduzida taxa líquida de matrícula no ensino superior do Brasil, de 12%, em 1998, em relação às taxas verificadas em outros países latino-americanos, com o Chile e a Venezuela, respectivamente, da ordem de 20% e 26%. BRASIL. Lei Federal 10.172/2001. Institui o Plano Nacional de Educação.

Existe uma forte associação entre renda familiar e acesso aos diferentes níveis educacionais. Para esta análise, distribuímos a renda familiar dos jovens segundo quintis, e os resultados são os seguintes: entre os jovens situados nos quintis mais baixos de renda (1º e 2º quintis), encontramos os mais altos percentuais dos que não chegaram a completar o ensino fundamental ou o ensino médio. Inversamente, do total de jovens no quintil mais alto de renda (5º quintil), 55% deles tiveram acesso ao ensino superior.

Quadro 3 – Jovens entre 18 e 24 anos segundo renda familiar e situação escolar – 2017

Situação escolar	1º Quintil	2º Quintil	3º Quintil	4º Quintil	5º Quintil
Não concluiu o ensino fundamental	30%	20%	12%	7%	3%
Concluiu o ensino fundamental	33%	32%	26%	20%	11%
Concluiu o ensino médio	30%	36%	43%	43%	31%
Teve acesso ao ensino médio	7%	12%	19%	30%	55%
Total	100%	100%	100%	100%	100%

Fonte: elaborado pelas autoras a partir de dados da PNAD/IBGE (2017)

Depreende-se desses dados que um dos principais desafios para a continuidade da ampliação do acesso dos jovens ao ensino superior no país é a falta de requisitos educacionais formais: 37% deles, na faixa entre 18 e 24 anos, sequer concluíram a educação básica (ensino fundamental e ensino médio). As situações de escolaridade variam em função do fato de o jovem se encontrar nas faixas mais baixas e mais altas de renda.

Todavia, as situações de desigualdades de acesso ao ensino superior no Brasil não se restringem à renda familiar, também estão associadas à questão da raça cor dos jovens[236].

Para a análise, a população de 18 a 24 anos foi distribuída em dois grupos: *brancos* e *não brancos*[237]. Conforme podemos constatar nos dados

---
[236] A informação sobre raça/cor tem origem nos dados da Pnad/IBGE. É baseada em autodeclaração do informante, tendo como referência a cor da pele, de acordo com as seguintes alternativas: branco, preto, pardo e amarelo, além da categoria indígena.
[237] O grupo dos *brancos* é composto por pessoas que se autodeclaram da cor branca somadas às que se autodeclaram da cor amarela. O grupo dos *não brancos* é constituído por pessoas que se autodeclaram da cor

da Tabela 1, a seguir, o primeiro grupo apresenta níveis de escolaridade superiores aos do segundo grupo. As maiores diferenças entre os dois grupos ocorrem entre os jovens que não concluíram sequer o ensino fundamental (8% de *brancos* e 16% de *não brancos*) e os jovens que ingressaram no ensino superior (36% de *brancos* e 19% de *não brancos*). As menores diferenças encontradas são entre os jovens que concluíram o ensino médio, mas não tiveram acesso ao ensino superior (36% dos *brancos* e 38% dos *não brancos*).

Tabela 1 – Jovens entre 18 e 24 anos segundo a cor autodeclarada e situação escolar

Situação escolar	Grupo Brancos	Grupo Não Brancos
Não concluiu o ensino fundamental	8%	16%
Concluiu apenas o ensino fundamental	20%	27%
Concluiu o ensino médio	36%	38%
Teve acesso ao ensino superior	36%	19%
Total	100%	100%

Fonte: elaborada pelas autoras a partir de dados da PNADS/IBGE (2017)

Com efeito, a literatura sobre o acesso à educação no Brasil é quase unânime em reconhecer o peso da situação socioeconômica e da variável cor/raça nas desigualdades de acesso e permanência dos jovens nos diferentes níveis educacionais (Osório, 2009; Rosemberg, 2009; Andrade, 2015; Lima, 2015). No caso do acesso ao ensino superior, de modo mais específico, ainda há muitos desafios a serem superados para se alcançar a meta estabelecida pelo PNE de 2014 — "aumentar a taxa bruta de matrícula na educação superior para 50% e a taxa líquida para 33% da população de 18 a 24 anos" — até o final da década de 2020.

CONSIDERAÇÕES FINAIS

O grande motor das mudanças que ocorrem no mundo, hoje, é o acesso de massa ao ensino superior (Teichler, 1988; Altbach, 2007, 2017) e, não por acaso, em várias partes do mundo, notadamente nos países

---

parda somadas às que se autodeclaram da cor preta e da etnia indígena.

em desenvolvimento, a ampliação do acesso ao ensino superior tornou-se uma política de estado. No Brasil não foi diferente. Assistimos, nas últimas décadas, a um grande crescimento do número de matrículas no ensino superior e, de modo especial, a um aumento expressivo da taxa líquida de acesso a esse nível de ensino. Essa ampliação deve-se à progressiva melhoria do fluxo educacional, desde o final do século passado, e à adoção de ações em âmbito dos estados e do governo central, como as dos programas Reuni, Lei das Cotas, Prouni e Fies na última década. Todavia, embora tenha havido avanços, o país não logrou atingir a meta estabelecida em seu Plano de Educação de 2014, que previa incluir no ensino superior pelo menos 33% dos jovens brasileiros entre 18 e 24 anos.

Podemos apontar para, pelo menos, dois limites para a continuidade do crescimento do número de matrículas de ensino superior no país e para a maior democratização do acesso a esse nível de ensino. O primeiro limite é a mútua dependência que se estabeleceu entre setor privado de ensino superior e governo federal nas últimas décadas. Embora o Reuni tenha tido êxito na ampliação do segmento federal — as universidades federais dobraram o número de suas matrículas —, esse segmento ocupa um espaço muito reduzido — apenas 15% no total de matrículas — no sistema de ensino superior no país, tornando a parceria com o setor privado imprescindível para ampliar o acesso dos jovens ao ensino superior. O segundo limite que daí decorre é dado pelo freio que o financiamento público para estudantes matriculados em instituições de ensino superior privadas sofreu nos últimos dois anos, em meio a um período de elevação das taxas de desemprego e desaceleração da economia do país[238]. Do mesmo modo que o crescimento econômico e a diminuição do desemprego na primeira década do século forjaram uma conjuntura propícia para a expansão do ensino superior, estimulando a implementação de diferentes ações federais com vistas a organizar a oferta pública federal e privada, o momento atual é de retração econômica e de encolhimento de políticas para a educação em geral e, de modo mais específico, para o ensino superior.

Além desses limites, que podem vir a ser superados na eventualidade de uma retomada de crescimento econômico do país e de uma possível

---

[238] "Analistas do mercado financeiro reduziram, pela oitava vez consecutiva, as expectativas para o crescimento da economia brasileira no final deste ano. De acordo com o Boletim Focus, divulgado nesta segunda-feira (22) pelo Banco Central, a previsão é de que o PIB do País termine o ano com alta de 1,71%". *Economia IG*, 22 de abril de 2019. Disponível em: https://economia.ig.com.br/2019-04-22/previsao-para-crescimento-da-economia-brasileira-cai-pela-oitava-vez-seguida.html.

mudança de orientação e de quadros no MEC, com nova ênfase nas políticas de ampliação do acesso ao ensino superior, há desafios intrínsecos ao sistema educacional, que se referem às desigualdades sociais e étnicas/cor, que persistem no país e se manifestam de forma muito nítida, como vimos, na dinâmica educacional em todos os seus níveis.

Diferentemente dos anos 1980, quando se constatou o fenômeno que ficou conhecido como "estrangulamento do ensino médio", hoje deparamos com um alto percentual de jovens que, embora tenham avançado o ensino fundamental e logrado ingressar no ensino médio, não chegam a concluí-lo. Esse é um dos mais graves desperdícios do sistema educacional brasileiro. Para que o país atinja uma taxa de um terço dos jovens entre 18 e 24 anos no ensino superior, seria preciso elevar de maneira considerável a taxa de concluintes do ensino médio, o que não acontece há alguns anos. Conforme vimos, são os jovens mais pobres e os que se autodeclaram pretos, pardos e indígenas que mais abandonam o sistema educacional — ou são abandonados por ele — antes de possuírem os requisitos acadêmicos formais, que poderiam conduzi-los ao ensino superior. As políticas para a ampliação do acesso ao ensino superior são, sem dúvida, fundamentais; todavia, também são necessárias medidas que visem garantir maior equidade no sistema educacional brasileiro em seu conjunto.

REFERÊNCIAS

AGUIAR, Vilma. Um balanço das políticas do governo Lula para a educação superior: continuidade e ruptura. *Revista de Sociologia e Política*, Curitiba, v. 24, n. 57, 2016.

ALTBACH, Philip. Introduction. *In:* ALTBACH, Philip: REISBERG, Liz; WIT, Hans de (ed.). *Responding to Massification:* Differentiation in Post-Secondary Education Worldwide. Rotterdam: Sense Publishers, 2017.

ALTBACH, Philip. The Underlying Realities of Higher Education in the 21st Century. *In:* ALTBACH, Philip; PETERSON, Patty M. (ed.). *Higher Education in the New Century.* Global Challenges and Innovative ideas. Rotterdam: Sense Publishers, 2007. p. xvii-xxiv.

ANDRADE, Cibele Y. Access to Higher Education in Brazil: the Evolution of the Last 15 Years. *In*: TERANISHI, Robert *et al.* (ed). *Mitigating Inequality*: Higher Education Research, Policy, and Practice in an Era of Massification and Stratification. Advances in Education in Diverse Communities: Research, Policy and Praxis. [S. l.]: Emerald Group Publishing Limited, 2015. v. 11, p. 3-18.

ARRETCHE, Marta. *Trajetórias das Desigualdades*: como o Brasil mudou nos últimos 50 anos. São Paulo: Unesp, 2015.

BALBACHEVSKY, Elizabeth; SAMPAIO, Helena. Brazilian Post-Secondary Education in Twenty First Century: a conservative modernization. *In*: ALTBACH, Philip: REISBERG, Liz; WIT, Hans de (ed.). *Responding to Massification:* Differentiation in Post-Secondary Education Worldwide. Rotterdam: Sense Publishers, 2017. p. 155-166.

BALBACHEVSKY, Elizabeth; SAMPAIO, Helena; ANDRADE, Cibele Y. Expanding Access to Higher Education and its (limited) consequences for social inclusion: The Brazilian experience. *Social Inclusion*, [s. l], v. 7, n. 1, p. 7-17, 2019. Disponível em: http://dx.doi.org/10.10.17645/st.v711.1672 7-17. Acesso em: 10 jul. 2014.

BARBOSA, Maria Ligia de O. O ensino superior no Brasil: credencial, mérito e coronéis. *In*: BARBOSA, Maria Ligia de O. (org.). *Ensino Superior*: expansão e democratização. Rio de Janeiro: 7 Letras, 2014. p. 51-70.

BERNASCONI, André. Is There a Latin American model of the university? *Comparative Education Review*, [s. l.], v. 52, n. 1, p. 27-52, 2008.

BERNASCONI, André; CELIS, Sergio. Higher education reforms: Latin America in comparative perspective. *Education Policy Analysis Archives*, [s. l.], v. 25, n. 67, p. 1-11, jul. 2017. Disponível em: http://dx.doi.org/10.14507/epaa.25.3240. Acesso em: BRASIL. Pesquisa Nacional por Amostra de Domicílio (PNAD). Instituto Brasileiro de Geografia e Estatística (IBGE). 2017. Disponível em: https://Painel.ibge.gov.br/pnadc/. Acesso em: 10 jul. 2024.

BRASIL. *Censo do Ensino Superior. Notas Estatísticas, 2017*. Brasília: Ministério da Educação/Inep, 2017. Disponível em: http://download.inep.gov.br/educacao_superior/censo_superior/documentos/2018/censo_da_educacao_superior_2017-notas_estatisticas2.pdf. Acesso em: 10 jul. 2024.

BRASIL. *Censo do Ensino Superior. Principais resultados, 2015*. Brasília: Ministério da Educação/Inep, 2015. Disponível em: http://dowload.inep.gov.br/informações_estatisticas/sinopses_estatisticas/sinopses_educacao_superior/sinopse_educação_superior_2015zip. Acesso em: 10 jul. 2024.

BRASIL. *Decreto n.º 6096 de 24 de abril de 2007*. Institui o Programa de Apoio a Planos de Reestruturação e Expansão das Universidades Federais (REUNI). Brasília: Presidência da República, 2007. Disponível em: http://www.planalto.gov.br/ccivil_03/_ato2007-2010/2007/decreto/d6096.htm. Acesso em: 10 jul. 2024.

BRASIL. *Lei Federal 10.172, de 9 de janeiro de 2001*. Institui o Plano Nacional da Educação. Brasília: Presidência da República, 2001. Disponível em: https://www.planalto.gov.br/ccivil_03/leis/leis_2001/l10172.htm. Acesso em: 10 jul. 2024.

BRASIL. *Lei n. º 13.005, de 25 de junho de 2014*. Aprova o Plano Nacional de Educação dá outras providências. Brasília: Presidência da República, 2014. Disponível em: https://www.planalto.gov.br/ccivil_03/_ato2011-014/2014/lei/l13005.htm. Acesso em: 10 jul. 2024.

BRASIL. *Lei n.º 11.096, de 13 de janeiro de 2005*. Institui o Programa Universidade para Todos (Prouni), regula a atuação de entidades beneficentes de assistência social no ensino superior; altera a Lei nº 10.891, de 9 de julho de 2004, e dá outras providências. Brasília: Presidência da República, 2004. Disponível em: https://www.planalto.gov.br/ccivil_03/_ato2004-2006/2005/lei/l11096.htm. Acesso em: 22 abr. 2019.

BRASIL. Lei *n.º 12.513, de 26 de outubro de 2011*. Institui o Programa Nacional de Acesso ao Ensino Técnico e Emprego (Pronatec) e dá outras providências. Brasília: Ministério da Educação, 2011. Disponível em: https://www.planalto.gov.br/ccivil_03/_ato2011-2014/2011/lei/l12513.htm. Acesso em: 22 abr. 2019.

BRASIL. *Portaria normativa n.º 8, de 2 de julho de 2015*. Dispõe sobre o processo seletivo do FIES para o segundo semestre de 2015 e dá outras providências. Brasília: Ministério da Educação, 2015. Disponível em: http://portalfies.mec.gov.br/arquivos/portaria_8_2_07_2015_2-2015.pdf. Acesso em: 10 jul. 2024.

BRUNNER, José J. A ideia da universidade pública: narrações contrastantes. *ENSAIO: Avaliação e Políticas Públicas em Educação*, Rio de Janeiro, v. 22, n. 82, p. 1-9, 2014. Disponível em: http://www.scielo.br/scielo.php?pid=50104-40362014000100002&script=sci_arttext. Acesso em: 10 jul. 2024.

CLANCY, Patrick *et al*. Comparative Perspectives on Access and Equity. *In*: ALTBACH, P.; PETERSON, Patty M. (ed.). *Higher Education in the New Century*. Global Challenges and Innovative ideas. Rotterdam: Sense Publishers, 2007. p. 35-54.

CORBUCCI, Paulo R. Evolução do acesso de jovens à educação superior no Brasil. *Texto para Discussão*. Brasília: Ipea, 2014.

FRY, Perter, MAGGIE Yvonne; CHORMAIO, Marcos; MONTEIRO, Simone; SANTOS, Ricardo V. (org.). *Divisões perigosas:* políticas raciais no Brasil contemporâneo. Rio de Janeiro: Editora Civilização Brasileira, 2007.

GEIGER, Roger. *Private Sectors in Higher Education. Structure, Function and Change in Eight Countries*. Ann Arbor: University of Michigan Press, 1986.

HERINGER, Rosana (org.). Democratização da Educação superior no Brasil. Novas dinâmicas, dilemas e aprendizados. *Cadernos GEA*, nº 7, jan./jun. 2015.

HERINGER, Rosana. Um balanço de 10 anos de políticas de ação afirmativa no Brasil. *TOMO. Revista do Programa de Pós-graduação em sociologia da Universidade Federal de Sergipe*, São Cristóvão, n. 24, jan./jun. 2009. Disponível em: https://periodicos.ufs.br/tomo/article/view/3184. Acesso em: 13 set. 2024.

HONORATO, Gabriela; HERINGER, Rosana. *Acesso e sucesso no ensino superior*: uma sociologia dos estudantes. Rio de Janeiro: 7 Letras: Faperj, 2015.

JUNIOR, João F. Ação Afirmativa: política pública e opinião. *Revista Sinais Sociais*, [s. l.], n. 8, p. 38-77, 2006.

LIMA, Marcia; PRATES, Ian. Desigualdades raciais no Brasil: um desafio persistente. *In:* ARRETCHE, Marta. *Trajetórias das Desigualdades*: como o Brasil mudou nos últimos 50 anos. São Paulo: Unesp, 2015. p. 163-192.

MARTIN, M; TALPAERT, R. Coordination: Continental Europe: *In*: BURTON, Clark; NEAVE, Guy (ed.). *The Encyclopedia of Higher Education*. Nova York: Pergamon Press, 1992. v. 2, p. 1347-1332.

OSORIO, Rafael C. Classe, Raça e Acesso ao Ensino Superior no Brasil. *Cadernos de Pesquisa*, São Paulo, v. 39, n. 138, p. 867-880, 2009.

ROSEMBERG, Fulvia. Desigualdades de raça e gênero no sistema educacional brasileiro. *In*: SILVERIO, Valter R.: MOFHLFCKF, Sabrina (org.). *Ações afirmativas nas políticas educacionais*: o contexto pós-Durban. São Carlos: UFSCar, 2009. p. 213-252.

SAMPAIO, Helena Higher Education in Brazil: Stratification in the Privatization in the Enrollments. *In*: TERANISH, Robert T. *et al.* (ed.). *Mitigating Inequality*: Higher Education Research, Policy, and Practice in an Era of Massification and Stratification. Advances in Education in Diverse Communities: Research, Policy and Praxis. [S. l.]: Emerald, 2015. v. 11.

SAMPAIO, Helena. Privatização do ensino superior no Brasil: velhas e novas questões. *In*: SCHWARTZMAN, S. (ed.). *A educação superior na América Latina e os desafios do século XXI*. Campinas: Editora da Unicamp, 2014b. p. 139-192.

SAMPAIO, Helena. *O ensino superior no Brasil*: o setor privado. São Paulo: Fapesp: Hucitec, 2000.

SAMPAIO, Helena. Setor privado de ensino superior no Brasil: crescimento, mercado e Estado entre dois séculos. *In*: Barbosa, Maria Lígia de O. (org.). *Ensino Superior*. expansão e democratização. Rio de Janeiro: 7 Letras, 2014a. p. 103-126.

SCHWARTZMAN, Simon. "Políticas Públicas de Educación Superior en Brasil". *In*: BRUNNER, José J.; VILLALOBOS, Cristóbal (ed.). *Políticas de Educación Superior en Iberoamérica*. Santiago: Ediciones Universidad Diego Portales, 2015a.

SCHWARTZMAN, Simon. Democracia e políticas públicas para o ensino superior nos Brics. *In*: BARBOSA, Maria Ligia de O. (org.). Dossiê Democratização do ensino superior no Brasil? *Caderno CRN*, [s. l.], v. 28, n. 74, 2015b.

SILVERIO, Valter R.; MOEHLECKE, Sabrina (org.). *Ações afirmativas nas políticas educacionais*: o contexto pós-Durban. São Carlos: UFSCar, 2009.

SINDICATO DOS MANTENEDORES DO ENSINO SUPERIOR DO ESTADO DE SÃO PAULO. *Mapa do Ensino Superior no Brasil*. São Paulo: Semesp, 2015.

SINDICATO DOS MANTENEDORES DO ENSINO SUPERIOR DO ESTADO DE SÃO PAULO. *Mapa do Ensino Superior no Brasil*. São Paulo: Semesp, 2018.

TEICHLER, Ulrich. Changing Patterns of the Higher Education System: the Experience of Three Decades. *Higher Education Policy Series 5*. London: Jessica Kingsley Publishers, 1988.

TROW, Martin. Reflections on the Transition from Elite to Mass to Universal Access: Forms and Phases of Higher Education in Modern Society since WWII. *Working Paper*, Institute of Governmental Studies, University of California, Berkley, 2005. Disponível em: http://www.escholars hip.org/us/item/96p3-213. Acesso em: 09 out. 2024.